現代語訳「阿含経典」

長阿含経

第4巻

虚空中に浮かんで結跏趺坐し、……
大地と同じように水を履んで歩み、……
「このような神通力はあるにはある。……
このような神通力は卑しく劣ったもので、
凡夫が行うものであり、賢者聖人が習い修めるものではない」

【訳注者】
丘山新
神塚淑子
辛嶋静志
菅野博史
末木文美士
引田弘道
松村巧

平河出版社

阿㝹夷経
善生経
清浄経
自歓喜経
大会経
阿摩昼経

現代語訳「阿含経典」——長阿含経

第4巻

現代語訳「阿含経典」

長阿含経

第4巻

目次

注

凡例

一――本シリーズは全六巻で、『長阿含経』二二巻三〇経について、それぞれ解題・現代日本語訳・原文・注を収める。第3巻は『阿㝹夷経』、『善生経』、『清浄経』、『自歓喜経』、『大会経』、『阿摩昼経』を収めた。本シリーズ全体の意図や方針については、第1巻のはしがきを参照されたい。また、『長阿含経』全体については、第1巻の解説に記した。

二――底本としては、高麗大蔵経所収本（韓国東国大学校影印版、第一七巻）を用いた。校本としては、『大正新脩大蔵経』第一巻所収本の校注に収められた宋・元・明三本、及び磧砂蔵本（台湾新文豊出版影印版、第一七巻）を用いた。底本の文字を改めた場合は、本文に＊を付し、注にその旨を記した。なお、参考までに、本文欄外に大正蔵本の頁・段を注記した。

三――訳文は、訳者によって相違するところがあり、必ずしも無理に統一を図らなかった。しかし、同一経典内では、主要な用語に関して可能な範囲で統一を付けるようにした。

四――注においては、必要に応じて略号を用いた。

（1）――全体に関する主要な略号は以下の通り。

赤沼『固有名詞辞典』　赤沼智善編『印度仏教固有名詞辞典』　法蔵館

慧琳『音義』	『一切経音義』百巻・唐・慧琳撰（大正蔵第五四巻）
織田『仏教大辞典』	織田得能『仏教大辞典』　大蔵出版
『漢語大詞典』	『漢語大詞典』十二巻　漢語大詞典出版社
玄応『音義』	『一切経音義』二十五巻　唐・玄応撰
元本	元版大蔵経
高麗蔵本	高麗版大蔵経
三本	宋・元・明版大蔵経
『辞源』修訂版	『辞源』一九七九年修訂版　北京・商務印書館
聖語蔵本	正倉院聖語蔵本（天平写経）
磧砂蔵本	磧砂版大蔵経
『雑阿』	『雑阿含経』五十巻（大正蔵第二巻）
『増阿』	『増一阿含経』五十一巻（大正蔵第二巻）
宋本	宋版大蔵経
蔵訳	チベット語訳
『大漢和辞典』	諸橋轍次編『大漢和辞典』十二巻　大修館
大正蔵・大正	『大正新脩大蔵経』
『中阿』	『中阿含経』六十巻（大正蔵第一巻）
明本	明版大蔵経
『仏教語大辞典』	中村元『仏教語大辞典』　東京書籍

『梵和大辞典』	荻原雲来編『梵和大辞典』　講談社
望月『仏教大辞典』	望月信亨編『望月仏教大辞典』増補版全十巻　世界聖典刊行会
AKbh.	Pradhan(ed.), *Abhidharmakośabhāṣya*
AN.	*Aṅguttara Nikāya*
BHSD.	F. Edgerton, *Buddhist Hybrid Sanskrit Grammar and Dictionary*
CPD.	*Critical Pāli Dictionary*
DA.	*Dīgha Nikāya Aṭṭakathā(Sumaṅgala Vilāsinī)*
DN.	*Dīgha Nikāya*
DPL.	R. C. Childers, *Dictionary of the Pāli Language*
DPPN.	G. P. Malalasekera(ed.), *Dictionary of Pāli Proper Names*
Franke	O. Franke, *Dīghanikāya*
Hōbōgirin	『法宝義林』
MN.	*Majjhima Nikāya*
MW.	M. Monier-Williams, *Sanskrit-English Dictionary*
P.	パーリ語
PTSD.	*Pāli Text Society's Pāli-English Dictionary*
Rhys Davids	T. W. and C. A. F. Rhys Davids, *Dialogues of the Buddha*
S.	サンスクリット語
SN.	*Saṃyutta Nikāya*

（2）――経典名など、通常用いられる略称に従った。例えば、鳩摩羅什訳『妙法蓮華経』は『法華経』と略した。

（3）――漢訳経典は原則として『大正蔵』を用いた。（大正二・二六七上）とあるのは、『大正蔵』第二巻二六七頁上段のことである。

（4）――パーリ語テキストは、原則としてパーリ聖典協会（Pāli Text Society. 略称 PTS）刊行のものを用いた。

（5）――その他、必要に応じて各経典ごとに異本・訳・研究書など略号を用いた。それについては、各経典の解題を見られたい。

五――本シリーズの原形が『月刊アーガマ』に連載されてから、すでにかなりの時が経っている。その後の研究成果は補注の形で多少加えたが、必ずしも十分なものではない。

【解説】

『阿㝹夷経』解題

本経は『長阿含経』巻十一・第十五経である（大正一・六六上～七〇上、本文三一～六二頁）。『長阿含経』は仏・法・僧・世界観の四部構成になっているが、その第二部、法を明かす諸経の第十一番目におかれている。パーリ語長部経典では、第二四経 **Pāṭika-suttanta**（*DN.* Ⅲ, pp. 1–35）に相当する。漢訳に異訳経典はない。

次に、この経の経題・内容に関してみることにする。

まず経題であるが、『阿㝹夷経《あぬいきょう》』という経題は、釈尊が房伽婆梵志《ぼうがばぼんし》に本経を説示した場である「冥寧国阿㝹夷土」にちなんでいる（この地名に関しては注1参照）。一方、パーリ本の **Pāṭika-suttanta** という経題は、本経の主要な登場人物の一人、裸の行者 **Pāṭika-putta**（漢訳では「波梨子」）にちなむものである。

次に内容をみることにする。冥寧国《めいねいこく》の阿㝹夷城において釈尊が房伽婆梵志を訪ねるところから本経ははじまる。そして、話題が善宿《ぜんしゅく》比丘の還俗のことに及ぶや、釈尊は善宿の見解の非なることを、いくつかの出来事をとりあげて明らかにするのである。もともと釈尊の従者であった善宿は、釈尊が神通力《じんずうりき》を示さないことと、父祖伝来の秘術（パーリ本によれば、世界起源説）を説かないことを不満に思い、還俗して異教徒となったのであった。（彼の還俗に関しては諸経律論に言及がある。赤沼『固有名詞辞典』六六〇頁参照)。したがって、本経は大別して二つの論題からなる。神通力と世界起源説とである。

神通力に関しては、『長阿含経』巻一六の『堅固経』(Kevaṭṭa-suttanta)に詳しく説明されており、本経では、むしろ実際に釈尊が神通力を発揮したユーモラスな三つのエピソードを紹介することに主眼がある。まず、釈尊は七つもの苦行をしている伽羅楼《からろう》というジャイナ教の苦行者に対して、彼が苦行をやめて墓地で命終するであろうと予言したが、果たしてそのとおりであったこと。次に、やはりジャイナ教徒の究羅帝《くらてい》が糞の中の糟糠をなめているのを見て、善宿がこれこそ阿羅漢(尊敬すべき方の意)と尊敬すると、釈尊は善宿の思い違いをたしなめ、究羅帝が七日後に食べ過ぎで死に、仲間に見捨てられ、起屍鬼(vetāla)になると予言するが、果たしてそのとおりであったこと。第三に、パーリ本の経題ともなっている本経の主人公、裸の行者波梨子《はりし》(Pāṭika-putta)の登場である。釈尊の二倍は智慧や神通力があるという彼の大言壮語を聞いた善宿が釈尊にそのことを報告すると、釈尊は、波梨子がその思い上がりを捨てずに自分に近づこうとしても無理だと断言する。釈尊が面会を求めていると聞いた波梨子は別の行者の道場へ逃げ、縄椅子に坐り込んで、独り憂悶する。なんとか彼を釈尊の許へ連れていこうと色々な人が説得に来、彼も立ち上がろうと決意するのだが、いかんせん、先の仏の断言がある。立ち上がろうとしても、立ち上がれない。足をばたつかせれば、椅子の縄目に足をとられる始末であった。

以上、三つのエピソードで、仏に外道《げどう》を凌駕する神通力があることを示したのち、次に世界起源論に話題を移す。この起源論は『長阿含経』巻六の『小縁経』(Aggañña-suttanta)にむしろ詳しく、また巻一四『梵動経』(Brahmajāla-suttanta)で挙げている六二の邪説のリスト中にそっくり入っているものである。つまり、梵天創造説・「遊び戯れ」起源説・「失意」起源説・無因説(偶然起源説)の四つ。

そして、最後に釈尊は、「他の教えに従っている限り、身も心も清らかにはならない。心につねに仏を願い求めさえすれば、安楽を得るであろう」としめくくる。

以上が本経の要点である。本経において紹介される、釈尊の異教のものに対する優越性をテーマとする幾つかのエピソードは我々を失笑させる。しかし、そこには深遠な教理が展開している訳ではなく、ただただ、「つねに仏を願い求めよ」という響きが聞こえてくるだけである。

本経に関して注目すべきことは、まず、善宿と釈尊とで相違する見解の間に自ずと明らかになる「阿《あ》羅《ら》漢《かん》」の概念の異相である（T. W. & C. A. F. Rhys Davids, *Dialogues of the Buddha*, pp. 3-6 を参照）。また、漢訳のみに見える「苦・集・滅・味・過・出要、如実知之。以平等観、無余解脱、名曰如来」（六九中―七十上に四個所出る）という「如来《にょらい》」の定義も興味深い（注171参照）。さらに、本経は漢訳仏典の話法を考えるには格好な題材といえよう。釈尊と房伽婆梵志との会話の形をとりつつ、その中で、釈尊と善宿の会話が述べられ、さらに、その中で善宿と他のものとの会話が展開するといった具合に、二重、三重の直接話法が連続するのである。また、究羅帝に関するエピソードが大乗の『大般涅槃経』巻三一、迦葉菩薩品にも述べられていて、しかも、本経ともパーリ本とも多少異なっているのは（大正一二・八〇七中―八〇八中）、興味を引くところである。

本経に関して Friedrich Weller の二つの重要な論文がある。すなわち、Über den Aufbau des Pāṭikasuttanta. I. Der Pāli-Text (Dīghanikāya XXIV). *Asia Major, F. Hirth Anniversary Volume.* London: Probsthain 1922. S. 620-639. 及び Über den Aufbau des Pāṭikasuttanta. II. Übersetzung des chinesischen Texts. *Asia Major*, vol. V (1928), S. 104-140 である。とくに後者は漢訳からの翻訳であり、前半には、本経の音写語に関する詳しい論考がある。

なお、今回の訳出に当たっては、他の諸経同様、『国訳一切経』、『南伝大蔵経』、パーリ本の独訳、英訳などを参考にした。（辛嶋）

『善生経』解題

『善生経《ぜんしょうきょう》』は『長阿含経』巻十一に収められた第十二経である（大正一・七〇上～七二下、本文六三～八四頁）。パーリ語の長部経典では、第三十一経 Siṅgālovāda-suttanta（*DN.* Ⅲ, pp. 180–193）に相当する。漢訳の異訳経典として、後漢の安世高《あんせいこう》訳と伝えられる『尸迦羅越六方礼経』（大正一・二五〇下―二五二中）、西晋の支法度訳『善生子経』（大正一・二五二中―二五五上）、東晋の僧伽提婆訳『中阿含経』巻三十三に収められる『善生経』（大正一・六三八下―六四二上）の三本がある。このうち『尸迦羅越六方礼経』は安世高の訳と考えるには問題がある（宇井伯寿『訳経史研究』四三七頁参照）。また、これら三本の他にも、『出三蔵記集』をはじめとする経録によれば、西晋の竺法護《じくほうご》訳『大六向拝経』と東晋の祇多蜜・竺難提訳『威革長者六向拝経』が異訳としてあったようだが、今は残っていない（詳しくは常盤大定『後漢より宋斉に至る訳経総録』五〇五頁・七一七頁以下参照）。現存する漢訳四本とパーリ本とを比べると、本経がパーリ本と最もよく一致し、『善生子経』と『中阿含経』所収の『善生経』は、本経・パーリ本とは別の系統で一致し、『尸迦羅越六方礼経』は他のどれとも一致しない（注11参照）。

経題の「善生」は、世尊からこの教えを授けられた人物の名であるが、この人名については問題がある。パーリ本の経題Sigālovāda（Siṅgālovāda に作るテキストもある）はSigāla（Siṅgāla）への教えという意味であり、sigāla（S. sṛgāla）は普通名詞としては動物のジャッカルのことであって、漢訳の「善生」という語はここからは出てこない。「善生」という漢訳語から考えられるのはSujāta という人名であるが、Sujāta という人物はこの経には全く関係しない。したがって経題となっている世尊から教えを受けた人物の名の梵語原語が何であったのか、「善生」という名がどこから出てきたのか、詳しいことはよくわからないと言うより他はない。赤沼智善『印度仏教固有名詞辞典』のSiṅgālakaの項では「善生」と訳したのは「Sujātaと見しなり」とするが、その根拠は示されていない。

次に本経の内容を概観すると、羅閲祇《らえつぎ》（Rājagaha）の耆闍掘山《ぎじやくつせん》（Gijjhakūṭa）にいた世尊が朝早く托鉢に出かけた時、長者の子善生が園林で沐浴し、体じゅう濡らしたままで東西南北上下の六つの方角に向かって礼拝しているのを見かけ、そのわけを尋ねるところから本経は始まる。善生が亡き父の教えを奉じてこれを行っているのだと答えたところ、世尊はそのようなやり方は正しい礼拝ではないと言って否定し、そのあと、善生に対して真実の六方礼拝《ろっぽうらいはい》とは何かを説明する。この世尊の言葉が本経の中心である。

まず世尊は、四結業《しけつごう》（煩悩から生じる四つの行い。殺生・盗竊・婬逸・妄語）と六損財業《ろくそんざいごう》（財産を損う六つの行い。飲酒・博戯・放蕩・伎楽・悪友・懈堕）について説明し、これらをよく知って、欲望・怒り・恐れ・愚かさを離れることが六つの方角を正しく供養するということであり、そうすれば善報を得て、生きては人々に称賛され、死んでは天に生れることができると説く。次いで、四怨《しおん》（四種のえせ親友。畏伏・美言・敬順・悪友）と四親《ししん》（四種の真実の親友。止非・慈愍・利人・同事）について説明し、四怨を退けて四親に親しむべきことを述べたあとで、いよいよ六方礼拝の本題に入る。

世尊によれば、六つの方角はすべて人間関係の中にある。父母が東方、師が南方、妻が西方、親族が北方、僮僕が下方、沙門婆羅門が上方である。したがって、東方を礼拝するということは、人の子たる者が五つの義務を果たすことによって父母を敬順し、父母がやはり五つの義務によって子を敬親することである。以下、順に、弟子と師、夫と妻、人と親族、主人と僮僕、檀越と沙門婆羅門の間にもそれぞれ果たされるべき五つの義務があり（檀越に対する沙門婆羅門の義務だけは六つ）、これらをしっかりと行うことが、南方・西方・北方・下方・上方を礼拝するということであると述べる。ここに挙げられる義務の内容はいずれも平易で日常的なものである。そして最後に世尊は偈によって、このようにして六つの方角を礼拝することができたならば、人は必ず社会的な名声を得て、家の財産を守ることができるだろうと説く。

世尊の教えを聞いた善生は、三宝に帰依して優婆塞となり、生涯、五戒を犯さないことを誓って、この話は結ばれる。

以上が本経の内容である。このように本経は六方礼拝にちなんで、出家者ではない一般の人間が守るべきおきて、社会と家庭の中で果たすべき義務を具体的に述べたものであり、世俗人のための生活倫理の書という性格を持つものである。そして、これら生活倫理に関する事柄がすべて数目に整理されて述べられているのが、本経の大きな特徴である。四結業・六損財業・四怨・四親などいずれもそうであり、さらに六損財業の各項目について六失を列挙し、四怨・四親についてもやはり各項目に四事を挙げて説明しているし、また、六つの方角に配置された人間関係において果たすべき義務もすべて五事もしくは六事に整理して述べられている。このことは本経が、仏教において古くから世俗人のための生活倫理として散説されていたものを整理し体系化の手を加えて完成されたものであることを物語っている。

本経については、中村元『原始仏教の生活倫理』の全書にわたって詳細な研究・検討がなされている。本経のような形に体系化されるに至るまでの諸々の人間関係における倫理として説かれていた事柄や、この経典の内容がアショーカ王の詔勅（中村元「アショーカ王のことば」、『アーガマ』56号〜58号）とも重なること、南方仏教では在俗信者のための戒律としてこの経典が非常に重んじられてきたことなど、この『原始仏教の生活倫理』に詳しく述べられている。また、中村氏にはパーリ本からの日本語訳「シンガーラへの教え」（筑摩書房「世界古典文学全集」6『仏典』Ⅰ所収）もある。

本経に関する研究としてもう一つ重要なものは、Bhadanta Pannasiriによる漢訳四本の英訳（Visva-Bharati Annals, vol. Ⅲ, 1950, pp. 150-228）およびその序文である。序文では経題の問題のほか、古代インドにおける方角崇拝の起源とその事例、漢訳四本・パーリ本の系統関係などについて論及がなされている。

今回の訳出にあたっては、Bhadanta Pannasiriの英訳と石川海浄氏の書き下し（『国訳一切経』阿含部七、二四九―二五六頁）のほか、パーリ本については中村元訳「シンガーラへの教え」を参考にした。（神塚）

『清浄経』解題

『清浄経《しょうじょうきょう》』は『長阿含経』巻十二に収められた第十三経である（大正一・七二下〜七六中、本文八五〜一一二頁）。パーリ語の長部経典では、第二十九経 Pāsādika-suttanta（*DN.* Ⅲ, pp. 117–141）に相当する。漢訳には異訳経典はない。

本経の内容は多彩であるが、大きく三つの部分に分かれる。第一の部分では、波波国の尼乾子《にけんし》（ニガンタ・ナータプッタ）の弟子たちの間に起こっている分裂抗争を、周那《しゅうな》が阿難に訴え、阿難と周那は仏のもとへ教えを乞いに出かける。仏は周那に語りかける形で、尼乾子の教えは正しくなかったことを述べて、その弟子の間に争いが生じた理由を説明し、異論を除滅することができなければ梵行は完全であるとは言えないこと、全世界の指導者の中で仏の教えが最も正しく仏の教団が最もすぐれていること、鬱頭藍子《うつとうらんし》（ウッダカ・ラーマプッタ）の説は誤りであることなどを説く。次いで第二の部分では、仏は比丘たちに対して、弟子どうしが決していさかいを起こしてはならないことを語り、あわせて三十七道品・十二部経・衣食住薬の規定について説く。さらに第三の部分でも仏の言葉が続き、ここでは外道の修行者が仏弟子を非難した場合、どのように対処したらよいかということが主題になる。外道の修行者は仏弟子が楽しみを持っていることを非難するかもしれないが、仏弟子の持つ楽しみとは五官の欲望から離れて四禅に入ることであり、また、外道の修行者が仏は未来の事を知らないと言うのは事実に反すること、外道の修行者が過去と未来に関して説く議論はすべて誤りであることが説かれ、最後に、十二因縁・四念処・八解脱についての言及がある。

以上が本経の概要である。このうち、冒頭の尼乾子教団の分裂抗争に関する話は、『中阿含経』巻五二の『周那経』（大正一・七五二下―七五五上）――これはパーリ語の中部経典の第百四経 Sāmagāma-sutta（MN. Ⅱ, pp. 243―251）に相当し、漢訳の異訳経典として、施護訳『息諍因縁経』（大正一・九〇四中―九〇七上）がある――の初めの部分と重なる。『清浄経』の全体を通してみると、仏の弟子たちが守るべき梵行が中心テーマであるという点で一貫性を持つと見ることもできようが、第一の部分だけに周那が登場していることや、第二の部分は弟子の和合が説かれる点で第一の部分とつながりを持つと見なされるものの、第三の部分では急に話題が転換していることなどを考えれば、『清浄経』は『周那経』と重なる部分とそれ以外の部分とで成立の事情が異なっていたのかもしれない。

経題の「清浄」は、本経の最後のところで、仏の話を聞いていた阿難が「此法清浄微妙第一」とたたえ、仏みずからこの経を「清浄」と命名したことに由来するが、この「清浄」という語は、中国においては、たとえば司馬遷が老子の思想を「無為自化、清浄自正」と要約している（『史記』太史公自序）ことからも明らかなように、道を体得した人が到達する境地として、道家思想で特に重んじられたものである。本経では、「梵行清浄」「護念清浄」「汝当清浄持之」など、「清浄」という語が繰り返し出てくる。これらのパーリ本の対応語が同一でないことを考え合わせれば、仏典の漢訳の段階で、語彙の選択と概念の把握に道家思想が大きな役割を果たしたことの一例をここにも見出すことができるであろう。

今回の訳出にあたっては、他の諸経と同様、石川海浄氏の書き下し（『国訳一切経』阿含部七、二五七―二六八頁）の他、パーリ本については、『南伝大蔵経』第八巻（一四九―一八二頁）に収める成田昌信氏の邦訳、Rhys Davids の英訳（Dialogues of the Buddha, SBB, Part Ⅲ, pp. 111–131）を参考にした。（神塚）

『自歓喜経』解題

『自《じ》歓喜《かんぎ》経《きょう》』は、『長阿含経』巻十二に収められた第十四経であり（大正一・七六中〜七九上、本文一一三〜一三四頁）、パーリ語の長部経典では第二十八経 Sampasādanīya-suttanta（*DN.* Ⅲ, pp. 99–116）に相当する。漢訳の異訳経典としては、宋の法賢訳『信仏功徳経』（大正一・二五五上―二五八上）がある。また、本経の一節は、Mahāparinibbāna-suttanta i, 15–18 および相応部の Satipaṭṭhāna-Saṃyutta（*SN.* V, pp. 159–161）――漢訳では『雑阿含経』巻十八（大正二・一三〇下―一三一上）に相当する――と重なっている。

本経の内容を概観しておくと、如来が那《な》難陀《なんだ》（Nālandā）にいた時のこと、弟子の舎利《しゃり》弗《ほつ》（Śāriputra）が、如来は他のいかなる沙門婆羅門よりもすぐれていると考え、そのことを如来の前で告白するところから本経は始まる。舎利弗に対して如来が、お前は何を根拠にしてそんなことを言うのかと問いただすと、舎利弗は、如来の教えが他の誰よりもすぐれたものであることを、一つ一つの教えを列挙して証明していく。舎利弗が列挙した如来の教えというのは、その項目だけを挙げれば、次の十五である。

1法（三十七道品）　2諸入（十二入）　3入胎　4道（七覚意）　5滅　6言清浄　7見定

8常法　9観察　10教誡　11戒清浄　12解脱智　13自識宿命智証　14天眼智　15神足証

これらのそれぞれについて、舎利弗はその内容を簡略に説明し、時には他の沙門婆羅門の説と対比させながら、如来の教えが最もすぐれていることを説く。この部分が、量的には本経の大半を占める。

そのあとで舎利弗は、「過去、未来の沙門婆羅門には今の如来、瞿曇《くどん》（Gotama）と並ぶ者がいた（いる）が、現在はいない。現在は瞿曇がただひとり最もすぐれている」と述べ、それが正しいことを如来も認める。

最後に、如来と舎利弗のこうしたやりとりを側で聞いていた欝陀夷《うつだい》（Udāyi）が、如来を讃え、舎利弗は如来の教えを人々に説くことを誓って、本経は結ばれる。

本経の経題の「自歓喜」は、パーリ本の経題 Sampasādanīya に対応している。sampasādanīya は pasādana と同じく、心が澄みきって清らかになり、静かな喜びの感じられる心境を指す語である（藤田宏達「原始仏教における信の形態」〈『北海道大学文学部紀要』六〉参照）。本経においては、そうした「心の清らかさ」とか「喜び」について具体的に述べられているわけではない。しかし、舎利弗が如来とその教えのすばらしさを述べ、それを信じている（「信」のパーリ対応語は pasīdi）と語る時、彼の心はそのまま「清浄」と「歓喜」につながっているのである。

今回の訳出にあたっては、これまでと同様、石川海浄氏の書き下し（『国訳一切経』阿含部七）の他、パーリ本については、Rhys Davids の英訳（Dialogues of the Buddha, SBB, Part Ⅲ, pp. 95–110）と『南伝大蔵経』第八巻（一一一―一四七頁）所収の成田正信氏の邦訳を参考にした。

＊

また、パーリ本の問題箇所については、引田弘道氏の協力を得た。（神塚）

『大会経』解題

本経は『長阿含経』の第十二巻に収められた第十九番目の経典である（大正一・二五八上〜二五九下、本文一三五〜一五〇頁）。この経には、パーリ聖典のほか、梵語写本・チベット語訳・漢訳に対応するものがある。

1――――パーリ本

Mahāsamaya-suttanta, *Dīgha-nikāya* II, pp.253–262（PTS ed.）

これには、Buddhaghosa による注訳（Aṭṭhakathā）、及びそれに対する複注（Ṭīkā）がある。また、『南伝大蔵経』第六巻所収の日本語訳のほか、Rhys Davids の英訳がある。また Skilling は新たにパーリ本を校訂し、チベット訳(二)と対比した（1994: 384f.）。

2――――梵本

Mahāsamāja-sūtra

Waldschmidt 1932, 1980 に所収の梵語写本の断片。説一切有部（Sarvāstivādin）が伝承していたテキスト。Waldschmidt

の独訳（1932）、英訳（1980）がある。

3——チベット訳㈠

'Dus pa chen po'i mdo

カンジュールの般若部に収められている。宮坂はデルゲ版を定本にして、北京版と校合したテキストを作った（1970: 113–115）。内容は僅少の出入を除きパーリ本と一致し、言語の上からも、その原本はパーリ訳に近似した言語で書かれていたと思われる。なお、宮坂（1970: 125）は、全般的にパーリ本と近似することから、分別説部系統の所伝と推定し、原本はサンスクリットで書かれていたと考え、他方、Waldschmidt（1932: 196）は、単純にパーリ本からの翻訳と考えている。筆者は後者の説が正しいと考えている。

4——チベット訳㈡

Mdo chen po 'dus pa chen po'i mdo.

やはりカンジュールに収められている。Waldschmidt はこれを独訳した（1932: 196f.）。内容的に梵本にほぼ一致し、原本はサンスクリットで書かれていたと考えられる。しかし、梵本よりも幾分長く、また末尾に他の諸本に対応のない部分（mdo sde=sūtrānta と呼ばれている）が付加されている。Skilling は校訂本をつくり、パーリ本と対比した（1994: 384f.）。

5——漢訳（宋訳）

宋、法天訳『仏説大三摩惹経』一巻、大正一・二五八上～二五九下。

内容的に梵本と一致する。また音写語から見て、原本がサンスクリットで書かれていたことは明らかである。Waldschmidt（1932）は他の諸本と対照してこの経を独訳した。

この他、パーリの *Saṃyutta-nikāya* I, pp. 27–28 に、*Samaya* という短い経があり、これは本経などの冒頭の部分、すなわち四人の浄居天《じょうごてん》（梵本や宋訳などは梵天）が釈尊のもとを訪れ、順次に賛嘆する偈を唱えるところに対応する。

これに対応する漢訳には『雑阿含経』巻四十（大正二・三二三上～中）、『別訳雑阿含経』巻五（大正二・四一一上～中）がある。宮坂は、この短い経典の方が本来的で、本経のように神々の名を列挙し、魔軍の退散を説くのは後からの付加と考えているが（1970: 113）、これは認めがたい。むしろ、本経のような形が先ず成立し、それから浄居天（梵天）に関する部分を抜き出し、浄居天（梵天）の登場する他の短い経典群と一緒にまとめたか、あるいは Norman の示唆するように（1983: 39）、本来別の経典であったと考えられる。

*

経題について。

パーリ本には Mahāsamaya とあり、梵本には Mahāsamāja とあるが、これら二つの経名の関係に関して解釈が分れる。まず、Norman は、samaya と samāja がともに「集会」の意味をもつから、単に言葉の言い換えにすぎないと思われるが、梵本の形は、-j- > -y- の変化が西北インドの俗語で普通に起きることを知悉した者による間違った backformation の可能性もあるという（1983: 39）。これに対し、先ず J. C. Wright が、S. samaya に「集会」の意があるとは認めがたいとし、パーリ本の形は samāja の西北インドのカローシュティー文字で書かれた形（samaya）を受け継ぐものという大胆な推定をした（*BSOAS* 48〈1985〉, p. 154）。さらに von Hinüber（1986b）は、J. C. Wright の推定を否定し、samāja が東部インド方言で *samāya となり、それが紀元前一世紀にスリランカで書き記されたとき、その書体には短母音と長母音の区別がなかったため、samaya と書き伝えられたと推定している。しかし西北インド以外では、-j- > -y- の変化は極めて稀で von Hinüber の説も説得力を欠く。Norman は二人の意見を斥けたうえで、北インドおそらくはマガダ地方のアショーカ王以前の書体では短母音と長母音の区別がなく、*samāya（<S. samāya）が samaya と書かれたと推定している（1992: 242f. = 1994: 251f.）。

『大会《だいえ》経《きょう》』という経題から言語がどちらだったかは言えない。宋訳の「三摩惹」は samāja の音写である。いずれにせよ、大勢の鬼神や神々が釈尊と仏弟子のもとに集うことを取り上げて、この経典の経題がつけられたのである。

＊

本経の内容について。

釈尊と仏弟子たちが釈翅捜国《しゃくしそう》の迦維林《かい》におられたとき、十方世界の神々がそのもとへ集い、彼らを礼拝した。これをはるか天上から見た浄居天の四人の神々もまた、仏のもとへ来て、順次に仏の教えと仏弟子を賛嘆する偈を詠った。彼らが去ると、釈尊はこのようなことは過去にもあったし、また未来にもあるであろうといって、集い来た神々の名を次々と告げた。まず、地上の神々、続いて四天王、乾沓婆《けんとうば》・羅刹《らせつ》、竜王と鳥の王、阿修羅《あしゅら》、六十種の天の神々の名が列挙されている。

次に、五神通をもつ六十八人の婆羅門のために呪文を結ぼうといい、つづけて、多くの音写語の羅列が続くが、この部分は他の諸本に全く対応がなく、その内容は不明である。ただし、「王仙たちが近づいて来た。カピラヴァストゥの森へ」で始まり、「近づいて来た。比丘たちの集まっている森に」で終り、そのあいだに「来た」「王」「大王」の音写と思われるものが頻出するので、神々の場合と同様、王仙たちの名を挙げて、彼らが集い来たことを述べていると推測される。なお、この部分は部派分裂後の付加に間違いないが、その音写は他の部分の音写と同じ傾向をもちながらも、借用したものではないことは明らかであるから、おそらくこの部分は西北インドあるいは中央アジアで作成されたものであろう。

続いて、千人の五神通をもつ婆羅門もおり、釈尊は彼らのために呪文を結んだとあるが、その呪文は記されていない。ここも、他の諸本にない部分である。

最後に、この世界とあらゆる世界の梵天たちも集い来たことが述べられる。

神々をはじめ大勢の者が釈尊のもとに蝟集しているのを見た魔王は、軍勢を率い、その大集会を襲う。すると、釈尊は比丘たちに不放逸の教えを説き、これを聞いた比丘たちは魔軍に対し毫も動じることがなくなったとある。

＊

本経の特異性について。

神々や夜叉などの固有名詞が頻出するこの経は、漢訳者たちにとって面倒な作業だったに違いない。時にはパーリ語や梵語からも形容詞か固有名詞か判断がつかない場合もあり（例えば注183・228）、俗語の原本を手にしていた漢訳者はまして判断に苦しんだことであろう。パーリ本・梵本・チベット訳では、仏が集い来た神々の名を告げる部分より後、経末まで、ほとんど韻文で綴られており、本経の原本でも同様であったと考えられるが、本経では最初の三偈と経末の五偈を除けば、まったく偈の形をとらず、散文、あるいは音写の羅列となっている。実際、漢訳に際し、多出する固有名詞を盛り込んで偈の形に整えるのは不可能であったに違いない。

ここで注目すべきことは、固有名詞のみならず、形容詞・動詞・接続詞などもすべて音写され、しかもその文が「呪」とされていることである。本経の所属する法蔵部は経・律・論の三蔵のほかに菩薩蔵と呪（dhāraṇī）蔵をもっていたといわれるが、このことと、本経で音写の文を「呪」とよぶことには関係があると推測されている（宮坂 1970: 135）。

他方、Mahāsamaya-suttanta と密接な関係にある Āṭānāṭiya-suttanta（梵文断片もあるが、漢訳は残存しておらず、また本『長阿含経』には入っていない）では、仏弟子や信者がヤッカたちに身を守ってもらうために唱える〝護身の呪文〟（rakkhā, S. rakṣā）が説かれ、さらにそのヤッカたちの名前が列挙されるが、それと本経でいう「呪」が関係あるとも考えられよう。

本経の音写部分は、一見すれば陀羅尼（dhāraṇī）にみえるが、その実、パーリ本や梵本に照らし合わせてみれば、陀羅尼という性質のものではない、また〝護身の呪文〟（rakkhā）とも異なる。果たして、本経の原文に「呪」とあったか疑わしく、漢訳者がそう名付けた可能性が高い。

なお、Mahāsamaya-suttanta と Āṭānāṭiya-suttanta は後の密教経典の起源となったもので、特に後者から『孔雀経』

（Mahāmāyurī）および『大集経』（Mahāsannipāta）月蔵分、さらに『毘沙門天王経』が成立したことが論証されている（渡辺海旭「真言秘経の起源及発達の実例」『壺月全集』上、三五三～四〇四頁）。

＊

本経の原語について。

本経は多数の音写語を含み、『長阿含経』の原語の推定のみならず、中国音韻史の研究にとっても豊富な資料を提供している。すでに Waldschmidt は梵本の校訂出版に際して、本経の音写語の研究も付け加え、その中で中央アジア出土の『法句経』の言語との類似性を指摘した（1932: 226f. cf. do. 1980: 162f）。さらに、この言語をガーンダーリー（ガンダーラ語）と名付けた Bailey（1946）は、その言語やコータン語と『長阿含経』の原語との関係を示唆した。これらの研究に基づき Pulleyblank（1962）は、その中国語中古音の研究に本経の音写語を利用した。さらに、上記のガンダーラ語『法句経』を校訂出版した Brough はその序論の中で、その言語と『長阿含経』の原語との幾つかの相違点を認めつつ、基本的には同一の言語であろうと推定した（一九六二：五四）。

筆者は『「長阿含経」の原語の研究——音写語分析を中心として』（東京 1994、平河出版社）で、本経をふくむ『長阿含経』全体に見える約五百の音写語を言語的に分析した。その結果、確かに、-d- ＞-[z]-; -th- ＞-s-; -śr- ＞-ṣ-; -sy- ＞-ś-; -śv- ＞-śp- という音変化などガンダーラ語の特徴を反映している音写語も見られるが、ガンダーラ語と相違する音変化を示す音写語も少なくないことが分かった。すなわち、『長阿含経』の原語は、西北インドの碑文に見られるガンダーラ語とはかなり異なったもので、この西北インド方言の要素以外にも梵語化・プラークリット・地域の方言の要素が混然とした複雑な言語様相を示している、という結論に達した（同書四九～五二頁参照）。

解題と注で参照した著作・論文、及び経本で特に使用した略号は以下の通り。

Āṭā

Āṭānātiya-suttanta. *Dīgha-nikāya II*, pp. 194–206 (PTS ed).

Bailey, H. W. 1946

“Gāndhārī”, *BSOAS* II, pp. 764–797.

Bloch/Master 1965

Jules Bloch, *Indo-Aryan from the Vedas to Modern Times*. English Edition Largely Revised by the Author and Translated by Alfred Master, Paris.

Bodman, Nicholas C. 1954

A Linguistic Study of the Shih Ming, Cambridge, Mass.

Burrow, T. 1937

The Language of the Kharoṣṭhi Documents from Chinese Turkestan, Cambridge.

Brough, John 1962

The Gāndhārī Dharmapada, London.

Childers, R.C. 1875

A Dictionary of the Pali Language, London.

Coblin, W. South 1983

A Handbook of Eastern Han Sound Glosses, Hong Kong.

Dien, Albert E. 1957

“A Note on Hsien 祆 ‘Zoroastrianism”, *Oriens* 10, pp.284–288.

Emmerick, R.E.

1981a “The Consonant Phonemes of Khotanese”, *Acta Iranica* VII, Monumentum Georg Morgenstirne 1, pp. 185–209, Leiden.

1981b “Two Indian Loanwords in Khotanese”, *Studien zun Jainismus und Buddhismus, Gedenkschrift für Ludwig Alsdorf. Wiesbaden.*

Geiger, Wilhelm 1916

Pāli. Literatur und Sprache, Straßburg.

von Hinüber, Oskar

1986a *Das ältere Mittelindisch im Überblick*, Wien.

1986b “Pāli *samaya und Sanskrit samāja*”, *Indo-Iranian Journal* 29, pp.201–202.

Konow, Sten 1929

Kharoshṭhī Inscriptions with the Exception of those of Aśoka. Corpus Inscriptionum Indicarum II 1, Calcutta.

Lévi, Sylvain 1912

“L’Apramāda-varga:étude sur les recensions des Dharmapada”, *Journal Asiatique*, dixième série, tome XX, pp. 203–294.

Māy

Mahāmāyūrī, ed. by Oldenberg, *Zapiski Vostocnago ostdyeleniya Imp. Russk. Arkheol, Obstchestva*, XI,. 1897–1898, Petersburg, 1899, pp.218–261.

宮坂宥勝 1970

「Mahāsamaya-sūtra の原典研究」『インド古典研究』I、成田山新勝寺刊、一一一～一三五頁。

Norman, K.R.

1983 *Pāli Literature*, Wiesbaden

1992 "The development of writing in India and its effect upon the Pāli canon," *Wiener Zeitschrift für die Kunde Südasiens* 36／Supplementband, pp.239–249.

1994 *Collected Papers*, vol. V, Oxford.

Pischel, Richard 1900.

Grammatik der Prakrit-Sprachen, Straßburg.

Pulleyblank, E.G. 1962

"The Consonantal System of Old Chinese", Part 1: *Asia Major* (n.s.) 9, pp.58–144. Part 2: *Asia Major* (n.s.) 9, pp.206–265.

Skilling, Peter 1994

Mahāsūtras: Great Discourses of the Buddha, volume 1: Texts, Oxford.

Waldschmidt, E

1932 *Bruchstücke buddhistischer Sūtras aus dem zentralasiatischen Sanskrit Kanon* I, (Kleinere Sanskrit-Texte, Heft IV), Leipzig.

1980 "Central Asian Sūtra Fragments and their Relation to the Chinese Āgamas", *Die Sprache der ältesten buddhistischen Überlieferung*, herausgegeben von Heinz Bechert, Göttingen, S. 136–174.

（辛嶋）

『阿摩昼経』解題

『阿摩昼経《あまちゅうきょう》』は『長阿含経』巻一三・第三〇経で（大正一・八二上～八八中頁、本文一五一～一九五頁）、パーリ語の長部経典では、第三経 Ambaṭṭha-sutta(*DN*, I, pp. 87–110) に該当する。

まず、本経の内容を概観するに、仏が倶薩羅国《くさつら》（Kosala）の伊車能伽羅村《いしゃのうから》（Icchānaṅkala）にいた時のこととされる。その頃、村に沸伽羅娑羅《ふつからさら》（Pokkharasādi）という婆羅門がおり、仏がうわさどおりに真実に優れているかどうか確かめたいと思い、弟子の阿摩昼《あまちゅう》（Ambaṭṭha）を仏のもとに遣わす。阿摩昼は仏のもとに到ると、仏を軽蔑した振舞をし、また、かつて釈迦族の者に馬鹿にされたことを語る。それに対し、仏は釈迦族と阿摩昼の祖先について述べ、婆羅門より刹利（クシャトリヤ）の方が優れているとする。

こうして阿摩昼の傲慢さをたしなめた上で、仏は仏の教えの優れている所以である「無上明行具足《むじょうみょうぎょうぐそく》」（この上もない智慧と行為が具わっていること）について説く。その内容は以下のとおりである。

(1) 種々の戒律を守る

(2) 感官を護り、精進して修行に勤める

(3)　四禅

(4)　禅定の力により神通力を得る

以上が無上明行具足であるが、それに達しない者には「四方便」（四つの手だて）がある。しかし、阿摩昼たちはこの方便さえも具えておらず、古えの婆羅門たちにも遙かに及ばない。このことを阿摩昼自身にも認めさせた上で、仏は三十二相をすべて示し、阿摩昼の疑念を除く。

阿摩昼から報告を受けた沸伽羅娑羅婆羅門は、自ら仏のもとに赴くが、三十二相を見て、仏に帰依し、仏を供養する。仏が去ってほど経ぬうちに沸伽羅娑羅は命終った。比丘たちの問に答えて、仏は婆羅門が次の世で涅槃に達し、この世界に戻らないと教えた。

＊

次に、本経の特徴や問題点について触れておこう。本経において注目されるのは、特にはじめの方の部分、すなわち、婆羅門（バラモン）より刹利（クシャトリヤ）が優れていると説く箇所である。周知の通り、インドはカースト制度の厳しい国であり、ヴェーダ以来、バラモン・クシャトリヤ・ヴァイシャ・シュードラの四階級が定められている。しかし、仏教が興起し、隆盛する時代はこのカースト秩序が最も弛緩した時代で、ブッダ自身、ジャイナ教の祖マハーヴィーラと同様、クシャトリヤ（王族）の出身で、その後の仏教の発展を支えたのはクシャトリヤやヴァイシャ（商人など）の人たちが中心であった。こうした背景から、仏典にはカースト制度やバラモンの優位に対する批判がしばしば見られる。『小縁経』（本シリーズ第2巻所収）や『種徳経』（本シリーズ第5巻所収予定）も同様の内容のものである。その中で、本経はクシャトリヤの方がバラモンよりも優れていると明白に説く点で、特に注目される。

その際、この点を論証するものとして持ち出されるのが、仏もその出身である釈迦族と、バラモンである阿摩昼の一族の起源に関する説話である。釈迦族の起源説話は『マハー・ヴァストゥ』はじめ、多くの文献に見られるが、本経のものは、内容も詳しく、特に阿摩昼の祖先である声王の話が関連づけて語られている点が興味深い。

本経の中心となる説法は定型的なものであるが、未信者あるいは敵対者を仏教に引き込んでいく手順が如実に知られ、興味深い。パーリ本ではかなりの部分が Sāmaññaphala-sutta と共通し、PTSのテキストでは、その部分を略している。

＊

ところで、前述のように、本経はパーリ本の Ambaṭṭha-sutta が対応するが、他に異訳として、『仏開解梵志阿颰経』（大正一・二五九〜二六四頁）がある。これは、現行本では支謙訳となっているが、『出三藏記集』では道安の失訳経録中に「阿抜経一巻〈安公云出長阿含、或云阿抜摩納経〉」とあり、また、僧祐の新集失訳経録中にも「仏開梵志阿颰経一巻〈抄阿含、或云梵志阿颰〉」と見える。ところが、『歴代三宝記』に至ると、支謙訳に「仏開解阿抜梵志経一巻〈一云梵志阿颰経、出長阿含〉」とすると同時に、別に東晋の法勇にも「仏開解梵阿颰経一巻」があったとし、『開元録』もこれを承けて、支謙訳と法勇訳と出し、後者を闕本としている。法勇には他に訳経がなく、既に唐代に闕本とされているところから、実際に別訳があったとは考えにくい。また、『出三藏記集』の記録を考えると、現行本も失訳と見るのが適当であろう。

ところで、この『阿颰経』は甚だ注目される経典である。すなわち、内容的に『阿摩昼経』やパーリ本と非常に異なった面が大きいのである。例えば、釈迦族の起源説話のかわりに、昔の鼓摩床（三本「休」。この方がよい）王に四子があり、その四子が争うのを見て、王は世を厭い沙門となって精進したという話を載せ、親子とて信頼するに足りないとして、「慈心を以て人物を救済する」仏の立場を説くという具合である。その他、全体として他の諸本と大きく異なり、全く系統を異にした一本として注目される。

また、本経は刹利を「君子」と訳したり（大正一・二六〇中）、「仁」（二六〇上）、「孝子」（二六一下）、「士農工商」（二六三中）

など、極めて格義性の強い訳語を用いており、その面でも注目される。今後の研究を要する興味深い経典の一つである。なお、以上の他に、本経は『根本説一切有部毘奈耶薬事』(義浄説)巻八に引用されている(大正二四・三三上〜三五上)。『薬事』には梵本も発見されているが(*Gilgid Manuscripts*, Vol.Ⅲ, Pt.1)、該当箇所はない。しかし、チベット語訳にはある(影印北京版四一・一四三・四〜一五二・一)。しかも、漢訳本では途中まで(『阿摩昼経』では大正一・八三下に該当)しかないが、チベット語訳では終わりまで引用されており、『阿摩昼経』やパーリ本などと異なる根本有部の伝承を伝えている点で注目され、やはり今後の比較研究が待たれる。

本経に関しては、従来、特に本経のみ取り出して扱った研究はないようである。今回の訳出に当っては、他の諸経と同様、石川海浄氏の書き下ろし(『国訳一切経』)の他、パーリ本については、特に『南伝大蔵経』の邦訳(長井真琴訳)、**Rhys Davids** の英訳、**Otto Franke** の独訳を参考にした。

本経は比較的長大で、それを短時間に訳出した為、甚だ不十分な結果に終わらざるを得なかった。今後、識者のご指摘を得て改めていきたい。

なお、本経は固有名詞の音写・意訳等に関してもいろいろと問題が多く、今後の検討の余地が大きい。最後に、参考までに、主要な固有名詞に関して、諸本の対照表を載せ、今後の参考に供したい。(末木)

〔付記〕

『阿摩昼経』は、第5巻収録予定の『梵動経』に次いで、比較的早い時期に『月刊アーガマ』に掲載された。そのために、今から見ると、なくもがなの注も多い。多少手を加えたが、原則として『月刊アーガマ』掲載のものを大きく変えない方針のため、なお意に満たないところも多い。読者の諒解を頂きたい。

主要固有名詞対照表

ページ	阿摩昼経	Ambaṭṭha-sutta	阿颰経	薬事(漢訳)	薬事(チベット語訳)
151	倶薩羅	Kosala		憍薩羅	Ko sa la
	伊車能伽羅	Icchānaṅkala	鼓車城	増長	hḍod pa ḥthun pa
	波斯匿	Pasenadi		勝軍王	gsal rgyal
	沸伽羅娑羅	Pokkhalasādi	費迦沙	蓮花茎	pad maḥi sñiṅ po
	阿摩昼	Ambaṭṭha	阿颰	菴没羅	ma sdug
156	声王	Kaṇhāyana		迦尼婆夜那	mig gi ḥdzums kyi bu
157	声摩	Okkāka	鼓摩床	甘蔗	bu ram śiṅ skyes
	面光	Okkāmukha	郁鉗	炬面	skar mdaḥi gdoṅ
	象食	Karaṇḍu	虔尼	長耳	lag rna
	路指	Hatthinīya	度	象肩	glaṅ po cheḥi thal goṅ
	荘厳	Sīnapura	淳	足釧	rkaṅ rgyan ldan
158	方面	Disā		織経	sdo phod ma
186	阿吒摩	1. Aṭṭhaka	耆屠、留耗 尽陀、迦夷 阿柔、迦晨 譊夷、頻超 炎毛、巴蜜 監化、阿倫 裘曇、耆頽 譊涙、迦葉 暴伏、阿般 援頭、優察 波利、僥頸 陂佉		1. brgyad pa
	婆摩	2. Vāmaka			2. g'yon phyogs
	婆摩提婆	3. Vāmadeva			3. g'yon phyogs lha
	鼻波密多	4. Vessāmitta			4. sna tshogs pa śes
	伊兜瀬悉				
	耶婆提婆	5. Yamataggi			5. me ḥbar
	婆婆婆悉吒	8. Vāseṭṭha			8. gnas ḥjog
	迦葉	9. Kassapa			9. ḥdro ba skyod gi bu
	阿楼那				
	瞿曇				
	首夷婆				
	損陀羅				
		6. Aṅgiras			6. ñi maḥi rigs
		7. Bhāradvajā			7. bha ra dwa dza
		10. Bhagu			10. nan spoṅ

【本文】

阿㝹夷経

辛嶋静志

　このように私は聞いた。

　ある時、仏は[1]冥寧《めいねい》国の阿㝹夷《あぬい》の土地に千二百五十人の比丘たちの大集団とともにいた。その時、世尊は衣をつけ、鉢をもって、阿㝹夷城に入って、食を乞うことにした。その時、世尊はしずかに考えた。

「いま、私が食を乞うにはまだ[2]早いようだ。いまは、[3]房伽婆《ぼうがば》梵志の[4]園林におもむき、[5]時間がくるのをまって、それから食を乞いにいくことにしよう」

　そこで、世尊はその園林に出かけた。すると、梵志は、遠くに仏が来るのを見て、すぐさま立ちあがり、お[6]迎えして、[7]たがいに挨拶をかわした。

「ようこそ。瞿曇《くどん》よ。しばらくおめにかかっていませんが、今日はどういうわけなのですか。[8]わざわざお訪ね下さるとは。[9]どうぞ、瞿曇よ、こ

66a
　如是我聞。

　一時佛在冥寧國阿㝹夷土、與大比丘衆千二百五十人俱。爾時世尊著衣持鉢、入阿㝹夷城乞食。爾時世尊默自念言、

「我今乞食、於時如早。今宜往詣房伽婆梵志園觀。比須時至、然後乞食」

　爾時世尊卽詣彼園。時彼梵志遙見佛來、卽起奉迎、共相問訊言、

「善來。瞿曇。不面來久、今以何緣、乃能屈顧。唯願、瞿曇、就此處坐」

こにお坐り下さい」

そこで、世尊はその座についた。

すると、その梵志《ぼんし》はかたえに坐って、世尊に[10]申し上げた。

「昨夜、[11]隷車《れいしや》の子、善宿比丘《ぜんしゆく》が私のところに来て、私に語りますには、『大師よ。私は仏のもとでは梵行を修めません。というのも、仏が私に[12]よそよそしくなさるからです』と。あのものは私に、瞿曇のあやまちを[13]語りました。このようにいわれたからといって、私は真に受けはしませんが」

仏は梵志に語った。

「あの善宿の言ったことを、おまえが真に受けないことはわかっている。

かつて、ある時、私が[14]毘舎離《びしやり》の獼猴《さる》池のそばの集法堂にいた時のこと、この善宿が私のところに来て、私に言った。

『如来が私を[15]疎んじるから、私は如来のもとで梵行を修めません』

私はそこで言った。

『〈私は如来のもとで梵行を修めません。如来が私を疎んじられるから〉と、おまえはどうして言うのか』

善宿は私にこたえた。

『如来が私に[16]神通力《じんずうりき》や奇蹟を見せて下さらないからです』

爾時世尊卽就其坐。

時彼梵志於一面坐、白世尊言、

「先夜、隷車子善宿比丘來至我所、語我言、『大師。我不於佛所修梵行也。所以然者、佛疎外我』。彼人見向說瞿曇過。雖有此言、我亦不受」

佛告梵志、

「彼善宿所言、知汝不受耳。

昔我一時在毗舍離獼猴池側集法堂上。時此善宿來至我所、語我言、

『如來外我、我不於如來所修梵行也』

我時告曰、

『汝何故言、〈我不於如來所修梵行。如來外我〉耶』

善宿報我言、

『如來不爲我現神足變化』

そこで私は言った。
[17]〈私の法の中できちんと梵行を修めれば、おまえに神通力を見せよう〉と私がいったいおまえに言ったか。また、〈如来が私に神通力と奇蹟を見せて下されば、私は梵行を修めましょう〉と（[18]おまえは）いったい私に言ったか』
すると、善宿は私にこたえた。

『いいえ。世尊よ』

仏は善宿に語った。

『私はおまえに〈おまえが私の法の中できちんと梵行を修めれば、おまえに神通力や奇蹟を見せてやる〉とは言わなかったし、おまえも、〈私に神通力を見せて下されば、梵行を修めましょう〉とは言わなかった。[19]善宿よ。おまえはどう考えるか。[20]如来は神通力を示すことができると思うか。できないと思うか。[21]私の説く法、その法は出離《しゅつり》して、苦しみを尽くすことが可能なのではないか』

善宿は仏に申し上げた。

『仰しゃるとおりです。世尊よ。如来は神通力を示すことができます。きっと能力があります。[22]お説きになる法は、出離して、苦しみを尽くすことを可能にします。きっと尽くします』

『だから、善宿よ。私の説く法によって、梵行を修めれば、間違いなく

時我語言、

『吾可請汝、〈於我法中淨修梵行、當
66b 爲汝現神足〉耶。復當語我、〈如來當爲我現神足變化。然後我當修梵行〉耶』

時善宿報我言、

『不也。世尊』

佛告善宿、

『我亦不語汝言、〈汝於我法中淨修梵行、當爲汝現神足變化〉。汝亦不言、〈爲我現神足者、當修梵行〉。云何。善宿。如汝意者、謂如來能現神足、爲不能現耶。我所説法、彼法能得出要、盡苦際不耶』

善宿白佛言、

『如是。世尊。如來能現神足、非爲不能。所可説法、能得出要、盡諸苦際、非爲不盡』

『是故。善宿。我所説法修梵行者、能

神通力を示すことができるし、出離[23]して、間違いなく苦しみを離れることができるのだ。おまえは、この法に何[24]を求めようとするのか』

善宿は言った。

『世尊は随時に私の父の秘術を私に教えることができない。世尊はすっかり知っておられるのに、しぶって私に教えて下さらない』

仏は言った。

『善宿よ。私[25]は、〈おまえが私の法の中でちゃんと梵行を修めれば、おまえに父親の術を教えよう〉と言ったかね。（そして）おまえは、〈私に父の術を教えて下されば、仏のもとで梵行を修めましょう〉と言ったかね』

答えた。

『いいえ』

『だから、善宿よ。私はまえに、この言葉を言っていないし、おまえも言っていない。いま、どうして、このようなことを言うのか。どうだ[26]、善宿。おまえ[27]は、如来がおまえの父親の秘術を説くことができると思うか。それとも説くことができないと思うか。説く[28]法は、出離して、苦しみを尽くすことを可能にすると思うか』

善宿はこたえた。

『如来は父の秘術を説くことができます。きっとできます。お説きにな

現神足、非爲不能、出要離苦、非不能離。汝於此法欲何所求』

善宿言、

『世尊不能隨時教我我父祕術。世尊盡知、恡不教我』

佛言、

『善宿。我頗曾言、〈汝於我法中修梵行者、教汝父術〉耶。汝頗復言、〈教我父術者、當於佛所修梵行〉耶』

答曰、

『不也』

『是故。善宿。我先無此言、汝亦無言。今者何故作此語耶。云何。善宿。汝謂如來能說汝父祕術、爲不能說耶。所可說法、能得出要、盡苦際不耶』

善宿報言、

『如來能說父之祕術、非爲不能、說法

る法によって出離して、苦しみを尽くすことができます。きっとできます』

仏は善宿に言った。

『私がおまえの父の秘術を説くことができ、また、説く法によって出離し、苦を離れることが可能ならば、おまえは私の法に、さらに何を求めるのだ』

さらに善宿に言った。

『おまえは以前、毗舎離の跋闍《ばつじゃ》[29]の土地で、さまざまな[30]やり方で、如来を[31]称讃し、正しい法を称讃し、[32]多くの僧を称讃した。[33]あたかも、ある人が、一に冷たさ、二に軽さ、三にしなやかさ、四に清らかさ、五に甘さ、六に汚れがないこと、七に飲みあきないこと、八に体にいいことの八つのことであの清涼池を称讃し、人にねがいもとめさせるように。おまえも同じように、毘舎離の跋闍の土地で、如来を称讃し、正しい法を称讃し、多くの僧を称讃し、人に[34]心からねがわせた。

善宿よ。[35]よいか。いま、おまえがやめたならば、世間では、〈善宿比丘は、もの知りで、世尊にかわいがられ、世尊の弟子でもあったのに、[36]いのち尽きるまで、ちゃんと梵行を修めることができず、戒を捨て、俗世にもどり、[37]卑しい行いをしている〉という評判がたつであろう』

出要、能盡苦際、非爲不能』
佛告善宿、
『若我能説汝父祕術、亦能説法出要離苦。汝於我法中復欲何求』
又告善宿、
『汝先於毗舍離跋闍土地、無數方便稱歎如來、稱歎正法、稱歎衆僧。譬如有人、八種稱歎彼清涼池、使人好樂、一冷、二輕、三柔、四清、五甘、六無垢、七飲無饜、八便身。汝亦如是、於毘舍離跋闍土、稱歎如來、稱歎正法、稱歎衆僧、使人信樂。
66c
善宿。當知。今汝退者、世間當復有言、〈善宿比丘多有知識、又是世尊所親、亦是世尊弟子、不能盡形淨修梵行、捨戒就俗、處卑陋行〉』

「（房伽婆）梵志よ。よいか。私はその時、懇切に語ったのに、（善宿は）私の教えに従わず、戒を捨て俗世にもどった。梵志よ。あるとき、私は、[38]獼猴《さる》池のそばの法講堂にいた。そのとき、[39]伽羅楼《からろう》と名のる尼乾《にけん》の弟子が、[40]そこに滞在していた。人々に[41]うやまわれ、名声は遠くまでとどろき、知り合いがたくさんいて、[42]あらゆる供物を得ていた。

　その時、善宿比丘は衣を着て、鉢をもち、毘舎離城市内に入り、食を乞いつつ、[43]少しずつ尼乾の弟子のもとに近づいていった。そして、善宿が、深遠なことを尼乾の弟子にたずねたところ、彼は答えることができず、[44]腹を立ててしまった。善宿は思った。

『私はこの人を[45]おこらせてしまった。[46]長い間、報いとして苦悩を受けるのではあるまいか』

　梵志よ。よいか。その時、善宿比丘は食べ終えたあとで、衣と鉢をもって、私のところへ来て、[47]額で足に礼拝し、かたえに坐った。善宿は、しかし、[48]このできごとを私に語らなかった。私は彼に言った。

『愚かものめ。おまえは[49]どうして、沙門であり、釈尊の弟子と名のることができようか』

　善宿はすぐさま私に言葉を返した。

『世尊よ。どうして私を愚かものよばわりなさるのですか。どうして、

「梵志。當知。我時備語、不順我教、捨戒就俗。梵志。一時我在獼猴池側法講堂上。時有尼乾子字伽羅樓、在彼處止、人所宗敬、名稱遠聞、多有知識、利養備具。

　時善宿比丘著衣持鉢、入毗舍離城、乞食、漸漸轉到尼乾子所。爾時善宿以深遠義、問尼乾子。彼不能答、便生瞋恚。善宿自念、

『我觸嬈此人。將無長夜有苦惱報耶』

　梵志。當知。時善宿比丘於乞食後、執持衣鉢、來至我所、頭面禮足、在一面坐。善宿爾時亦不以此緣告我。我語之曰、

『愚人。汝寧可自稱爲沙門釋子耶』

　善宿尋報我言、

『世尊。何故稱我爲愚。不應自稱爲釋

釈尊の弟子と名のってはいけないのですか』

私は言った。

『愚かものめ。[50]おまえが尼乾の弟子のもとへ行き、深遠なことをたずねると、彼はこたえることもできず、腹を立ててしまった。そこで、おまえは考えた。〈私は、いま、この尼乾のものを[51]おこらせてしまった。長い間、報いとして苦悩を受けるのではあるまいか〉と。おまえはこう考えたのではないか』

善宿は仏に申し上げた。

『[52]彼は阿羅漢《あらかん》です。それなのにどうして（世尊は）そねみになられるのですか』

そこで私は答えた。

『愚かものめ。どうして阿羅漢に対して、そねみがあろうか。私は阿羅漢に対してそねみがあるわけではない。おまえは、いま彼が阿羅漢だと思いこんでいるが、彼は七つの苦行を長い間、やっている。七つとは、一つには、[53]いのち尽きるまで、服をきないこと。二つには、いのち尽きるまで、[54]酒を飲まず、肉を食べず、[55]飯やむぎこがしを食べないこと。三つには、いのち尽きるまで、梵行をやぶらないこと。四つには、毘舎離には四つの[56]石塔があり、東のを[57]憂園塔といい、南のを[58]象塔といい、西のを[59]多子塔といい、北のを[60]七聚塔というが、いのち尽きるまで、四つの塔

子耶』

我告之曰、

『愚人。汝曾往至尼乾子所、問深遠義。彼不能報、便生瞋恚。汝時自念、〈我今觸此尼乾。將無長夜有苦惱報耶〉。汝有是念不』

善宿白佛言、

『彼是羅漢。何緣乃有嫉恚心』

我時答曰、

『愚人。羅漢何緣有嫉恚心。非我羅漢有嫉恚心。汝今自謂彼是羅漢。彼有七苦行、長夜執持。何謂七。一盡形壽、不著衣裳。二盡形壽、不飲酒食肉、而不食飯及與麨麵。三盡形壽、不犯梵行。四盡形壽、毘舍離有四石塔。東名憂園塔、南名象塔、西名多子塔、北名七聚塔。盡形不離四塔、爲四苦行。而

をはなれないことを四つの苦行としている。しかし、彼は将来、この七つの苦行を破り、毗舎離城の外で命終えるにちがいない。[61]あたかも、野犬が皮膚病でよわり、墓地に死ぬように。その尼乾の弟子も、そのように、自分できまりをつくって、あとで、すべて破る。[62]以前、いのち尽きるまで、服をきないと誓って、あとで、服をきる。以前、いのち尽きるまで、酒をのまず、肉を食べず、飯やむぎこがしを食べないと誓って、あとで、みんな食べる。以前、梵行を破らないと誓って、あとで破る。もともと、東の憂園塔、南の象塔、西の多子塔、北の七聚塔の四つの塔をはなれないと言っておきながら、今やすべてからはなれさり、近づかない。あのものは自分からこの七つの誓いをやぶり、毘舎離城市を出て、墓地で死ぬであろう』

仏は善宿に言った。

『愚かものめ。おまえが私のことばを信用しないなら、おまえは自分で見にいって、確かめるがよい』と」

仏は梵志に言った。

「ある時、比丘の善宿が衣をきて、鉢をもち、城市に入って、食を乞い、食を乞い終えて、城を出て、ひっそりとした墓地で、尼乾の弟子がそこで死んでいるのを見た。見て、私のところへ来て、額で足を礼拝

彼後當犯此七苦行已、於毗舍離城外命
終。譬如野干疥癩衰病、死丘塚間。彼
67a 尼乾子亦復如是、自爲禁法、後盡犯之。
本自誓言、〈盡形不著衣服〉、後還著
衣。本自誓言、〈盡形壽不飲酒噉肉、
不食飯及麨麺〉而後盡食。本自誓言、
〈不犯梵行〉。而後亦犯。本言、〈不越
四塔、東憂園塔、南象塔、西多子塔、
北七聚塔〉、今盡遠離、不復親近。彼
人自違此七誓已、出毘舍離城、塚間命
終』

佛告善宿曰、

『愚人。汝不信我言、汝自往觀、自當知耳』」

佛告梵志、

「一時、比丘善宿著衣持鉢、入城乞食。乞食已、還出城、於空塚間見尼乾子於彼命終。見已、來至我所、頭面禮

し、かたえに坐ったが、このことを私に語らなかった。

梵志よ。よいか。私はその時、善宿に言った。

『どうだ。善宿よ。私が以前、[63]予言した尼乾の弟子は、私の言ったとおりになったろう』

答えた。

『ええ。世尊の仰しゃるとおりでした』と。

梵志よ。よいか。私は善宿に神通力を実証してみせたのだ。しかし、彼は、『世尊は、私にお示しにならない』と言った。

さらに、ある時、私が[64]冥寧国の白土《はくど》村にいた。その時、[65]究羅帝《くらてい》という名の、ある尼乾の弟子が、白土に滞在していた。人々にうやまわれ、名声は遠くまでとどろき、たくさんの供物を得ていた。

その時、私は衣をきて、鉢を持ち、城市の中に入って、食を乞うた。比丘、善宿は私の後についていて、尼乾の弟子、究羅帝が糞の山で[66]うつぶせになって、食べ物をなめているのを見た。梵志よ。よいか。そのとき、比丘、善宿はこの尼乾の弟子が糞の山にうつぶせになって、食べ物をなめているのを見て、こう考えたのだ。

『[67]世の中のあらゆる阿羅漢や阿羅漢への道を歩いているもので、このかたにかなうものはいない。この尼乾の弟子の道はもっとすぐれている。というのも、[68]この人の苦行にしてはじめて、このように慢心をとり除

足、在一面坐、不以此事而語我言。

梵志。當知。我爾時語善宿曰、

『云何。善宿。我先所記尼乾子如我語不』

對曰、

『如是。如世尊言』

梵志。當知。我與善宿現神通證。而彼言、『世尊不爲我現』

又一時、我在冥寧國白土之邑。時有尼乾子名究羅帝、在白土住、人所宗敬、名稱遠聞、多得利養。

時我著衣持鉢、入城乞食。時善宿比丘隨我後行、見究羅帝尼乾子在糞堆上伏舐糠糟。梵志。當知。時善宿比丘見此尼乾子在糞堆上伏舐糠糟已、作是念言、

『世間諸有阿羅漢・向阿羅漢道者無有及此。此尼乾子其道最勝。所以者何。此人苦行乃能如是除捨憍慢、於糞堆上

き、糞の山にうつぶせて、食べ物をなめることができるのだから』

梵志よ。そこで、私は右をむいて、善宿に言った。

『[69]愚かものめ。[70]おまえはどうして、釈尊の弟子と名のることができようか』

善宿は仏に申し上げた。

『世尊よ。[71]どうして私を愚かものよばわりなさるのですか。どうして、釈尊の弟子と名のってはいけないのですか』

仏は善宿に言った。

『愚かものめ。おまえは、この究羅帝が糞の山にしゃがんで、うつぶせに食べ物を食べているのを見て、こう考えた。〈[72]世間の阿羅漢や阿羅漢になろうとしているものの中で、この究羅帝が[73]もっともすぐれている。というのも、今、この究羅帝にしてはじめて、苦行して慢心をとり除き、糞の山にしゃがんで、うつぶせに食べ物をなめることができるのだ〉と。おまえはこう考えたのではないか』

私に『[74]確かに』と答えて、善宿はさらに言葉をつないだ。

『どうして、世尊は[75]阿羅漢にそねみをもたれるのですか』

仏は言った。

『愚かものめ。私は阿羅漢にねたみをもたない。どうして阿羅漢にねたみをもとうか。愚かものめ。おまえは今、究羅帝を正真正銘の阿羅漢と

67b

伏舐糠糟』

梵志。時我右旋、告善宿曰、

『汝*愚人。寧可自稱爲釋子耶』

善宿白佛言、

『世尊。何故稱我爲愚。不應自稱爲釋子耶』

佛告善宿言、

『汝愚人。觀此究羅帝蹲糞堆上伏食糠糟。汝見已、作是念、〈諸世間阿羅漢及向羅漢者、此究羅帝最爲尊上。所以者何。今此究羅帝乃能苦行除捨憍慢、蹲糞堆上、伏舐糠糟〉。汝有是念不』

答我言、『實爾』。善宿又言、

『何故世尊於阿羅漢所生嫉妬心』

佛告、

『愚人。我不於羅漢所生嫉妬心。何爲於羅漢所生嫉妬心。汝今愚人謂究羅帝

思っているが、このものは、[76]七日後に、[77]腹がふくれて死に、[78]しかばね起こしの鬼となり、常に飢えに苦しむだろう。死んだ後は[79]葦づなでゆわかれて、墓地に引きずっていかれるであろう。おまえが、もし信用しないなら、あらかじめ行って話しておけ』

　そこで、善宿は究羅帝のもとへいき、語った。

『あの沙門、瞿曇が、あなたに関して〈七日後に、腹がふくれて死に、しかばね起こしの鬼となる。死ねば、葦づなでゆわかれて、墓地へ引きずっていかれる〉と、[80]予言なされた』

　善宿は[81]さらに申し上げた。

『あなたは食事をへらして、彼の予言を当てさせないようにしなさい』

と。

　梵志よ。よいか。そこで究羅帝はちょうど七日目に、腹がふくれて死に、すぐさましかばね起こしの鬼に生れかわった。[82]しかばねは、葦づなでゆわかれて、墓地へ引きずっていかれた。さて、善宿は仏の言葉を聞いてより、[83]日数を指折り数えていたが、七日目がやってきた。そこで、比丘、善宿は、[84]裸形行者の村へ行き、着くと、その村の人に尋ねた。

『[85]みなさん。究羅帝さんはどこにいるかね』

『[86]死にましたよ』

『どんな病気で死んだんだ』

眞阿羅漢。此人却後七日當腹脹命終、生起屍餓鬼中、常苦飢餓。其命終後、以葦索繫、抴於塚閒。汝若不信者、可先往語之』

　時善宿卽往詣究羅帝所、說言、

『彼沙門瞿曇記汝、〈却後七日當腹脹命終、生起屍餓鬼中。死已、以葦索繫、抴於塚閒〉』

　善宿復白、

『汝當省食、勿使彼言當也』

　梵志。當知。時究羅帝至滿七日、腹脹而死、卽生起屍餓鬼中。死屍以葦索繫、抴於塚閒。爾時、善宿聞佛語已、屈指計日、至七日已。時善宿比丘卽往至裸形村中、到已、問其村人曰、

『諸賢。究羅帝今何所在』

　報曰、『已取命終』

　問曰、『何患命終耶』

『はらがふくれてね』

『野辺送りはどんなだったか』

『葦づなでゆわえて、墓場に引きずっていきましたよ』

梵志よ。善宿がこのことを聞いてすぐに、墓地へおもむき、[87]まさに着こうとしているとき、そのしかばねは両方の膝と脚を動かしていたが、ぱったりとうずくまった。そこでその善宿はわざわざしかばねに近づいて、言った。

『究羅帝さん。あなたは死んだのですか』

しかばねは答えた。

『私は死んだ』

『あなたは何の病気で死んだのですか』

しかばねは答えた。

『瞿曇は私に関して七日後に腹がふくれて死ぬと予言をしたが、私はそのことばのとおり、ちょうど七日目に腹がふくれて死んだ』

善宿はさらに尋ねた。

『あなたはどこに生れましたか』

しかばねは答えた。

『あの瞿曇の予言では、しかばね起こしの鬼に生れかわるとあったが、私は今、しかばね起こしの鬼に生れかわった』

四二

答曰、『腹脹』

問曰、『云何殯送』

答曰、『以葦索繫、拽於塚間』

梵志。時善宿聞此語已、即往塚間。欲至未至、時彼死屍竝動膝脚、忽爾而蹲。時彼善宿故前到死屍所、語言、

『究羅帝。汝命終耶』

死屍答言、

『我已命終』

問曰、『汝以何患命終』

死屍答言、

『瞿曇記我、七日後腹脹命終。我如其言、至滿七日、腹脹命終』

善宿復問、

『汝生何處』

屍卽報言、

『彼瞿曇所記、當生起屍餓鬼中。我今日生起屍餓鬼中』

善宿は尋ねた。

『あなたが死んだ時、野辺送りはどんなでしたか』

しかばねは答えた。

『瞿曇の予言では、葦《あし》づなでゆわえて、墓地へひきずっていくとあったが、本当に彼の予言どおり、葦づなでゆわかれて、墓地へひきずられた』

そこで、しかばねは善宿に言った。

『おまえさんが出家しても、[88]いいことがないのは、沙門、瞿曇がこんなことを説いても、おまえさんが信じないからだ』

こう言うと、しかばねはもとどおりうつぶした。

梵志よ。そこで、比丘、善宿は私のもとへ来て、額で足を礼拝して、かたえに坐ったが、[89]このことを私に語らなかった。私はそこで言った。
[90]『私が予言したように、究羅帝はならなかったかね』
『確かに。世尊の予言のとおりでした』と答えた。梵志よ。私はこのように、しばしば比丘、善宿に神通力を実証してみせた。しかし、彼はそれでも『世尊は私のために神通力を示して下さらない』と言いはる」

仏は梵志に語った。

「私がある時、獼猴《さる》池の法講堂にいたとき、[91]波梨子《はりし》と名のる、ある梵志

善宿問曰、

『汝命終時、云何殯送』

屍答曰、

『瞿曇所記、以葦索繫、抴於塚閒。實如彼言、以葦索繫、抴於塚閒』

67c
時死屍語善宿曰、

『汝雖出家、不得善利。瞿曇沙門説如此事、汝常不信』

作是語已、死屍還臥。

梵志。時善宿比丘來至我所、頭面禮足、在一面坐、不以此緣語我。我尋語曰、

『如我所記、究羅帝者實爾以不』

答曰、『實爾。如世尊言』。梵志。我如是數數爲善宿比丘現神通證。而彼猶言、『世尊不爲我現神通』」

佛告梵志、

「我於一時在獼猴池法講堂上。時有梵

が、そこに滞在していた。人々にうやまわれ、名声は遠くまでとどろき、たくさんの供物を得ていた。毘舎離《びしゃり》の人々にこのように吹聴した。

『沙門、瞿曇は智慧を自慢しているが、私にも智慧がある。沙門、瞿曇は神通力を自慢しているが、私にも神通力はある。沙門、瞿曇は出離[92]の道を得ているが、私もまた、出離の道を得ている。

私は彼と神通力を見せあおう。沙門が一つ示せば、私は二つ示そう。沙門が二つ示せば、私は四つ示そう。沙門が八つ示せば、私は十六示そう。沙門が十六示せば、私は三十二示そう。沙門が三十二示せば、私は六十四示そう。あの沙門の示す量に応じて、私はいつでも二倍にしよう』と。

梵志よ。その時、善宿比丘は衣をきて、鉢を持ち、城市に入って、托鉢し、波梨梵志が人々にこのように吹聴しているのを見た。

『沙門、瞿曇は智慧を自慢しているが、私にも智慧がある。沙門、瞿曇は神通力を自慢しているが、私にも神通力はある。沙門、瞿曇は出離の道を得ているが、私もまた、出離の道を得ている。

私は彼と神通力を見せあおう。沙門が一つ示せば、私は二つ示そう。沙門が四つ示せば、私は八つ示そう。[93]……沙門の示す量に応じて、私はいつでも二倍にすることができる』と。

志名曰波梨子、在彼處止、人所宗敬、名稱遠聞、多有利養。於毘舍離大衆之中、作如是說、

『沙門瞿曇自稱智慧、我亦智慧。沙門瞿曇自稱神足、我亦有神足。沙門瞿曇得超越道、我亦得超越道。

我當與彼共現神足。沙門現一、我當現二。沙門現二、我當現四。沙門現八、我現十六。沙門現十六、我現三十二。沙門現三十二、我現六十四。隨彼沙門所現多少、我盡當倍』

梵志。時善宿比丘著衣持鉢、入城乞食、見波梨梵志於大衆中作如是說、

『沙門瞿曇自稱智慧、我亦智慧。沙門瞿曇自稱神足、我亦有神足。沙門瞿曇得超越道、我亦得超越道。

我當與彼共現神足。沙門現一、我當現二。沙門現四、我當現八。乃至隨沙門所現多少、我盡能倍』

そこで、善宿比丘は托鉢してから、私のもとへ来て、こうべで礼拝し、かたえに坐って、私に語った。

『私は、[94]早朝、衣をつけて、鉢を持ち、城市に入って、托鉢しました。その時、毘舎離の波梨子が人々にこう言っていました。〈沙門、瞿曇は大いなる智慧があるが、私も大いなる智慧をもっている。沙門、瞿曇は神通力をもっているが、私も神通力をもっている。瞿曇が一つ示せば、私は二つ示そう。……瞿曇の示す量に応じて、私はいつでも二倍にすることができる〉と』

このことをすっかり私に[95]報告した。私は善宿に言った。

『その波梨子が、人々の前で、このことばを捨てず、この考えを捨てず、この思い上がりを捨てず、[96]私のもとへ来ることは[97]ありえない。もし、彼が、〈私はそのことばを捨てず、この考えを捨てず、この思い上がりを捨てない。しかし、沙門、瞿曇のもとへいこう〉と[98]考えたならば、[99]すぐに彼の頭は七つに裂けるであろう。[100]彼がこのことばを捨てず、この考えと思い上がりを捨てないで、来ることができるなどということはありえない』

善宿は言った。

『世尊は[101]口を慎しまれよ。如来は口を慎しまれよ』

仏は善宿に言った。

時善宿比丘乞食已、來至我所、頭面禮、一面坐、語我言、
『我於晨朝著衣持鉢、入城乞食。時聞毘舍離波梨子於大衆中作是説言、〈沙門瞿曇有大智慧、我亦有大智慧。沙門瞿曇有神足、我亦有神足。瞿曇現一、
68a
我當現二。乃至隨瞿曇所現多少、我盡能倍〉』
具以此事而來告我。我語善宿言、
『彼波梨子於大衆中不捨此語、不捨此見、不捨此慢、來至我所者、終無是處。若彼作是念、〈我不捨此語、不捨此見、不捨此慢、而至沙門瞿曇所〉者、彼頭卽當破爲七分。欲使彼人不捨此語、不捨見慢、而能來者、無有是處』
善宿言、
『世尊護口、如來護口』
佛告善宿、

『おまえはどうして、〈世尊は口を慎しまれよ。如来は口を慎しまれよ〉というのか』

善宿は言った。

『あの波梨子には大いなる威光[102]があり、大いなるはたらきがあります。[103]万が一、来たなら、世尊のうそがあきらかになるのではありませんか』

仏は善宿に言った。

『如来に二言[104]があるか』

答えた。

『ありません』

さらに善宿に言った。

『もし、二言がないのなら、どうして、〈世尊は口を慎しまれよ。如来は口を慎しまれよ〉というのか』

善宿は仏に申し上げた。

『世尊よ。あの波梨子[105]をご存じなのですか。それとも、天のものたちが語ったのですか』

仏は言った。

『私は自分でも知っているし、天のものたちが語り、それで知りもした。ここ毘舎離の[106]阿由《あゆ》大将は、からだがほろび、命終えて、[107]忉利天《とうりてん》に生れた。彼[108]は私に語った、〈波梨梵志[109]の子は恥知らず[110]で、戒を破って、で

『汝何故言、〈世尊護口、如來護口〉』

善宿言、

『彼波梨子有大威神、有大德力。脫當來者、將無現世尊虛耶』

佛告善宿、

『如來所言頗有二耶』

對曰、

『無也』

又告善宿、

『若無二者、汝何故言、〈世尊護口、如來護口〉』

善宿白佛言、

『世尊。爲自知見彼波梨子、爲諸天來語』

佛言、

『我亦自知、亦諸天來語故知。此毘舍離阿由大將身壞命終、生忉利天。彼來*語我言、〈波梨梵志子不知羞慚、犯戒

たらめを言う。毘舎離で多くの人々に向かって、このような誹謗のことばを言った。「阿由陀大将は、からだがほろび、命終えて、[111]しかばね起こしの鬼になった」と。しかし、実際には、私はからだがほろび、命終えて、忉利天に生れたのだ〉とな。波梨子のことは、私はすでに自分でも知っていたし、天のものたちが語り、それで知りもしたのだ』

[112]仏は語った。

『愚かものの善宿よ。おまえが、私の言うことを信用しないなら、毘舎離の中に入って、[113]おまえは声高に言え。私（＝仏）が食事の後に波梨梵志の子のもとを訪れる、と』」

仏は、（房伽婆）梵志に語った。

「そこで、その善宿はその夜を過ごすと衣をつけ、鉢をもって城市に入り、托鉢した。そして、その善宿は毘舎離城市の多くの婆羅門や沙門や梵志に、このことばをもらさず語った。

『波梨梵志の子は多くの人々にこのようなことを言っている。

〈沙門、瞿曇は大[114]いなる智慧があるが、私にも大いなる智慧がある。沙門、瞿曇には大いなる力があるが、私にも大いなる力がある。沙門、瞿曇には大いなる[115]神通力があるが、私にも大いなる神通力がある。沙門が一つ示せば、私は二つ示そう。……[116]沙門の示す量に応じて、私はいつで

妄語。在毘舎離於大衆中作如是誹謗言、「阿由陀大將身壞命終、生起屍鬼中」。然我實身壞命終、生忉利天〉。波梨子我先自知、亦諸天來語故知』

佛告、

『愚人善宿。汝不信我言者、入毘舍離、隨汝唱之、〈我食後、當往詣波梨梵志子所〉』」

佛告梵志、

「時彼善宿過其夜已、著衣持鉢、入城乞食。時彼善宿向毘舍離城中衆多婆羅門沙門梵志具說此言、

『波梨梵志子於大衆中說如此言。

〈沙門瞿曇有大智慧、我亦有大智慧。沙門瞿曇有大威力、我亦有大威力。沙門瞿曇有大神足、我亦有大神足。沙門現一、我當現二。乃至沙門隨所現多少、

も二倍やってみせよう〉と。

さて、今、沙門、瞿曇はかの波梨子を訪問しようとしておられる。あなたたちはみなこぞってあそこに行かれよ』

その時、波梨梵志は道を歩んでいた。善宿は見て、すぐさまそばに行き、語った。

『あなたは毘舎離の多くの人々にこのように言った。〈沙門、瞿曇には大いなる智慧があるが、私にも大いなる智慧がある。……沙門、瞿曇の示す神通力の量に応じて、私はいつでも二倍やってみせよう〉と。瞿曇は、このことばを聞いて、今、あなたのもとを訪れようとしておられる。あなたは、すぐもどったほうがよい』

答えた。

『私は帰りますとも。私は帰りますとも』

このように言って、[117]すぐに、おそれおののき[118]身の毛をよだてた。本来の住処へかえらず、[119]道頭《どうとう》波梨梵志の林へ行き、[120]なわ椅子に坐って[121]ふさぎこみ、心をとりみだしていた」

仏は（房伽婆）梵志に言った。

「私は食事のあとで、多くの隷車《れいしゃ》の沙門、婆羅門、梵志、居士たちと、波梨子の住処を訪れ、座に坐った。そこにいた人々の中に[122]遮羅《しゃら》と名のる

68b
我盡當倍〉。

而今沙門瞿曇欲詣彼波梨子所。汝等衆人盡可詣彼』

時波梨梵志在道而行。善宿見已、速詣其所語言、

『汝於毘舍離大衆中作如是言、〈沙門瞿曇有大智慧、我亦有大智慧。乃至沙門瞿曇隨所現神足多少、我盡當倍〉。瞿曇聞此言、今欲來至汝所。汝可速歸』

報言、

『我當歸耳。我當歸耳』

作此語已、尋自惶懼、衣毛爲竪。不還本處、乃詣道頭波梨梵志林中、坐繩床上、愁悶迷亂」

佛告梵志、

「我於食後與衆多隷車沙門・婆羅門・梵志・居士詣波梨子住處、就座而坐。

梵志がいた。そのとき、人々は、その遮羅[123]を呼んで言った。

『おまえは道頭林[124]へ赴き、波梨子に言え。〈今、多くの隷車の沙門、婆羅門、梵志、居士が、こぞってあなたの林に集まり、みんなで論議して[125]言うには、「梵志の波梨[126]は多くの人々に向かって、自分からこのことばを声高に言った。『沙門、瞿曇には、大いなる智慧があるが、私にも大いなる智慧がある。……瞿曇の示す神通力の量に応じて、私はいつでも二倍やることができる』と」。沙門、瞿曇はわざわざあなたの林にやって来た。あなたはお会い[127]になるべきです〉と、な』

そこで、遮羅は人々のことばを聞いて、すぐさま、道頭林へ赴き、波梨子に語った。

『あの多くの隷車の沙門、婆羅門、梵志、居士が、こぞって、あなたの林に集まり[128]、みんなで論議していうには、〈梵志の波梨子は多くの人々に向って、自分から、このことばを声高に言った。「沙門、瞿曇には大いなる智慧があるが、私にもまた大いなる智慧がある。……沙門[129]、瞿曇は神通力を示すが、示す量に応じて、私はいつでも二倍[130]やることができる」と〉。瞿曇は今、あの林におられます。波梨よ。今こそおかえり[131]になるべきでしょう』

すると、波梨梵志は遮羅に答えた。

於彼衆中有梵志名曰遮羅。時衆人喚彼遮羅、而告之曰、

『汝詣道頭林中、語波梨子言、〈今衆多隷車沙門・婆羅門・梵志・居士盡集汝林、衆共議言、「梵志波梨於大衆中自唱此言、『沙門瞿曇有大智慧、我亦有大智慧。乃至瞿曇隨現神足多少、我盡能倍』」。沙門瞿曇故來至汝林中。汝可來看〉』

於是遮羅聞衆人語已、卽詣道頭林、語波梨子言、

『彼衆多隷車沙門・婆羅門・梵志・居士盡集在汝林、衆共議言、〈梵志波梨子於大衆中自唱此言、「沙門瞿曇有大智慧、我亦有大智慧。乃至沙門瞿曇現神足、隨現多少、我盡能倍」〉。瞿曇今在彼林中。波梨今者寧可還也』

爾時波梨梵志卽報遮羅曰、

『帰るとも。帰るとも』

このように言って、なわ椅子の上で[132]もそもそした。すると、なわ椅子が[133]彼の足にくっつき、[134]彼はなわ椅子から離れることができなくなった。ましで、歩いて世尊のもとへ行くなどとてもかなわないことだった。そこで、遮羅は波梨に言った。

『あなたはもともとばかだ。ただ〈帰るとも。帰るとも〉と空しく言っているだけだ。[135]このなわ椅子を離れることさえできないのに、どうして、みんなのもとへ行くことができようか』

波梨子を[136]とがめて、人々のもとへもどり、報告した。

『私はみなさんのことばを、波梨子に[137]告げた。彼は私に、〈帰るとも。帰るとも〉と答え、すぐになわ椅子の上でぐるぐると身をよじらせた。すると椅子は足にくっつき、離れることができなくなった。彼はそのなわ椅子を離れることさえできないのに、どうして、みなさんのもとへ来ることができましょうか』

その時、一人の[138]頭摩《とうま》隷車子《れいしゃし》が人々の中に坐っていたが、座より起ち、[139]右肩だけをあらわにし、ひざまずいて、手をくみ、その人々に申し上げた。

『みなさん。ちょっと待っていて下さい。[140]私が今、あのものをつれてき

68c

『當歸。當歸』

作是語已、於繩床上轉側不安。爾時繩床復著其足。彼乃不能得離繩床。況能行歩至世尊所。時遮羅語波梨言、

『汝自無智。但有空聲爲言、〈當歸。當歸〉。尚自不能離此繩床、何由能得至大衆所』

呵責波梨子已、卽還詣大衆所、報言、

『我以持衆人聲往語波梨子。彼報我言、〈當歸。當歸〉。卽於繩床上動轉其身。床卽著足、不能得離。彼尚不能離其繩床、何由能得來到此衆』

爾時有一頭摩隷車子、在衆中坐、卽從座起、偏露右臂、長跪叉手、白彼衆言、

『大衆小待。我今自往、將彼人來』

ますから』」

仏は言った。

「私は、そこで頭摩隷車子に言った。

『あのものは、このようなことを言い、このような考えをもち、このような思い上がりをする。[141]このものが仏のもとへ来るなどということはありえない。頭摩子よ。[142]もし、おまえが、皮のつなで、多くの牛をつぎつぎつないで、一緒にひっぱり、[143]彼のからだが砕けることになっても、彼は決して、このようなことばや、このような考えや、このような思い上がりを捨てて、私のもとへ来るということはできない。もし、おまえが私のいうことを信用できないなら、おまえは見きわめておいで』

そこで、頭摩隷車子は、わざわざ波梨子のもとへ赴き、波梨子に言った。

『多くの隷車の沙門、婆羅門、梵志、居士が、みんなこぞって、あなたの林に集まって、みんなで論議していうには、〈梵志の波梨子は多くの人々に向かって、[144]自分から、声高に言った。「沙門、瞿曇には大いなる智慧があるが、私にもまた大いなる智慧がある。……沙門、瞿曇は神通力を示すが、示す量に応じて、私はいつでも二倍してやろう」と〉。瞿曇沙門は今、あそこの林におられます。あなたはもどるべきです』

すると、波梨子は答えた。

佛言、

「我爾時語頭摩隷車子言、

『彼人作如是語、懷如是見、起如是慢。欲使此人來至佛所、無有是處。頭摩子。正使汝以革繩重繫群牛、共挽、至彼身碎、彼終不能捨如是語・如是見・如是慢、來至我所。若不信我言、汝往自知』

爾時頭摩隷車子故往至波梨子所、語波梨子言、

『衆多隷車沙門・婆羅門・梵志・居士盡集汝林、衆共議言、〈梵志波梨子於大衆中口自唱言、「沙門瞿曇有大智慧、我亦有大智慧。乃至沙門瞿曇現其神足、隨所現多少、我盡能倍。」〉瞿曇沙門今在彼林、汝可還歸』

爾時波梨子卽報言、

『帰るとも。帰るとも』

　このように言って、なわ椅子の上でぐるぐると身をよじらせた。すると、なわ椅子はその足にひっつき、彼は自分でなわ椅子から離れることができなくなった。[145]まして、歩いて世尊のもとへ行くなどとてもかなわないことだった。そこで、頭摩は波梨子に言った。

『あなたはもともとばかだ。ただ、〈帰るとも。帰るとも〉と空しく言っているだけだ。このなわ椅子を離れることさえできないのに、どうして、人々のもとへ行くことができようか』

　さらに、頭摩は波梨子に言った。

『[146]智慧あるものはみな譬喩によって理解するものだ。むかし、[147]むかし、はるかなむかし、ある百獣の王、獅子が、奥深い林に棲んでいた。獅子は朝早く、ほら穴から出ると、四方を見回して、勢いもはげしく三度吼えた。そのあとで、歩き回って、獲物をつかまえて食べた。

　波梨子よ。その百獣の王、獅子が食べ終わって、林へかえって行くと、いつも、一匹の野干があとからその食べ残しを食べ、気力がみなぎると、言った。〈あの林の獅子が[148]一体、何なのだ。どうして、わしに勝てようぞ。[149]よし、ある林をひとりじめして、朝早くほら穴から出て、四方をうちながめ、はげしい勢いで三度吼え、それからぶらついて、獲物をつかまえて食べてやろうじゃないか〉

『當歸。當歸』

　作是語已、於繩床上動轉其身。爾時繩床復著其足。彼乃不能自離繩床、況復行步至世尊所。時頭摩語波梨子言、

『汝自無智。但有空聲爲言、〈當歸。當歸〉。尚自不能離此繩床、何由能得至大衆所』

　頭摩復語波梨子曰、

『諸有智者以譬喩得解。乃往久遠有一師子獸王、在深林中住。師子清旦初出窟時、四向顧望、奮迅三吼。然後遊行、擇肉而食。

　波梨子。彼師子獸王食已還林、常有
69a
一野干隨後食殘、氣力充足、便自言、〈彼林師子竟是何獸。能勝我耶。今寧可獨擅一林、清旦出窟、四向顧望、奮迅三吼、然後遊行、擇肉而食耶〉。

彼はすぐさま、ある林にひとり棲み、朝早くほら穴から出て、勢いもはげしく三度吼え、それから歩き回って、獅子の吼え声をだそうとして、野干の鳴き声をたてた。
波梨子よ。おまえさんも、今、同じなのだ。仏の恩恵[150]をいただいて、世にながらえ、人々の供養を受けているのだ。ところが、[151]かえって如来と張り合うとは』
そこで、頭摩子は偈で責[152]めあげた。

『野干[153]、獅子を名のり、
百獣の王と思いこむ。
獅子のおたけびするはずが、
やっぱり出るのは野干の声。

たれもおらぬ林にひとり棲み、
百獣の王と思いこむ。
獅子のおたけびするはずが、
やっぱり出るのは野干の声。

はいつくばって野ねずみさがし、

彼尋獨處一林、清旦出窟、奮迅三吼。然後遊行、欲師子吼、作野干鳴。
波梨子。汝今亦爾。蒙佛威恩、存生於世、得人供養。而今更與如來共競』
時頭摩子以偈責數曰

『野干稱師子
自謂爲獸王
欲作師子吼
還出野干聲

獨處於空林
自謂爲獸王
欲作師子吼
還出野干聲

跪地求穴鼠

はかに穴ほり、しかばねもとむ。
獅子のおたけびするはずが、
やっぱり出るのは野干の声』

頭摩子は言った。

『おまえさんも、おんなじなのだ。仏の御恩をいただいて、世にながらえ、人々の供養を受けているのだ。ところが、かえって如来と張り合うとは』

そこで、その頭摩子は[154]四つの喩えで、面とむかってきつくとがめて、人々のもとへもどり、報告した。

『私はみなさんのことばを（つたえて）波梨子を（こっちへ）呼んだ。彼は私に、〈帰るとも。帰るとも〉と答え、すぐに、なわ椅子の上でぐるぐると身をよじらせた。すると、椅子は足にくっつき、離れることができなくなった。彼は自分でなわ椅子を離れることさえできないのに、どうして、みなさんのもとへ来ることができましょうか』

すると、世尊は頭摩子に言った。

『私はさっき、おまえに言ったはずだ。〈この[155]ものが仏のもとへ来るなどということはありえない。[156]もし、おまえが、皮のつなで、多くの牛をつぎつぎつないで、一緒にひっぱり、からだがくだけ散ることになって

穿塚覓死屍
欲作師子吼
還出野干聲』

頭摩子告曰、

『汝亦如是。蒙佛恩力、存生於世、得人供養。而今更與如來共競』

時彼頭摩子以四種喩面呵責已、還詣大衆報言、

『我以持衆人聲喚波梨子。彼報我言、〈當歸。當歸〉。卽於繩床上動轉其身。床卽著足、不能得離。彼尙不能自離繩床、何由能得來到此衆』

爾時世尊告頭摩子言、

『我先語汝、〈欲使此人來至佛所、無有是處。正使汝以革繩重繫群牛、共挽、至身碎壞、彼終不肯捨如是語・如

も、彼はこのようなことば、このような考え、このような思い上がりを捨てて、私のもとへ来ようとは決してしない〉、と』
（房伽婆）梵志よ。そこで、私はその人々に、[157]さまざまに法を説き、教示し、裨益し、喜ばせた。その人々に向かって、三度、獅子吼して、虚空に昇り、自分の住処へもどった」

仏は（房伽婆）梵志に言った。

『ある沙門、婆羅門が、[158]『すべてこの世は梵、自在天のつくりだしたものだ』と言った。私は彼らに尋ねた。

『すべて、この世は、本当に梵、自在天がつくり出したものなのか』

彼らは返答に窮し、逆に私に質問してきた。

『瞿曇よ。どうお考えですか』

私は彼らに答えた。
[159]『この世界が破滅したばかりの時、[補注1]あるものは命尽き、行業が尽き、[160]光音天で命終え、さらにまた、[161]他の誰もいない梵のところに生れる。そこに[162]愛着心を起こし、さらに他のものもここに生れさせたいと思う。他のものたちが命尽き、行業尽き、やはりそこに生れる。そこで、（先の）ものはこのように考える。〈私は、今や[163]大梵王である。私は[164]忽然と生じたのであり、私を創造したものはいない。私はあらゆることがらの意味

69b

是見・慢來至我所〉』

梵志。時我即與彼大衆種種說法、示教利喜、於彼衆中三師子吼、身昇虚空、還詣本處」

佛告梵志、

「或有沙門・婆羅門言、『一切世間梵自在天所造』。我問彼言、

『一切世間實梵自在天所造耶』

彼不能報、還問我言、

『瞿曇。此事云何』

我報彼言、

『或有此世間初壞敗時、有餘衆生、命盡行盡、從光音天命終、乃更生餘空梵處。於彼起愛、生樂著心、復欲使餘衆生來生此處。其餘衆生命盡行盡、復生彼處。時彼衆生自作是念、〈我今是大梵王、忽然而有、無作我者。我能盡達

することに通達しており、千世界[165]において、もっとも自由自在であり、創造することができ、最も奥深く[166]、人々の父であり、母である。私は最初にここに来たのであり、全く一人っきりであった。私の力で、このものたちがいるのだ。私がこのものたちを創造したのだ〉と。他のものたちも、おとなしく従い、梵王と呼び、〈(彼は)忽然と生じ、あらゆることがらに通達し、千世界において、もっとも自由自在であり、創造することができ、最も奥深く、人々の父であり、母である。最初にこの唯一のものがあって、後から、私たちが生じたのだ。この大梵王が私たちを創造したのだ〉、と(考えた)。

このものたちは、のちに[167]、寿命尽きて、ここに[168]生れてくる。やがて、成長して、かみとひげを剃って、三種の法衣を来て、出家して、道をおさめる。彼らは定意[169]三昧に入り、三昧の心によって、以前の生を思い出す。彼はこのように言う。〈この大梵天は忽然として生じたのであり、(彼を)創造したものはいない。あらゆることがらに通達し、千世界において、もっとも自由自在であり、創造することができ、最も奥深く、人々の父であり、母である。あの大梵天は永遠で、変わる[170]ことのない存在である。私たちは梵天によって創造された。だから、はかなく、長くとどまることができず、変化を蒙る存在である〉、と。

梵志よ。こうして、あの沙門、婆羅門たちは、この理由があって、そ

諸義所趣、於千世界最得自在、能作能化、微妙第一、爲人父母。我先至此、獨一無侶。由我力故、有此衆生。我作此衆生〉。彼餘衆生亦復順從、稱爲梵王。〈忽然而有。盡達諸義、於千世界最得自在、能作能化、微妙第一、爲人父母、先有是一、後有我等。此大梵王化作我等〉。

此諸衆生隨後*壽終、來生此間。其漸長大、剃除鬚髪、服三法衣、出家爲道。彼入定意三昧、隨三昧心憶本所生。彼作是語、〈此大梵天忽然而有、無有作者、盡達諸義、於千世界最得自在、能作能化、微妙第一、爲人父母。彼大梵天常住不移、無變易法。我等梵天所化。是以無常、不得久住、爲變易法〉

如是、梵志。彼沙門・婆羅門以此縁

れぞれ、あの梵、自在天がこの世界を創造したというのだ。

梵志よ。この世界の創造については彼らには理解も及ばぬことであり、ただ仏だけが知っている。さらに、これ以上のことも、仏はすべて知っている。知っているが、執着しない。171苦しみ・集起・消滅・味著・過失・出離について、あるがままに知り、平等なものの見方によって、完全に解《げ》脱《だつ》するので、〝如来〟というのだ」


仏は梵志に言った。

「ある沙門、婆羅門はこのように言う。

172『遊び戯れ怠けることが生きものの始まりである』

私は、彼らに言う。

『おまえたちは、本当に、遊び戯れ怠けることが生きものの始まりであるというのか』

彼らは返答に窮し、逆に私に尋ねる。

『瞿曇よ。どうお考えですか』

そこで私は答える。

『ある光音（天）のものが、遊び戯れ怠けることをこのみ、からだがほろび、命終えて、ここに生れて、だんだんと成長し、かみとひげを剃って、三種の法衣を着て、出家して、道をおさめ、173心定三昧《しんじょうざんまい》に入る。三昧

故、各言、『彼梵自在天造此世界』
梵志。造此世界者、非彼所及、唯佛能知。又過此事佛亦盡知。雖知、不著。苦集滅味過出要、如實知之、以平等觀無餘解脫、名曰如來」

佛告梵志、

「或有沙門・婆羅門作是言、

『戲笑懈怠是衆生始』

我語彼言、

『云何。汝等實言戲笑懈怠是衆生始耶』

彼不能報、逆問我言、

『瞿曇。此事云何』

時我報言、
69c
『或有光音衆生、喜戲笑懈怠、身壞命終、來生此間、漸漸長大、剃除鬚髮、服三法衣、出家修道、便入心定三昧。

の力で、以前の生を識り、このように言う。〈あそこの他のものたちは、遊び戯れることを好まず、あそこにずっといて、永遠にいて、変わることがない。私たちはしばしば遊び戯れることを好んだので、このようなはかなさを招き、変化を蒙る存在となった〉、と』

梵志よ。こうして、あの沙門、婆羅門たちは、この理由があって、遊び戯れることが、生きものの始まりというのだ。

このように、仏はすべて知っているし、これ以上のことも知っている。知っているが、執着しない。[補注2]執着しないから、苦しみ・集起・消滅・味著・過失・出離について、あるがままに知り、平等なものの見方によって、完全に解脱するので、〝如来〟と名づけるのだ」

仏は梵志に言った。

「ある沙門、婆羅門たちは、『[174]失意が生きものの始まりである』と言う。

私は、彼らに言う。

『おまえたちは、本当に、失意が生きものの始まりであるというのか』

彼らは返答に窮し、逆に私に尋ねる。

『瞿曇よ。どうお考えですか』

私は、彼らに言う。

以三昧力識本所生、便作是言、〈彼餘衆生不喜戲笑、常在彼處、永住不變。由我等數喜戲笑、致此無常、爲變易法〉』

如是、梵志。彼沙門婆羅門以是緣故、言『戲笑是衆生始』

如是佛盡知之、過是亦知。知而不著。已不著、苦集滅味過出要、如實知之、已平等觀無餘解脫、名曰如來」

佛告梵志、

「或有沙門・婆羅門言、『失意是衆生始』

我語彼言、

『汝等實言失意是衆生始耶』

彼不知報、還問我言、

『瞿曇。此事云何』

我語彼言、

『あるものたちが互[175]いに見つめあって、す[176]ぐさま、失意する。このことによって、命終えて、ここに生れて、だんだんと成長し、かみとひげを剃って、三種の法衣を着て、出家し、道をおさめ、心定三昧に入る。三昧の力で、以前の生を識り、このように言う。〈あそこのものたちの場合は、互いに見つめあうことがなく、失意することがないから、永遠不変である。私たちは、あそこで、しばしば互いに見つめあい、すぐさま失意して、このようなはかなさを招き、変化を蒙る存在となった〉、と』

　梵志よ。こうして、あの沙門、婆羅門たちは、この理由があって、失意が生きものの始まりと言うのだ。

　このように、仏だけが知っているし、これ以上のことも知っている。知っているが、執着しない。苦しみ・集起・消滅・味著・過失・出離について、あるがままに知り、平[177]等なものの見方によって、完全に解脱する。そこで、〝如来〟と名づけるのだ」

　仏は梵志に言った。

「ある沙門、婆羅門たちは、『私は原因が無くて出現した』と言う。

　私は、彼らに言う。

『おまえたちは、本来、原因が無くて出現したと本当にい[178]うのか』

　彼らは返答に窮し、逆に私に尋ねる。私はそこで答える。

『想念も知覚もないあるものたちがいる。そのものたちが、想念を起こ

『或有衆生、展轉相看、已便失意。由是命終、來生此間、漸漸長大、剃除鬚髮、服三法衣、出家修道、便入心定三昧。以三昧力、識本所生、便作是言、〈如彼衆生、以不展轉相看、不失意故、常住不變。我等於彼數數相看、已便失意、致此無常、爲變易法〉』

　如是、梵志。彼沙門・婆羅門以是緣故言、『失意是衆生始』

　如此唯佛知之、過是亦知。知已不著。苦集滅味過出要、如實知之、已*平等觀無餘解脫、故名如來」

　佛告梵志、

「或有沙門・婆羅門言、『我無因而出』

　我語彼言、

『汝等實言本無因出耶』

　彼不能報、逆來問我。我時報曰、

『或有衆生無想無知。若彼衆生起想、

して、すぐさま命終え、ここへ生れて、だんだんと成長し、かみとひげを剃って、三種の法衣を着て、出家して道をおさめ、心定三昧に入る。三昧の力で、以前の生を識り、このように言う。〈私は、本来、存在してなかったが、今、忽然と生じた。この世界は、本来、無であったが、今や存在するのだ。このことが真実であって、他のことは偽りである〉、と』

梵志よ。こうして、沙門、婆羅門たちは、この理由で、原因が無くて出現するということを言う。ただ仏だけが知っていて、これ以上のことも知っている。知っているが、執着しない。苦しみ・集起・消滅・味著・過失・出離について、あるがままに知り、平等なものの見方によって、完全に解脱する。そこで〝如来〟と名づけるのだ」

仏は梵志に言った。

「私の説いていることは以上のようなことなのだ。（ところが）ある沙門、婆羅門たちは、[179]陰で私を誹謗する。

『沙門、瞿曇は自分で、〈弟子たちは[180]浄解脱《じょうげだつ》に入って、浄行を完成する。彼らは清浄さを知るが、すっかり浄らかさを知るわけではない〉と言っている』と。

しかし、私はこのようなことは説かない。

『私の弟子たちは浄解脱に入って、浄行《じょうぎょう》を完成する。彼らは清浄さを知

則便命終、來生此間、漸漸長大、剃除鬚髮、服三法衣、出家修道、便入心定三昧。以三昧力識本所生、便作是言、〈我本無有、今忽然有。此世間本無今有。此實、餘虛〉』

如是、梵志。沙門・婆羅門以此緣故、
70a
言無因出。唯佛知之、過是亦知。知已不著。苦集滅味過出要、如實知之、已平等觀無餘解脫、故名如來」

佛告梵志、

「我所說如是。或有沙門・婆羅門、於屏處誹謗我言、

『沙門瞿曇自稱、〈弟子入淨解脫、成就淨行。彼知清淨、不遍知淨〉』

然我不作是說、

『我弟子入淨解脫、成就淨行。彼知清

るが、すっかり、浄らかさを知るわけではない』とは。

梵志よ。私は、『私の弟子たちは浄解脱に入って、浄行を完成する。彼らは清浄さを知り、一切があまねく浄らかである（と知る）』という」

この時、梵志は仏に申し上げた。

「彼らは善い利益[181]を蒙らずして、沙門、瞿曇を誹謗します。『沙門は自分で、〈私の弟子たちは浄解脱に入って、浄行を完成する。彼らは清浄さを知るが、すっかり、浄らかさを知るわけではない〉といっている』と。

しかし、世尊はこのようなことは仰りません。世尊は、『私の弟子たちは浄解脱に入って、浄行を完成する。彼らは清浄さを知り、一切があまねく浄らかである（と知る）』と仰っています」と。

さらに、仏に申し上げた。

「私もまた、この浄解脱に入り、浄行を完成し、一切をあまねく知りとうございます」

仏は梵志に言った。

「おまえが入ろうとするのは、とても難しいことだ。おまえは見解が異なり、忍耐[182]が異なり、行為が異なる。他の見解によって、浄解脱に入ろうとするのは、なし難いことだ。もし[183]、おまえが心中、絶え間なく仏をねがい[184]もとめさえすれば、長い年月[185]にわたって、つねに安楽を得るであ

淨、不遍知淨』

梵志。我自言、『我弟子入淨解脱、成就淨行。彼知清淨、一切遍淨』」

是時梵志白佛言、

「彼不得善利、毀謗沙門瞿曇言、『沙門自言、〈我弟子入淨解脱、成就淨行。彼知清淨、不遍知淨〉』

然世尊不作是語。世尊自言、『我弟子入淨解脱、成就淨行。彼知清淨、一切遍淨』」

又白佛言、

「我亦當入此淨解脱、成就淨行、一切遍知」

佛告梵志、

「汝欲入者、甚爲難也。汝見異、忍異、行異。欲依餘見入淨解脱者、難可得也。但使汝好樂佛、心不斷絶者、即於長夜、常得安樂」

ろう」

　すると、房伽婆梵志は仏の説くことを聞き、歓喜し、おしいただいて実行した。

爾時房伽婆梵志聞佛所說、歡喜奉行。

善生経

神塚淑子

[1]このように私は聞いた。
ある時、仏は[2]羅閲祇《らえつぎ》の耆闍崛《ぎじゃくつ》山の中に、千二百五十人の比丘たちの大集団と一緒におられた。

その時、世尊は[3]時間になると袈裟をまとい鉢を手に持って、城内に托鉢に出かけた。ちょうどその時、羅閲祇城内には[4]長者の子、名は善生《ぜんしょう》という者がいた。[5]朝早く城外へ出て、[6]園林《えんりん》に行ってゆったりと歩きまわり、[7]沐浴しおわると、[8]体じゅう濡らしたままで、諸々の方角に向かって礼拝し、[9]東西南北上下のそれぞれの方角に対して、すべてぐるりとひととおり礼拝していた。

その時、世尊は[10]長者の子、善生が園林に行ってゆったりと歩きまわり、沐浴しおわると、体じゅう濡らしたままで、諸々の方角に向かって礼拝しているのを見た。世尊はそれを見ると、ただちにその場所へ行って、善生に言った。

70a
如是我聞。

一時佛在羅閱祇耆闍崛山中、與大比丘衆千二百五十人俱。

爾時世尊時到著衣持鉢入城乞食。時羅閱祇城内有長者子、名曰善生。淸旦出城、詣園遊觀、初沐浴訖、擧身皆濕、向諸方禮、東西南北上下諸方、皆悉周遍。

爾時世尊見長者子*善生詣園遊觀、初沐浴訖、擧身皆濕、向諸方禮。世尊見已、即詣其所、告善生言、

「お前はどういうわけで朝早く城外へ出て、園林の中で体じゅう濡らしたままで諸々の方角に向かって礼拝しているのか」

その時、善生は仏に申し上げた。

「私の父は亡くなる時に、遺言として私にこのように命じました。『お前は礼拝する時には、必ずまず東方・南方・西方・北方・上方[11]・下方を礼拝するように』と。私は父の教えを大切に守り、決してそれにそむくことはいたしません。ですから、体を洗いおわる[12]と、まず合掌[13]して東を向き、東方に向かって礼拝し、南方・西方・北方・上方・下方に対して、すべてぐるりとひととおり礼拝しているのです」

その時、世尊は善生に言った。

「長者の子よ。確かに[14]これらの方角の名はある。ないというわけではない。しかし、私の賢者・聖人の教えにおいては、この六つの方角を礼拝することがつつしみ敬うことであるとは考えない」

善生は仏に申し上げた。

「どうかお願いです。世尊よ。私のために賢者・聖人の教えにおける六つの方角を礼拝する方法をよく説明して下さい」

仏は長者の子に言った。

「[15]よく聞け、よく聞け。そしてよく心にとどめておくのだ。[16]お前のために説明してあげよう」

「汝以何縁清旦出城、於園林中擧身皆濕、向諸方禮」

爾時善生白佛言、

「我父臨命終時、遺勅我言『汝欲禮者、當先禮東方南方西方北方上方下方』。我奉承父教、不敢違背。故澡浴訖、先叉手東面、向東方禮、南西北方上下諸方皆悉周遍」

70b

爾時世尊告善生曰、

「長者子、有此方名耳。非爲不有。然我賢聖法中、非禮此六方以爲恭敬」

善生白佛言、

「唯願世尊、善爲我説賢聖法中禮六方法」

佛告長者子、

「諦聽諦聽。善思念之。當爲汝説」

善生は答えた。

「[17]はい、わかりました。[18]どうかお聞かせ下さい」

仏は善生に言った。

「長者や長者の子が、[19]煩悩から生じる四つの行いを知り、[20]四つの所で悪い行いをせず、また、財産を損う六つの行いを知ることができたならば、善生よ、これを長者や長者の子が四つの悪い行いを離れて六つの方角をつつしんで礼拝するというのだ。今の世でも善い報いを受け、後の世でも善い報いを得る。これは[21]今の世の（善い報いの）根本であり、後の世の（善い報いの）根本である。この世においては知恵ある人に称賛されて[22]世の一つの果報を得、[23]肉体が滅びて寿命が終わったあとは、天の善い所に生れる。

善生よ、このことを知っておくように。[24]煩悩から生じる四つの行いとは、第一に生き物を殺すこと、第二に人のものを盗むこと、第三にみだらな行いをすること、第四にうそをつくこと、これが煩悩から生じる四つの行いである。四つの所とは何か。第一に欲望、第二に怒り、第三に恐れ、第四に愚かさである。もし、長者や長者の子が、この四つの所において悪いことをすれば、（名声を）損うのだ」

仏はこのことを説いて、さらに[25]頌《じゅ》を作った。

善生對曰、

「唯然。願樂欲聞」

佛告善生、

「若長者長者子知四結業、不於四處而作惡行、又復能知六損財業、是謂善生、長者長者子離四惡行禮敬六方。今世亦善、後獲善報。今世根基、後世根基。於現法中智者所稱、獲世一果、身壞命終、生天善處。

善生當知、四結行者、一者殺生、二者盜竊、三者婬逸、四者妄語、是四結行。云何爲四處。一者欲、二者恚、三者怖、四者癡。若長者長者子於此四處而作惡者、則有損耗」

佛說是已、復作頌曰、

欲望と怒りと恐れと愚かさと
これら四つがあるならば
名声は日ごとに損われゆく
みそかに向かう月のように

仏は善生に言った。

「もし、長者や長者の子がこの四つの所において悪いことをしなければ（名声を）増大する」

その時、世尊は重ねて頌を作った。

欲望と怒りと恐れと愚かさにおいて
悪い行いをしなければ
名声は日ごとに増大する
[26]満月に向かう月のように

仏は善生に言った。

「[27]財産を損う六つの行いとは、第一に酒に耽溺すること、第二にばくちをすること、第三に勝手気ままにふるまうこと、第四に歌舞に心をまどわすこと、第五に悪友と意気投合すること、第六に怠惰であること、こ

欲瞋及怖癡
有此四法者
名譽日損減
如月向于晦

佛告善生、

「若長者長者子於此四處不爲惡者、則有增益」

爾時世尊重作頌曰、

於欲恚怖癡
不爲惡行者
名譽日增廣
如月向上滿

佛告善生、

「六損財業者、一者耽湎於酒、二者博戲、三者放蕩、四者迷於伎樂、五者惡友相得、六者懈墮。是爲六損財業。善

れが財産を損う六つの行いである。善生よ、もし、長者や長者の子が煩悩から生じる四つの行いを[28]理解し、四つの所で悪い行いをせず、また財産を損う六つの行いを知ったならば、善生よ、これを四つの所において（悪い行いを）離れて[29]六つの方角に対して供養することができるというのだ。今の世でも後の世でも善い報いを受け、今の世の（善い報いの）根本であり、後の世の（善い報いの）根本である。この世においては智慧ある人に称賛されて世の一つの果報を得、肉体が滅びて寿命が終わったあとは、天の善い所に生れる。

善生よ、このことを知っておくように。[30]酒を飲むことには六つのよくない点がある。第一に財産を失い、第二に病気になり、第三にいさかいを生じ、第四に悪い評判が流れ、第五に怒りの感情が突然に起こり、第六に智慧が日ごとに損われる。善生よ。もし、かの長者や長者の子が酒を飲むのをやめなければ、その家の財産[31]は日ごとに減少するであろう。

善生よ、ばくちには六つのよくない点がある。六つとは何か。第一に財産が日ごとに減り、第二に勝ったとしても怨みをかい、第三に智慧ある人に責めとがめられ、第四に人が信用しなくなり、第五に人にうとんじられ、第六に盗みの心を生じる。善生よ、これがばくちの六つのよくない点である。もし、長者や長者の子がばくちをやめなければ、その家の財産は日ごとに減少するであろう。

生。若長者長者子解知結行、不於四處而爲惡行、復知六損財業、是爲善生、
70c
於四處得離供養六方。今善後善、今世根基、後世根基。於現法中智者所譽、獲世一果、身壞命終、生天善處。

善生當知、飮酒有六失。一者失財、二者生病、三者鬪諍、四者惡名流布、五者恚怒暴生、六者智慧日損。善生。若彼長者長者子飮酒不已、其家産業日日損減。

善生、博戲有六失。云何爲六。一者財産日耗、二者雖勝生怨、三者智者所責、四者人不敬信、五者爲人疎外、六者生盜竊心。善生、是爲博戲六失。若長者長者子博戲不已、其家産業日日損減。

勝手気ままにふるまうことには六つのよくない点がある。第一にわが身を護ることができず、第二に財貨を護ることができず、第三に子孫を護ることができず、第四にいつもびくびくおそれ、第五に諸々の苦しくてよくない事がいつも身につきまとい、第六に好んでうそいつわりを言う。これが勝手気ままにふるまうことの六つのよくない点である。もし、長者や長者の子が勝手気ままなふるまいをし続けるならば、その家の財産は日ごとに減少するであろう。

善生よ。歌舞[32]に心をまどわすことにもまた六つのよくない点がある。第一に歌を求め、第二に舞を求め、第三に琴瑟《きんしつ》を求め、第四に波内早（を求め）、第五に多羅槃（を求め）、第六に首阿那（を求める）。これが歌舞の六つのよくない点である。もし、長者や長者の子が歌舞にふけることをやめなければ、その家の財産は日ごとに減少するであろう。

悪友と意気投合することにもまた六つのよくない点がある。第一に手段[33]をめぐらして人をあざむき、第二に人目[34]のつかぬところを好み、第三によその家の人を誘惑し、第四にひとの物を手に入れようと謀りごと[35]をめぐらし、第五に財貨・利益を自分の方に向け、第六に好んでひとの過ちをあばこうとする。これが悪友の六つのよくない点である。もし、長者や長者の子が悪友になじむことをやめなければ、その家の財産は、日ごとに減少するであろう。

放蕩有六失。一者不自護身、二者不護財貨、三者不護子孫、四者常自驚懼、五者諸苦惡法常自纒身、六者喜生虚妄。是爲放蕩六失。若長者長者子放蕩不已、其家財產日日損減。

善生。迷於伎樂復有六失。一者求歌、二者求舞、三者求琴瑟、四者波内早、五者多羅槃、六者首呵那。是爲伎樂六失。若長者長者子伎樂不已。其家財產日日損減。

惡友相得復有六失。一者方便生欺、二者好喜屛處、三者誘他家人、四者圖謀他物、五者財利自向、六者好發他過。是爲惡友六失。若長者長者子習惡友不已、其家財產日日損減。

怠惰には六つのよくない点である。第一に富み栄えている時には仕事をしようとせず、第二に貧しい時にはまじめに働こうとせず、第三に寒い時にはまじめに働こうとせず、第四に暑い時にはまじめに働こうとせず、[36]第五に朝早い時にはまじめに働こうとせず、第六に夜おそい時にはまじめに働こうとしない。これが怠惰の六つのよくない点である。もし、長者や長者の子が怠惰であることをやめなければ、その家の財産は日ごとに減少するであろう」

仏はこのことを説いて、さらに頌を作った。

[37]酒に心まどわす者は
さらに酒飲み仲間がいる
[38]たとえ財産を集めても
己の気ままにまた使い果たす

酒を飲んでは節度を知らず
いつも歌舞にうつつを抜かす
昼間はひとの家へぶらぶら出歩き
[39]それがもとでわが身を破滅する

71a

懈墮有六失。一者富樂不肯作務、二者貧窮不肯勤修、三者寒時不肯勤修、四者熱時不肯勤修、五者時早不肯勤修、六者時晩不肯勤修。是爲懈墮六失。若長者長者子懈墮不已、其家財業日日損減」

佛説是已、復作頌曰、

迷惑於酒者
還有酒伴黨
財産正集聚
隨己復散盡

飮酒無節度
常喜歌舞戲
晝則遊他家
因此自陷墜

悪友の言うままになって改めず
出家の人を誹謗する
邪な考えは世間の人に笑われて
けがれた行いは人々にしりぞけられる

40 悪いことを好めば顔色にあらわれ
勝負のことばかりあげつらう
41 悪に親しんで正しい道に帰ることなく
けがれた行いは人々にしりぞけられる

42 酒に心を狂わされ
貧しい身のほどわきまえず
財を軽んじぜいたく三昧
43 家産を破ってわざわい招く

ばくちをしては群れだって酒を飲み
共に他家の淫女をうかがいねらう
卑しい行いに慣れ親しんで
みそかに向かう月のように名をおとす

隨惡友不改
誹謗出家人
邪見世所嗤
行穢人所黜

好惡著外色
但論勝負事
親惡*無返復
行穢人所黜

爲酒所荒迷
貧窮不自量
輕財好奢用
破家致禍患

擲博群飲酒
共伺他婬女
翫習卑鄙行
如月向於晦

悪いことをして人の悪をも受け入れて
悪友とともども事をなす
今の世も後の世も
始めから終わりまで何も得られない

昼は眠ってばかりいて
夜[44]に目をさまして満ち足りない思いを抱く
ひとり愚かで善き友もなく
家のつとめも果たせない

朝と晩には仕事をせず
寒さ暑さにまた怠けてしまう
している仕事は最後までやりおおせず
やり遂げた仕事もだめにしてしまう

もし寒さ暑さをものともせずに
朝晩まじめに務めるならば
仕事は必ず完成し

行惡能受惡
與惡友同事
今世及後世
終始無所獲

晝則好睡眠
夜覺多悕望
獨昏無善友
不能修家務

朝夕不肯作
寒暑復懈墮
所爲事不究
亦復毀成功

若不計寒暑
朝夕勤修務
事業無不成

最後まで憂い苦しみはないだろう

仏は善生に言った。

「[45]親しい仲間のように見える四種の怨敵がある。お前はこのことを知っておくように。四種とは何か。第一に畏れ従う者、第二に[46]言葉を美しく飾る者、第三につつしみ深く従順な者、第四に[47]悪事の友である」

仏は善生に言った。

「畏れ従う者には四つのことがある。四つとは何か。第一に[48]先にものを与えて後で奪う。第二に少しのものを与えて多くの報酬を望む。第三に[49]相手の力を畏れるがためにことさら無理に親しくなる。第四に利益のために親しくなる。これが畏れ従う者の四つのことである」

仏は善生に言った。

「[50]言葉を美しく飾る仲間にも、また四つのことがある。四つとは何か。第一に[51]相手の善事にも悪事にもそのまま従う。第二に困難が生じれば見捨ててしまう。第三に[52]外に善いことがあればこっそりとさえぎってしまう。第四に危険な事が起こればただちに[53]おしおとしてしまう。これが言葉を美しく飾る仲間の四つのことである。

つつしみ深く従順な仲間にもまた四つのことがある。四つとは何か。[54]第一に先にたぶらかし、第二にあとでたぶらかし、第三に目の前でたぶ

至終無憂患

佛告善生、

「有四怨如親。汝當覺知。何謂爲四。一者畏伏、二者美言、三者敬順、四者惡友」

佛告善生、

「畏伏有四事。云何爲四。一者先與後奪。二者與少望多。三者畏故强親。四者爲利故親。是爲畏伏四事」

佛告善生、

「美言親復有四事。云何爲四。一者善惡斯順。二者有難捨離。三者外有善來密止之。四者見有危事便排擠*之。是爲美言親四事。

敬順親復有四事。云何爲四。一者先誑、二者後誑、三者現誑、四者見有小

らかし、第四にちょっとした過失を見つけるとただちに杖でたたいてこらしめる。これがつつしみ深く従順な仲間の四つのことである。

悪事の仲間にもまた四つのことがある。四つとは何か。第一に酒を飲む時に友になり、第二にばくちをする時に友になり、第三にみだらな遊びをする時に友になり、第四に歌舞の遊びをする時に友になる。これが悪事の仲間の四つのことである」

世尊はこのことを説いて、[55]さらに頌を作った。

威に服して心にもなく親しくなる者
口先うまい仲間もまた同じこと
うわべは従順で人をたぶらかす仲間
悪事の友　悪いことをする仲間

これらの仲間はあてにならない
知恵ある者は心して
すみやかに彼らを遠ざけよ
ちょうど険しい道を避けるように

仏は善生に言った。

71b
過便加杖之。是爲敬順親四事。

惡友親復有四事。云何爲四。一者飲酒時爲友、二者博戲時爲友、三者婬逸時爲友、四者歌舞時爲友。是爲惡友親四事」

世尊說此已、復作頌曰、

畏伏而强親
美言親亦爾
敬順虛誑親
惡友爲惡親

此親不可恃
智者當覺知
宜速遠離之
如避于嶮道

佛告善生、

「親しむべき四種の友がある。多くの利益を与え、人を助け護ってくれる。四種とは何か。第一に人の悪をとどめ、第二に人を慈しみ、[56]第三に人に利益を与え、第四に一緒に事を行う。これが親しむべき四種の友である。多くの利益を与え、人を助け護ってくれる。こういう人と親密になるべきである。

善生よ。かの人の悪をとどめるのに四つのことがある。多くの利益を与え、人を助け譲ってくれる。四つとは何か。第一に人が悪いことをするのを見ればさえぎりとどめることができる。第二にまっすぐで正しいことを示す。第三に慈しみの心を持って人をあわれむ。第四に[57]人に天に至る道を示す。これが人の悪をとどめる四つのことである。多くの利益を与え、人を助け護ってくれる。

また次に、人を慈しむのに四つのことがある。第一に[58]人が利益を得たのを見てその人に代わって喜ぶ。第二に人が悪い状態にあるのを見てその人に代わって憂える。第三に人の徳をほめたたえる。第四に[59]人がそしっているのを見ればそれを抑えつけることができる。これが人を慈しむ四つのことである。多くの利益を与え、人を助け護ってくれる。

人に利益を与えるのに四つのことがある。四つとは何か。第一に[60]彼が勝手気ままにならないように護る。第二に彼が勝手気ままな行いをして財産を失った時に護ってやる。第三に彼が恐怖におちいらないように護

「有四親可親。多所饒益爲人救護。云何爲四。一者止非、二者慈愍、三者利人、四者同事。是爲四親可親。多所饒益爲人救護。當親近之。

善生。彼止非有四事。多所饒益爲人救護。云何爲四。一者見人爲惡則能遮止。二者示人正直。三者慈心愍念。四者示人天路。是爲四止非。多所饒益爲人救護。

復次慈愍有四事。一者見利代喜。二者見惡代憂。三者稱譽人德。四者見人說惡便能抑制。是爲四慈愍。多所饒益爲人救護。

利益有四。云何爲四。一者護彼不令放逸。二者護彼放逸失財。三者護彼使不恐怖。四者屏相教誡。是爲四利人。

る。第四に彼をかばって教えさとす。これが人に利益を与える四つのことである。多くの利益を与え、人を助け護ってくれる。

一緒に事を行うのには四つのことがある。四つとは何か。第一[61]に彼のために身命を惜しまない。第二に彼のために財宝を惜しまない。第三に彼のために恐怖から救ってやる、第四に彼のためにかばって教えさとす。これが一緒に事を行う四つのことである。多くの利益を与え、人を助け護ってくれる」

世尊はこのことを説いて、さらにこう頌を作った。

悪を防ぎとどめる友
[62]人を慈しみ大事にする友
人に利益を与える友
[63]一緒に事を行ってわが身のごとくみなす友

こうした友にこそ親しめよ
智者が近づくのはこうした人
友の中でも等《たぐい》なき友
慈母がわが子を慈しむように

多所饒益爲人救護。

同事有四。云何爲四。一者爲彼不惜身命。二者爲彼不惜財寶。三者爲彼濟其恐怖。四者爲彼屏相教誡。是爲四同事。多所饒益爲人救護」

世尊說是已、復作頌曰、

制非防惡親
慈愍在他親
利人益彼親
同事齊己親

71c
此親乃可親
智者所附近
親中無等親
如慈母親子

本当の友に近づきたいと思うなら
心変わらぬ友にこそ近づけよ
[64]友は戒めを具えている
火の光が人を照らすように

仏は善生に言った。

「六つの方角のことを知るべきである。六つの方角とは何か。[65]父母は東方であり、師は南方であり、妻は西方であり、親族は北方であり、召使いは下方であり、沙門・婆羅門など高潔な行いを実践する者は上方である。

善生よ。[66]そもそも人の子たる者は、五つのことによって父母を敬い父母に従わなければならない。五つとは何か。第一に父母に物をささげて生活の不自由をさせない。第二に何か事を行おうとする時はいつもまず父母に申し上げる。第三に父母の行いに対してうやうやしく従って逆わない。第四に父母の正しい命令にそむかない。第五に父母の行った正しい事業を断絶しない。善生よ。そもそも人の子たる者は、この五つのことによって父母を敬い父母に従わなければならない。

[67]父母はまた、五つのことによって自分の子を敬い愛する。五つとは何か。第一に子をおしとどめて悪いことをするのを許さない。第二に子に

若欲親可親
當親堅固親
親者戒具足
如火光照人

佛告善生、

「當知六方。云何爲六方。父母爲東方、師長爲南方、妻婦爲西方、親黨爲北方、僮僕爲下方、沙門婆羅門諸高行者爲上方。

善生。夫爲人子當以五事敬順父母。云何爲五。一者供奉能使無乏。二者凡有所爲先白父母。三者父母所爲恭順不逆。四者父母正令不敢違背。五者不斷父母所爲正業。善生。夫爲人子當以此五事敬順父母。

父母復以五事敬親其子。云何爲五。一者制子不聽爲惡。二者指授示其善

教えて善[68]を指し示す。第三に父母[69]の慈愛が子の骨髄にしみとおる。第四に子のためによい結婚相手をさがす。第五に必要なものを時に応じて与える。

善生よ。子[70]が父母に対して敬い従ってうやうやしく仕えたならば、かの方角（東方）は安らかで憂いはない。

善生よ。弟子が師に敬い仕えるのにも、やはり五つのことがある。五つとは何か。第一にそばに仕えて必要な物の世話をする。第二に礼を尽くして師に物をささげる。第三に師を尊んでいただき仰ぐ。第四に師が何かを教えれば、それを敬いそれに従ってそむかない。第五に師に従って教えを聞き、それをしっかりと保って忘れない。善生よ。そもそも弟子たる者は、この五つ[71]のしかたによって師に敬い仕えなければならない。

師[72]はまた、五つのことによって弟子を敬い見る。五つとは何か。第一にしかるべき方法に従って弟子の行動を制御[73]する。第二に弟子がまだ聞いたことのないことを教えてやる。第三に弟子の質問に応じて十分[74]に意味をわからせる。第四に善き友を示す。第五に知っていることをすべて惜しまず弟子に教え授ける。

善生よ。弟子が師に対して敬い従ってうやうやしく仕えたならば、かの方角（南方）は安らかで憂いはない。

善生よ。夫[75]が妻を敬うのにも、やはり五つのことがある。五つとは何

處。三者慈愛入骨徹髓。四者爲子求善婚娶。五者隨時供給所須。

善生。子於父母敬順恭奉、則彼方安隱無有憂畏。

善生。弟子敬奉師長復有五事。云何爲五。一者給侍所須。二者禮敬供養。三者尊重戴仰。四者師有教勅敬順無違。五者從師聞法善持不忘。善生。夫爲弟子當以此五法敬事師長。

師長復以五事敬視弟子。云何爲五。一者順法調御。二者誨其未聞。三者隨其所問令善解義。四者示其善友。五者盡以所知誨授不悋。

善生。弟子於師長敬順恭奉、則彼方安隱無有憂畏。

善生。夫之敬妻亦有五事。云何爲

か。第一に敬[76]って丁寧に待遇する。第二に威厳[77]を持って妻にのぞみ、なれなれしくしない。第三に必要な時に応じて衣食を与える。第四に[78]しかるべき時には身を飾ってやる。第五に家の中のことをまかせきる。善生よ。夫はこの五つのことによって妻をうやうやしく待遇するのである。

妻[79]もまた、五つのことによって夫を敬う。五つとは何か。第一に夫より先に起きる。第二に夫より後に坐る。第三におだやかに[80]ものを言う。第四に夫を敬って夫に従う。第五に夫の気[81]持ちをあらかじめ知りそれにさからわない。

善生よ。[82]これが夫が妻に対してうやうやしく待遇するということである。このようであれば、かの方角（西方）は安らかで憂いはない。

善生よ。[83]そもそも人たる者は、五つのことによって親族を親しみ敬わなければならい。五つとは何か。第一に施し与える。第二にじょうずにものを言う。第三に利益を与える。第四に利益をともにする。第五に欺かない。善生よ。これが五つのことによって親族を親しみ敬うということとである。

親族もまた、五つのことによって人を親しみ敬う。五つとは何か。[84]第一に勝手気ままなことをしている時に護る。第二に勝手気ままな行いをして財産を失った時に護る。第三に恐怖におちいったときに護る。第四にかばって教えさとす。第五にいつもほめたたえる。

五。一者相待以禮。二者威嚴不媟。三者衣食隨時。四者莊嚴以時。五者委付家內。善生。夫以此五事敬待於妻。

72a
妻復以五事恭敬於夫。云何爲五。一者先起。二者後坐。三者和言。四者敬順。五者先意承旨。

善生。是爲夫之於妻敬待。如是則彼方安隱無有憂畏。

善生。夫爲人者當以五事親敬親族。云何爲五。一者給施。二者善言。三者利益。四者同利。五者不欺。善生。是爲五事親敬親族。

親族亦以五事親敬於人。云何爲五。一者護放逸。二者護放逸失財。三者護恐怖者。四者屛相教誡。五者常相稱歎。

善生よ。このように[85]親族を敬い見るならば、かの方角（北方）は安らかで憂いはない。

善生よ。主人は召使いに対して、五つのことによって教え導く。五つとは何か。第一に能力に応じて働かせる。第二に必要な時はいつでも飲食を与える。第三に[86]必要な時にはいつでも功労に対してほうびを与える。第四に病気になれば薬を与える。第五に[87]自由に休暇を与える。善生よ。これが五つのことによって召使いを教え導くということである。

[88]召使いはまた、五つのことによってその主人に仕える。五つとは何か。第一に朝早く起きる。第二に仕事のしかたが細かくゆきとどいている。第三に[89]与えられないものを取らない。第四に順序よく仕事をする。第五に[90]主人の名前をほめたたえる。

[91]これが主人が召使いを待遇するということである。（このようであれば）かの方角（下方）は安らかで憂いはない。

善生よ。[92]施しを行う者は五つのことによって沙門・婆羅門に物をささげなければならない。五つとは何か。第一に身体によって慈しみを行う。第二に言葉によって慈しみを行う。第三に心によって慈しみを行う。第四にしかるべき時に施しを行う。第五に門でおしとどめない。

善生よ。もし施しを行う者がこの五つのことによって沙門・婆羅門に物をささげたならば、[93]沙門・婆羅門はまた六つのことによって彼を教え

善生。如是敬視親族、則彼方安隱無有憂畏。

善生。主於僮使以五事教授。云何爲五。一者隨能使役。二者飮食隨時。三者賜勞隨時。四者病與醫藥。五者縱其休假。善生。是爲五事教授僮使。

僮使復以五事奉事其主。云何爲五。一者早起。二者爲事周密。三者不與不取。四者作務以次。五者稱揚主名。

是爲主待僮使。則彼方安隱無有憂畏。

善生。檀越當以五事供奉沙門婆羅門。云何爲五。一者身行慈。二者口行慈。三者意行慈。四者以時施。五者門不制止。

善生。若檀越以此五事供奉沙門婆羅門、沙門婆羅門當復以六事而教授之。

導かなければならない。六つとは何か。第一に彼[94]を護って悪いことをさせない。第二に善を指し示す。第三に善い心を抱かせる。第四にまだ聞いたことのない教えを聞かせる。第五にすでに聞いた教えを十分に理解させる。第六に天[95]に至る道をよくわかるように説き示す。

善生よ。このように施しを行う人が沙門・婆羅門にうやうやしく仕えたならば、かの方角（上方）は安らかで憂いはない」

世尊は説きおわると、重ねて偈を説いた。

父母は東方
師[96]は南方
妻は西方
親族は北方
僮僕は下方
沙門は上方

長者の子はすべて
これらの方角を礼敬する
敬い従うことが時を失わなければ
死後はみな天に生れる

72b

云何爲六。一者防護不令爲惡。二者指授善處。三者教懷善心。四者使未聞者聞。五者已聞能使善解。六者開示天路。

善生。如是檀越恭奉沙門婆羅門、則彼方安隱無有憂畏」

世尊說已、重說偈曰、

父母爲東方
師長*爲南方
妻婦爲西方
親族爲北方
僮僕爲下方
沙門爲上方

諸有長者子
禮敬於諸方
敬順不失時
死皆得生天

97 あたたかい施しとやさしい言葉
人に多くの利益を与える
利益を共にして彼《ひと》と己《じぶん》のへだてなく
あらゆることを人と共にする
98 この四つは荷うもの多く
車輪のように重い荷を背負う
99 世の中にこの四つがなければ
親孝行もありえない
100 この教えは世の中で
智慧ある者に選択された
これを行えば大いなる果報を得て
名声は遠くまで広まる
101 寝椅子をきれいにととのえて
立派なごちそうを準備する
ひとの得べきものを与えれば
恵施及軟言
利人多所益
同利等彼己
所有與人共
此四多負荷
任重如車輪
世間無此四
則無有孝養
此法在世間
智者所撰擇
行則獲大果
名稱遠流布
嚴飾於牀座
供設上飲食
供給所當得

名声は遠くまで広まる
親戚故旧を忘れずに
利益になる事をさし示す
102 上下はいつも睦じく
かくして善き誉れを得る

103 はじめに技術を習得し
そののち財産を手に入れる
財産がすでにそなわったなら
自分でそれを守らねばならない

104 金を出す場合ははですぎず
目の前の人をよく選ばねばならない
詐欺師や無頼漢には
乞われても与えたりはしないように

105 財産の集積は小さなことから始まる
蜂が花（の蜜）を集めるように

名稱遠流布
親舊不相遺
示以利益事
上下常和同
於此得善譽
先當習伎藝
然後獲財業
財業既已具
宜當自守護
出財未至奢
當撰擇前人
欺誑觝突者
寧乞未擧與
積財從小起
如蜂集衆花

財宝は日ごとにふえてゆき
最後まで減ることはない

第一に　食事は[106]ぜいたくをせず
第二に　仕事に精出しなまけるな
[107]第三に　まず財産を貯えて
窮乏に備えるように
第四に　田を耕して商《あきな》いし
[108]土地を選んで牧場を設けるように
第五に　[109]塔廟を建立し
第六に　[110]僧の住居を建立せよ
家に在《お》るものは[111]六つの仕事にいそしんで
しっかり励んでその時を失うな

かく仕事に精出すならば
家は損減することなく
財宝は日ごとにふえてゆく
海が多くの流れを呑みこむように

財寶日滋息
至終無損耗

一食知止足
二修業勿怠
三當先儲積
以擬於空乏
四耕田商賈
*擇地而置牧
五當起塔廟
六立僧房舍
在家勤六業
善修勿失時

如是修業者
則家無損減
財寶日滋長
如海呑衆流

[112]その時、善生は世尊に申し上げた。

「すばらしいことです、世尊よ。まことに願[113]っていた以上のものが得られました。私の父の教えよりすぐれています。うつぶせに倒れていた者をあおむけにさせ、閉ざされていた者を開き、迷っていた者を悟らせることができます。暗[114]い部屋でともしびをともせば、目のある者は見ることができますが、如来が説かれたことも、やはりこれと同じで、数かぎりない手だてで、暗く蔽われた愚かな者を悟らせ、清[115]らかな教えを現わされました。なぜかと言えば、仏[116]は如来・至真・等正覚であるがゆえに、教えを示し、世の人々の明らかな導き手となることができるのです。

今、私は仏[117]に帰依し、仏の教えに帰依し、僧に帰依いたします。どうか世尊よ、私が正しき教えの中において優[118]《う》婆《ば》塞《そく》となることをお許し下さい。今[119]日から以後、寿命の尽き果てるまで、生[120]き物を殺さず、盗みをせず、みだらなことを行わず、人をだまさず、酒を飲むことはいたしません」

その時、善生は仏の説かれたことを聞いて、歓喜し、つつしんで受持し実践した。

爾時善生白世尊言、

「甚善世尊。實過本望。踰我父教。能
使覆者得仰、閉者得開、迷者得悟。冥
72c 室燃燈、有目得視。如來所說亦復如
是、以無數方便開悟愚冥、現淸白法。
所以者何。佛爲如來至眞等正覺故能開
示、爲世明導。

今我歸依佛歸依法歸依僧。唯願世
尊、聽我於正法中爲優婆塞。自今日
始、盡形壽、不殺不盜不婬不欺不飲
酒」

爾時善生聞佛所說、歡喜奉行。

清浄経

神塚淑子

このように私は聞いた。

ある時、仏は伽維羅衛《かいらえ》[1]国の緬祇《めんぎ》[2]の優婆塞《うばそく》[3]の園林中に、千二百五十人[4]の比丘たちの大集団と一緒におられた。

その頃、沙彌《しやみ》[5]の周那《しゆうな》[6]は波波国《はばこく》[7]で夏安居[8]を終え、衣鉢を手に持って伽維羅衛国の緬祇の園林に進み行き、阿難[9]のところへ至って、頭面に阿難《あなん》の足をおし戴いて礼拝し、かたえに立って阿難に申し上げた。

「波波国の城内に尼乾子《にけんし》[10]という人がいました。この人が亡く[11]なってまもなく、その弟子たち[12]は二つに分かれて互い[13]に争い、上下[14]の別なく面と向ってののしりあうようになりました。たがい[15]に相手の短所を探し、それぞれの見解[16]を競って、『私はこのことを知っているが、お前は知ることができない。私の行いは真実で正しいが、お前は誤った考え方をしている。前[17]のことを後につけ、後のことを前につけて、話はひっくり返しの

72c 如是我聞。

一時佛在迦維羅衞國緬祇優婆塞林中、與大比丘衆千二百五十人俱。

時有沙彌周那在波波國、夏安居已、執持衣鉢、漸詣迦維羅衞緬祇園中、至阿難所、頭面禮足、於一面立、白阿難言、

「波波城內有尼乾子。命終未久、其諸弟子分爲二分、各共諍訟、面相毀罵、無復上下。迭相求短、競其知見、『我能知是、汝不能知。我行眞正、汝爲邪見。以前著後、以後著前、顚倒錯亂、無有法則。我所爲妙、汝所言非。汝有

ごちゃまぜ、全く秩序がない。私がやっていることはすばらしいが、お前が言うことはまちがいだ。もしお前によくわからないことがあったら、私に尋ねるがよい』などと言いあっています。[18]偉大なる阿難よ。今や、かの国の尼乾子に仕えていた人々は、この争いを聞いて厭いの気持ちを生じています」

阿難は周那沙彌に語った。

[19]「私たちは世尊に申し上げたいと思っている話があります。今あなたと一緒に出かけてこの事を申し上げましょう。もし世尊が何か[20]お教え下さるなら、一緒にそのお教えを受持し実践いたしましょう」

その時、沙彌の周那は阿難の言葉を聞いて、ただちに阿難とともに世尊の所へ出かけ、頭面に世尊の足をおし戴いて礼拝し、かたえに立った。

その時、阿難は世尊に申し上げた。

「この沙彌の周那は波波国で夏安居を終え、衣鉢を手に持って私の所にやって来て、私の足をおし戴いて礼拝し、私にこう語りました。『波波国に尼乾子という人がいました。この人が亡くなってまもなく、その弟子たちは二つに分かれて互いに争い、上下の別なく面と向ってののしりあうようになりました。たがいに相手の短所を探し、それぞれの見解を競って、〈私はこのことを知っているが、お前は知ることができない。

所疑、當諮問我』。大德阿難。時彼國人民事尼乾者、聞諍訟已、生厭患心」

阿難語周那沙彌曰、

「我等有言、欲啓世尊。今共汝往、宣啓此事。若世尊有所戒勅、當共奉行」

爾時沙彌周那聞阿難語已、即共詣世尊、頭面禮足、在一面立。

爾時阿難白世尊曰、

「此沙彌周那在波波國夏安居已、執持
73a 衣鉢、漸來至此、禮我足、語我言、『波波國有尼乾子。命終未久、其諸弟子分爲二分、各共諍訟、面相毀罵、無復上下。迭相求短、競其知見。〈我能知是、汝不能知。我行眞正、汝爲邪

私の行いは真実で正しいが、お前は誤った考え方をしている。前のことを後につけ、後のことを前につけて、話はひっくり返しのごちゃまぜ、全く秩序がない。私が言うことは正しいが、お前が言うことはまちがいだ。もしお前によくわからないことがあったら、私に尋ねるがよい〉などと言いあっています。今や、かの国の尼乾子に仕えていた人々は、この争いを聞いて厭いの気持ちを生じています』と」

世尊は周那沙彌に言った。

「そうなのだ、周那よ。かの人の、法にはずれた説は聞くに足らない。これは[21]正しいさとりを得た人が説いたことではなく、[22]ちょうど朽ちた塔は塗り直しにくいようなものだ。かの人たちには師がいたが全く誤った見解を持ち、教えはあったがことごとくまちがいで、聴受するに足らず、それによって[23]出離することはできないものであった。それは正しいさとりを得た人が説いたことではなく、ちょうど古い塔は塗り直せないようなものである。かの弟子たちの中に、師の教えに従わず、師の誤った見解を捨てて、正しい見解にもとづいて実践していた者たちがいた。周那よ。もし、ある人がやって来て、その弟子たちに、[24]『みなさん。あなた方の師の教えは正しかった。[25]その教えどおりに実行すべきなのだ。それなのになぜ捨ててしまったのか』と語り、[26]その弟子たちがその言葉を信じたならば、[27]両者ともに正しい道からはずれ、[28]量り知れない罪を犯

見。以前著後、以後著前、顚倒錯亂、無有法則。我所言是、汝所言非。汝有所疑、當諮問我〉。時彼國人民事尼乾者、聞諍訟已、生厭患心』」

世尊告周那沙彌曰、

如是周那。彼非法中不足聽聞。此非三耶三佛所說、猶如朽塔難可汙色。彼雖有師、盡懷邪見。雖復有法、盡不眞正。不足聽採、不能出要。非是三耶三佛所說、猶如故塔不可汙也。彼諸弟子有不順其法、捨彼異見行於正見。周那。若有人來語彼弟子、『諸賢。汝師法正、當於中行。何以捨離』。其彼弟子信其言者、則二俱失道、獲無量罪。所以者何。彼雖有法、然不眞正故。

すことになる。それはなぜかと言えば、かの人は教えを説いたが、真実で正しいものではなかったからである。

　周那よ。師が誤った見解を持たず、その教えは真実で正しく、まことに聴受すべきものであり、それによって出離することができるものであったとする。それは正しいさとりを得た人が説いたことで、たとえば新しい塔が色を塗りやすいようなものである。ところが、弟子たちはこの教えどおりにまじめに修行することができず、教えを成就することができず、平等[29]の道を捨て、誤った見解に陥ってしまった。もし、ある人がやって来て、その弟子たちに、『みなさん。あなた方の師の教えは正しかった。その教えどおりに実行すべきなのだ。それなのになぜそれを捨てて誤った見解に陥ってしまったのか』と語り、その弟子たちがその言葉を信じたならば、両者ともに正しい見解を持ち、量り知れない幸福を得ることになる。それはなぜかと言えば、その教えが真実で正しいものだったからである」

　仏は（ひき続き）周那に言った。

「かの人たちには師がいたが、その師は誤った見解を持ち、教えはあったが、ことごとくまちがいで、聴受するに足らず、それによって出離することはできないものであった。正しいさとりを得た人が説いたことではなく、ちょうど朽ちた塔は塗り直せないようなものである。かの弟子

周那。若師不邪見、其法眞正、善可聽採、能得出要。三耶三佛所說、譬如新塔易可汙色。然諸弟子於此法中、不能勤修不能成就、捨平等道入於邪見。若有人來語彼弟子、『諸賢。汝師法正、當於中行。何以捨離入於邪見』。其彼弟子信其言者、則二俱見眞正、獲無量福。所以者何。其法眞正」

佛告周那、

彼雖有師、然懷邪見。雖復有法、、盡不眞正。不足聽採、不能出要。非三耶三佛所說、猶如朽塔不可汙色。彼諸弟子法法成就、隨順其行、起諸邪見。

たちは、[30]師の教えをすべて成就し、その行いにそのまま従い、さまざまの誤った見解を起こした。周那よ。もし、ある人がやって来て、その弟子たちに、『あなた方の師の教えは正しく、あなた方が行っていることは正しい。今このように[31]一所懸命に修行しているのだから、[32]この世で[33]さとりを成就するだろう』と言い、その弟子たちがその言葉を信じてそのまま受け取ったならば、両者ともに正しい道からはずれ、量り知れない罪を犯すことになる。それはなぜかと言えば、その教えが真実で正しいものではなかったからである。

周那よ。師が誤った見解を持たず、その教えは真実で正しく、まことに聴受すべきものであり、それによって出離することができるものであったとする。正しいさとりを得た人が説いたことで、たとえば新しい塔が色を塗りやすいようなものである。さらに、その弟子たちは師の教えをすべて成就し、それに従って修行して正しい見解を生じた。もし、ある人がやって来て、その弟子たちに、『あなた方の師の教えは正しく、あなた方が行っていることは正しい。今このように一所懸命に修行しているのだから、この世でさとりを成就するだろう』と言い、その弟子たちがその言葉を信じてそのまま受け取ったならば、両者ともに正しい見解を持ち、量り知れない幸福を得ることになる。それはなぜかと言えば、教えが真実で正しいものだったからである。

周那。若有人來語其弟子言、『汝師法正、汝所行是。今所修行、勤苦如是、
73b
應於現法成就道果』。彼諸弟子信受其言者、則二俱失道、獲無量罪。所以者何。以法不眞正故。

周那。若師不邪見、其法眞正、善可聽採、能得出要。三耶三佛所說、譬如新塔易爲汙色。又其弟子法法成就、隨順修行而生正見。若有人來語其弟子言、『汝師法正、汝所行是。今所修行、勤苦如是、應於現法成就道果』。彼諸弟子信受其言、二俱正見、獲無量福。所以者何。法眞正故。

周那よ。指導者が世[34]に出現して弟子に憂いを生じさせる場合もあれば、指導者が世に出現して弟子に憂いを抱かせない場合もある。[35]指導者が世に出現して弟子に憂いを生じさせるとはどのようなことか。

周那よ。指導者が新たに世に出現し、さとりを成就してからまだ日が浅く、[36]その教えは完全に具わって、梵行《ぼんぎょう》は清らかで、[37]あるがまま真理の道にかなっていたが、それをあまねく布き広めることはしなかった。ところが、その指導者はすみやかに[38]滅度《めつど》し、その弟子たちは修行することができなかった。その時、弟子たちはみな、『先生がはじめて世に出現し、さとりを成就してからまだ日が浅く、その教えは清らかで、梵行は完全に具わり、あるがまま真理の道にかなっていたが、結局それをあまねく布き広めることはされなかった。ところが今、先生はすみやかに滅度してしまわれ、われら弟子たちは修行することができない』と[39]憂え悲しむ。これが、指導者が世に出現して弟子が憂えるということだ。

指導者が世に出現して弟子が憂いを抱かないとはどのようなことか。[40]それはつまり、指導者が世に出現し、その教えは清らかで、梵行は完全に具わり、あるがまま真理の道にかなっており、広く世に流布した。そうしてのちに指導者は滅度したので、その弟子たちはみな修行することができ、『先生がはじめて世に出現し、さとりを成就して[41]からまだ日が浅く、その教えは清らかで、梵行は完全に具わり、あるがまま真理の

周那。或有導師出世使弟子生憂、或有導師出世使弟子無憂。云何導師出世使弟子生憂。

周那。導師新出世閒成道未久、其法具足梵行清淨、如實眞要而不布現。然彼導師速取滅度、其諸弟子不得修行。皆愁憂言、『師初出世、成道未久、其法清淨、梵行具足、如實眞要、竟不布現。而今導師便速滅度、我等弟子不得修行』。是爲導師出世弟子愁憂。

云何導師出世弟子不憂。

謂導師出世、其法清淨、梵行具足、如實眞要而廣流布。然後導師方取滅度、其諸弟子皆得修行不懷憂言、『師初出世、成道未久、其法清淨、梵行具足、如實眞要而不布現。而今導師便速

道にかなっていたが、それをあまねく布き広めることはされなかった。ところが今、先生はすみやかに滅度され、われら弟子たちが修行することができないようにしてしまわれた』[42]という憂いを抱くことはない。このようであるのが、周那よ。指導者が世に出現して弟子が憂いを抱かないということだ」

仏は（ひき続き）周那に言った。

「[43]この要素が梵行を成就する。それはどういうことかと言えば、指導者が世に出現し、出家してからまだ日が浅く、名声はまだ広まっていない。これを〈[44]梵行の要素が完全ではない〉というのだ。

周那よ。指導者が世に出現し、出家してから長い年月がたち、名声が遠くまで広まっている。これを〈梵行の要素が完全に満ち足りている〉というのだ。

周那よ。指導者が世に出現し、出家してから長い年月がたち、名声も広まっているが、弟子たちはまだ師の教えを受けず、梵行を具えておらず、[45]安らかなさとりの境地に至らず、己の利益を得ず、教えを受けてそれを広く人々に説くこともできず、異論が起こっても、教えのとおりに[46]それを除滅することもできず、思いのままに姿を変え、欠ける所無き神通力を得ることもできない。これを〈梵行の要素が完全ではない〉というのだ。

滅度、使我弟子不得修行』。如是周那。導師出世弟子無憂」

佛告周那、

「此支成就梵行。謂導師出世、出家未久、名聞未廣。是謂〈梵行支不具足〉。

周那。導師出世、出家既久、名聞廣遠。是謂〈梵行支具足滿〉。

73c

周那。導師出世、出家既久、名聞亦廣、而諸弟子未受訓誨、未具梵行、未至安處、未獲己利、未能受法分布演說、有異論起不能如法而往滅之、未能變化成神通證。是爲〈梵行支不具足〉。

周那よ。指導者が世に出現し、出家してから長い年月がたち、名声も広まり、しかも弟子たちはみな師の教えを受け、梵行は完全に具わり、安らかなさとりの境地に至り、すでに己の利益を得、さらに、教えを受けてそれを[47]ことわけて説くことができ、異論が起これば、教えのとおりに除滅することができ、思いのままに姿を変える力は完全に具わり、欠ける所無き神通力を得る。これを〈梵行の要素が完全に満ち足りている〉というのだ。

周那よ。指導者が世に出現し、出家してから長い年月がたち、名声も広まっているが、比丘尼たちはまだ師の教えを受けず、安らかなさとりの境地に至らず、己の利益を得ず、教えを受けてそれを広く人々に説くこともできず、異論が起こっても、教えに従って真実のままにそれを除滅することもできず、思いのままに姿を変え、欠ける所無き神通力を得ることもできない。これを〈梵行の要素が完全ではない〉というのだ。

周那よ。指導者が世に出現し、出家してから長い年月がたち、名声も広まり、比丘尼たちはみな師の教えを受け、梵行は完全に具わり、安らかなさとりの境地に至り、すでに己の利益を得、また、教えを受けてそれをことわけて説くことができ、異論が起これば、教えのとおりに除滅することができ、思いのままに姿を変える力は完全に具わり、欠ける所無き神通力を得る。これを〈梵行の要素が完全に満ち足りている〉とい

周那。導師出世、出家既久、名聞亦廣、而諸弟子盡受教訓、梵行具足、至安隱處、已獲己利、又能受法分別演說、有異論起、能如法滅、變化具足、成神通證。是爲〈梵行支具足滿〉。

周那。導師出世、出家亦久、名聞亦廣、諸比丘尼未受訓誨、未至安處、未獲己利、未能受法分布演說、有異論起不能以法如實除滅、未能變化成神通證。是爲〈梵行支未具足〉。

周那。導師出世、出家亦久、名聞亦廣、諸比丘尼盡受教訓、梵行具足、至安隱處、已獲己利、復能受法分別演說、有異論起、能如法滅、變化具足、成神通證。是爲〈梵行支具足滿〉。

うのだ。

周那よ。優婆塞や[48]優婆夷《うばい》たちが広く梵行を修め、[49]乃至《ないし》は、思いのままに姿を変える力が完全に具わり、欠ける所無き神通力を得ること、やはり（上に述べた弟子・比丘尼の場合と）同様である。

周那よ。指導者が世におらず、[50]名声と利益が損われることもないならば、梵行の要素は完全に満ち足りてはいない。

指導者が世におり、名声と利益がすべて完全に具わり、損なわれることがないならば、梵行の要素は完全に満ち足りている。

指導者が世におり、名声と利益がすべて完全に具わっていても、比丘たちが名声と利益を完全に具えることができないならば、これを〈梵行の要素が完全ではない〉という。

指導者が世におり、名声と利益が完全に具わって損われることがなく、比丘の集団もやはり（名声と利益が）完全に具わっているならば、梵行の要素は完全に満ち足りている。比丘尼の集団についてもやはり同様である。

周那よ。私は出家してから長い年月がたち、名声は遠くまで広まっている。私の比丘たちもすでに私の教えを受け、安らかなさとりの境地に至り、みずから己の利益を得ている。また、教えを受けて人のためにその教えを説くことができ、異論が起これば、教えのとおりに除滅するこ

周那。諸優婆塞優婆夷廣修梵行、乃至變化具足成神通證、亦復如是。

周那。若導師不在世、無有名聞利養損減、則梵行支不具足滿。

若導師在世、名聞利養皆悉具足、無有損減、則梵行支爲具足滿。

若導師在世、名聞利養皆悉具足、而諸比丘名聞利養不能具足。是爲〈梵行支不具足〉。

若導師在世、名聞利養具足無損、諸比丘衆亦復具足、則梵行支爲具足滿。比丘尼衆亦復如是。

周那。我出家久、名聞廣遠。我諸比丘已受教誡、到安隱處、自獲己利。復能受法爲人說法、有異論起、能如法滅、變化具足、成神通證。諸比丘比丘

とができ、思いのままに姿を変える力も完全に具わり、欠ける所無き神通力を得ている。比丘・比丘尼・優婆塞・優婆夷たちもみな同様である。

　周那よ。私はすでに広く梵行を流布し、乃至は、思いのままに姿を変える力は完全に具わり、欠ける所無き神通力を得ている。

　周那よ。全世界のすべての指導者の中には、わたくし[51]如来《にょらい》・至真《ししん》・等《とう》正覚《しょうがく》ほどの名声と利益を得ている者はいない。

　周那よ。全世界のすべての集団[52]の中には、私の集団ほどの名声と利益を持つものはいない。

　周那よ。もし正しく説こうとするならば、[53]〈見ていても見えない〉ということを言わなければならない。〈見ていても見えない〉とは何か。あらゆる梵行が清らかに具わり、それが人々の前にあまねく示される。これを〈見ていても見えない〉と名づけるのだ」

　その時、世尊は比丘たちに言った。

[54]「鬱頭藍子《うつとうらんし》は大勢の人々の中で[55]このように言った。『〈見ていても見えない〉ということがある。何を、〈見ていても見えない〉と名づけるのか。[56]刀は見えるが、刃先は見えないようなものだ』と。比丘たちよ。[57]あの人は、あろうことか、凡人の見識のない言葉を引いて喩えとした。

　そうなのだ、周那よ。もし、正しく説こうとするならば、〈見ていて

74a

尼優婆塞優婆夷皆亦如是。

　周那。我以廣流布梵行、乃至變化具足、成神通證。

　周那。一切世閒所有導師、不見有得名聞利養如我如來至眞等正覺者也。

　周那。諸世閒所有徒衆、不見有名聞利養如我衆也。

　周那。若欲正說者、當言〈見不可見〉。云何〈見不可見〉。一切梵行清淨具足、宣示布現。是〈名見不可見〉」

　爾時世尊告諸比丘、

「欝頭藍子在大衆中而作是說、『〈有見不見〉。云何名〈見不見〉。如刀可見刃不可見』。諸比丘。彼子乃引凡夫無識之言以爲譬喩。

　如是周那。若欲正說者。當言〈見不

も見えない〉ということを言わなければならない。〈見ていても見えない〉とは何か。[58]お前たちは、『あらゆる梵行が清らかに具わり、それが人々の前にあまねく示される。[59]これが〈見ていても見えない〉ということだ』と正しく説かなければならない。

周那よ。[60]かの連続して絶えることのない存在は（梵行を）完全に具えなくても得ることができるが、連続性を持たない存在は（梵行を）完全に具えても得ることはできない。

周那よ。あらゆるあり方の中における梵行は、[61]五味の中の醍醐のようなものだ」

その時、世尊は比丘たちに言った。

「[62]私はこの法をみずから明らかに悟った。その法とは、[63]四念処・[64]四神足・[65]四意断・[66]四禅・[67]五根・[68]五力・[69]七覚意・[70]賢聖八正道である。お前たちはみんな仲睦くし、いさかいを起こしてはならない。同じように師から教えを受け、[71]同じ壺の中の水と乳なのだから。如来の正しき法において、[72]みずからをはげしく燃やし、すみやかに安らかなさとりを得、完全に安らかなさとりを得なければならない。

ある比丘が法を説いている時、[73]別の比丘が、『あの人が説いている字句は正しくない。道理も正しくない』と言ったとする。比丘はそれを聞

見〉。云何〈見不見〉。汝當正*説言、『一切梵行清淨具足、宣示流布。是〈不可見〉』

周那。彼相續法不具足而可得、不相續法具足而不可得。

周那。諸法中梵行、酪酥中醍醐」

爾時世尊告諸比丘、

「我於是法躬自作證。謂四念處・四神足・四意斷・四禪・五根・五力・七覺意・賢聖八道。汝等盡共和合、勿生諍訟。同一師受、同一水乳。於如來正法、當自熾然、快得安樂、得安樂已。

若有比丘説法中、有作是言、『彼所説句不正。義理不正』。比丘聞已、不可

いて、『そのとおりだ』と言ってはならず、『そうではない』と言ってもいけない。その比丘に、『[74]どうだろうか、みなさん。私の説く字句はこのようであり、あなたの説く字句はこのようだ。私の説く道理はこのようであり、あなたの説く道理はこのようだ。[75]どちらがまさり、どちらがおとっているだろうか』と言うべきなのだ。その比丘が、『私の説く字句はこのようであり、私の説く道理はこのようだ。あなたの説く字句はこのようであり、あなたの説く道理はこのようだ。あなたの説く字句も道理も、私よりまさっている』と答えたとする。その比丘がこのように言ったなら、『そうではない』としてもいけないし、『そのとおりだ』としてもいけない。その比丘を諫め、しかりつけて制止し、ともに真理を尋ね求めるべきなのだ。このように、みんなが仲睦くし、いさかいを起こしてはならない。[76]同じように師から教えを受け、同じ壺の中の水と乳なのだから。如来の正しき法において、みずからをはげしく燃やし、すみやかに安らかなさとりを得、完全に安らかなさとりを得なければならない。

ある比丘が法を説いている時、別の比丘が、『あの人が説いている字句は正しくない。道理は正しい』と言ったとする。比丘はそれを聞いて、『そのとおりだ』と言ってはならず、『そうではない』と言ってもいけない。その比丘に、『どうだろうか、比丘よ。私の説く字句はこのよ

74b
言是、不可言非。當語彼比丘言、『云何諸賢。我句如是、汝句如是。我義如是、汝義如是。何者爲勝、何者爲負』。若彼比丘報言、『我句如是、我義如是。汝句如是、汝義如是。汝句亦勝、汝義亦勝』。彼比丘說此、亦不得非、亦不得是。當諫彼比丘、當呵當止、當共推求。如是盡共和合、勿生諍訟。同一*師受、同一*水乳。於如來正法、當自熾然、快得安樂、得安樂已。

若有比丘說法、中有比丘作是言、『彼所說句不正。義正』。比丘聞已、不可言是、不可言非。當語彼比丘言、『云何比丘。我句如是、汝句如是。何

うであり、あなたの説く字句はこのようだ。どちらが正しく、どちらがまちがいだろうか』と言うべきなのだ。その比丘が、『私の説く字句はこのようであり、あなたの説く字句はこのようだ。あなたの説く字句がまさっている』と答えたとする。その比丘がこのように言ったなら、『そのとおりだ』と言ってもいけないし、『そうではない』と言ってもいけない。その比丘を諫め、しかりつけて制止し、ともに真理を尋ね求めるべきなのだ。このように、みんなが仲睦くし、いさかいを起こしてはならない。同じように師から教えを受け、同じ壺の中の水と乳なのだから。如来の正しき法において、みずからをはげしく燃やし、すみやかに安らかなさとりを得、完全に安らかなさとりを得なければならない。

ある比丘が法を説いている時、別の比丘が、『あの人が説いている字句は正しく、道理は正しくない』と言ったとする。比丘はそれを聞いて、『そのとおりだ』と言ってはならず、『そうではない』と言ってもいけない。その比丘に、『どうだろうか、比丘よ。私の説く道理はこのようであり、あなたの説く道理はこのようだ。どちらが正しく、どちらがまちがいだろうか』と言うべきなのだ。相手が、『私の説く道理はこのようであり、あなたの説く道理はこのようだ。あなたの説く道理がまさっている』と答えたとする。相手の比丘がこのように言ったなら、『そのとおりだ』と言ってもいけないし、『そうではない』と言ってもいけ

者爲是、何者爲非』。若彼比丘報言、『我句如是、汝句如是。汝句亦勝』。彼比丘說此、亦不得言『是』、不得言『非』。當諫彼比丘、當呵當止、當共推求。如是盡共和合、勿生諍訟。同一師受、同一水乳。於如來正法、當自熾然、快得安樂、得安樂已。

若有比丘說法、中有比丘作是言、『彼所說句正、義不正』。比丘聞已、不可言『是』、不可言『非』。當語彼比丘言、『云何比丘。我義如是、汝義如是。何者爲是、何者爲非』。若彼報言、『我義如是、汝義如是。汝義而勝』。彼比丘說此已、亦不得言是、亦不得言非。當諫彼比丘、當呵當止、當共推求。如是比丘盡共和合、勿生諍訟。同一師

ない。その比丘を諫め、しかりつけて制止し、ともに真理を尋ね求めるべきなのだ。このように、比丘たちがみんな仲睦くし、いさかいを起こしてはならない。同じように師から教えを受け、同じ壺の中の水と乳なのだから。如来の正しい法において、みずからをはげしく燃やし、すみやかに安らかなさとりを得、完全に安らかなさとりを得なければならない。

　ある比丘が法を説いている時、別の比丘が、『あの人が説いている字句は正しく、道理は正しい』と言ったとする。比丘はそれを聞いて、『そうではない』と言ってはいけない。相手をほめたたえて、『あなたの言うことは正しい。あなたの言うことは正しい』と言うべきなのだ。

　それゆえに、比丘は十二部経[77]において、みずから明らかにさとり、それを広く人々に流布しなければならない。（十二部経とは）第一に貫経[78]、第二に祇夜経[79]、第三に受記経[80]、第四に偈経[81]、第五に法句経[82]、第六に相応経[83]、第七に本縁経[84]、第八に天本経[85]、第九に広経[86]、第十に未曾有経[87]、第十一に譬喩経[88]、第十二に大教経[89]である。これらをしっかりと受持し、軽重[90]をはかってよく観察し、広くおし広めて人々に流布しなければならない。

　比丘たちよ。私が定めた衣服——墓場[91]の服や富豪の服、貧賤の者の服など——、これらの衣服は寒さ暑さをさえぎり、蚊やあぶの害を防ぐに十分であり、身体をおおうに十分である。

受、同一水乳。於如來正法、當自熾然、快得安樂、得安樂已。

　若有比丘說法、中有比丘作如是言、『彼所說句正、義正』。比丘聞已、不得言非。當稱讚彼言、『汝所言是、汝所言是』

　是故比丘於十二部經自身作證、當廣流布。一曰貫經、二曰祇夜經、三曰受記經、四曰偈經、五曰法句經、六曰相應經、七曰本緣經、八曰天本經、九曰廣經、十曰未曾有經、十一曰譬喩經、十二曰大教經。當善受持、稱量觀察、廣演分布。

　諸比丘。我所制衣、若塚間衣、若長者衣麤賤衣、此衣足障寒暑蚊虻、足蔽四體。

比丘たちよ。私が定めた食事——乞食（托鉢）や居士食（在俗信者が与えた食物）など——、これらの食事だけで十分である。もしかしたら、身体に苦しみが起こり、多くの患難が身に迫って、そのまま死んでしまう恐れがある。それゆえ、これらの食事をとることを許し、[92]満足することを知るのである。

比丘たちよ、私が定めた場所——樹の下、野外、部屋の中、楼閣の上、洞窟の中その他さまざまの場所——、これらの場所だけで十分である。これらは、寒暑風雨をさえぎり、蚊やあぶの害を防ぎ、[93]乃至は、静かな憩いの場所となるのである。

比丘たちよ。私が定めた薬——[94]牛の大小便、[95]酥油蜜、[96]黒石蜜など——、これらの薬だけで十分である。もしかしたら、身体に苦しみが起こり、多くの患難が身に迫って、そのまま死んでしまう恐れがある。それゆえ、これらの薬をとることを許したのである」

仏が言った。

「[97]外道《げどう》の[98]梵志がお前たちに、『[99]釈尊の弟子は多くの快楽を楽しんでいる』と言ったとする。もし、このように言われたなら、このように答えるべきだ。『あなた方、こんなことを言ってはいけない。釈尊の弟子たちは多くの快楽を楽しんでいるなどと。それはなぜかと言えば、如来が[100]きびしくとがめる楽しみもあれば、如来がほめたたえる楽しみもあるから

諸比丘。我所制食、若乞食、若居士食、此食自足。若身苦惱、衆患切已、恐遂至死。故聽此食、知足而已。

諸比丘。我所制住處、若在樹下、若
74c 在露地、若在房內、若樓閣上、若在窟內、若在種種住處、此處自足。爲障寒暑風雨蚊虻、下至閑靜懈息之處。

諸比丘。我所制藥、若大小便、酥油蜜、黒石蜜、此藥自足。若身生苦惱、衆患切已、恐遂至死。故聽此藥」

佛言、

或有外道梵志來作是語、『沙門釋子以衆樂自娯』。若有此言、當如是報。『汝等莫作此言。謂沙門釋子以衆樂自娯。所以者何。有樂自娯如來呵責、有樂自娯如來稱譽』

だ』と。

外道の梵志が『どんな快楽を楽しめば瞿曇[101]はきびしくとがめるのか』と尋ねたとする。[102]もし、このように言われたならば、お前たちはこう答えるべきだ。『[103]五つの感覚器官の働きは愛すべく楽しいもので、人が貪著するものである。五つとは何か。眼は色（形あるもの）を知覚し、それは愛すべく楽しいもので、人が貪著《とんじゃく》するものである。耳は声を聞き、鼻は香（におい）を知覚し、舌は味を知覚し、身体は触（ふれられる物）を知覚し、それらは愛すべく楽しいもので、人が貪著するものである。みなさん。[104]この五つの感覚器官の欲望によって、その縁で喜楽を生じること、これが、如来・至真・等正覚がきびしくとがめることである。たとえば、ある人は故意に生き物[105]を殺して、みずから楽しむ。これは如来・至真・等正覚がきびしくとがめることである。たとえば、ある人は[106]こっそりと盗みをはたらき、みずから楽しむ。これは如来がきびしくとがめることである。たとえば、ある人は梵行のおきてを犯して、みずから楽しむ。これは如来がきびしくとがめることである。たとえば、ある人は故意にうそをつき、みずから楽しむ。これは如来がきびしくとがめることである。たとえば、ある人はでたらめ放題なことをする。これは如来がきびしくとがめることである。たとえば、ある人は[107]外道の苦行を行い[108]、それは如来が説いた正しい行いではないのに、それをみずか

一〇〇

若外道梵志問言、『何樂自娯、瞿曇呵責』。設有此語、汝等當報。『五欲功德、可愛可樂人所貪著。云何爲五。眼知色、可愛可樂人所貪著。耳聞聲、鼻知香、舌知味、身知觸。可愛可樂人所貪著。諸賢。猶是五欲緣生喜樂。此是如來至眞等正覺之所呵責也。猶如有人故殺衆生自以爲樂。此是如來至眞等正覺之所呵責。猶如有人私竊偸盜自以爲樂。此爲如來之所呵責。猶如有人犯於梵行自以爲樂。此是如來之所呵責。猶如有人故作妄語自以爲樂。此是如來之所呵責。猶如有人放蕩自恣。此是如來之所呵責。猶如有人行外苦行、非是如來所說正行、自以爲樂。此是如來之所呵責』

ら楽しむ。これは如来がきびしくとがめることである』と。

比丘たちよ。五つの感覚器官の働きは人が貪著するものであるが、如来はそれをきびしくとがめる。五つとは何か。眼は色を知覚し、それは愛すべく楽しいもので、人が貪著するものである。耳は声を聞き、鼻は香を知覚し、舌は味を知覚し、身体は触を知覚し、それらは愛すべき楽しいもので、人が貪著するものである。このようなさまざまの楽しみは、釈尊の弟子にはこのような楽しみはない。たとえば、ある人は故意に生き物を殺して、それを楽しいと思っているが、釈尊の弟子にはこのような楽しみはない。たとえば、ある人は公然と盗みをはたらいて、自分では楽しいと思っているが、釈尊の弟子にはこのような楽しみはない。たとえば、ある人は梵行のおきてを犯し、自分では楽しいと思っているが、釈尊の弟子にはこのような楽しみはない。たとえば、ある人は故意にうそをつき、自分では楽しいと思っているが、釈尊の弟子にはこのような楽しみはない。たとえば、ある人はでたらめ放題なことをして、自分では楽しいと思っているが、釈尊の弟子にはこのような楽しみはない。たとえば、ある人は外道の苦行を行って、自分では楽しいと思っているが、釈尊の弟子にはこのような楽しみはない。

外道の梵志が、『どんな快楽を楽しめば、沙門瞿曇はほめたたえるのか』と尋ねたとする。比丘たちよ。彼らがもしこのように言ったなら、

諸比丘。呵責五欲功德人所貪著。云何爲五。眼知色。可愛可樂人所貪著。耳聞聲、鼻知香、舌知味、身知觸、可愛可樂人所貪著。如此諸樂沙門釋子無如此樂。猶如有人故殺衆生以此爲樂、沙門釋子無如此樂。猶如有人公爲盜賊自以爲樂、沙門釋子無如是樂。猶如有人犯於梵行自以爲樂、沙門釋子無如是樂。猶如有人故作妄語自以爲樂、沙門釋子無知如是樂。猶如有人放蕩自恣自以爲樂、沙門釋子無如是樂。猶如有人行外苦行自以爲樂、沙門釋子無如是樂。

75a

若外道梵志作如是問、『何樂自娯、沙門瞿曇之所稱譽』。諸比丘。彼若有

お前たちは彼らにこう答えるべきだ。『みなさん。五つの感覚器官の働きは、愛すべく楽しいもので、人が貪著するものである。五つとは何か。眼は色《しき》を知覚し、乃至、[109]身体は触《そく》を知覚する。愛すべく楽しいもので、人が貪著するものである。みなさん。五欲の因縁によって楽しみを生じたならば、それはすみやかに除き去らなければならない。たとえば、ある人は故意に生き物を殺して、自分では楽しいと思っているが、このような楽しみを持っているなら、すみやかに除き去らなければならない。たとえば、ある人は公然と盗みをはたらいて、自分では楽しいと思っているが、このような楽しみを持っているなら、すみやかに除き去らなければならない。たとえば、ある人は梵行のおきてを犯し、自分では楽しいと思っているが、このような楽しみを持っているなら、すみやかに除き去らなければならない。たとえば、ある人は故意にうそをつき、自分では楽しいと思っているが、このような楽しみを持っているなら、すみやかに除き去らなければならない。たとえば、ある人はでたらめ放題なことをして、自分では楽しいと思っているが、このような楽しみを持っているなら、すみやかに除き去らなければならない。たとえば、ある人は外道の苦行を行って、自分では楽しいと思っているが、このような楽しみを持っているなら、すみやかに除き去らなければならはない。

此言、汝等當答彼言、『諸賢。有五欲功德可愛可樂人所貪著。云何爲五。眼知色乃至身*知觸*、可愛可樂人所貪著。諸賢。五欲因緣生樂、當速除滅。猶如有人故殺衆生自以爲樂、有如此樂應速除滅。猶如有人公爲盜賊自以爲樂、有如此樂應速除滅。猶如有人犯於梵行自以爲樂、有如此樂應速除滅。猶如有人故爲妄語自以爲樂、有如此樂應速除滅。猶如有人放蕩自恣自以爲樂、有如此樂應速除滅。猶如有人行外苦行自以爲樂、有如是樂應速除滅。

たとえば、ある人は貪欲から[110]離れ去って、もはや悪しきあり方はなく、[111]覚《かく》と観《かん》があり、貪欲を離れることから喜と楽を生じて、初禅《しょぜん》に入る。このような楽しみは、仏がほめたたえるものである。たとえば、ある人は覚と観を滅し、[112]内心は喜びにみちて心は統一され、覚と観がなく、禅《ぜん》定《じょう》から喜と楽を生じて、第二禅に入る。このような楽しみは、仏がほめたたえるものである。たとえば、ある人は[113]喜を除いて捨に入り、[114]賢者・聖人が求めた身の楽しみをみずから知り、思念を守り、心を統一して、第三禅に入る。このような楽しみは、仏がほめたたえるものである。（たとえば、ある人は）[115]楽と苦が尽きてなくなり、憂いと喜びも先に消滅しており、苦も楽もなく、思念を守って清浄であり、第四禅に入る。このような楽しみは、仏がほめたたえるものである』と。

外道の梵志が、『あなた方はこの楽しみの中で、[116]いくつの果報と利益を求めているのか』と尋ねたならば、彼らにこう答えるべきだ。『この楽しみには、[117]七つの果報と利益がある。七つとは何か。（第一に）この世においてさとりを成就することができる。（第二に）[118]たとえ成就しなくても、命が終わる時にはさとりを成就する。命が終わる時にも成就できない場合は、[119]五つの煩悩をなくして、[120]中間《ちゅうげん》般涅槃（これが第三）・[121]生《しょう》彼《ひ》般涅槃（第四）・[122]行《ぎょう》般涅槃（第五）・[123]無行《むぎょう》般涅槃（第六）・[124]上流阿《じょうるあ》迦《か》尼《に》吒《た》般涅槃（第七）を得る。みなさん。これがつまり、この楽しみには

猶如有人去離貪欲、無復惡法、有覺有觀、離生喜樂、入初禪。如是樂者佛所稱譽。猶如有人滅於覺觀、內喜一心、無覺無觀、定生喜樂、入第二禪。如是樂者佛所稱譽。猶如有人除喜入捨、自知身樂、賢聖所求、護念一心、入第三禪。如是樂者佛所稱譽。樂盡苦盡、憂喜先滅、不苦不樂、護念清淨、入第四禪。如是樂者佛所稱譽』

若有外道梵志作如是問、『汝等於此樂中求幾果功德』。應答彼言、『此樂當有七果功德。云何爲七。於現法中得成
75b
道證。正使不成、臨命終時當成道證。若臨命終復不成者、當盡五下結、中閒般涅槃・生彼般涅槃・行般涅槃・無行般涅槃・上流阿迦尼般涅槃。諸賢。是爲此樂有七功德。

七つの利益があるということだ。

みなさん。[125]まだ学習せねばならぬ段階にある比丘が、上に向かって安らかなさとりの境地を求めようとするが、まだ[126]五つの蓋《おお》いを除いていないとする。五つとは何か。貪欲《とんよく》の蓋い、瞋恚《しんに》の蓋い、睡眠《すいめん》の蓋い、掉戯《じょうけ》の蓋い、疑《ぎ》の蓋いである。まだ学習せねばならぬ段階にあるその比丘が、いま上に向かって安らかなさとりの境地を求めようとはするが、まだ五つの蓋《おお》いを滅しておらず、四念処においてつとめはげむこともできず、七覚意において修行につとめることもできないならば、すぐれた人のあり方を獲得して賢者・聖人の智慧を増すことを願い、[127]真実を知ろうと思い見ようと思うことは[128]あり得ない。

みなさん。まだ学習せねばならぬ段階にある比丘が、上に向かって安らかなさとりの境地を求めようとして、五つの蓋《おお》い、すなわち貪欲の蓋い・瞋恚の蓋い・睡眠の蓋い・掉戯の蓋い・疑の蓋いを滅することができ、さらに、[129]四念処においてつとめはげむことができ、七覚意において真実のままに修行するならば、すぐれた人のあり方を獲得し、賢者・聖人の智慧を増すことを願い、真実を知ろうと思い見ようと思うことはあり得る。

みなさん。[130]煩悩を断じ尽くした阿羅漢の比丘は、為すべきことは為し終わり、重い荷物を捨て、[131]己の利益を得、あらゆる煩悩を断じ尽くし、

諸賢。若比丘在學地欲上求安隱處、未除五蓋。云何爲五。貪欲蓋、瞋恚蓋、睡眠蓋、掉戲蓋、疑蓋。彼學比丘方欲上求求安隱處、未滅五蓋、於四念處不能精勤、於七覺意不能勤修、欲得上人法賢聖智慧增盛、求欲知欲見者、無有是處。

諸賢。學地比丘欲上求安隱處、能滅五蓋、貪欲蓋・瞋恚蓋・睡眠蓋・掉戲蓋・疑蓋、於*四念處又能精勤、於七覺意如實修行、欲得上人法賢聖智慧增上、求欲知欲見者、則有是處。

諸賢。若有比丘漏盡阿羅漢、所作已辦、捨於重擔、自獲己利、盡諸有結

正しい智慧によって解脱し、九つの事をなすことはない。九つとは何か。第一は殺さないこと、第二は盗まないこと、第三は淫らなことをしないこと、第四はうそをつかないこと、第五は道を捨てないこと、第六は欲望のままにならないこと、第七は怒りの感情にまかせないこと、第八は恐れの気持ちを持たないこと、第九は迷いに身をまかせないことである。みなさん。これがつまり、煩悩を断じ尽くした阿羅漢は、為すべきことは為し終わり、重い荷物を捨て、己の利益を得、あらゆる煩悩を断じ尽くし、正しい智慧によって解脱し、九つの事を遠離するということだ』と。

外道《げどう》の梵志が、『釈尊の弟子は不住法がある』と言ったならば、その人にこう答えるべきだ。『みなさん。釈尊の弟子は不住法があると言ってはならない。それはなぜかと言えば、釈尊の弟子にとっては、その法はいつもしっかり安定していて動くことはないものだから。たとえば[132]、門のくいがいつもじっとしていて動かないように。釈尊の弟子もそれと同じように、その法はいつもしっかり安定していて移り動くことはない』と。

ある外道の梵志は、『沙門瞿曇は過去の世の事はすべて知っているが、未来の事は知らない』と言う。

比丘[133]たちよ。かの異学の梵志の智慧はわれわれと異なり、智観もわれ

使、正智解脱、不爲九事。云何爲九。一者不殺、二者不盜、三者不婬、四者不妄語、五者不捨道、六者不隨欲、七者不隨恚、八者不隨怖、九者不隨癡。諸賢。是爲漏盡阿羅漢所作已辦、捨於重擔、自獲己利、盡諸有結、正智得解、遠離九事』

或有外道梵志作是說言、『沙門釋子有不住法』。應報彼言、『諸賢。莫作是說、沙門釋子有不住法。所以者何。沙門釋子、其法常住不可動轉。譬如門閫常住不動。沙門釋子亦復如是。其法常住無有移動』

或有外道梵志作是說言、『沙門瞿曇盡知過去世事、不知未來事』

彼比丘。彼異學梵志智異、智觀亦

われと異なり、言うことはでたらめだ。如来は過去の事については眼前にあるようにすべてを知見し、未来の世については[134]さとりの智慧を生じてすべてを見通す。過去の世の事が、でたらめで真実ではなく、喜び楽しむに足らず、知っても益するところがない場合、仏は説かない。過去の事が、真実であっても悦ばしいものでなく、知っても益するところがない場合、仏はやはり説かない。過去の事が、真実で楽しいものだが、知っても益するところがない場合、仏はやはり説かない。過去の事が、真実で楽しいものであり、知って益するところがある場合、如来はすべてを知って、はじめて説くのである。未来と現在についても、やはり同様である。如来は過去・未来・現在において、時にふさわしい言葉、真実の言葉、道義の言葉、利養の言葉、法の言葉、律の言葉を説き、少しもいつわりはないのである。

[135]仏は初夜《しょや》に最もすぐれたさとりを成就し、後夜《ごや》に至るまで、その間に説いた事柄は、ことごとく真実であった。それゆえ、如来と名づけられたのである。また、次に、如来が説くことは如来の事迹のとおりであるし、如来の事迹は如来が説くとおりであった。それゆえ、如来と名づけられたのである。どのような意味で等正覚と名づけられたのか。仏が知見するもの、滅するもの、さとるものを、仏はすべて完全に知っている。それゆえ、等正覚と名づけられたのである。

75c

異、所言虛妄。如來於彼過去事若在目前無不知見、於未來世生於道智。過去世事、虛妄不實、不足喜樂、無所利益、佛則不記。或過去事有實無可喜樂、無所利益、佛亦不記。若過去事有實可樂而無利益、佛亦不記。若過去事有實可樂有所利益、如來盡知、然後記之。未來現在亦復如是。如來於過去未來現在、應時語、實語、義語、利語、法語、律語、無有虛也。

佛於初夜成最正覺、及末後夜、於其中間有所言說、盡皆如實。故名如來。復次如來所說如事、事如所說。故名如來。以何等義名等正覺。佛所知見所滅所覺、佛盡覺知。故名等正覺。

ある外道の梵志は、『[136]世界は変化することなく永遠に存在する。これこそが真実であり、他はいつわりだ』と言う。また、ある者は、『この世界は移りゆくものである。これこそが真実で、他はいつわりだ』と言う。また、ある者は、『世界は永遠に存在するものであり、かつ移りゆくものである。これこそが真実で、他はいつわりだ』と言う。また、ある者は、『この世界は永遠に存在するものでもなく、移りゆくものでもない。これこそが真実で、他はいつわりだ』と言う。

また、ある者は、『この世界は有限である。これこそが真実で、他はいつわりだ』と言う。また、ある者は、『世界は無限である。これこそが真実で、他はいつわりだ』と言う。また、ある者は、『世界は有限であり、かつ無限である。これこそが真実で、他はいつわりだ』と言う。また、ある者は、『世界は有限でもなく無限でもない。これこそが真実で、他はいつわりだ』と言う。

また、ある者は、『[137]命と身は同一である。これが真実で、他はいつわりだ』と言う。また、ある者は、『[138]命と身は同一ではない。これが真実で、他はいつわりだ』と言う。また、ある者は、『[139]命と身は異なる。これが真実で、他はいつわりだ」と言う。また、ある者は、『命と身は異なるものではない。これが真実で、他はいつわりだ』と言う。

また、ある者は、『如来には終わりがある。これが真実で、他はいつ

或有外道梵志作如是說、『世閒常存。唯此爲實、餘者虛妄』。或復說言、『此世無常。唯此爲實、餘者虛妄』。或復有言、『世閒有常無常。唯此爲實、餘者虛妄』。或復有言、『此世閒非有常、非無常。唯此爲實、餘者虛妄』

或復有言、『此世閒有邊。唯此爲實、餘者爲虛妄』。或復有言、『世閒無邊。唯此爲實、餘者虛妄』。或復有言、『世閒有邊無邊。唯此爲實、餘者虛妄』。或復有言、『世閒非有邊非無邊。唯此爲實、餘者虛妄』

或復有言、『是命是身。此實餘虛』。或復有言、『非命非身。此實餘虛』。或復有言、『命異身異。此實餘虛』。或復有言、『非異命非異身。此實餘虛』

或復有言、『如來終。此實餘虛』。或

わりだ』と言う。また、ある者は、『如来には終わりがない。これが真実で、他はいつわりだ』と言う。また、ある者、『如来には終わりがあり、かつ終わりがない。これが真実で、他はいつわりだ』と言う。また、ある者は、『如来には終わりがあることもなく、終わりがないこともない。これが真実で、他はいつわりだ』と言う。

　これらの説はすべて、[140]本生《ほんしょう》本見《ほんけん》と名づける。今、お前たちのために説こう。『この世界は変化することなく永遠に存在する。乃至は、如来には終わりがあることもなく終わりがないこともない、これこそが真実で、他はいつわりだ』と言うのは、本見本生《ほんけんほんしょう》である。お前たちのためにこのことを説いておく。いわゆる[141]末見末生《まっけんまっしょう》についても、私は説こう。末見末生とは何か。私の説では、『形あるものが私であり、想念によって終わりが生じる。これが真実で、他はいつわりだ。[142]形なきものが私であり、想念によって終わりが生じる。形あるものでもあり形なきものでもあるのが私であり、想念によって終わりが生じる。形あるものでもなく形なきものでもないのが私であり、想念によって終わりが生じる。[143]私は有限である。私は無限である。私は有限であり、かつ無限である。私は有限でもなく無限でもない。想念によって終わりが生じる。私には楽しみがあり、想念によって終わりが生じる。私には楽しみがなく、想念によって終わりが生じる。私には苦しみと楽しみがあり、想念によって終

76a

復有言、『如來不終。此實餘虛』。或復有言、『如來終不終。此實餘虛』。或復有言、『如來非終非不終。此實餘虛』

　諸有此見、名本生本見。今爲汝記。『謂此世常存、乃至如來非終非不終。唯此爲實、餘者虛妄』。是爲本見本生。爲汝記之。所謂末*見末*生者、我亦記之。何者末*見末*生。我所記者、『色是我、從想有終。此實餘虛。無色是我、從想有終。亦有色亦無色是我、從想有終。非有色非無色是我、從想有終。我有邊。我無邊。我有邊無邊。我非有邊非無邊。從想有終。我有樂、從想有終。我無樂、從想有終。我有苦樂、從想有終。我無苦樂、從想有終。一想是我、從想有終。種種想是我、從想有終。少想是我、從想有終。無量想是

わりが生じる。私には苦しみも楽しみもなく、想念によって終わりが生じる。[144]一つの想念が私であり、想念によって終わりが生じる。種々の想念が私であり、想念によって終わりが生じる。少しの想念が私であり、想念によって終わりが生じる。量り知れない想念が私であり、想念によって終わりが生じる。これが真実で、他はいつわりだ』と考えるのは、邪見の[145]本見本生〔末見末生？〕である。以上が私の説である。

ある[146]沙門婆羅門が、『この世界は変化することなく永遠に存在する。これが真実で、他はいつわりだ。乃至は、量り知れない想念が私である。これが真実で、他はいつわりだ』という論を述べ、見解を持ち、その沙門婆羅門が、また、『これが真実で、他はいつわりだ』という説を述べ、見解を持ったならば、その人にこう答えるべきだ。『あなたはこういう論を述べるが、[147]どうして〈この世界は変化することなく永遠に存在する。これが真実で、他はいつわりだ〉などということがあろう。このように語ることは、仏は許さないのだ』と。それはなぜかと言えば、このような見解にはそれぞれ煩悩があるからだ。私が道理にもとづいて推しはかってみるに、[148]沙門婆羅門たちの中には、私と同等の者はいない。ましてや、私よりまさる者はいない。これらの邪見はすべて、ただ、そういうことを言ったというだけのもので、共に論議する値うちはない。以下、量り知れない想念が私であるというのに至るまですべて、

我、從想有終。此實餘虛』。是爲邪見本見本生。我之所記。

或有沙門婆羅門有如是論有如是見、『此世常存。此實餘虛。乃至無量想是我。此實餘虛』。彼沙門婆羅門復作如是説如是見、『此實餘者虛妄』。當報彼言、『汝實作此論。云何此世常存、此實餘虛耶。如此語者佛所不許』。所以者何。此諸見中各有結使。我以理推、諸沙門婆羅門中、無與我等者。況欲出過。此諸邪見、但有言耳、不中共論。乃至無量想是我、亦復如是。

やはり同様である。

ある沙門婆羅門は、『この世界はそれ[149]自身で造られた』と言う。また、ある者は、『この世界は他者が造った』と言う。また、ある者は、『それ自身で造られたのでも他者が造ったのでもなく、[150]何の原因もなくふっと現れた』と言う。

沙門婆羅門が『世界はそれ自身で造られた』と言うのは、沙門婆羅門はみな[151]外界との接触という因縁によっているのである。（沙門婆羅門には）外界との接触という因縁を離れて説をなすということはあり得ない。それはなぜかと言えば、[152]六根《ろっこん》を持った身体によって外界との接触が生じ、外界との接触によって[153]感受作用が生じ、感受作用によって[154]愛着が生じ、愛着によって[155]執着の心が生じ、執着の心によって[156]生存が生じ、生存によって[157]生れ出ることが生じ、生れ出ることによって[158]老いと死が生じ、憂い悲しみ苦悩し、大きな[159]患いがおおいかぶさるように集まるのである。もし、六根がなければ外界との接触はなく、外界との接触がなければ感受作用はなく、感受作用がなければ愛着はなく、愛着がなければ執着の心はなく、執着の心がなければ生存はなく、生存がなければ生れ出るということはなく、生れ出るということがなければ老いと死はなく、憂い悲しみ苦悩し、大きな患いがおおいかぶさるように集まること

或有沙門婆羅門作是說、『此世閒自造』。復有沙門婆羅門言、『此世閒他造』。或復有言、『自造他造』。或復有言、『非自造非他造、忽然而有』
彼沙門婆羅門言『世閒自造』者、是沙門婆羅門皆因觸因緣。若離觸因而能說者、無有是處。所以者何。由六入身故生觸。由觸故生受。由受故生愛。由愛故生取。由取故生有。由有故生生。由生故有老死憂悲苦惱大患陰集。若無六入則無觸。無觸則無受。無受則無愛。
76b
無愛則無取。無取則無有。無有則無生。無生則無老死憂悲苦惱大患陰集。又言『此世閒他造』、又言『此世閒自造他造』。又言『此世閒非自造非他造、忽然而有』、亦復如是。因觸而有。無觸則無」

はない。また、『この世界は他者が造った』とか、『この世界はそれ自身で造られ、かつ他者が造った』とか、『この世界はそれ自身で造られたのでも他者が造ったのでもなく、何の原因もなくふっと現れた』というのも、やはり同様である。外界との接触によって存在し、外界との接触がなければ存在しないのである」

　仏は比丘たちに言った。

「もし、これらの誤った考え方を滅しようとするならば、四念処《しねんじょ》において三つの行いを修めなければならない。〈比丘がこれらの誤りを滅するために四念処において三つの行いを修めなければならない〉とはどういうことか。比丘よ。[160]内に身体を観察して、努め励んでおこたらず、[161]常に心にとどめて忘れず、世間の貪りや憂いを取り除く。外に身体を観察し、努め励んでおこたらず、常に心にとどめて忘れず、世間の貪りや憂いを取り除く。内外に身体を観察し、努め励んでおこたらず、世間の貪りや憂いを取り除く。感受作用や心や法についても、やはり同様である。これが、〈もろもろの悪しきあり方を滅して四念処において三とおりに修行する〉ということである。

　八つの解脱がある。八つとは何か。形あるものに対して形あるものと見るのが第一の解脱。内に形あるものについての想念があって、外に形あるものを見るのが第二の解脱。清らかな解脱が第三の解脱。形あるも

佛告諸比丘、

若欲滅此諸邪惡見者、於四念處當修三行。云何比丘滅此諸惡、於四念處當修三行。比丘。謂内身身觀、精勤不懈、憶念不忘、除世貪憂。外身身觀、精勤不懈、憶念不忘、除世貪憂。内外身身觀、憶念不忘、除世貪憂。受意法觀亦復如是。是爲滅衆惡法、於四念處三種修行。

　有八解脱。云何爲八。色觀色、初解脱。内有色想、外觀色、二解脱。淨解脱、三解脱。度色想、滅有對想、住空

のについての想念を超越し、[162]相い対立するものがあるという想念を滅し、[163]虚空《こくう》の境地に住するのが第四の解脱。虚空の境地を捨て[164]意識の境地に住するのが第五の解脱。意識の境地を捨て[165]ていかなる作用もないという境地に住するのが第六の解脱。いかなる作用もないという境地を捨て、[166]想念があるでもなくないでもない境地に住するのが第七の解脱。[167]滅《めっ》尽定《じんじょう》が第八の解脱である」

その時、阿難は世尊のうしろで、扇を手にとって仏をあおいでいたが、ただちに右肩を肌脱ぎ、右ひざを地につけ、合掌して仏に申し上げた。

「非常にすばらしいことです。世尊よ。この教えは最も清らかで奥深いものです。どのように名づけ、どのように受持したらよろしいでしょうか」

仏は阿難に言った。

「この経を〈清浄《しょうじょう》〉と名づけなさい。お前たちはこれを清らかに保ちなさい」

その時、阿難は仏の説かれたことを聞いて歓喜し、つつしんで受持し実践した。

處、四解脱。捨空處、住識處、五解脱。捨識處、住不用處、六解脱。捨不用處、住有想無想處、七解脱。滅盡定、八解脱」

爾時阿難在世尊後、執扇扇佛。即偏露右肩、右膝著地、叉手白佛言、

「甚奇世尊。此法清淨微妙第一。當云何名、云何奉持」

佛告阿難、

「此經名爲淸淨。汝當淸淨持之」

爾時阿難聞佛所說、歡喜奉行。

自歓喜経

神塚淑子

このように私は聞いた。

ある時、仏は[1]那《な》難陀《なんだ》城の[2]波《は》波《は》利《り》菴婆《あんば》林に、千二百五十人の比丘たちの大集団と一緒におられた。

その頃、[3]長老の[4]舎《しゃ》利《り》弗《ほつ》は[5]静かな所にいて、黙って心の中で考えた。

「[6]私は過去・未来・現在の沙門婆羅門の[7]智慧と神通力《じんずうりき》、功徳と悟りの力は、如来《にょらい》・[8]無《む》所著《しょちゃく》・等正覚《とうしょうがく》と並ぶ者はいないことを確信している」と。

そこで舎利弗は[9]静かな部屋から立ち上がって世尊の所へ至り、頭面に世尊の足をおし戴いて礼拝し、かたえに坐って仏に申し上げた。

「いましがた私は静かな部屋の中にいて、黙って心の中で考えました。過去・未来・現在の沙門婆羅門の智慧と神通力、功徳と悟りの力は、如来・無所著・等正覚と並ぶ者はいない」と。

仏は舎利弗に言った。

76b
如是我聞。
一時佛在那難陀城波波利菴婆林、與大比丘衆千二百五十人倶。
時長老舎利弗於閑靜處默自念言、「我心決定知、過去未來現在沙門婆羅門智慧神足功德道力無有與如來無所著等正覺等者」
時舎利弗從靜室起、往至世尊所、頭面禮足、在一面坐、白佛言、
76c
「向於靜室默自思念。過去未來現在沙門婆羅門智慧神足功德道力無有與如來無所著等正覺等者」
佛告舎利弗、

「すばらしいことだ、すばらしいことだ。お前は仏の前でこのような言葉を話し、(そうした考えを)[10]ひたすらに保って、[11]獅子のごとく勇猛にそれを正しく説いた。他の沙門婆羅門にはお前に及ぶ者はいない。

[12]どうだろうか、舎利弗よ。[13]お前は過去の諸仏が心の中で考えていたこと、その仏にはこのような戒とこのような法とこのような智慧とこのような解脱とこのような[14]解脱の堂宇があったということを知っているだろうか」

舎利弗は答えた。

「知りません」

(仏の言葉)

「どうだろうか、舎利弗よ。お前は[15]未来の諸仏が心の中で考えるであろうこと、このような戒とこのような法とこのような智慧とこのような解脱とこのような解脱の堂宇を持つであろうことを知っているだろうか」

舎利弗は答えた。

「知りません」

(仏の言葉)

「どうだろうか、舎利弗よ。[16]私という今の如来・至《し》真《しん》・等正覚が心の中で考えること、このような戒、このような法、このような智慧、このよ

「善哉善哉。汝能於佛前說如是語、一向受持、正師子吼。餘沙門婆羅門無及汝者。

云何舍利弗。汝能知過去諸佛心中所念、彼佛有如是戒如是法如是智慧如是解脫如是解脫堂不」

對曰、

「不知」

「云何舍利弗。汝能知當來諸佛心中所念、有如是戒如是法如是智慧如是解脫如是解脫堂不」

答曰、

「不知」

「云何舍利弗。如我今如來至眞等正覺心中所念、如是戒如是法如是智如是解

うな解脱、このような解脱の堂宇（を持っていること）を、お前は知っているだろうか」

舎利弗は答えた。

「知りません」

仏はさらに舎利弗に言った。

「過去・未来・現在の如来・至真・等正覚が心の中で考えることを、お前は知ることができないのならば、なにゆえに[17]揺るがぬ信念を持ってそのように考えるのか。何を根拠にしてそのような考えを生じ、ひたすらにそれを堅持して獅子のごとく勇猛に説くのか。他の沙門婆羅門はお前が『私は過去・未来・現在の沙門婆羅門の智慧と神通力、功徳と悟りの力は如来・無所著・等正覚と並ぶ者はいないことをはっきりと知っている』と言うのを聞いたならば、きっとお前の言葉を信じないだろう」

舎利弗は仏に申し上げた。
[18]「私は過去・未来・現在の諸仏が心の中で考えておられることについては、知ることはできません。しかし、仏の[19]総相法については、私は知っております。如来は私のために教えを説かれました。その教えはいよいよ高遠でいよいよ深妙なものです。如来は私に[20]黒白の法と[21]縁無縁《えんむえん》の法、[22]照無照《しょうむしょう》の法を説かれました。如来が説かれたことはいよいよ高遠でいよいよ深妙なものです。私はその教えを聞いて、[23]ひとつひとつの教え

脱如是解脱堂、汝能知不」

答曰、

「不知」

又告舎利弗、

「過去未來現在如來至眞等正覺心中所念、汝不能知、何故決定作是念。因何事生是念、一向堅持而師子吼。餘沙門婆羅門若聞汝言『我決定知過去未來現在沙門婆羅門智慧神足功德道力無有與如來無所著等正覺等者』、當不信汝言」

舍利弗白佛言、

「我於過去未來現在諸佛心中所念、我不能知。佛總相法、我則能知。如來爲我說法。轉高轉妙。說黑白法、緣無緣法、照無照法。如來所說、轉高轉妙。我聞法已、知一一法、於法究竟。信如來至眞等正覺、信如來法善可分別、信

を知り、[24]教えというものについて知り尽くしました。私は[25]如来・至真・等正覚を信じ、[26]如来の教えがことわけて説くにふさわしいものであることを信じ、[27]如来には多くの苦しみの消滅が成し遂げられていることを信じています。さまざまの善き教えの中で、この如来の教えが最もすぐれたものです。[28]世尊の智慧は余す所なく、神通力も余す所がありません。世の中のありとあらゆる沙門婆羅門には如来と並ぶ者はおりません。[29]ましてや如来の上に出る者などあろうはずがありません。

[30]世尊の説かれた教えには、さらにまたすぐれたものがあります。それは法を定められたことです。法を定められたとは、[31]四《し》念処《ねんじょ》・四《し》正勤《しょうごん》・四《し》神足《じんそく》・四《し》禅《ぜん》・五根《ごこん》・五力《ごりき》・七覚意《しちかくい》・八賢聖道《はっけんしょうどう》のことをいい、これはこの上なくすぐれた定めなのです。世尊の智慧は余す所なく、神通力も余す所がありません。世の中のありとあらゆる沙門婆羅門には誰もみな如来と並ぶ者はおりません。ましてや如来の上に出る者などあろうはずがありません。

世尊の説かれた教えには、さらにまたすぐれたものがあります。それは[32]諸入《しょにゅう》を定められたことです。諸入とは、[33]眼と形、耳と音声、鼻と香、舌と味、身体と触れられるもの、心と法（心によって認識されるもの）です。過去の如来・至真・等正覚もやはりこれらの「入」[34]すなわち上に述べた眼と形から心と法に至るまでのことを定められました。[35]たとえ未

77a

如來衆苦滅成就。諸善法中、此爲最上。世尊智慧無餘、神通無餘。諸世閒所有沙門婆羅門無有能與如來等者。況欲出其上。

世尊說法復有上者。謂制法。制法者、謂四念處・四正勤・四神足・四禪・五根・五力・七覺意・八賢聖道。是爲無上制。智慧無餘、神通無餘。諸世閒所有沙門婆羅門皆無有與如來等者。況欲出其上者。

世尊說法又有上者。謂制諸入。諸入者、謂眼色耳聲鼻香舌味身觸意法。如過去如來至眞等正覺亦制此入、所謂眼色乃至意法。正使未來如來至眞等正覺亦制此入、所謂眼色乃至意法。今我如

来の如来・至真・等正覚が現れても、やはりこれらの「入」、すなわち上に述べた眼と形から心と法に至るまでのことを定められるでしょう。今、わが如来・至真・等正覚もやはりこれらの「入」、すなわち上に述べた眼と形から心と法に至るまでのことを定めておられます。この教えはこの上なくすぐれたものであり、これ以上のものはありません。世尊の智慧は余す所なく、神通力も余す所がありません。世の中の沙門婆羅門たちには如来と並ぶことができる者はおりません。ましてや如来の上に出る者などあろうはずがありません。

世尊の説かれた教えには、さらにまたすぐれたものがあります。それは母胎[36]に入ることを認識するということです。母胎に入る仕方は(四通りがあり)、第一には、妄り[37]に胎内に入り、妄りに胎内にとどまり、妄りに胎外に出ることをいい、第二には、妄りに胎内に入らないが、妄りに胎内にとどまり、妄りに胎外に出ること、第三には、妄りに胎内に入らず、妄りに胎内にとどまらないが、妄りに胎外に出ること、第四には、妄りに胎内に入らず、妄りに胎内にとどまらず、妄りに胎外に出ないこと(をいいます)。かの(第四番目の)妄りに胎内に入らず、妄りに胎内にとどまらず、妄りに胎外に出ないというのは、母胎に入る仕方としてすぐれたものです。この教えはこの上なくすぐれています。世尊の智慧は余す所なく、神通力も余す所がありません。世の中の沙門婆羅

來至眞等正覺亦制此入、所謂眼色乃至意法。此法無上、無能過者。智慧無餘、神通無餘。諸世閒沙門婆羅門無能與如來等者。況欲出其上。

世尊說法又有上者。謂識入胎。入胎者、一謂亂入胎亂住亂出、二者不亂入亂住亂出、三者不亂入不亂住而亂出、四者不亂入不亂住不亂出。彼不亂入不亂住不亂出者、入胎之上。此法無上。智慧無餘、神通無餘。諸世閒沙門婆羅門無能與如來等者。況欲出其上。

門たちには如来と並ぶことができる者はおりません。ましてや如来の上に出る者などあろうはずがありません。

如来の説かれた教えには、さらにまたすぐれたものがあります。[38]いわゆる道です。いわゆる道とは、沙門婆羅門たちが[39]さまざまの手だてを用いて[40]心の静かな状態に入り、静まった心を保ったままで、[41]念覚意《ねんかくい》を修め、[42]欲望に依り、欲望を離れることに依り、欲望を滅し尽くすことに依り、出離《しゅつり》に依る。[43]法覚意・精進《しょうじん》覚意・喜《き》覚意・猗《き》覚意・定《じょう》覚意・捨《しゃ》覚意（を修めるのに）も、欲望に依り、欲望を離れることに依り、欲望を滅し尽くすことに依り、出離に依るということです。この教えは最もすぐれたものです。如来の智慧は余す所なく、神通力も余す所がありません。世の中の沙門婆羅門たちには如来と並ぶことができる者はおりません。ましてや如来の上に出る者などあろうはずがありません。

如来の説かれた教えには、さらにまたすぐれたものがあります。いわゆる[44]滅《めつ》です。滅とは（四通りあって、第一に）[45]苦労して煩悩を滅し、ゆっくりと悟りを得ることで、（苦労するという点とゆっくりであるという点の）両方の点で卑しく劣っているもの、（第二に）[46]苦労して煩悩を滅し、すみやかに悟りを得ることで、苦労するという点においてのみ卑しく劣っているもの、（第三に）[47]容易に煩悩を滅し、ゆっくりと悟りを得ることで、ゆっくりであるという点においてのみ卑しく劣っているも

如來說法復有上者。所謂道也。所謂道者、諸沙門婆羅門以種種方便入*定意三昧、隨三昧心、修念覺意、依欲、依離、依滅盡、依出要。法精進喜猗定捨覺意、依欲、依離、依滅盡、依出要。此法最上。智慧無餘、神通無餘。諸世間沙門婆羅門無能與如來等者。況欲出其上。

如來說法復有上者。所謂爲滅。滅者謂苦滅遲得、二俱卑陋。苦滅速得、唯苦卑陋。樂滅遲得、唯遲卑陋。樂滅速得、然不廣普、以不廣普故名卑陋。如今如來樂滅速得而復廣普、乃至天人見神變化」

の、(第四に)[48]容易に煩悩を滅し、すみやかに悟りを得るが、それが広く行きわたらず、広く行きわたらないがゆえに卑しく劣っていると名づけるものです。今の如来はと言えば、容易に煩悩を滅し、すみやかに悟りを得て、しかもそれが広く行きわたり、さらには天も人も如来の[49]神秘的な奇蹟を見るにまで至っています」

[50]舎利弗は仏に申し上げた。

「世尊が説かれたことは、[51]最も奥深くすぐれています。下は[52]女人に至るまで、世尊の教えを受持することができます。(世尊の教えに従えば)[53]有漏《うろ》をすべてなくして、無漏《むろ》を成就し、心は解脱し、智慧も解脱し、現世のうちに自ら悟りを開き、生死は尽き果て、梵行は確立し、なすべきことはなしおわり、後の世の存在を受けることはありません。これが如来が説かれたこの上なくすぐれた滅の教えです。この教えはこの上なくすぐれています。如来の智慧は余す所なく、神通力も余す所がありません。世の中の沙門婆羅門たちには如来と並ぶことができる者はおりません。ましてや如来の上に出る者などあろうはずがありません。

如来の説かれた教えには、さらにまたすぐれたものがあります。それは言葉が清らかであるということです。言葉が清らかであるとは、世尊は沙門婆羅門たちに対して、無益ででたらめな言葉を説かず、言葉によって相手に勝つことを求めず、また[54]徒党をくむことをせず、ものの言い

舎利弗白佛言、

「世尊所說、微妙第一。下至女人、亦
77b 能受持。盡有漏、成無漏、心解脫、慧解脫、於現法中自身作證、生死已盡、梵行已立、所作已辦、不受後有。是爲如來說無上滅。此法無上。智慧無餘、神通無餘。諸世間沙門婆羅門無能與如來等者。況欲出其上。

如來說法復有上者。謂言清淨。言清淨者、世尊於諸沙門婆羅門不說無益虛妄之言、言不求勝、亦不朋黨、所言柔和、不失時節、言不虛發。是爲言清

方はやわらかくおだやかで、その時に最もふさわしいことを言い、根拠もなくいい加減なことを言うことはない。これが言葉が清らかであるということです。この教えはこの上なくすぐれています。如来の智慧は余す所なく、神通力も余す所がありません。世の中の沙門婆羅門たちには如来と並ぶ者はおりません。ましてや如来の上に出る者などあろうはずがありません。

　如来の説かれた教えには、さらにまたすぐれたものがあります。それは[55]見定《けんじょう》です。かの見定とは（五通りあって）、[56]沙門婆羅門がさまざまの手だてを用いて心の静かな状態に入り、静まった心を保ったままで、[57]頭から足までを観じ、足から頭までを観じて、皮膚の内と外にはただ不浄な[58]髪の毛と爪、[59]肝臓・肺臓・腸・胃・脾臓・腎臓の五臓、汗と脂肪と[60]脳みそ、[61]糞と尿と涙など、臭くて不浄なものがあるばかりで、[62]貪著するに足るようなものは一つもない（と観ずる）。これが[63]第一の見定です。

　沙門婆羅門たちはさまざまな手だてを用いて心の静かな状態に入り、静まった心を保ったままで、皮や肉など諸々の外的な不浄の観念を取り除き、ただ[64]白骨と歯だけを観ずる。これが第二の見定です。

　沙門婆羅門たちはさまざまの手だてを用いて心の静かな状態に入り、静まった心を保ったままで、皮や肉など諸々の外的な不浄と白骨の観念を取り除き、ただ[65]心識だけを観じ、（心識は）どこにとどまるのか、[66]今

淨。此法無上。智慧無餘、神通無餘。諸世間沙門婆羅門無有與如來等者。況欲出其上。

　如來説法復有上者。謂見定。彼見定者、謂有沙門婆羅門種種方便入定意三昧、隨三昧心、觀頭至足、觀足至頭、皮膚內外但有不淨髮毛爪甲肝肺腸胃脾腎五臟、汗肪髓腦屎尿涕淚臭處、不淨、無一可貪。是初見定。

　諸沙門婆羅門種種方便入定意三昧、隨三昧心、除去皮肉外諸不淨、唯觀白骨及與牙齒。是爲二見定。

　諸沙門婆羅門種種方便入定意三昧、隨三昧心、除去皮肉外諸不淨及白骨、唯觀心識、在何處住、爲在今世爲在後

の世なのかそれとも後の世なのかと考え、（心識の流れは）今の世において断ち切られることはなく、後の世においても断ち切られることはなく、今の世で解脱せず、後の世でも解脱しないと観ずる。これが第三の見定です。

沙門婆羅門たちはさまざまの手だてを用いて心の静かな状態に入り、静まった心を保ったままで、皮や肉など諸々の外的な不浄の観念を取り除き、白骨の観念を取り除く。その上で重ねて心識を観じ、[67]心識は後の世に存在するが今の世に存在せず、（心の流れは）今の世において断ち切られるが、後の世においては断ち切られず、今の世で解脱し、後の世では解脱しないと観ずる。これが第四の見定です。

沙門婆羅門たちはさまざまの手だてを用いて心の静かな状態に入り、静まった心を保ったままで、皮や肉など諸々の外的な不浄の観念を取り除き、白骨の観念を取り除く。その上で重ねて心識を観じ、（心識は）今の世に存在せず、後の世にも存在せず、（心識の流れは）今の世でも後の世でもともに断ち切られ、ともに解脱すると観ずる。これが第五の見定です。

この教えはこの上なくすぐれています。如来の智慧は余す所なく、神通力も余す所がありません。世の中の沙門婆羅門たちには如来と並ぶ者はおりません。ましてや如来の上に出る者などあろうはずがありません。

世、今世不斷後世不斷、今世不解脱後世不解脱。是爲三見定。

諸沙門婆羅門種種方便入定意三昧、隨三昧心、除去皮肉外諸不淨及除白骨。復重觀識、識在後世不在今世、今世斷後世不斷、今世解脱後世不解脱。是爲四見定。

77c 諸有沙門婆羅門種種方便入定意三昧、隨三昧心、除去皮肉外諸不淨及除白骨。復重觀識、不在今世不在後世、二俱斷、二俱解脱。是爲五見定。

此法無上。智慧無餘、神通無餘。諸世間沙門婆羅門無與如來等者。況欲出其上。

如来の説かれた教えには、さらにまたすぐれたものがあります。それは[68]常法《じょうほう》を説かれたことです。常法とは（三通りあって）、沙門婆羅門たちがさまざまの手だてを用いて心の静かな状態に入り、静まった心を保ったままで、[69]世界の二十の成劫と敗劫を思いおこす。そして彼はこのように言う。『[70]世界は永遠に存在する。これが真実であり、他はいつわりだ。なぜかと言えば、私の記憶によって、この（二十の）成劫と敗劫があったことがわかるからだ。それより以前の過去については、私はわからはない。[71]未来の成劫・敗劫についても、やはり私はわからない』と。この人は明けても暮れても無知なまま、『世界は永遠に存在する。これこそが真実であり、他はいつわりだ』と説く。これが第一の常法です。

　沙門婆羅門たちはさまざまの手だてを用いて心の静かな状態に入り、静かな心を保ったままで、四十の成劫《じょうこう》と敗劫《はいこう》を思いおこす。そして彼はこのように言う。『この世界は永遠である。これが真実であり、他はいつわりだ。なぜかと言えば、私の記憶によって、（四十の）成劫と敗劫（があったこと）がわかるからだ。[72]私はさらにそれ以上に過去の成劫と敗劫についても知っている。しかし、私は未来の劫の成敗についてはわからない』と。これは始めを知ることは説いているが、終わりを知ることは説いていない。この人は明けても暮れても無知なまま、『世界は永遠に存在する。これこそが真実であり、他はいつわりだ』と説く。これ

如來說法復有上者。謂說常法。常法者、諸沙門婆羅門種種方便入定意三昧、隨三昧心、憶識世閒二十成劫敗劫。彼作是言『世閒常存。此爲眞實、餘者虚妄。所以者何。由我憶識故知有此成劫敗劫。其餘過去、我所不知。未來成敗、我亦不知』。此人朝暮以無智說言、『世閒常存。唯此爲實、餘者爲虚』。是爲初常法。

　諸沙門婆羅門種種方便入定意三昧、隨三昧心、憶識四十成劫敗劫。彼作是言、『此世閒常。此爲眞實、餘者虚妄。所以者何。以我憶識故知成劫敗劫。我復能過是知過去成劫敗劫。我不知未來劫之成敗』。此說知始、不說知終。此人朝暮以無智說言、『世閒常存。唯此眞實、餘者虚妄』。此是二常法。

が第二の常法です。

　沙門婆羅門たちはさまざまの手だてを用いて心の静かな状態に入り、静まった心を保ったままで、八十の成劫と敗劫を思いおこす。そして彼は、『この世界は永遠である。(これが真実で)他はでたらめだ。なぜかと言えば、私の記憶によって、成劫と敗劫があったことがわかるからだ。さらにそれ以上に過去の成劫と敗劫についても知っている。未来の劫の成敗についても、私はやはりことごとく知っている』と言う。この人は明けても暮れても無知なまま、『世界は永遠に存在する。これこそが真実であり、他はいつわりだ』と説く。これが第[73]三の常法です。

　この如来の教えはこの上なくすぐれています。如来の智慧は余す所なく、神通力も余す所がありません。世の中の沙門婆羅門たちには如来と並ぶことができる者はおりません。ましてや如来の上に出る者などあろうはずがありません。

　如来の説かれた教えには、さらにまたすぐれたものがあります。それは[74]観察です。観察とは(四通りあって)、沙門婆羅門が[75]心に思いをめぐらして観察し、あの人の[76]心はこのようであり、この人の心はこのようであると考える。その沙門婆羅門が心の中でこのように思いをめぐらす時、ある場合は真実であり、ある場合は真実でない。これが第一の観察です。


　諸沙門婆羅門種種方便入定意三昧、隨三昧心、憶識八十成劫敗劫。彼言『此世閒常、餘者虛妄。所以者何。以我憶識故知有成劫敗劫。復過是知過去成劫敗劫。未來劫之成敗、我亦悉知』。此人朝暮以無智說言、『世閒常存。唯此爲實、餘者虛妄』。是爲三常存法。

　此法無上。智慧無餘、神通無餘。諸世閒沙門婆羅門無有能與如來等者。況欲出其上。

　如來說法復有上者。謂觀察。觀察者、謂有沙門婆羅門以想觀察、他心爾趣、此心爾趣。彼心作是想時、或虛或實。是爲一觀察。

沙門婆羅門たちが心に思いをめぐらして観察することはせず、諸天[77]や非人の言葉を聞いて、相手に向って、『あなたの心はこのようだ。あなたの心はこのようだ』と言う。これもやはり真実であることもあれば、真実でないこともある。これが第二の観察です。

あるいは、沙門婆羅門が心に思いをめぐらして観察することはせず、また、諸天や非人の言葉を聞くこともせずに、自らわが身を観察し、また、相手の言葉を聞き、そして相手の人に向かって、『あなたの心はこのようだ。あなたの心はこのようだ』と言う。これもやはり真実[78]であることもあれば、真実でないこともある。これが第三の観察です。

あるいは、沙門婆羅門が心に思いめぐらして観察することはせず、また、諸天や非人の言葉を聞くこともせず、さらにまた、自分を観察したり相手を観察したりすることもせず、覚[79]と観を除いて、心の静かな状態を得、相手の心を観察して、その人に向かって、『あなたの心はこのようだ。あなたの心はこのようだ』と言う。このように観察すれば、必ず真実である。これが第四の観察です。

この教えはこの上なくすぐれています。如来の智慧は余す所なく、神通力も余す所がありません。世の中の沙門婆羅門たちには如来と並ぶ者はおりません。ましてや如来の上に出る者などあろうはずがありません。

諸沙門婆羅門不以想觀察、或聞諸天
78a 及非人語而語彼言、『汝心如是。汝心如是』。此亦或實或虛。是二觀察。

或有沙門婆羅門不以想觀察、亦不聞諸天及非人語、自觀己身、又聽他言、語彼人言、『汝心如是。汝心如是』。此亦有實有虛。是爲三觀察。

或有沙門婆羅門不以想觀察、亦不聞諸天及非人語、又不自觀觀他、除覺觀已、得定意三昧、觀察他心而語彼言、『汝心如是。汝心如是』。如是觀察則爲眞實。是爲四觀察。

此法無上。智慧無餘、神通無餘。諸世間沙門婆羅門無有與如來等者。況欲出其上。

如来の説かれた教えには、さらにまたすぐれたものがあります。いわゆる[80]教誡《きょうかい》です。教誡とは（四通りあって）、[81]もし人が教誡に違《たが》わなければ、[82]有漏をすべてなくして、無漏を成就し、心は解脱し、智慧も解脱し、現世のうちに自ら悟りを開き、生死は尽き果て、梵行は確立し、為すべきことは為し終わり、もはや再び存在を受けることはない。これが第一の教誡です。

もし人が教誡に違わなければ、[83]五つの下位の煩悩をなくして、むこうの世界で滅度して、この世には帰ってこない。これが第二の教誡です。

もし人が教誡に違わなければ、[84]三つの煩悩がなくなり、淫らな心と怒りと愚かさを少なくしていって、斯陀含《しだごん》を得、この世に帰ってきて滅度する。これが第三の教誡です。

もし人が教誡に違わなければ、[85]三つの煩悩がなくなり、須陀洹《すだごん》を得て、最高で七回（生死を）往復して、必ず悟りを成就し、悪い境遇に堕ちることはない。[86]これが第四の教誡です。

この教えはこの上なくすぐれています。如来の智慧は余す所なく、神通力も余す所がありません。世の中の沙門婆羅門たちには如来と並ぶ者はおりません。ましてや如来の上に出る者などあろうはずがありません。

如来の説かれた教えには、さらにまたすぐれたものがあります。他人《ひと》

如來說法復有上者。所謂教誡。教誡者、或時有人不違教誡、盡有漏、成無漏、心解脫、智慧解脫、於現法中自身作證、生死已盡、梵行已立、所作已辦、不復受有。是爲初教誡。

或時有人不違教誡、盡五下結、於彼滅度、不還此世。是爲二教誡。

或時有人不違教誡、三結盡、薄淫怒癡、得斯陀含、還至此世而取滅度。是爲三教誡。

或時有人不違教誡、三結盡、得須陀洹、極七往返、必成道果、不墮惡趣。是爲四教誡。

此法無上。智慧無餘、神通無餘。諸世間沙門婆羅門無有與如來等者。況欲出其上。

如來說法復有上者。爲他說法使戒淸

のために教えを説いて戒を清らかにさせることです。[87]戒が清らかであるとは、[88]沙門婆羅門たちが語る言葉が[89]きわめて誠実であって、[90]二枚舌を使うことはせず、[91]いつもつつしみ深い態度をとり、[92]ぼんやりすることをやめ、[93]邪佞の心を抱かず、口はでたらめを言うことがなく、[94]世の人々に対して吉凶を予言することもなく、[95]他人から得たものを自分で説いて（それを）別の人に示してさらに他の利益を求めるといったことをせず、[96]坐禅して智慧を修得し、[97]そのすぐれた弁術の才は誰にも妨げられることはなく、ひたすらに思いを集中して心が乱れることはなく、[98]懸命に努力してなまけることはない。（これが、戒が清らかであるということです）。この教えはこの上なくすぐれています。如来の智慧は余す所なく、神通力も余す所がありません。世の中の沙門婆羅門たちには如来と並ぶ者はおりません。ましてや如来の上に出る者などあろうはずがありません。

如来の説かれた教えには、さらにはまたすぐれたものがあります。それは[99]解脱の智慧です。解脱の智慧というのは、[100]世尊が（ある人について）その人の因縁によって、心の中で自ら『この人は須陀洹。この人は斯陀含。この人は阿那含《あなごん》。この人は阿羅漢《あらかん》』というふうにお考えになることです。この教えはこの上なくすぐれています。世尊の智慧は余す所なく、神通力も余す所がありません。世の中の沙門婆羅門たちには如来と並ぶ者はおりません。ましてや如来の上に出る者などあろうはずがあ

淨。戒清淨者、有諸沙門婆羅門所語至誠、無有兩舌、常自敬肅、捐除睡眠、不懷邪諂、口不妄言、不爲世人記於吉凶、不自稱說從他所得以示於人更求他利、坐禪修智、辯才無礙、專念不亂、精勤不怠。此法無上。智慧無餘、神通無餘。諸世閒沙門婆羅門無有與如來等者。況欲出其上。

78b

如來說法復有上者。謂解脫智。謂解脫智者、世尊由他因緣內自思惟言、『此人是須陀洹。此是斯陀含。此是阿那含。此是阿羅漢』。此法無上。智慧無餘。神通無餘。諸世閒沙門婆羅門無有與如來等者。況欲出其上。

りません。

　如来の説かれた教えには、さらにまたすぐれたものがあります。それは[101]自分の前世のことを知る智慧の証得です。沙門婆羅門たちはさまざまの手だてを用いて心の静かな状態に入り、静まった心を保ったままで、昔の無数の世の事、すなわち、一生・二生ないしは[102]百千生の間（いくたびも繰り返された）成劫と敗劫の間、このような無数の世において、私は[103]しかじかの場所に生れ、名前はこのようであり、出自[104]はこのようであり、寿命はこのようであり、飲んだり食べたりしたものはこのようであり、苦しみと楽しみはこのようであり、この世からあの世に生まれ、あの世からこの世に生まれた、云々といったさまざま[105]の様相を思いおこす。また、前世の無数の劫の事を思いおこし、昼夜いつも、自分がもともと[106]経てきた所のことを思い、[107]『ここは色界《しきかい》であった。ここは無色界《むしきかい》であった。ここは有想天《うそうてん》であった。ここは無想天《むそうてん》であった。ここは非無想天《ひむそうてん》であった』と考え、これらすべてを思いおこし、すべてを知っている。（これが、自分の前世のことを知る智慧の証得ということです）。この教えはこの上なくすぐれています。如来の智慧は余す所なく、神通力も余す所がありません。世の中の沙門婆羅門たちには如来と並ぶ者はおりません。ましてや如来の上に出る者などあろうはずがありません。

　如来の説かれた教えには、さらにまたすぐれたものがあります。それ

如來説法復有上者。謂自識宿命智證。諸沙門婆羅門種種方便入定意三昧、隨三昧心、自憶往昔無數世事、一生二生乃至百千生成劫敗劫、如是無數、我於某處生、名字如是、種姓如是、壽命如是、飲食如是、苦樂如是、從此生彼、從彼生此、若干種相。自憶宿命無數劫事、晝夜常念本所經歷、『此是色。此是無色。此是想。此是無想。此是非無想』。盡憶盡知。此法無上。智慧無餘、神通無餘。諸世間沙門婆羅門無與如來等者。況欲出其上。

如來説法復有上者。謂天眼智。天眼

は[108]天眼智《てんげんち》です。天眼智とは、[109]沙門婆羅門たちがさまざまの手だてを用いて心の静かな状態に入り、静まった心を保ったままで、[110]諸々の衆生を観察し、（衆生が）死んだり生れたり、善い容貌を持ったり悪い容貌を持ったり、善い所へ行ったり悪い所へ行ったり、美しくなったり醜くなったり、行為（の善悪）に従ってさまざまの生き方をしていることを、ことごとく見て知る。ある衆生は、身に関する悪しき行為と口に関する悪しき行為と意《こころ》に関する悪しき行為をすべてそなえ、賢者聖人を誹謗し、邪な見解を信じ、[111]死んだあとは三つの悪しき所に堕ちる。また、ある衆生は、身は善いことを行い、口は善いことを言い、意《こころ》は善いことを思って、賢者聖人を謗らず、[112]正しい見解を持ち、正しい行いを信じ、死んだあとは天の世界や人の世界に生れる。清らかな天の眼によって、こうした諸々の衆生を観察し、[113]ありのままに知る。（これが天眼智というものです）。この教えはこの上なくすぐれています。如来の智慧は余す所なく、神通力も余す所がありません。世の中の沙門婆羅門たちには如来と並ぶ者はおりません。ましてや如来の上に出る者などあろうはずがありません。

　如来の説かれた教えは、さらにまたすぐれたものがあります。それは[114]神通力の証得です。神通力の証得とは（二通りあって）、沙門婆羅門たちがさまざまの手だてを用いて心の静かな状態に入り、静まった心を保

智者、諸沙門婆羅門種種方便入定意三昧、隨三昧心、觀諸衆生、死者生者、善色惡色、善趣惡趣、若好若醜、隨其所行、盡見盡知。或有衆生、成就身惡行口惡行意惡行、誹謗賢聖、信邪倒見、身壞命終墮三惡道。或有衆生、身行善口言善意念善、不謗賢聖、見正信行、身壞命終生天人中。以天眼淨觀諸衆生、如實知見。此法無上。智慧無餘、神通無餘。諸世間沙門婆羅門無與如來等者。況欲出其上。

　如來說法復有上者。謂神足證。神足證者、諸沙門婆羅門以種種方便入定意三昧、隨三昧心、作無數神力、能變一

ったままで、無数の神通力を発揮し、[115]一つの身体を変えて無数の身体にすることもできれば、無数の身体を一つに合一することもでき、石壁にも妨げられることなく（その中を自由に通りぬけ）、あたかも飛ぶ鳥のごとく虚空中に浮かんで[116]結加趺坐し、あたかも水中に出入りするのと同じように自由に大地の中に出入りし、大地と同じように水を履んで歩み、[117]身体から煙やほのおを出すさまは火が燃えさかるようであり、[118]手で太陽と月をつかみ、立つと梵天にまで達する。もし沙門婆羅門が、これが神通力であると言ったならば、その人に対してこのように答えるべきである。『[119]このような神通力はあるにはある。ないというわけではない。しかし、このような神通力は[120]卑しく劣ったもので、凡夫が行うものであり、賢者聖人が習い修めるものではない』と。

もし、比丘が世の中において、[121]愛着の心を起こさせるものにも染まらず、それを捨て去って、行うべきとおりに行うならば、これこそ賢者聖人の神通力と名づける。[122]喜ばしからぬものに対しても、憎悪の感情を持たず、それを捨て去って、行うべきとおりに行うならば、これこそ賢者聖人の神通力と名づける。世の中において、愛着の心を起こさせるものにもそうでないものにも、（愛着と憎悪の感情を）両方とも捨て去って、[123]偏りのない平らかな心を修めて、ひたすらに思いを集中して忘失することがないならば、[124]これこそ賢者聖人の神通力と名づける。（これが、神

78c

身爲無數身、以無數身合爲一身、石壁無礙、於虚空中結加趺坐猶如飛鳥、出入於地猶如在水、履水如地、身出烟火如火積燃、以手捫日月立至梵天。若沙門婆羅門稱是神足者、當報彼言、『有此神足。非爲不有。此神足者、卑賤下劣、凡夫所行、非是賢聖之所修習』

若比丘於諸世間愛色不染、捨離此已、如所應行、斯乃名爲賢聖神足。於無喜色亦不憎惡、捨離此已、如所應行、斯乃名曰賢聖神足。於諸世間、愛色不愛色二俱捨已、修平等護、專念不忘、斯乃名曰賢聖神足。

通力の証得ということです)。

ちょうど世尊が、懸命に努力して勇敢に進み、大いなる智慧を持ち、知と覚を持ち、最もすぐれた悟りを得られたので、[125]等覚《とうがく》(正しき悟りの人)と名づけられるのと同じです。世尊は今、愛欲を楽しんだり、卑しき凡夫が習い親しむことを楽しんだりされることはなく、(邪なことに)精力を費して諸々の苦悩を受けるというようなこともなさいません。

世尊よ。[126]もし、悪しきあり方を除こうとするならば、覚《かく》と観《かん》を持ったまま、貪欲を離れて喜《き》と楽《らく》を生じ、初禅に遊びます。このようにすれば、ただちに悪しきあり方を除いて、覚と観を持ったまま、貪欲を離れて喜と楽を生じ、初禅に遊ぶことができます。[127]二禅・三禅・四禅もやはりこれと同じです。(世尊は)懸命に努力して勇敢に進み、大いなる智慧を持ち、知と覚を持ち、最もすぐれた悟りを得られました。それゆえに等覚と名づけられるのです」

仏は舎利弗に言った。

「もし、[128]外道の者がお前に、『過去の沙門婆羅門には沙門[129]瞿曇《くどん》と並ぶ者がいたか』と質問したならば、お前はどのように答えるか。またその人が、『未来の沙門婆羅門には沙門瞿曇と並ぶ者がいるか』と質問したならば、お前はどのように答えるか。さらにその人が、『現在の沙門婆羅

猶如世尊精進勇猛、有大智慧、有知有覺、得第一覺、故名等覺。世尊今亦不樂於欲、不樂卑賤凡夫所習、亦不勞勤受諸苦惱。

世尊。若欲除弊惡法、有覺有觀、離生喜樂、遊於初禪。如是便能除弊惡法、有覺有觀、離生喜樂、遊於初禪。二禪三禪四禪亦復如是。精進勇猛、有大智慧、有知有覺、得第一覺。故名等覺」

佛告舍利弗、

「若有外道異學來問汝言、『過去沙門婆羅門與沙門瞿曇等不』。汝當云何答。彼復問言、『未來沙門婆羅門與沙門瞿曇等不』。汝當云何答。彼復問言、『現

門には沙門瞿曇と並ぶ者がいるか』と質問したならば、お前はどのように答えるか」

その時、舎利弗は仏に申し上げた。

「もし、『過去の沙門婆羅門には仏と並ぶ者がいたか』と質問されたならば、私は、『いた』と答えます。もし[130]、『未来の沙門婆羅門には仏と並ぶ者がいるか』と質問されたならば、私は、『いる』と答えます。もし、『現在の沙門婆羅門には仏と並ぶ者がいるか』と質問されたならば、私は、『いない』と答えます」

仏は舎利弗に言った。

「かの外道の者は、また、『お前はなぜ、いると言ったり、いないと言ったりするのか』と質問するかもしれない。それに対して、お前はどのように答えるか」

舎利弗は言った。

「私はその人に対してこのように答えます。『過去の《正しく悟った人》[131]には如来と並ぶ者がいた。未来の《正しく悟った人》には如来と並ぶ者がいるだろう。このことを私は自分の耳で仏から聞いたのだ。(しかし)現在において如来と並ぶような《正しく悟った人》がいるなどということはありえない[132]のだ』と。世尊よ。私は世尊から聞いたとおりに、教え[133]に依り順って、このように答えます。間違って[134]おりはしないでしょうか」

在沙門婆羅門與沙門瞿曇等不』。汝當云何答」

時舍利弗白佛言、

「設有是問『過去沙門婆羅門與佛等不』。當答言『有』。設問『未來沙門婆羅門與佛等不』。當答言『有』。設問『現在沙門婆羅門與佛等不』。當答言『無』」

佛告舍利弗、

「彼外道梵志或復問言、『汝何故或言有或言無』。汝當云何答」

79a

舍利弗言、

「我當報彼、『過去三耶三佛與如來等。未來三耶三佛與如來等。我躬從佛聞。欲使現在有三耶三佛與如來等者、無有是處』。世尊。我如所聞、依法順法、作如是答。將無咎耶」

仏は言った。

「そのように答えることは、教えに依り順っていて、間違ってはいない。なぜなら、過去の《正しく悟った人》には私と並ぶ者がいたし、未来の《正しく悟った人》にも私と並ぶ者がいるだろうが、現在において二人の[135]仏が世に出現するなどということはありえないからだ」

その時、[136]尊者の[137]鬱陀夷《うつだい》は、世尊のうしろで扇を手にとって仏をあおいでいた。

仏は鬱陀夷に言った。

「鬱陀夷よ。お前は世尊が[138]欲望は少なく満足することを知っていることを見るであろう。今、私は大いなる神通力と大いなる威徳を持っているが、欲望は少なく満足することを知っており、[139]欲望を楽しむことはない。鬱陀夷よ。もし、他の沙門婆羅門がこの教えの中において努力して（そのうちの）一つの教えを修得することができたならば、彼はただちに[140]旗を立てて、遠く四方の人々に、『[141]如来は今、欲望が少なくなり満足することを知られた』と告げるであろう。（しかし、私、世尊はそのように自分を誇示することはしない）。今、お前は、如来が欲望は少なく満足することを知っており、如来が大いなる神通力と大いなる威徳を持っているが、欲望を働かせようとはしないのを見るであろう」

佛言、

「如是答依法順法不違也。所以然者、過去三耶三佛與我等、未來三耶三佛與我等、欲使現在有二佛出世、無有是處」

爾時尊者鬱陀夷在世尊後執扇扇佛。

佛告之曰、

「鬱陀夷。汝當觀世尊少欲知足。今我有大神力有大威德而少欲知足不樂在欲。鬱陀夷。若餘沙門婆羅門於此法中能勤苦得一法者、彼便當竪幡告四遠言、『如來、今者少欲知足』。今觀如來少欲知足、如來有大神力有大威德、不用在欲」

その時、尊者の鬱陀夷は衣服を正して、右肩を肌脱ぎ、右膝を地につけ、合掌して仏に申し上げた。

「非常にすばらしいことです。世尊よ。世尊のように欲望は少なく満足することを知っている人はめったにおられません。世尊は大いなる神通力と大いなる威徳を持っておられますが、欲望を働かせようとはなさいません。もし、他の沙門婆羅門が、この教えの中において努力して（そのうちの）一つの教えを修得することができたならば、その人はただちに旗を立てて、遠く四方の人々に、『世尊は今、欲望が少なくなり満足することを知られた』と告げるでしょう。（しかし、世尊自身はそのようにご自分を誇示することはなさいません）。

[142] 舎利弗よ。比丘・比丘尼・優婆塞・優婆夷たちのために、何度も繰り返してこの教えを説きなさい。彼らが仏と仏の教えと僧に対して、あるいは道に対して疑いを抱いた時、この教えが説かれるのを聞いたならば、もはや疑いはなくなるでしょう」

その時、世尊は舎利弗に言った。

「お前は比丘・比丘尼・優婆塞・優婆夷たちのために、何度も繰り返してこの教えを説きなさい。なぜならば、彼らが仏と仏の教えと僧に対して、あるいは道に対して疑いを抱いた時、お前が説くのを聞いたならば、疑いを解くことができるだろうから」

爾時尊者鬱陀夷正衣服、偏露右肩、右膝著地、叉手白佛言、

「甚奇世尊。少有少欲知足如世尊者。世尊有大神力有大威德、不用在欲。若復有餘沙門婆羅門於此法中能勤苦得一法者、便能竪幡告四遠言、『世尊、今者少欲知足』

舍利弗。當爲諸比丘比丘尼優婆塞優婆夷數説此法。彼若於佛法僧於道有疑者、聞説此法、無復疑網」

爾時世尊告舍利弗、

「汝當爲諸比丘比丘尼優婆塞優婆夷數説此法。所以者何、彼於佛法僧於道有疑者、聞汝所説、當得開解」

舎利弗は答えた。

「はい、わかりました。世尊よ」

その時、舎利弗はただちに、比丘《びく》・比丘尼《びくに》・優婆塞《うばそく》・優婆夷《うばい》たちのために、何度も繰り返して教えを説いた。（この教えは）[143]それ自身清らかであるので、『清浄経《しょうじょうきょう》』と名づける。

その時、舎利弗は仏が説かれたことを聞いて、歓喜し、つつしんで受持し実践した。

對曰、

「唯然、世尊」

時舎利弗即便數數爲諸比丘比丘尼優婆塞優婆夷説法。以自清淨故、故名清淨經。

爾時舎利弗聞佛所説、歡喜奉行。

大会経

辛嶋静志

このように私は聞いた。

あるとき、仏は五百人の比丘たちの大集団とともに[1]釈翅捜《しゃくしそう》国の[2]迦維《かい》林におられた。（比丘たちは）みな阿羅漢であった。また十方の[3]神妙な神々もみな集会にやってきて如来と比丘の僧伽とに敬礼した。

そのとき四人の[4]浄居《じょうご》天の神々は天上でそれぞれ思った。

「いま世尊は五百人の比丘たちの大集団とともに釈翅捜の迦維林におられる。みな阿羅漢になっておられる。また十方の神妙な神々がみな集会にやってきて、如来と比丘の僧伽に敬礼した。わたしたちもいま一緒に世尊のもとにおもむくべきだ。それぞれ如来を偈で称賛すべきだ」

そこで、四人の浄居天の神々は力のあるものが二の腕を屈伸するほどの瞬間にかしこの天を去り、釈翅捜の迦維林に至った。

そこで四人の浄居天の神々は到着すると、（仏の）足に額づいて敬礼

79b

如是我聞。

一時佛在釋翅捜*國迦維林中、與大比丘衆五百人俱。盡是羅漢。復有十方諸神妙天皆來集會、禮敬如來及比丘僧。

時四淨居天卽於天上各自念言、

「今者世尊在釋翅捜*迦維林中、與大比丘衆五百人俱。盡得阿羅漢。復有十方諸神妙天皆來集會、禮敬如來及比丘僧。我等今者亦可往共詣世尊所、各當以偈稱讚如來」

時四淨居天猶如力士屈伸臂頃、於彼天沒、至釋翅捜*迦維林中。

爾時四淨居天到已、頭面禮足、在一

し、かたえに立った。そして、一人の浄居天の神が仏の前で偈で賛嘆した。

「今日の大集会
諸天の神々があまねく集う
みな法のために来た
無上の僧衆を拝せんと」

この偈を詠うと退いて一方に立った。
すると別の浄居天の神がまた偈を作った。

「比丘はおおくの汚れを見て
心を正し、みずから防護する
[5]欲は海が流れを呑みこむように（はてしない）
智者はもろもろの器官を防護する」

この偈を詠うと退いて一方に立った。
すると別の浄居天がまた偈を作った。

面立。時一淨居天即於佛前以偈讚曰、

「今日大衆會
諸天神普集
皆爲法故來
欲禮無上衆」

說此偈已、退一面立。
時一淨居天復作頌曰、

「比丘見衆穢
端心自防護
欲如海吞流
智者護諸根」

說是偈已、退一面立。
時一淨居天復作頌曰、

「刺[6]を断ち　愛欲の坑《あな》を平にし
さらに無知の塹壕《ざんごう》を埋め
ひとり清浄な場に遊ぶ
善き象の調御された如くに」

この偈を詠うと退いて一方に立った。
すると別の浄居天がまた偈を作った。

「仏に帰依する人々は
悪しき境涯に堕ちず
この人間界での身体を捨て
天界の清浄な身を受ける」

このとき、四人の浄居天の神々はこれらの偈を説き、世尊に印可されると、すぐさま仏の足に礼し、仏のまわりを三度回ってすっと消えた。

彼らが去るや、仏は比丘たちにいわれた。

「いま神々が大いに集う。いま神々が大いに集う。十方の神妙な神々で、ここへ来て如来と比丘の僧伽とに敬しく見《まみ》えないものはいない。比丘たちよ。過去の如来《にょらい》・至真《ししん》・等正覚《とうしょうがく》の方々にもやはり神々の大いなる

「斷刺平愛坑
及塡無明塹
獨遊清淨場
如善象調御」

說此偈已、退一面立。
時一淨居天復作頌曰、

「諸歸依佛者
終不墮惡趣
捨此人中形
受天淸淨身」

爾時四淨居天說此偈已、世尊印可。即禮佛足、遶佛三匝、忽然不現。

79c

其去未久、佛告諸比丘、

「今者諸天大集。今者諸天大集。十方諸神妙天無不來此、禮覲如來及比丘僧。諸比丘。過去諸如來・至眞・等正

一九

集いがあったことは今日の私と同じである。未来の如来・至真・等正覚の方々にも今日の私のように神々の大いなる集いがあろう。

比丘たちよ。いま神々は大いに集う。十方の神妙な神々で、ここへ来て如来と比丘の僧伽とに敬しく見《まみ》えないものはない。彼らの名号を称え、それらのために偈を説こう。比丘たちよ。よろしいか。

[7]大地や山や谷に依るもろもろ（の神々）は
隠れひそみ、おそるべきものを見た
身に純白の衣を着け
清浄で汚れなし
天人はこれを聞き
みな梵天に帰依した

[8]いま私はその名を称えよう
順序を追って、錯誤なく
天神たちは　いま集い来た
比丘たちよ　汝らは知るべし

覺亦有諸天大集、如我今日。當來諸如來・至眞・等正覺亦有諸天大集、如我今日。

諸比丘。今者諸天大集。十方諸神妙天無不來此、禮覲如來及比丘僧。亦當稱彼名號、爲其說偈。比丘當知、

諸依地山谷
隱藏見可畏
身著純白衣
潔淨無垢穢
天人聞此已
皆歸於梵天

今我稱其名
次第無錯謬
諸天衆今來
比丘汝當知

[9]世間の凡人たちの智慧では
百のうちの一（の鬼神）も見えぬ
七万の鬼神の集いを
どうして見ることなどできよう
かりに十万の鬼神を見たとしても
まだ一方を見つくしてもいない
ましてや　鬼神たちは
天下に満ちている

地の神には七千の[10]夜叉《やしゃ》がいて、いくつかの種類があるが、みな[11]神通力《じんずうりき》と容貌と容色と名声をそなえている。（彼らが）歓喜の心をいだいて、比丘たちの（集まっている）林へやってきた。

また[12]雪山の神は幾種かの鬼・夜叉六千をひきいている。みな神通力と容貌と容色と名声をそなえている。（彼らが）歓喜の心をいだいて比丘たちの（集まっている）林へやってきた。

また一人の[13]舎羅《しゃら》神がいて、幾種かの鬼・夜叉三千をひきいている。みな神通力と容貌と容色と名声をそなえている。（彼らが）歓喜の心をいだいて比丘たちの（集まっている）林へやってきた。

これら幾種もの一万六千の鬼神・夜叉はみな神通力と容貌と容色と名

世閒凡人智
百中不見一
何由乃能見
鬼神七萬衆
若見十萬鬼
猶不見一邊
何況諸鬼神
周遍於天下

地神有七千悅叉若干種、皆有神足・形貌・色像・名稱、懷歡喜心、來到比丘衆林中。

時有雪山神將六千鬼・悅叉若干種、皆有神足・形貌・色像・名稱、懷歡喜心、來到比丘衆林中。

有一舍羅神將三千鬼・悅叉若干種、皆有神足・形貌・色像・名稱、懷歡喜心、來到比丘衆林中。

此萬六千鬼神・悅叉若干種、皆有神

声をそなえている。（彼らは）歓喜の心をいだいて比丘たちの（集まっている）林へやってきた。

また[14]毘《び》波《は》蜜《みつ》神は馬国[15]に住んでいて、五百の鬼をひきいている。みな神通力とすぐれた徳をもっている。

また[16]金毘《こんぴ》羅《ら》神が王舎城の[17]毘《び》富《ふ》羅《ら》山に住んでいて、無数の鬼神をひきい、（彼らに）敬われ、とりかこまれている。

また東方の[18]提《だい》頭《ず》頼《ら》吒《た》天王は[19]乾沓和《けんとうわ》神をひきい、大いなるすぐれた徳があり、九十一人の子がいるが、（彼らは）みな[20]因《いん》陀《だ》羅《ら》という名で、みな大いなる神通力をもっている。

南方の[21]毗《び》楼勒《ろうろく》天王は竜王たちをひきい、大いなるすぐれた徳があり、九十一人の子がいて、やはり（みな）因陀羅という名で、大いなる神通力をもっている。

西方の[22]毗《び》楼博叉《ろうばくしゃ》天王は[23]鳩《く》槃荼《はんだ》鬼たちをひきい、大いなるすぐれた徳があり、九十一人の子がいて、やはり（みな）因陀羅という名で、大いなる神通力をもっている。

北方の天王は[24]毗《び》沙門《しゃもん》という名で夜叉鬼たちをひきい、大いなるすぐれた徳があり、九十一人の子がいて、やはり因陀羅という名で、大いなる神通力をもっている。世界を護るこれら四天王は大いなるすぐれた徳があり、身から光明を放って、迦維林へたずねてきた」

80a

足・形貌・色像・名稱、懷歡喜心、來到比丘衆林中。

復有毘波蜜神住在馬國、將五百鬼。皆有神足・威德。

復有金毘羅神住王舍城毘富羅山、將無數鬼神恭敬圍遶。

復有東方提頭頼吒天王、領乾沓和神、有大威德、有九十一子、盡字因陀羅、皆有大神力。

南方毗樓勒天王領諸龍王、有大威德、有九十一子、亦字因陀羅、有大神力。

西方毗樓博叉天王領諸鳩槃荼鬼、有大威德、有九十一子、亦字因陀羅、有大神力。

北方天王名毗沙門領諸悅叉鬼、有大威德、有九十一子、亦字因陀羅、有大神力。此四天王護持世者有大威德、身放光明、來詣迦維林中。

そのとき、[24a]世尊は彼らの幻惑・虚妄の心をくだそうと思い、呪文を結んだ。

「[25]摩《ま》、[26]拘楼羅《くろうら》、摩《ま》、拘楼羅《くろうら》、[27]毗楼羅《びろうら》、毗楼羅《びろうら》。

[28]栴陀那《せんだな》、[29]加摩世致《かませち》、[30]迦尼延豆《かにえんず》、[31]尼延豆《にえんず》、[32]波那攎《はなろ》、[32a]そして[33]嗚呼奴奴《うこぬぬ》、[34]提婆蘇暮《だいばそぼ》、[35]摩頭羅《まずら》。

[36]支多羅斯那《したらしな》、[37]乾沓婆《けんとうば》、[38]那羅《なら》王、[39]闍尼沙《じやにしや》、[40]尸呵《しか》、[41]無蓮陀羅《むれんだら》、[42]鼻波蜜多羅《びはみったら》、[43]樹塵陀羅《じゆじんだら》、[44]那閭尸呵《なろしか》、[45]斗浮楼《とふろう》、[46]輸支婆遮沙《しゆしばしやさ》。

このように、王たちや乾沓婆《けんとうば》や羅刹《らせつ》はみな神通力と容貌と容色をそなえている。（彼らが）歓喜の心をいだいて比丘たちの（集まっている）林へやってきた」

そのとき、世尊はさらに呪文を結んだ。

「[47]そのとき[48]那陀瑟《なだしち》の[49]竜たちが、[50]毗舎離《びしやり》すなわち[51]帯叉《たいしや》[52]とともに（来た）。

[53]蛇婆提《じやばだい》、[54]提頭頼吒《だいずらた》（が来た）。[55]帝婆《たいば》が[56]一族と[57]ともに（来た）。

爾時世尊欲降其幻僞虛妄之心、故結呪曰、

「摩、拘樓羅、摩、拘樓羅、毗樓羅、毗樓羅、

栴陀那、加摩世致、迦尼延豆、尼延豆、波那攎、嗚呼奴奴、主、提婆蘇暮、摩頭羅。

支多羅斯那、乾沓波、那羅主、闍尼沙。尸呵、無蓮陀羅、鼻波蜜多羅、樹塵陀羅、那閭尸*呵、斗浮樓、輸支婆遮*娑*。

如是諸王・乾沓婆及羅刹、皆有神足・形貌・色像、懷歡喜心、來詣比丘衆林中」

爾時世尊復結呪曰、

「阿醯、那陀瑟、那頭、毗舍離、娑*呵、帶叉。

蛇婆提、提頭賴吒。帝婆、娑*呵、若

[58]加毘羅《かびら》と摂波《しようは》という大[59]いなる神通力をもつ竜[60]が来[61]た。

[62]偉大な竜、[63]伊羅婆陀《いらばだ》、[64]毘摩那伽《びまなが》も来[65]た。

[66]竜の王[67]たちを、力[68]ずくで（捕[69]らえる？）透[70]徹した眼をもつ天[71]の鳥[72]は、[73]空から森[74]へ飛[75]んで来た、色[76]鮮やかな速和尼《そくわに》（スパルナ）である。〔[77]那《な》求四多《ぐした》？〕[78]安心が竜[79]王たちに生[80]じた。仏[81]陀が[82]修跋羅薩帝奴《しゆばつらさつたいぬ》（スパルナから安全に？）して[83]くれたのだ。〔[84]灑《しや》？〕[85]優しい言[86]葉で声[87]かけられて、[88]素槃毚《すばんぬ》（スパルナ）は仏[89]に帰[90]依[91]した」

そのとき世尊は阿修羅《あしゆら》たちのために呪文を結んだ。

[92]「跋闍呵諦《ばつじやかたい》（インドラ）に負[93]けて、海[94]に阿[95]修羅たちは逃[96]げた。彼[97]らは、[98]〔阿陀《あだ》？〕大[99]いなる神通力のある神、[100][101]婆三婆《ばさんば》（インドラ）を怖[102]れて。

[103]阿修羅である[104]伽黎妙《がらいみよう》、[105]摩訶秘摩《まかひま》、[106]陀那秘羅陀《だなひらだ》、[107]鞞摩質兜楼《まひしちとうろう》、[108]修質諦麗《しゆしちたいり》、[109]婆羅呵黎《ばらからい》に[110]無夷連《むいれん》、〔那婆《なば》？〕。

利耶。

加毘羅・攝波、那伽阿陀伽、摩天提伽。

伊羅婆陀、摩呵那伽、毘摩那伽、多陀伽陀。

餘、那伽羅闍、娑*呵沙、呵叉奇、提婆、提羅帝*、毘収*大迹閦。

毘呵四、婆嚀、阿婆婆四、質多羅、速和尼、那求四多。

阿婆由、那伽羅除、阿四、修跋羅薩帝奴、阿伽、佛陀、灑。

失羅嚀、婆耶、憂羅頭婆延樓、素槃毚、佛頭、舍羅毚、伽類樓。

爾時世尊爲阿修羅而結呪曰、

「祇陀、跋闍呵諦、三物第、阿修羅、
80b 阿失陀、婆延地、婆三婆四、伊弟、阿陀、提婆、摩天地。

伽黎妙、摩呵祕摩、阿修羅、陀那祕羅陀、鞞摩質兜樓、修質諦麗、婆羅呵

（さらに）〔阿細《あさい》？〕[111]跋黎《ばつらい》[112]（バリ）の百人[113]の子供たちにして、みな[114][115]鞞楼《ひろう》
耶那《やな》という名をもつものたちは、[116]婆黎《ばらい》（バリ）の軍隊を準備して[117]（？）、
[118]吉祥な羅耶《らや》に[119]〔伊呵《いか》？〕言った（？）。
[120]『あなた様に繁栄あれ。[121]いまや、[122]比丘たちの[123]集まっている森へ[124]出かける
[125]時です』と」

そのとき、世尊はさらに天の神々のために呪文を結んだ。
「[126]〝水〟、[127]〝地〟、[128]〝火〟[129]〝風〟の[130]神々が[131]そこへ来た（？）。
[132]跋楼兎《ばつろうぬ》（ヴァルナ神）、[133]跋楼尼《ばつろうに》（ヴァルニー神）という[134]世の神々、[135]蘇《そ》
弥《み》と[136]耶舎《やしゃ》が来た[137]（？）。
[138]大いなる神通力をもつ[139]神々、[140]弥多羅《みたら》と婆《ば》（伽《が》）羅那《らな》〔移婆《いば》？〕が来[141]
た。
（これら）[142]十の、[142a]十からなる（神々）の[143]集団は[144]みな[145]様々な色をしてい
る。
[146]神通力があり、[147]威光・容貌すぐれ、[148]誉れ高き（彼らは）[149]歓喜しつつ近[150]
づいてきた。[151]比丘たちの[152]集まっている[153]森へ。

黎、無夷連那婆。
舎黎、阿細、跋黎弗多羅那、薩鞞、
鞞樓耶那那迷、薩那迷諦、婆黎細如、
羅耶跋兜樓、伊呵菴婆羅迷。
『三摩由、伊陀那、跋陀若、比丘那、
三彌涕、拔*泥』」

爾時世尊復爲諸天而結呪曰、
「阿浮、提婆、萆梨醯陛、提豫、婆
由、多陀兎。
跋樓兎、跋樓尼、世帝、蘇彌、耶
舍、阿頭。
彌多羅婆伽羅那移婆、阿邏。提婆、
摩天梯與。
陀舍、提舍、伽予、薩鞞、那難多羅
婆跋那。
伊地槃大、鞬地槃那槃大、耶舍卑
兎、暮陀婆那、阿醯揵大、比丘那、*娑
未弟、婆尼。

[154]鞞弩《ひぬ》（ヴィシュヌ）神[155]、[156]舎伽利《しやがり》、また[157][158]勇迷《ゆうめい》が来た。
[159]星宿たちを[160]先導として[161]曼陀羅婆羅鞞《まんだららばらひ》（雲の神たち）が[162]来た。

[163]月を頼みとする[164]神々が[165]来た。[166]月を[167]先導して。

[168]太陽を頼みとする[169]神々が[170]来た。[171]太陽を[172]先導として。

[173]〝惜しまず与える者〟にして、[174]婆蘇《ばす》（ヴァス）であり、[175]釈拘《しやくく》（シャクラ）にして、[176]〝要塞を破るもの〟である[177]インドラ神が[178]来た。
[179]叔伽《しゆくが》、[180]伽羅摩《がらま》、羅那《らな》が[181]来た。[182]鞞摩尼婆《ひまにば》も。[183]最高の[184]鳴婆提奇呵《うばだいぎか》に、[185]鞞婆羅微《ひばらみ》が[186]来た（？）。

[187]薩陀摩多《さつだまた》、[188]阿呵黎《あからい》、[189]弥沙《みしや》たちも[190]無数に。
[191]鉢雠菟《はちしゆうぬ》が[192]雷鳴を轟かしつつ[193]来た。[194]彼は[195]四方に[196]雨を降らせる。

[197]賒摩《しやま》、[198]摩呵賒摩《まかしやま》、[199]摩菟沙《まぬしや》、[200]阿摩菟疏多摩《あまぬしよたま》と[201]〝遊びによって堕落する神々〟が[202]来た。[203]〝精神が堕落した神々〟も。

[204]さらに[205]阿羅夜《あらや》[206]神たちが[207]来た。[208]〝赤い（？）服を着た（神々）〟も。

鞞弩、提歩、舎伽利、阿醯地、勇迷。那刹帝隷、富羅息幾大、阿陀、蔓陀羅婆羅鞞。

栴大蘇婆尼捎、提婆、阿陀、祢陀、富羅翅大。*

蘇黎耶蘇婆尼捎、提婆、阿陀、蘇提耶、富羅翅大。

摩伽陀、婆蘇、因圖攎、阿頭、釋拘、富羅大攎。

叔伽、伽羅摩羅那、阿大。鞞摩尼婆。鳴婆提奇呵、波羅無呵、鞞婆羅微、阿尼。

薩陀摩多、阿呵黎、彌沙、阿尼。

鉢雠菟、歎奴、阿攎、余提舍、阿醯跋沙。

賒摩、摩呵賒摩、摩菟沙、阿摩菟疏多摩、乞陀波頭灑、阿陀、摩菟波頭灑。

阿醯、阿羅夜、提婆、阿陀、黎陀夜

[209]大いなる神通力をもつ神々、[210]波羅[211]と摩訶波羅[212]《はら・まかはら》たちが来た。[213]

[214]差摩《さま》たち、[215]兜率天《とそつ》の神々、[216]夜摩天《やま》の神々、[217]伽沙尼《がしやに》たちが無数に、[218]
[219]藍鞞《らんひ》たち、[220]藍婆折帝《らんばせったい》たち、[221]〝輝きという名〟（の神々）、[222]伊灑《いしや》、
[223]化楽天の神々が来た。[224]さらに[225]他化自在天の神々も。[226]
[227]さらに炎のような[228]娑醯《しやかい》[229]（？）の神々が燃え[230]輝く。[231]

[232]阿栗吒《ありつた》、[233]攎耶《ろや》、[234]〝亜麻《あま》の花のような（神々）〟、
[235]遮婆陀暮《しやばだぼ》、[236]阿周陀《あしゆうだ》、[237]阿尼《あに》、
[238]輸豆・尼攎耶菟《しゆず・にろやぬ》（？）が来た。[239]毘沙門伊灑《びしやもんいしや》[240]たちも来た。[241]

[242]以上が六十種の神々である」

[243]そのとき世尊はさらに五神通をもつ六十八人の婆羅門のために呪文を結んだ。

「[244]王仙たちが近づいてきた。[245]伽毘羅跋兜《がびらばつとう》[246]（カピラヴァストゥ）の森へ。[247]

81a

婆私。

波羅、摩訶波羅、阿陀、提婆、摩天梯夜。

差摩、兜率陀、夜摩、伽沙尼、阿尼。
藍鞞、藍婆折帝、樹提那摩、伊灑、
念摩羅提、阿陀、醯、波羅念彌大。
阿醯、娑**醯提婆、闍蘭提、阿奇、尸呼*波摩。

阿栗吒、攎耶、嗚摩浮浮尼婆私、
遮婆陀暮、阿周陀、阿尼。
輸豆尼**攎耶菟、阿頭。阿邏、毘沙門伊灑。

此是六十種天」

爾時世尊復爲六十八五通婆羅門而結呪曰、

「羅耶梨沙耶、何醯犍大。婆尼、伽毘羅跋兜。

鞞地闍莬《ひじじやぬ》、[248]阿頭《あず》（来た）、差暮薩提《さぼさつだい》、鴦祇《おうぎ》、鞞地牟尼《ひじむに》、阿頭《あず》（来た）、閉聲耶差伽《へいりやさが》、尸梨沙《しりしや》、婆呵若莬《ばかにやぬ》、阿頭《あず》（来た）、梵摩提婆《ぼんまだいば》、提那婆《だいなば》、鞞《ひ》地牟尼《じむに》、阿頭《あず》（来た）、拘薩梨《くさつり》、伊尼攎摩闍邏《いにろまじやら》、鴦祇《おうぎ》、[249]邏野《らや》（王？）、般《はん》闍《じや》、[250]阿楼《あろう》（来た？）、嗚猿頭《うえんず》、[251]摩訶羅野《まかろや》（大王？）、阿拘提楼杙莬《あくだいろうよくぬ》、阿頭《あず》（来た）、六閉《ろくはい》、倶薩梨《くさつり》、阿楼《あろう》（来た？）、伽陵倚《がりようき》、伽夷羅檀醯《がいろだんかい》、罪否符《ざいふふ》野《や》、福都盧梨灑先陀歩《ふくつろりしやせんだぶ》、阿頭《あず》（来た）、提那伽《だいなが》、否婆呵移伽耶羅野《ひばかいがやらや》（王）[252]多陀《ただ》（も？）、[253]阿伽度《あがど》（来た）、婆羅《ばら》、蔓陀莬迦牧《まんだぬかもく》、羅野《らや》（王）、阿頭《あず》（来た）、因陀羅楼迷迦《いんだらろうめいか》、符陀攎暮《ふだろぼ》、摩伽醯《まがかい》、阿勅傷倶卑予《あちよくしようくひよ》、阿頭《あず》（来た）、醯蘭若伽《かいらんにやが》、否鞞梨味余梨《ふひりみより》、多他《たた》（も）阿伽度《あがど》（来た）、[254]阿醯《あかい》（すると？）婆好《ばこう》、[255]羅予《らよ》（王？）、弥都盧《みつろ》、多陀《ただ》（も）阿伽度《あがど》（来た）、婆斯仏《ばしぶつ》離《り》、首陀羅《しゆだろ》、羅予《らよ》（王）多陀《ただ》（も）阿伽度《あがど》（来た）、伊梨耶差《いりやさ》、摩訶羅《まかろ》予《よ》（大王）、先阿歩《せんあぶ》、多陀《ただ》（も）阿伽度《あがど》（来た）、般闍婆予《はんじやばよ》、婆梨地翅《ばりじし》阿《あ》、羅予《らよ》（王）多陀《ただ》（も）阿伽度《あがど》（来た）、欝阿蘭《うつあらん》、摩訶羅予《まからよ》（大王）、便被婆梨摩梨《べんひばりまり》、輸婆醯大那摩《しゆばかいだいなま》、阿槃地《あばんじ》、苦摩梨《くまり》、羅予《らよ》（王）、阿具《あぐ》、斯《し》利陀那婆地《りだなばじ》、阿頭《あず》（来た）、翅鞞《しひ》、羅予《らよ》（王）、尸伊昵弥昵《しいにちみにち》、摩呵羅予《まからよ》（大王）、復婆楼《ふくばろう》、多陀《ただ》（も）阿伽度《あがど》（来た）、跋陀婆利《ばつだばり》、摩呵羅予《まからよ》（大王）、倶薩梨《くさつり》、摩提輸《まだいしゆ》、尸漢提《しかんだい》、苫婆梨《せんばり》、羅予《らよ》（王）、修陀羅楼《しゆだらろう》、多他《たた》（も）阿伽度《あがど》（来た）、阿呵《あか》、因頭楼《いんずろう》、阿頭《あず》（来た）、摩羅予《まらよ》、余蘇利与《よそりよ》他《た》、鞞地提歩《ひじだいぶ》、阿呵鞞利四《あかひりし》、阿頭《あず》（来た）、恒阿耶楼《ごうあやろう》、婆羅目遮耶暮《ばらもくしややぼ》、

鞞地闍莬、阿頭。差暮薩提、鴦祇、鞞地牟尼、阿頭。閉聲耶差伽、尸梨沙、婆呵若莬、阿頭、梵摩提婆、提那婆、鞞地牟尼、阿頭、拘薩梨、伊尼攎摩闍邏、鴦祇、邏野、般闍、阿樓、嗚猿頭、摩訶羅野、阿拘提樓杙莬、阿頭、六閉、倶薩梨、阿樓、伽陵倚、伽夷羅檀醯、罪否符野、福都盧梨灑先陀歩、阿頭、提那伽、否婆呵移伽耶羅野、多陀、阿伽度、婆羅、蔓陀莬迦牧、羅野、阿頭、因陀羅樓迷迦、符陀攎暮、摩伽醯、阿勅傷倶卑予、阿頭、醯蘭若伽、否鞞梨味余梨、多他、阿伽度、阿醯、婆好、羅予、彌都盧、多陀、阿伽度、婆斯佛離、首陀羅、羅予、多陀、阿伽度、伊梨耶差、摩訶羅予、先阿歩、多陀、阿伽度、般闍婆予、婆梨地翅阿、羅予、多陀、阿伽度、欝阿蘭、摩訶羅予、便被婆梨摩

阿夷菟《あいぬ》、阿頭《あず》（来た）、一摩耶舎《いちまやしや》、枇那《びな》、婆差摩《ばさま》、羅予《らよ》（王）、何梨揵度《がりけんど》、余枇度鉢支《よびどはちし》、余是数波那路摩蘇《よぜしゆはなろまそ》、羅予《らよ》（王）、耶賜多由《やしたゆ》、醯蘭若《かいらんにや》、蘇槃那《そばんな》、秘愁度致夜数《ひしゆうどちやしゆ》、羅舎波羅《らしやはら》、鞞陀鬱陀《ひだうつだ》、婆呵婆灑《ばかばしや》、婆呵婆婆謀《ばかばばむ》、娑呵沙《しやかしや》、貪覆賒大《とんふくしやだい》、賒法闍沙《しやほうじやしや》、麗羅陀那摩《りろだなま》、般枝瘻多哆羅《はんししゆうたしら》[256]、乾沓婆《けんとうば》、沙呵《しやか》、婆薩多提蘇鞞《ばさつただいそひ》、羅予《らよ》（王）、[257]近づいてきた。[258]比丘たちの[259]集まっている[259a]森に。地婆尼《じばに》」

そのとき、さらに千人の五神通をもつ婆羅門がいた。如来はかれらの

梨、輸婆醯大那摩、阿槃地、苦摩梨、羅予、阿具、斯利陀那婆地、阿頭、翅鞞、羅予、尸伊昵彌昵、摩呵羅予、復婆樓、多陀、阿伽度、跋陀婆利、摩呵羅予、倶薩梨、摩提輸、尸漢提、苫婆梨、羅予、修陀羅樓、多他、阿伽度、阿呵、因頭樓、阿頭、摩羅予、餘蘇利與他、鞞地提步、阿呵鞞利四、阿頭、恆阿耶樓、婆羅目遮耶暮、阿夷菟、阿頭、一摩耶舍、枇那、婆差摩、羅予、何梨揵度、余枇度鉢支、余是數波那路摩蘇、羅予、耶賜多由、醯蘭若、蘇槃那、祕愁度致夜數、羅舍波羅、鞞陀鬱陀、婆呵婆灑、婆呵婆婆謀、娑呵沙、貪覆賒大、賒法闍沙、麗羅陀那摩、般
81b
枝瘻多哆羅、乾沓婆、沙呵、婆薩多提蘇鞞、羅予、阿醯揵瘻、比丘、三彌地、婆尼、地婆尼」

爾時復有千五通婆羅門。如來亦爲結

ためにも呪文を結んだ。

[260]ときに、[261]この世界第一の梵天王と梵天たちはみな神通力をそなえていた。[262]提舎《だいしゃ》という名の一人の梵天の童子がいて、大いなる神通力をもっていた。(彼らに加えて)さらに十方(世界)の他の梵天王たちがそれぞれ眷属にかこまれてやってきた。さらに千を超す世界の大梵天王たちも、世尊のもとに沢山のひとがいるのを見て、すぐさま眷属《けんぞく》にとりかこまれてやってきた。

そのとき、魔王は世尊のもとに沢山のひとがいるのを見て、害を加えようという気持ちをいだき、すぐさま心に思った。

「私は鬼の兵たちをひきいて、かしこの集まりを破りに行き、とりかこみ、一人残らず皆とらえよう」

そこですぐさま[263]四種の兵を召集し、手で[264]車をたたき、激しいかみなりのような音をたてた。(それを)見たもので驚かないものはいなかった。大風雨・かみなり・いなずま・激しいかみなりを起こしながら、迦維林におもむき、(その)沢山のひとたちをとりかこんだ。

仏は[265]この集会を楽しむ比丘たちに告げた。

「きみたち、よろしいか。今日、悪魔の集団が憎しみをいだいてやって来た」

ここで詩を詠った。

呪。

時此世界第一梵王及諸梵天皆有神通。有一梵童子、名曰提舍、有大神力。復有十方餘梵天王、各與眷屬圍遶而來。復越千世界有大梵王、見諸大衆在世尊所、尋與眷屬圍遶而來。

爾時魔王見諸大衆在世尊所、懷毒害心、即自念言、

「我當將諸鬼兵、往壞彼衆、圍遶、盡取、不令有遺」

時即召四兵、以手拍車、聲如霹靂。諸有見者、無不驚怖。放大風雨・雷電・霹靂、向迦維林、圍繞大衆。

佛告諸比丘樂此衆者、

「汝等當知。今日魔衆懷惡而來」

於是頌曰、

266「汝らいま　仏の法に
敬順し　（仏法を）確立すべし
この魔衆を滅ぼすべし
象が花叢《はなむら》をつぶすごとくに

心を集中し　放逸になるな
清浄な戒をすべてたもち
意識をしずめ　自ら思惟し
その意志をよくたもて

もし正しい法《おしえ》の中で
放逸にならないでいられるならば
老いと死の境地を越え
もろもろの苦しみの本源を永遠に滅尽する」

267弟子たちが聞き
勤めはげみ　ますます精進したとき
すべての欲望を超越し

「汝今當敬順
建立於佛法
當滅此魔衆
如象壞花藂

專念無放逸
具足於淨戒
定意自念惟
善護其志意

若於正法中
能不放逸者
則度老死地
永盡諸苦本」

諸弟子聞已
當勤加精進
超度於衆欲

一毛とてもゆるがなかった
[268]ここに集えるものは　最もすぐれたものたちで
大いなる智慧と名声を有していた
（仏の）弟子たちは　みな勇敢で
おおくのものたちに敬われた

[269]そのとき、諸天・神々・鬼たち・五神通をもつ仙人たちはみな迦維園に集い、魔の行為を見て、未曽有といぶかった。仏がこの法《おしえ》を説いたとき、八万四千の諸天が（煩悩という）塵と垢を離れ、法を見る眼の浄らかさを得た。諸天・竜・鬼・神々・阿修羅・[270]迦楼羅《かろうら》・[271]真陀羅《しんだら》・[272]魔睺羅《まこうら》伽《が》・人および邪鬼が仏の説法を聞き、歓喜し、おしいただいて実行した。

一毛不傾動
此衆爲最勝
有大智名聞
弟子皆勇猛
爲衆之所敬

爾時諸天・神・鬼・五通仙・人皆集迦維園中、見魔所爲、怪未曾有。佛說此法時、八萬四千諸天遠塵離垢、得法眼淨。諸天・龍・鬼神・阿修羅・迦樓羅・眞陀羅・摩睺羅伽・人與非人聞佛所說、歡喜奉行。

阿摩昼経

末木文美士

[1]このように私は聞いた。

ある時、仏は[2]倶薩羅《くさつら》国にお出かけになり、[3]千二百五十人の比丘の大集団と一緒に、[4]伊車能伽羅《いしゃのうから》倶薩羅婆羅門村に到り、そのままその[5]伊車林《いしゃりん》に宿られた。[6]その時、沸伽羅娑羅《ふつからさら》婆羅門なる者が[7]郁伽羅《いくがら》村に滞在していた。その村は豊かで人々は繁栄していた。そこで[8]波斯匿《はしのく》王はこの村を沸伽羅娑羅婆羅門に領土として与え、[9]梵分《ぼんぶん》とした。この婆羅門は七代前から父母は生れが正しく、[10]他の人々に非難されることがなかった。[11]三部の古典を暗誦し[12]内容に通じており、様々の[13]経書はすべて理解でき、さらに[14]偉人の人相を占う術や祭祀・儀礼をよく理解していた。五百人の弟子があり、いつも教授していた。その第一の[15]摩納《まのう》の弟子は[16]阿摩昼《あまちゅう》という名であったが、七代前から父母は生れが正しく、他人に非難されることがなかった。三部の古典を暗誦し内容に通じており、様々の経書はすべて理解でき、[17]やはり偉人の人相を占う術や祭祀・儀礼をよく理解していた。

82a

如是我聞。

一時佛遊俱薩羅國、與大比丘衆千二百五十人俱、至伊車能伽羅俱薩羅婆羅門村、卽於彼伊車林中止宿。時有沸伽羅娑羅婆羅門、止郁伽羅村。其村豐樂、人民熾盛。波斯匿王卽封此村與沸伽羅娑羅婆羅門、以爲梵分。此婆羅門、七世已來父母眞正、不爲他人之所輕毀。三部舊典諷誦通利、種種經書皆能分別、又能善解大人相法祭祀儀禮。有五百弟子、教授不癈。其第一摩納弟子名阿摩晝、七世以來父母眞正、不爲他人之所輕毀。三部舊典諷誦通利、種

やはり五百人の摩納の弟子があり、師と同様にいつも教授していた。

[18]さて、沸伽羅娑羅婆羅門の聞くところでは、[19]釈迦族出身の[20]沙門瞿曇《くどん》は出家してさとりを開き、千二百五十人の大比丘たちと一緒に伊車能伽羅倶薩羅婆羅門村にやって来て、伊車林に滞在しているが、[21]偉大な名声が天下にひろまり、[22]如来《にょらい》・至真《ししん》・等正覚《とうしょうがく》などの十号がそなわり、[23]天や世間の人々、魔や魔天、沙門・婆羅門たちの間で、自《みずか》ら悟りを開き、他の人々のために説法し、[24]上・中・下いずれも善く、（言葉は）[25]内容が充実しており、浄らかな[26]梵行《ぼんぎょう》を行なっている。このような[27]真人は[28]お目にかかりに行くべきだ。[29]私は今、沙門瞿曇にはたして三十二の特相があるかどうか、名声がひろまっているのは事実に合っているかどうか、知りたいものだ。[30]一体、どうしたら仏の特相を見ることができるだろうか。

さらに、考えるには、今、私の弟子の阿摩昼は、七代前から父母は生れが正しく、他人に非難されることなく、三部の古典を暗誦して内容に通じており、様々の経書はすべて理解でき、さらに偉人の人相を占う術や祭祀・儀礼をよく理解している。[31]この人だけが、仏を観察して（仏の）特相の有無を確かめさせることができる。

そこで婆羅門は弟子の[32]阿摩昼に命じて言った。

種經書皆能分別、亦能善解大人相法祭祀儀禮。亦有五百摩納弟子、教授不癈、與師無異。

時沸伽羅娑羅婆羅門、聞沙門瞿曇釋種子出家成道、與大比丘衆千二百五十人倶、至伊車能伽羅倶薩羅婆羅門村、止伊車林中。有大名稱流聞天下、如來至眞等正覺十號具足、於諸天世人魔若魔天沙門婆羅門中、自身作證、爲他說法、上中下善義味具足、梵行淸淨。如此眞人、應往親覲。我今寧可觀沙門瞿曇、爲定有三十二相、名聞流布、爲稱實不。當以何緣得見佛相。

復作是念言、今我弟子阿摩晝、七世以來父母眞正、不爲他人之所輕毀、三
82b 部舊典諷誦通利、種種經書盡能分別、又能善解大人相法祭祀儀禮。唯有此人可使觀佛知相有無。

時婆羅門卽命弟子阿摩晝、而告之

「お前は、あの沙門瞿曇にはたして三十二相があるかどうか、虚偽ではないか、観《み》に往きなさい」

するとア摩昼はすぐに先生に[33]申し上げた。

「私[34]はどのような証拠によって瞿曇の特相を観察し、それが虚偽であるか真実であるかを知るのでしょうか」

そこで先生は答えて言った。

「それでは教えてあげよう。[35]三十二の偉人の特相を具えている人の場合、疑いなく必ず二つのあり方に向うのである。（すなわち）もし[36]世俗にあれば、きっと[37]転輪聖王《てんりんじょうおう》となり、[38]四天下を王として支配し、正しい道によって[39]人々を教化・統治し、[40]七種の宝がそなわるであろう。（七種の宝とは）一に金輪という宝、二に白い象という宝、三に紺色の馬という宝、四に素晴らしい珠という宝、五に美女という宝、六に[41]資産家という宝、七に指揮官という宝である。[42]王には千の子があり、（その子らは）勇敢で智慧があり、敵を屈伏させる。武力を用いずに、[43]天下は平和で、国内の民衆は恐怖がない。[44]もし世俗の生活を楽しまず、出家して道を求めるならば、きっと如来・至真・等正覚などの十号をそなえるようになるだろう。このことによって瞿曇が虚偽であるか真実であるかを知ることができるのだ」

曰、

「汝往觀彼沙門瞿曇、爲定有三十二相、爲虚妄耶」

時阿摩晝尋白師言、

「我以何驗觀瞿曇相、知其虚實」

師即報曰、

「我今語汝。其有具足三十二大人相者、必趣二處、無有疑也。若在家當爲轉輪聖王、王四天下、以法治化、統領民物、七寶具足。一金輪寶、二白象寶、三紺馬寶、四神珠寶、五玉女寶、六居士寶、七典兵寶。王有千子、勇猛多智、降伏怨敵。兵杖不用、天下泰平、國内民物、無所畏懼。若其不樂世間、出家求道、當成如來至眞等正覺十號具足。以此可知瞿曇虚實」

そこで阿摩昼は師[45]の教示を受けてから、直ちに素晴らしい車[46]を装備し、五百人の摩納の弟子を連れて、早朝に村を発《た》って伊車林[47]に行き、到着すると車を下りて歩いて世尊[48]のみもとに到った。仏が坐ると彼（阿摩昼）は立ち、仏が立つと彼は坐り、そうしながら[49]道理[50]を論じあった。

仏は摩納に告げられた。

「あなたは先輩[51]・長老・大婆羅門たちとこのように議論したことがあるだろうか」

摩納は仏に申し上げた。

「それは[52]どういうことですか」

仏は摩納に告げられた。

「私が坐るとあなたは立ち、私が立つとあなたが坐り、そうしながら議論し合っている。あなたの先生は道理[53]を議論するのに、こうなのか[54]」

摩納は仏に申し上げた。

「私たち[55]婆羅門は、道理を議論する際に、（一方が）坐れば一緒に坐り、立てば一緒に立ち、臥せば一緒に臥します。ところが[56]、沙門たちは醜悪[57]な姿をし、妻子[58]なく、卑しく、低劣で、黒悪[59]なことがらを学んでいます。私たちはこの連中と道理を論ずるときには、（一諸に）[60]坐起することがありません」

そこで[61]世尊は彼に言った。

時阿摩晝受師教已、即嚴駕寶車將五百摩納弟子、淸旦出村、往詣伊車林。到已下車、步進詣世尊所。佛坐彼立、佛立彼坐、於其中閒共談義理。

佛告摩納曰、

「汝曾與諸耆舊長宿大婆羅門如是論耶」

摩納白佛、

「此爲何言」

佛告摩納、

「我坐汝立、我立汝坐、中間共論。汝師論法、當如是耶」

摩納白佛言、

「我婆羅門論法、坐則俱坐、立則俱立、臥則俱臥。今諸沙門、毀形鰥獨、卑陋下劣、習黑冥法。我與此輩共論義時、坐起無在」

爾時世尊卽語彼言、

「君、[62]摩納は未だ統御[63]されていない」

すると摩納は、世尊が「君」と呼んだのを聞き、また「未だ統御されていない」と言ったのを聞いて、すぐさま怒りを生じ、仏を誹謗して言った。

「この釈迦族の人は（他人を）にくむことを好み、礼儀作法[64]を欠いている」

仏は摩納に告げられた。

「釈迦族の人たちが君に対してどんな誤ちを犯したのか」

摩納が言った。

「昔[65]、私はある時、先生のためにちょっとした理由があって、釈迦[66]迦維《かい》羅越《らえつ》国におりました。その時、多く[67]の釈迦族の人たちがちょっとした[68]理由で講堂[69]に集まっていました。遠くに私が来るのを見て、馬鹿にし嘲《あざけ》[70]り、礼儀に従わず、敬意[71]をもって待遇しませんでした」

仏は摩納に告げられた。

「その釈迦族の者たちは、自分[72]の国で自由に遊び戯れている。ちょうど[73]飛鳥が住みかである林では自由に出入りするようなもので、釈迦族の者たちが自分の国で自由に遊び戯れているのも、やはり[74]そのようなものである」

摩納は仏に申し上げた。

82c

「卿摩納、未被調伏」

時摩納聞世尊稱卿、又聞「未被調伏」、即生忿恚、毀謗佛言、

「此釋種子、好懷嫉惡、無有義法」

佛告摩納、

「諸釋種子、何過於卿」

摩納言、

「昔我一時爲師少緣、在釋迦迦維羅越國。時有衆多諸釋種子、以少因緣集在講堂。遙見我來、輕慢戲弄、不順儀法、不相敬待」

佛告摩納、

「彼諸釋子、還在本國遊戲自恣、猶如飛鳥自於樔林出入自在。諸釋種子自於本國遊戲自在、亦復如是」

摩納白佛言、

「[75]世間には刹利《せつり》・婆羅門・資産家・首陀羅《しゅだら》という四姓があります。[76]その三姓はいつも婆羅門を尊敬しうやまい供養します。あの釈迦族の者たちは、[77]当然あのようであってはならないはずです。あの釈迦族の者たちは下等で[78]卑しく低劣で、私たち婆羅門を尊敬しません」

　すると世尊は[79]黙って考えられた。

「この摩納は盛んに悪口を言って、下等だとまで言った。私は今、[80]もとの由来を説いてこの人を調御してあげよう」

　仏は摩納に告げられた。

「[81]あなたの姓はどのようであるか」

　摩納は答えた。

「私の姓は[82]声王です」

　仏は摩納に告げられた。

「あなたの姓がそうであるならば、[83]釈迦族の奴僕の種族だ」

　すると五百人の摩納の弟子が皆大声をあげて仏に言った。

「[84]このことを言ってはならない、この摩納が釈迦の奴僕の種族だ、と。[85]なぜかと言えば、この大摩納は[86]よい生れの者で、顔だちも立派で、弁舌の才も場面場面にふさわしく、博学で、瞿曇と議論をやりとりする力があります」


「世有四姓、刹利・婆羅門・居士・首陀羅。其彼三姓、常尊重恭敬供養婆羅門。彼諸釋子義不應爾。彼釋斷細卑陋下劣、而不恭敬我婆羅門」

　爾時世尊默自念言、

「此摩納子、數數毀罵、言及斷細。我今寧可說其本緣、調伏之耶」

　佛告摩納、

「汝姓何等」

　摩納答言、

「我姓聲王」

　佛告摩納、

「汝姓爾者、則爲是釋迦奴種」

　時彼五百摩納弟子、皆擧大聲、而語佛言、

「勿說此言、謂此摩納爲釋迦奴種。所以者何。此大摩納眞族姓子、顏貌端正、辯才應機、廣博多聞、足與瞿曇往返談論」

そこで世尊は五百人の摩納に告げられた。

「もしあなた方の先生が全くあなた方の言ったとおりでないのならば、あなた方の先生を措いて、あなた方と道理を論じよう。もしあなた方の先生に以上のようなことがあり、あなた方の言ったとおりであるならば、あなた方は黙っていなさい。あなた方の先生と議論しよう」

すると五百人の摩納は仏に申しあげた。

「私たちは皆黙って、先生と議論するのを聞きましょう」

そこで五百人の摩納は皆黙りこんだ。

そこで世尊は阿摩昼に告げられた。

「[87]はるか昔、[88]声摩《しょうま》という名の王がいた。王には四人の子がいて、一番目は面光、二番目は象食、三番目は路指、四番目は荘厳という名であった。その王の四人の子はいささか罪を犯して、[89]王は国から追放したので、(彼等は)雪山の[90]南にやって来て、[91]直樹の林に住んだ。その四人の子の母や家族の者たちは皆彼等をなつかしみ、すぐに集まって相談し、声摩王のもとへ行って、『大王よ、[92]お聞き下さい。私たちは四人の子と長いこと別れたままです。[93]会いに行きたいと思います』と申し上げた。そこで王は『行きたいのならば、勝手にしなさい』と告げた。そこで母と一族の者は王の言葉を聞くや、すぐに雪山の南の直樹の林に行き、四人の子の所に着いた。そこで母親たちは『私の娘をあなたの子にあげま

爾時世尊告五百摩納、

「若汝師盡不如汝言者、當捨汝師、共汝論義。若汝師有如上事、如汝言者、汝等宜默。當共汝師論」

時五百摩納白佛言、

「我等盡默、聽共師論」

時五百摩納盡皆默然。

爾時世尊告阿摩晝、

「乃往過去久遠世時有王、名聲摩。王有四子、一名面光、二名象食、三名路指、四名莊嚴。其王四子少有所犯、王擯出國、到雪山南、住直樹林中。其四子母及諸家屬皆追念之、即共集議、詣聲摩王所、白言、『大王、當知我等與四子別久。欲往看視』。王即告曰、『欲往隨意』。時母眷屬聞王教已、即詣雪山南直樹林中、到四子所。時諸母言、『我
83a
女與汝子。汝女與我子』。即相配疋遂、

すから、あなたの娘を私の子に下さい』と言って、直ちに[94]配偶としあい、夫婦となった。後に立派な容貌の男の子が生れた。その時、声摩王は、その四人の子に、母親たちが娘を与えて夫婦とし、立派な子が生れたと聞くや、王は喜んでこう言った。『[95]これはまことの釈子であり、釈の子である』。自立することができるから、このゆえに『釈』と名づけるのである。〈『[96]釈』は秦では『能』である。直樹林にいたから『釈』と名づけるのである。『釈』は秦のことばでは『直』ともいう〉。声摩王が釈迦族の祖先に他ならないのである。

王には[97]方面《ほうめん》という名の[98]婢女がいた。顔だちが立派で、ある婆羅門と交わって[99]直ちに妊娠して、一人の摩納の子を生んだ。産み落とされるとものを言うことができ、すぐに父母に『私を水浴させて様々の穢れを除いて下さい。私が年をとったら、きっと恩に報いるでしょう』と言った。生れるとすぐにものを言うことができたので、声王《しょうおう》と名づけた。[100]今日、生れるとすぐにものを言うことができる者があると、人々は皆畏れて『可畏』と名づけるようなもので、彼もやはりこのように、生れてすぐにものを言うことができたので声王と名づけたのである。これ以来、婆羅門の種族は結局声王を姓としたのである」

また摩納に告げられた。

「[101]あなたは先輩・長老・大婆羅門からこの種姓の由来を聞いただろう

成夫婦。後生男子、容貌端正。時聲摩王、聞其四子、諸母與女、共爲夫婦、生子端正。王卽歡喜、而發此言、『此眞釋子、眞釋童子』。能自存立、因此名釋。釋秦言能。在直樹林故、名釋。釋秦言亦言直。聲摩王卽釋種先也。

王有青衣、名曰方面、顏貌端正、與一婆羅門交通、遂便有娠、生一摩納子。墮地能言、尋語父母、『當洗浴我、除諸穢惡。我年大已、自當報恩』。以其初生能言、故名聲王。如今初生有能言者、人皆怖畏、名爲可畏、彼亦如是、生便能言、故名聲王。從此已來、婆羅門種遂以聲王爲姓」

又告摩納、

「汝頗從先宿耆舊大婆羅門、聞此種姓

か」

するとその摩納は黙って答えなかった。このように再び問うたが、やはり答えなかった。仏は遂に三度問うて摩納に言った。

「[102]私は三度まで問うた。あなたはすぐに答えなさい。もし答えないならば、[103]密迹力士《みっしゃくりきし》が[104]金杵《こんしょ》を手にして私の左右にいるが、すぐにきっと[105]あなたの頭を七つに砕くでしょう」

その時、密迹力士は金杵を手にして[106]摩納の頭上の空中に立っていた。もし摩納が[107]すぐに問に答えないならば、直ちに金杵を下して摩納の頭を砕こうとしていた。

仏は摩納に告げられた。

「[108]あなたはふり仰いで見なさい」

[109]摩納はふり仰いで密迹力士が金杵を手にして空中に立っているのを見た。見て恐れ、[110]身の毛が逆立った。すぐさま起って世尊の近くに座を移し、世尊を頼みとし、[111]救護者として、世尊に申し上げた。

「世尊よ、問うて下さい。私はすぐにきっと答えます」

仏は摩納に告げられた。

「あなたは先輩・長老・大婆羅門から[112]このような種姓の由来を聞いただろうか」

因縁已不」

時彼摩納默然不對。如是再問、又復不對。佛至三問、語摩納言、

「吾問至三。汝宜速答。設不答者、密迹力士手執金杵、在吾左右、卽當破汝頭爲七分」

時密迹力士手執金杵、當摩納頭上虛空中立。若摩納不時答問、卽下金杵碎摩納首。

佛告摩納、

「汝可仰觀」

摩納仰觀、見密迹力士手執金杵、立虛空中。見已恐怖、衣毛爲竪。卽起移坐、附近世尊、依恃世尊、爲救爲護、白世尊言、

「世尊當問。我今當答」

佛卽告摩納、

「汝曾於先宿耆舊大婆羅門、聞說如是種姓緣不」

摩納は答えた。

「私はたしかにこのようなことが実際にあったと聞きました」

その時、五百人の摩納の弟子は、[113]皆声をあげて言い合った。

「この阿摩昼はまことに釈迦の奴僕の種族です。沙門瞿曇は言うことが真実です。私たちは[114]無礼にも（瞿曇を）馬鹿にする思いを懐きました」

そこで世尊はこのように考えた。

「この五百人の摩納は後にきっと慢心を懐いて、彼を奴僕《ぬぼく》と呼ぶだろう。今、[115]手段をめぐらしてその奴僕の名をなくしてやろう」

そこで五百人の摩納に告げられた。

「あなた方皆さん、[116]決して彼を奴僕の種族だと言ってはならない。なぜかと言うに、あの昔の婆羅門は大仙人で大威力があり、声摩王を討って娘を求めた。王は畏れてすぐに娘を与えたのだ」

仏のこの言葉によって奴僕の名を免れることができた。

その時、世尊は阿摩昼に告げられた。

「[117]どうであろうか、摩納よ、もし刹利の娘が七代前から父母の生れが正しく、他人に非難されないとして、もしある婆羅門の妻となり子を生んだとしよう。摩納よ、（その子は）容貌が立派であったとする。その人

摩納答言、

「我信曾聞實有是事」

時五百摩納弟子、皆各擧聲自相謂言、

「此阿摩晝、實是釋迦奴種也。沙門瞿曇所説眞實、我等無狀懷輕慢心」

爾時世尊便作是念、
83b
「此五百摩納後必懷慢、稱彼爲奴。今當方便滅其奴名」

即告五百摩納曰、

「汝等諸人、愼勿稱彼爲奴種也。所以者何。彼先婆羅門是大仙人、有大威力、伐聲摩王索女。王以畏故、即以女與」

由佛此言得免奴名。

爾時世尊告阿摩晝曰、

「云何摩納、若刹利女、七世已來父母眞正、不爲他人之所輕毀、若與一婆羅門爲妻生子。摩納、容貌端正、彼入刹

は刹利種に入って坐[118]って水を受け、刹利の呪法を誦《とな》えることができるだろうか」

　答えて、

「できません」

「（婆羅門である）父の財[119]産を得ることができるだろうか」

　答えて、

「できません」

「父の職を嗣ぐことができるだろうか」

　答えて、

「できません」

「どうであろうか、摩納よ、もし婆羅門の娘が七代前から父母が生れ正しく、他人に非難されず、刹利の妻となって独りの容貌の立派な子供を生んだ場合、その人は婆羅門達の中に入って、坐ったり立ったり、水を受けたりすることができるだろうか」

　答えて

「できます」

「婆羅門の呪法を誦えたり、（刹利である）父の遺産を受けたり、父の職を嗣いつだりできるだろうか」

　答えて、

利種、得坐受水、誦刹利法不」

　答曰、

「不得」

「得父財業不」

　答曰、

「不得」

「得嗣父職不」

　答曰、

「不得」

「云何摩納、若婆羅門女、七世以來父母眞正、不爲他人之所輕毀、與刹利爲妻、生一童子、顏貌端正、彼入婆羅門衆中、得坐起受水不」

　答曰、

「得」

「得誦婆羅門法、得父遺財、嗣父職不」

　答曰、

「できます」

「どうであろうか、摩納よ、もし婆羅門が婆羅門から追放され、刹利種に入ったならば、（彼等と友に）[120]坐ったり起ったり水を受けたり、刹利の呪法を誦えたりできるだろうか」

答えて、

「できません」

「（婆羅門である）父の遺産を受けついだり父の職を嗣いだりするだろうか」

答えて、

「できません」

「もし刹利種の者が刹利から追放されて婆羅門に入ったならば、坐ったり起ったり水を受けたり、婆羅門の呪法を誦えたり、（刹利である）父の遺産を受けたり、父の職を嗣いだりできるだろうか」

答えて、

「できます」

「それだから、摩納よ、女性の中では刹利の女性がすぐれ、男性の中では刹利の男性がすぐれていて、婆羅門ではない。[121]梵天は自ら偈を説いている。

「得」

「云何摩納、若婆羅門、擯婆羅門、投刹利種者、寧得坐起受水、誦刹利法不」

答曰、

「不得」

「得父遺財、嗣父職不」

答曰、

「不得」

「若刹利種、擯刹利、投婆羅門、寧得坐起受水、誦婆羅門法、得父遺財、嗣父職不」

答曰、

「得」

「是故摩納、女中刹利女勝、男中刹利男勝、非婆羅門也。梵天躬自說偈言、

[122]刹利は生類の中ですぐれたもので
種姓の点からもやはり純粋である
智慧と行為がすべて具われば
天や人々の中で最もすぐれている」

仏は摩納に告げられた。
「梵天はこの偈を説いたが、まことに善く説いた。[123]本当によい。[124]私も承認する。なぜかと言えば、私は今や如来・至真・等正覚であるが、やはりこの教義を説くのである。

刹利は生類の中ですぐれたもので
種姓の点からもやはり純粋である
智慧と行為がすべて具われば
天や人々の中で最もすぐれている」

摩納は仏に申しあげた。
「瞿曇よ。[125]どのようなことがこの上もない智慧と行為を具えていることですか」
仏は摩納に告げられた。

刹利生中勝
種姓亦純眞
明行悉具足
天人中最勝」

佛告摩納、
「梵天説此偈、實爲善説、非不善也。我所然可。所以者何。我今如來至眞等正覺、亦説此義、

刹利生中勝
種姓亦純眞
明行悉具足
天人中最勝」

83c
摩納白佛言、
「瞿曇、何者是無上士明行具足」
佛告摩納、

「[126]よく聞き、よく考えなさい。あなたに説いてあげよう」

答えて、

「[127]はい。[128]お聞きしたいと思います」

仏は摩納に告げられた。

「もし如来が世に出現したならば、[129]応供《おうぐ》・正遍知《しょうへんち》・明行足《みょうぎょうそく》であり、善《ぜん》逝《ぜい》・世間解《せけんげ》・無上士《むじょうし》・調御丈夫《じょうごじょうぶ》・天人師《てんにんし》・仏・世尊であり、[130]すべての天や世間の人々・沙門・婆羅門・天・魔・梵王のうちにあって、自ら独りで覚りを開き、人に説法し、（その説法は）はじめの言葉も中頃の言葉も終りの言葉もすべて善く、意味内容が充実しており、清らかな行為を開示するものである。[131]資産家や資産家の子や他の種姓の者が正しい教えを聞くとただちに信ずる心を生じ、[132]信ずる心によってこのように考える。

『私は今、世俗の生活をしており、妻子に縛られていて、清らかにもっぱら[133]梵行を修《おさ》めることができない。今、[134]鬚や髪を剃って[135]三法衣を着、出家して修行したいものだ』

[136]彼は後に家や財産を捨て、親族を捨て、鬚や髪を剃り、三法衣を着、出家して修行する。出家した人と同様に[137]装飾品を捨て、[138]戒律を守った行いをなす。

「諦聽諦聽、善思念之。當爲汝説」

對曰、

「唯然。願樂欲聞」

佛告摩納、

「若如來出現於世、應供・正遍知・明行足、爲善逝・世間解・無上士・調御丈夫・天人師・佛・世尊。於一切諸天・世人・沙門・婆羅門・天・魔・梵王中、獨覺自證、爲人説法。上語亦善、中語亦善、下語亦善、義味具足、開清淨行。若居士・居士子及餘種姓、聞正法者、卽生信樂、以信樂心、而作是念、

『我今在家、妻子緊縛、不得清淨純修梵行。今者寧可剃除鬚髮、服三法衣、出家修道』

彼於異時捨家財產、捐棄親族、剃除鬚髮、服三法衣、出家修道。與出家人同捨飾好、具諸戒行。

[139]生類を害することなく、武器を捨て、恥じる心をもち、一切のものを慈《いつく》しむ、それが[140]不殺《ふせつ》（の戒）である。盗もうとする心を捨て、[141]与えられないものは取らず、その心は清浄で、ひそかに盗もうとする心がない、それが不盗《ふとう》である。淫欲を捨て、梵行を浄らかに修め、[142]念入りに[143]一所懸命励み、欲望に染まることなく、清らかに生活する、それが不淫《ふいん》である。虚言を捨て、[144]誠実で欺瞞がなく、他人をだますことがない、それが不妄語《ふもうご》である。二枚舌を捨て、もしこちらの言葉を聞いてもあちらに告げ口せず、あちらの言葉を聞いてもこちらに告げ口せず、離反している者がいればうまく和解させ親しみあうようにさせ、語る言葉は和やかで時宜にかなっている、それが不両舌《ふりょうぜつ》である。[145]麁悪な言葉を捨てる。（すなわち）言葉が粗雑で、[146]好んで他人を悩ませ、[147]怒りを生じさせる、そのような言葉を捨て、言葉は柔和で怨みを生ぜず、[148]利益多く、人々は敬愛してその言葉を聞くことを願う、それが不悪口《ふあっく》である。かざった言葉を離れ、言うことは時宜に適《かな》い、誠実で理法に従い、戒律に従って諍いをなくし、機会があるときに語り、言葉をむやみに語らない、それがかざった言葉を離れるということである。飲酒をやめ、[149]放逸のあり方を離れ、香料や華や[150]装身具を身に着けず、[151]歌舞やあそび女《め》を観に行かず、高い座席に坐らず、不適当な時間に食事せず、金・銀等の七種の宝石を手にしたり用いたりせず、妻を娶らず、召使いや象・馬・車・牛・鶏・

不害衆生、捨於刀杖、懷慙愧心、慈念一切、是爲不殺。捨竊盜心、不與不取、其心清淨、無私竊意、是爲不盜。捨離婬欲、淨修梵行、慇懃精進、不爲欲染、潔淨而住、是爲不婬。捨離妄語、至誠無欺、不誑他人、是爲不妄語。捨離兩舌、若聞此語、不傳至彼。若聞彼語、不傳至此、有離別者、善爲和合、使相親敬、凡所言說、和順知時、是爲不兩舌。捨離惡口、所言麤獷、喜惱他人、令生忿結、捨如是言、言則柔濡、不生怨害、多所饒益、衆人敬愛、樂聞其言、是爲不惡口。捨離綺語、所言知時、誠實如法、依律滅諍、有緣而言、言不虛發、是爲捨離綺語。捨于飲酒、離放逸處、不著香華瓔珞、歌儛倡伎不往觀聽、不坐高牀、非時不食、金銀七寶不取不用、不娶妻妾、不
84a
畜奴婢象馬車牛鷄犬豬羊田宅園觀、不

犬・[152]豚・羊・田・住宅・[153]園林を畜えず、[154]偽《いつわ》りのはかりによって他人を欺かず、手拳で[155]引き合ったりせず、また、[156]借金せず、人をあざむかず、いつわりをなさない。このような悪を離れ、諍いごとや様々の不善なことをなくす。[157]行為する際は時宜にかない、不適当な時に行為せず、腹具合に合わせて食事をし、蔵《しま》いこむことがなく、身体に合わせて衣服を着て[158]満足する。法衣と[159]食器はいつも身につけている。それは、あたかも飛ぶ鳥において翼が身体と一緒であるようなもので、比丘は余すところなくやはりこのようである。

　摩納よ、他の沙門や婆羅門の場合、他人の[160]布施を受け、さらに他の貯蓄を求めて、衣服も飲食も満足することがないが、私の教えに従う者にはこのようなことはない。

　摩納よ、他の沙門や婆羅門の場合、他人の布施したものを食べ、自分でも[161]事業を営み、鬼神の依代《よりしろ》となる樹木を植える。私の教えに従う者にはこのようなことはない。

　摩納も、他の沙門や婆羅門の場合、他人の布施したものを食べ、その上に[162]手段をこらして様々の[163]利益となるもの、（すなわち）象牙や様々の宝石でできた高く広い寝台や、様々の模様の刺繍をした[164]敷布や寝具を求めるが、私の教えに従う者にはこのようなことはない。

　摩納よ、他の沙門や婆羅門の場合、他人の布施を受け、その上に手段

為虚詐斗秤欺人、不以手拳共相牽抴、亦不觝債、不誣罔人、不爲僞詐、捨如是惡。滅於諍訟諸不善事。行則知時、非時不行。量腹而食、無所藏積。度身而衣、趣足而已。法服應器、常與身倶、猶如飛鳥羽翮隨身、比丘無餘亦復如是。

　摩納、如餘沙門婆羅門、受他信施、更求餘積、衣服飲食無有厭足。入我法者、無如此事。

　摩納、如餘沙門婆羅門、食他信施、自營生業、種殖樹木、鬼神所依。入我法者、無如是事。

　摩納、如餘沙門婆羅門、食他信施、更作方便、求諸利養、象牙雜寶高廣大牀、種種文繡綩綖被褥。入我法者、無如是事。

　摩納、如餘沙門婆羅門、受他信施、

をこらして自ら飾りたてようとし、[165]酥油《そゆ》を身に塗り、香水で洗浴し、香料の粉を身に塗り、香料の液で髪を梳《くしけず》り、[166]美しい花飾りを身に着け、目を紺色に染め、顔をふいて飾り、[167]鐶《かなわ》や紐を身につけて綺麗にし、鏡に自ら映し出し、様々の色の皮の履き物を履き、上衣は純白で、刀杖や従者や[168]すばらしい覆いや扇をそなえ、[169]すばらしい車を飾りたてるが、私の教えに従う者にこのようなことはない。

摩納よ、他の沙門や婆羅門の場合、他人の布施したものを食べ、遊戯にばかり耽っている。[170]八筋・十筋・百筋からあらゆる筋の碁などの勝負事をし、様々に遊び戯れているが、私の教えに従う者にはこのようなことはない。

摩納よ、他の沙門や婆羅門の場合、他人の布施したものを食べ、[171]道に背いた無益な話、(すなわち)王や戦争や軍馬のこと、役人や大臣のこと、馬に乗って出入りすること、園林に遊ぶことを話し、また日常のふるまいや女性のこと、衣服や飲食や故郷のことを論じ、海に入って宝石を採ることを話すが、私の教えに従う者にはこのようなことはない。

摩納よ、他の沙門や婆羅門の場合、他人の布施したものを食べ、無数の手段によって[172]よこしまな生活ばかりし、こびへつらってお世辞を言い、現実にはそしりあい、利益によって利益を求めるが、私の教えに従

更作方便、求自莊嚴、酥油摩身、香水洗沐、香末自塗、香澤梳頭、著好華鬘、染目紺色、拭面莊飾、鐶紐澡潔、以鏡自照、雜色革屣、上服純白、刀杖侍從寶蓋寶扇、莊嚴寶車。入我法者、無如此事。

摩納、如餘沙門婆羅門、食他信施、專爲嬉戲、碁局博奕、八道十道百道、至一切道、種種戲笑。入我法者、無如此事。

摩納、如餘沙門婆羅門、食他信施、但說遮道無益之言、王者戰鬪軍馬之事、群僚大臣騎乘出入遊園觀事、及論臥起行步女人之事、衣服飲食親里之事、又說入海採寶之事。入我法者、無如此事。

摩納、如餘沙門婆羅門、食他信施、無數方便、但作邪命、諂諛美辭、現相毀呰、以利求利。入我法者、無如此

う者にはこのようなことはない。

摩納よ、他の沙門や婆羅門の場合、他人の布施したものを食べ、諍いあってばかりいて、園林でも浴池でも堂[173]の中でも互[174]いに非難しあって、『私は経や律を知っているが、あなたは知らない。私は正しい道に向っているが、あなたは誤った径《こみち》に向っている。前[175]を後ろにつけ、後ろを前につける（ように転倒している）。私はあなたを我慢できるが、あなたは私を我慢できない。あなたの言うことはすべて正しくない。もし疑問点があるならば、私[176]に尋ねなさい。私はすべてを答えることができる』と言うが、私の教えに従う者にはこのようなことはない。

摩納よ、他の沙門や婆羅門の場合、他人の布施したものを食べ、その上に手段をこらして使者の仕事をしようとする。王や王の大臣や婆羅門や資産家のために使者として往き来し、こちらからあちらに行き、あちらからこちらに来、こちらの手紙をあちらに届け、あちらの手紙をこちらに届ける。自分でもし、他人にもさせる。私の教えに従う者にはこのようなことはない。

摩納よ、他の沙門や婆羅門の場合、他人の布施したものを食べ、ただ戦略や闘いを習慣とし、刀杖や弓矢に関することを習慣とし、鶏・犬・豚・羊・象・馬・牛・駱駝などの様々な獣を闘わせたり、男女を闘わせたり、様々音楽、吹奏や鼓[177]《つづみ》や歌舞の音楽をなし、幢[178]《はたほこ》によじのぼって逆立

事。

摩納、如餘沙門婆羅門、食他信施、
84b
但共諍訟、或於園觀、或在浴池、或於堂上、互相是非言、『我知經律、汝無所知。我趣正道、汝向邪徑。以前著後、以後著前。我能忍汝、汝不能忍。汝所言說、皆不眞正。若有所疑、當來問我。我盡能答』。入我法者、無如此事。

摩納、如餘沙門婆羅門、食他信施、更作方便、求爲使命。若爲王王大臣婆羅門居士通信使、從此詣彼、從彼至此。持此信授彼、持彼信授此。或自爲、或教他爲。入我法者、無如此事。

摩納、如餘沙門婆羅門、食他信施、但習戰陣鬪諍之事、或習刀杖弓矢之事、或鬪鷄犬猪羊象馬牛駝諸畜、或鬪男女、及作衆聲・貝聲・鼙聲・歌聲・

ちしたり、様々の遊戯をなすが、私の教えに従う者にはこのようなことはない。

摩納よ、他の沙門や婆羅門の場合、他人の布施したものを食べ、道に背いた方術を行って邪まな生活をする。（すなわち）男女関係や吉凶や好醜を占い、また獣畜について占って利益を求めるが、私の教えに従う者にはこのようなことはない。

摩納よ、他の沙門や婆羅門の場合、他人の布施したものを食べ、道に背いた方術を行なって、邪まな生活をする。（すなわち）鬼神[179]を呼び出したり、再び追いやったり、留めることができたり、様々のお祓いや祈祷や無数[180]の方術によって人を恐れさせたり、（精気を）聚めたり散らしたり、（人を）苦しめたり楽しませたりでき、また人のために胎児を安全に胎衣からとり出すことができ、また人を呪って驢馬にすることができ、また人を盲や聾や瘖瘂《おし》にすることができたり、様々の方術[181]を示し、手を組んで日や月に向って様々の苦行をして利益を求めるが、私の教えに従う者にはこのようなことはない。

摩納よ、他の沙門や婆羅門の場合、他人の布施したものを食べ、道に背いた方術を行ない、邪まな生活をし、人のために病気を呪《まじな》いで治したり、悪い呪文を誦えたり、善い呪文を誦えたり、医術や鍼灸や薬を扱って多くの病気を治すが、私の教えに従う者にはこのようなことはない。

舞聲、縁幢倒絶、種種伎戲。入我法者無如此事。

摩納、如餘沙門婆羅門、食他信施、行遮道法、邪命自活、瞻相男女吉凶好醜、及相畜生、以來利養。入我法者、無如此事。

摩納、如餘沙門婆羅門、食他信施、行遮道法、邪命自活、召喚鬼神、或復驅遣、或能令住種種厭禱、無數方道恐嚇於人、能聚能散、能苦能樂、又能爲人安胎出衣、亦能呪人使作驢馬、亦能使人盲聾瘖瘂、現諸技術、又手向日月、作諸苦行、以求利養。入我法者、無如是事。

摩納、如餘沙門婆羅門、食他信施、行遮道法、邪命自活、爲人呪病、或誦惡術、或爲善呪、或爲醫方鍼灸藥石、療治衆病。入我法者、無如是事。

摩納よ、他の沙門や婆羅門の場合、他人の布施したものを食べ、邪まな生活をする。（すなわち）水火に関して呪《まじな》いをしたり、鬼神に関する呪いをしたり、刹那に関する呪文を誦えたり、鳥に関する呪文、肢体に関する呪文、[182]家内安全のお札《ふだ》や呪文を誦えたり、火焼や鼠に嚙まれたときそれを解除する呪文ができたり、死生を別つ書物を暗誦したり、夢に関する書物を読んだり、手相・人相を占ったり、天文に関する書物を暗誦したり、一切の言語に関する書物を暗誦したりするが、私の教えに従う者にはこのようなことはない。

摩納よ、他の沙門や婆羅門の場合、他人の布施したものを食べ、道に背いた方術を行い、邪まな生活をし、天体の運行を占い、雨が降るか降らないか、穀物の値が上がるか下がるか、病気が多いか少ないか、恐しいことが起こるか平穏であるかを予言する。また、地震や彗星や[183]日蝕や月蝕を予言し、星蝕があるかないか予言する。このような善い奇瑞や悪い徴候（を予言する）。私の教えに従う者にはこのようなことはない。

摩納よ、他の沙門や婆羅門の場合、他人の布施したものを食べ、道に背いた方術を行い、邪まな生活をする。こちらの国があちらに勝ってあちらが負けると言ったり、あちらの国がこちらに勝ってこちらが負けると言ったり、吉凶を占って、その盛衰を説くが、私の教えに従う者にはそのようなことはない。

摩納、如餘沙門婆羅門、食他信施、行遮道法、邪命自活、或呪水火、或爲
84c
鬼呪、或誦刹利呪、或誦鳥呪、或支節呪、或是安宅符呪、或火燒鼠嚙、能爲解呪、或誦別死生書、或讀夢書、或相手面、或誦天文書、或誦一切音書。入我法者、無如是事。

摩納、如餘沙門婆羅門、食他信施、行遮道法、邪命自活、瞻相天時、言雨不雨、穀貴穀賤、多病少病、恐怖安穩、或說地動彗星、日月薄蝕、或言星蝕、或言不蝕。如是善瑞、如是惡徵、入我法者、無如是事。

摩納、如餘沙門婆羅門、食他信施、行遮道法、邪命自活、或言此國勝彼、彼國不如、或言彼國勝此、此國不如、瞻相吉凶、說其盛衰。入我法者、無如是事。

（私の教えに従う者は）ただ神聖な戒律を修めるのみで、執着する心がなく、内心に喜びの心を懐いて、目は色かたちを見ても[184]特相に取著せず、[185]目は色かたちに縛られず、しっかりとして寂《しず》かで貪り執着することがなく、また憂いもなく、様々の悪が漏れ出すこともない。[186]様々の戒を堅く守って、よく眼根《げんこん》を獲る。耳・鼻・舌・意についてもやはり同様である。[187]六種の接触をよく統御し、獲り、調御して平穏にさせる。あたかも平地に四頭立ての馬車に乗る際、うまく調御する人は[188]鞭を手にして制御し、道を誤らせないが、比丘も同様に、[189]六つの器官の馬を御して平穏で誤りないようにする。その人はこのような神聖な戒律を護って神聖な眼根を獲得する。

食事を[190]満足することを知って、貪り味わうことがない。[191]身を養い患いのないようにして、[192]高ぶることなく、その身を調和させ、古い苦しみがなくなり新しい苦しみが生じないようにし、力があっても[193]特別なことはせず、[194]身を安楽にさせる。ちょうど人が薬を瘡に塗って[195]瘡を治そうとして、装飾も求めず高ぶることもないのと同様である。摩納よ、比丘も同様であって、食事は身を支えるのに十分であればよく、慢心や勝手な心を懐かない。

また、車に油をさして[196]動きやすくし物を運んできちんと[197]到着するように、比丘も同様に食事は身を支えるのに十分であればよく、[198]修行しよう

但修聖戒、無染著心、内懐喜樂。目雖見色、而不取相。眼不爲色之所拘繫。堅固寂然、無所貪著。亦無憂患、不漏諸惡。堅持戒品、善護眼根。耳鼻舌身意、亦復如是。善御六觸、護持調伏、令得安穩。猶如平地駕四馬車、善調御者、執鞭持控、使不失轍。比丘如是、御六根馬、安穩無失。彼有如是聖戒、得聖眼根。

食知止足、亦不貪味、趣以養身、令無苦患、而不貢高、調和其身、令故苦滅、新苦不生。有力無事、令身安樂。猶如有人以藥塗瘡、趣使瘡差、不求飾好、不以自高。摩納、比丘如是、食足支身、不懷慢恣。

又如膏車欲使通利、以用運載、有所至到、比丘如是、食足支身、欲爲行

と欲するのである。

摩納よ、比丘はこのように神聖な戒律を完全に守り、神聖な諸器官を得て、食事は満足することを知っている。[199]初夜《しょや》にも後夜《ごや》にも勤め励んで[200]目覚めており、また日中は修行をしたり坐禅をしたりして、[201]いつも専念し、心を集中して様々の[202]障害を除き、彼は初夜においても経行をしたり、坐禅をしたりして、いつも専念し、心を集中して、様々の障害を除く。こうして中夜《ちゅうや》になると右脇を下にして臥すが、適当な時に起きようと思い続け、[203]想念を明るいものに繋ぎとめて、心に乱れがない。後夜になると起きて思いをこらし、歩いたり坐ったり、いつも専念し心を集中して様々の障害を除く。比丘はこのように神聖な戒律を完全にそなえ、神聖な諸器官を得、食事には満足することを知っている。初夜も後夜も勤め励んで目覚めており、いつも専念し心を集中させて乱れることがない。

[204]比丘がおもいこらして乱れないとは、どのようなことであろうか。[205]このように比丘は内に[206]身体を観察して勤め励んで懈らず、心に保って忘れず、世間の貪りや憂いを除去する。外に身体を観察し、内外に身体を観察し、勤め励んで懈らず、心に保って忘れず、世間の貪りや憂いを除去する。感受作用や心や[207]法についてもやはり同様である。以上が、比丘が思いをこらして乱れないということである。

道。

摩納、比丘如是、成就聖戒。得聖諸根、食知止足。初夜後夜、精進覺悟。又於晝日若行若坐、常念一心、除衆陰
85a
蓋。彼於初夜若行若坐、常念一心、除衆陰蓋。乃至中夜偃右脅而臥、念當時起、繫想在明、心無錯亂。至於後夜、便起思惟、若行若坐、常念一心、除衆陰蓋。比丘有如是聖戒具足、得聖諸根、食知止足。初夜後夜、精勤覺悟、常念一心、無有錯亂。

云何比丘念無錯亂。如是比丘内身身觀、精勤不懈、憶念不忘、除世貪憂。外身身觀、内外身身觀、精勤不懈、憶念不忘、捨世貪憂。受意法觀、亦復如是。是爲比丘念無錯亂。

心を集中させるとはどのようなことか。このように比丘は歩いたり出入りしたり左右を顧みたり、屈伸したり俯仰したり、[208]衣鉢をもったり、飲食を受け取ったり、[209]大小便をしたり、眠ったり目覚めたり、坐ったり立ったり語ったり黙したり、あらゆる時にいつも専念して心を集中させ、[210]礼儀作法からはずれない。以上が心を集中させるということである。

　譬えていえば、[211]ある人が多くの人々と共に歩み行く場合、前を進んでも真中や後ろを進んでもいつも[212]安心していられ、怖れることがないように、摩納よ、比丘も同様に、歩いたり出入りしたりすることから、語ったり黙したりする点に[213]至るまで、いつも専念して心を集中させるならば、憂い畏れることがない。比丘がこのような神聖な戒律を保ち、神聖な（身体の）器官を得、食事については満足することを知り、初夜も後夜も勤め励んで目覚めており、いつも専念して心を集中させて乱れず、[214]静かな場所や樹の下や墓地にいたり、山の洞窟にいたり、野外や肥溜のところにいたりすることを好み、時間になると托鉢をして、帰ると手足を洗って衣と鉢をきちんと置き、[215]結跏趺坐《けっかふざ》して、身体も心もきちんと正し、[216]眼前に心を繋ぎとめ、[217]もの惜しみしたり貪ったりすることを離れて心は（もの惜しみや貪りと）[218]一緒ではなく、瞋り恨む心をなくして[219]怨みがない。心は[220]清らかでいつも慈悲を懐き、[221]睡眠を離れて心を明るいものに繋ぎとめ、思いは乱れることがない。[222]ざわつきをなくし、心は（ざわ

云何一心。如是比丘若行歩出入、左右顧視、屈申俯仰、執持衣鉢、受取飲食、左右便利、睡眠覺悟、坐立語默、於一切時、常念一心、不失威儀。是為一心。

　譬如有人與大衆行、若在前行、若在中後、常得安隱、無有怖畏。摩納、比丘如是、行歩出入、至於語默、常念一心、無有憂畏。比丘有如是聖戒、得聖諸根、食知止足。初夜後夜、精勤覺悟、常念一心、無有錯亂。樂在靜處樹下塚間、若在山窟、或在露地及糞聚間。至時乞食、還洗手足、安置衣鉢、結跏趺坐、端身正意、繫念在前、除去慳貪、心不與倶、滅瞋恨心、無有怨結。心住清淨、常懷慈愍。除去睡眠、繫想在明。念無錯亂、斷除掉戲、心不與倶。內行寂滅、滅掉戲心、斷除疑惑。已度疑網、其心專一、在於善法。

つきと）一緒ではなく、内面にしずけさを行じ、ざわつく心をなくす。疑いを断ちきり、[223]疑いを超えた以上、[224]心は善なることがらだけを考えるようになる。

それはちょうど、召使いに対して[225]身分ある人が姓を与え、安らかに[226]解き放って召使をやめさせると、その心は歓んでもはや憂い畏れることがないようなものである。

また、ある人が[227]借金をして[228]事業をなし、非常に利益を得て戻り、[229]もとの持主に借りを返して残りの財産で十分な資力となって、[230]その人が『私はもともと借金をして[231]思いどおりにならないことを恐れていたことが、今は利益を得て戻り、もとの持主に借りを返して残りの財産で十分な資力となった』と考え、もはや憂い畏れることがなく、大いに歓ぶようなものである。（また）長い間病気だった人が、病気が治ることができると、飲食物を消化し、[232]身体の力が充実し、その人は『私は以前には病気で今は治ることができた。飲食物を消化し、身体の力が充実している』と考え、もはや憂い畏れることがなく、大いに歓ぶようなものである。

また、長い間牢獄に閉じ込められていた人が、無事に出ることができて、その人が『私は以前は囚われていたが今はもう解放された』と考え、もはや憂い畏れることがなく、大いに歓ぶようなものである。

また、多くの財宝を持って大広野を横切る人が、盗賊に遭わず無事に

85b

譬如僮僕大家賜姓、安隱解脫、免於僕使、其心歡喜、無復憂畏。

又如有人擧財治生、大得利還。還本主物、餘財足用。彼自念言、『我本擧財、恐不如意。今得利還、還主本物、餘財足用』。無復憂畏、發大歡喜。如人久病、從病得差。飲食消化、色力充足。彼作是念、『我先有病、而今得差。飲食消化、色力充足』。無復憂畏發大歡喜。

又如人久閉牢獄、安隱得出。彼自念言、『我先拘閉、今已解脫』。無復憂畏、發大歡喜。

又如人多持財寶、經大曠野。不遭賊

通りすぎることができ、その人が『私は財宝を持ってこの危険なところを通り過ぎた』と考え、もはや憂い畏れることがなく大いに歓び、心安[233]らぐようなものである。

摩納よ、比丘は五つ[234]の障害によって覆われ、いつも憂い畏れを懐いており、やはり、奴僕のようであり、借金している人や長い病気、獄にあること、大広野を旅することのようである。様々の障害の心を離れず、覆われ、まっ暗で、智慧の眼は明らかでないと自分もわかっている。

そこでその人は勤め励んで、欲望や悪・不善のあり方を離れ、覚・観[235]を伴い、（欲望や悪・不善のあり方を）離れる[236]ことから喜と楽が生じ、初禅に入ることができる。その人は喜と楽[237]で身を漬《ひた》し、あまねくみちあふれて充満する。ちょうど人が巧みに浴槽に様々の薬を入れ、水で漬すと内も外もともに潤って行きわたるようなものである。比丘も同様に、初禅に入ることができ、喜と楽が身にゆきわたって充満する。このよう[238]なことが、摩納よ、第一のこのままの身で楽を得るということである。[239]なぜかというに、勤め励んで思いは乱れることなく、静かに過ごすことを楽しむことによって得たことだからである。

その人は、覚[240]・観を捨て、信を生じ、専念して心を集中させ、覚・観がなく、禅定から喜と楽が生じ、第二禅に入る。その人は心を集中させた喜と楽によって身を漬し、あまねくみちあふれて充満している。あた

盗、安隱得過。彼自念言、『我持財寶、過此嶮難』。無復憂畏、發大歡喜、其心安樂。

摩納、比丘有五蓋自覆、常懷憂畏、亦復如奴、如負債人、久病、在獄、行大曠野。自見未離諸陰蓋心、覆蔽闇冥、慧眼不明。

彼即精勤、捨欲惡不善法、與覺觀俱。離生喜樂、得入初禪。彼已喜樂潤漬於身、周遍盈溢、無不充滿。如人巧浴器盛衆藥、以水漬之。中外俱潤、無不周遍。比丘如是、得入初禪、喜樂遍身、無不充滿。如是摩納、是爲最初現身得樂。所以者何。斯由精進念無錯亂。樂靜閑居之所得也。

彼捨覺觀、便生爲信、專念一心、無覺無觀、定生喜樂、入第二禪。彼已一心、喜樂潤漬於身、周遍盈溢、無不充

かも、山頂の冷たい泉で、水は中から涌出し外から流入しない、[241]つまりこの池の中から清らかな水が出て、かえって池自体に浸透し、行きわたるようなものである。摩納よ、比丘もこのように、二禅に入り、禅定から喜と楽が生じて充満する。以上が第二のこのままの身で楽を得るということである。

その人が喜を捨てた状態にあり、思念を保って乱れず、[242]聖人の説いたような快楽を身に受け、思念を保つ楽を起して第三禅に入る。その人は身に喜はなく、楽に漬り、あまねくみちあふれて充満する。あたかも[243]優《う》鉢花《ばげ》・鉢頭摩華《はつずまげ》・拘頭摩花《くずまげ》・分陀利花《ふんだりげ》が泥から出るや、まだ水上に出ないとき、根も茎も枝も葉も水に漬かってゆきわたるようなものである。摩納よ、比丘も同様に、第三禅に入り、喜を離れ、楽の状態にあり、身を潤してゆきわたる。これが第三のこの身に楽を得るということである。

[244]その人は喜も楽も捨て、憂と喜は先になくなっており、苦も楽もなく、思念を保って浄らかで、第四禅に入る。身と心は浄らかで、（その浄らかさは）満ち溢れて行き渡っている。あたかも洗浴してきれいになった人が、新しくて[245]白い布で身を覆い、身体じゅう浄らかなようなものである。摩納よ、比丘も同様に、第四禅に入ると、心は浄らかで（その浄らかさは）身に充ち、ゆきわたる。また、第四禅に入ると、心は増減

滿。猶如山頂涼泉、水自中出、不從外來。卽此池中出淸淨水、還自浸漬、無不周遍。摩納、比丘如是入第二禪、定生喜樂、無不充滿。是爲第二現身得樂。

彼捨喜住、護念不錯亂。身受快樂、如聖所說、起護念樂、入第三禪。彼身無喜、以樂潤漬、周遍盈溢、無不充滿。譬如優鉢花・鉢頭摩華・拘頭摩花・分陀利花、始出淤泥而未出水、根莖枝葉、潤漬水中、無不周遍。摩納、比丘如是入第三禪、離喜住樂、潤漬於
85c
身、無不周遍。此是第三現身得樂。

彼捨喜樂、憂喜先滅、不苦不樂、護念淸淨、入第四禪。身心淸淨、具滿盈溢、無不周遍。猶如有人沐浴淸潔、以新白疊被覆其身、擧體淸淨。摩納、比丘如是入第四禪。其心淸淨、充滿於身、無不周遍。又入第四禪、心無增

なく、傾き動くこともなく、愛欲や恚《いか》りがなく、動くことのない境地に安住する。あたかも密室の中外を塗り込め、扉[補1]を堅く閉じて風のたつことがなく、中で燈火を燃やして邪魔[246]する者がないと、その燈はもえ上ってひっ[247]そりと動かないようなものである。摩納よ、比丘も同様に第四禅に入り、心は増減なく、傾き動くこともなく、愛欲や恚りがなく動くことのない境地に安住するならば、これが第四にこの身のままで楽を得るということである。なぜかというと、勤め励んで懈らず、心は乱れず、静かに過ごすことを楽しむことにより得たことだからである。

その人は浄らかで穢れがない安定[248]した心を得て、柔軟[249]で調御され、動くことのない境地に安住し、身中に化作[250]しようという心を起し、（自身[251]と）違った姿を作り出すが、（その身体は）四肢も具備し、諸器官も欠けるところがない。その人はこのように観察[252]する。この身体の物質的な四元素[253]があの身体を作り出したが、その[254]身体とあの身体は別々のもので、この身体から（変化しようという）心を起こしてあの身体に変化したが、（その身体は）諸器官も具備し四肢も欠けるところがない。あたかも、鞘《さや》から刀を抜いた人が、鞘も刀も別々のもので刀は鞘から出たものだと考えるようなものである。また、麻をより合わせて縄を作った人が、麻と縄は別々のもので、縄は麻からできていると考えるようなものである。また、箱から蛇をとり出した人が、箱と蛇は別々のもので、蛇

滅、亦不傾動、住無愛恚無動之地。譬如密室内外塗治、堅閉戸嚮、無有風塵。於内燃燈、無觸嬈者。其燈焰上怗然不動。摩納、比丘如是入第四禪、心無增減、亦不傾動、住無愛恚無動之地。此是第四現身得樂。所以者何。斯由精勤不懈念不錯亂、樂靜閑居之所得也。

彼得定心清淨無穢、柔濡調伏、住無動地。自於身中起變化心、化作異身、支節具足、諸根無闕。彼作是觀、此身色四大化成彼身。此身亦異、彼身亦異。從此身起心、化成彼身。諸根具足、支節無闕。譬如有人、鞘中拔刀。彼作是念、鞘異刀異、而刀從鞘出。又如有人合麻爲繩。彼作是念、麻異繩異、而繩從麻出。又如有人篋中出蛇。彼作是念、篋異蛇異、而蛇從篋出。又如有人從篋出衣。彼作是念、篋異衣

は箱からとり出したと考えるようなものである。また、衣装箱から衣服をとり出した人が、衣装箱と衣服は別々で、衣服は衣装箱からとり出したのだと考えるようなものである。摩納よ、比丘もやはり同様である。これが最初の獲得したすぐれたあり方である。なぜかというと、勤め励んで心は乱れず、静かに過ごすことを楽しむことにより得たことだからである。

その人は浄らかで穢れのない安定した心で、柔軟で調御され、動くことのない境地に安住し、自己の四元素よりなる物質的な身体から、(化作しようという)心を起して、すべての器官と四肢が具備した化身をつくり出す。その人はこのように観察する。『この身体は四元素が合成してできているが、あの身体は化作されてできたものであり、この身体とあの身体は別々のものである。この心はこの身体の中にあり、この身体を依り所として存在しながら、別の身体に至るのである』。あたかも琉《る》[255]璃《り》や摩尼《まに》がみがかれて非常に明るく浄らかで穢れがないとするに、青や黄や赤のひもで連ね通したならば、目のよい人は掌に置いて観察し、珠とひもは別々であるが、ひもは珠に依存し、珠から珠へとつながっていることを知るようなものである。摩納よ、比丘が心はこの身体に依存して存在しながら、あちらの化身へと向っていると観察するのもやはり同様である。これが比丘の第二の勝れたあり方である。なぜかというに、

異、而衣從篋出。摩納、比丘亦如是。此是最初所得勝法。所以者何。斯由精進念不錯亂、樂靜閑居之所得也。

彼已定心清淨無穢、柔濡調伏、住無動地。從己四大色身中起心、化作化身、一切諸根支節具足。彼作是觀、『此身是四大合成、彼身從化而有。此身亦異、彼身亦異。此心在此身中、依
86a 此身住、至他身中』。譬如琉璃摩尼、瑩治甚明、清淨無穢。若以青黃赤縹貫之。有目之士置掌而觀、知珠異縹異、而縹依於珠、從珠至珠。摩納、比丘觀心依此身住、至彼化身、亦復如是。此是比丘第二勝法。所以者何。斯由精勤念不錯亂、樂獨閑居之所得也。

勤め励んで心は乱れず、独り閑かに暮すことを楽しむことによって得たことだからである。

その人は浄らかで穢れのない安定した心で、柔軟で調御され、動くことのない境地に安住し、[256]心を集中して修行し、[257]神通智《じんずうち》を証得し、様々に化作することができる。一つの身体を変化させて無数の身体を再び一つの身体にまとめる。身体は飛ぶことができ、石壁も礙げとならず、鳥のように空に遊び、大地を履《ふ》むように水を履む。身から火のかたまりのような煙や炎を出し、手に日月をつかみ、立つと梵天にまで達する。あたかも陶工がよく泥土をまぜて[258]思うとおりに作り、[259]どんな器を作る場合でも（その器が）非常に役立つようなものである。また、巧みな工芸家が[260]上手に木を整えて思う通りに作れば、自由に作ることができて非常に役立つようなものである。また、象牙細工師が上手に象牙を加工したり、金細工師が上手に純金を精錬して思う通りに作れば、非常に役立つようなものである。摩納よ、比丘も同様に、安定した心が浄らかで、動くことのない境地に安住すると、自由に化作して、手で日月を捉えたり立って梵天に至ったりするまでになる。これが比丘の第三の勝れたあり方である。

その人は心が定まり浄らかで穢れがないことにより、柔軟で調御され、動くことのない境地に安住し、心を集中して修行し、天耳智《てんにち》を証得

彼以定心清淨無穢、柔濡調伏、住無動地。一心修習、神通智證。能種種變化、變化一身、爲無數身。以無數身、還合爲一。身能飛行、石壁無礙。遊空如鳥、履水如地。身出烟燄、如大火積。手捫日月、立至梵天。譬如陶師善調和泥、隨意所造、在作何器、多所饒益。亦如巧匠善能治木、隨意所造、自在能成、多所饒益。又如牙師善治象牙、亦如金師善煉眞金、隨意所造、多所饒益。摩納、比丘如是、定心清淨、住無動地、隨意變化、乃至手捫日月、立至梵天。此是比丘第三勝法。

彼以心定清淨無穢、柔濡調伏、住無動地。一心修習、證天耳智。彼天耳

する。その天の耳は浄らかで人の耳より勝れ、天の声と人の声の二種の声を聞く。あたかも城市の中に高くて広々とした大講堂[261]があり、耳さとい人がこの講堂の中にいると、堂内の声が努力しなくてもいろいろすべて聞こえるようなものである。比丘も同様に、心が安定しているから、天の耳は浄らかで、二種の声が聞こえる。摩納よ、これが比丘の第四の勝れたあり方である。

　その人は浄らかで穢れのない定まった心で、柔軟で調御され、動くことのない境地に安住し、心を集中して修行し、他人の心がわかる智慧を証得する。その人は、他人の心に欲望があるかないか、垢《けが》れがあるかないか、無知があるかないか、心が広いか狭いか、心が小さいか大きいか、心が安定しているか乱れているか、心が縛られているか解放されているか、心がすぐれているか劣っているか、さらにはこの上ない心であるかに至[262]るまで、すべてわかる。あたかも人が清水[263]に自分を映すと美醜が必ずわかるようなものである。比丘も同様に、心が浄らかであるから他人の心を知ることができるのである。摩納よ、これが比丘の第五の勝れたあり方である。

　その人は心が安定し浄らかで穢れがないことにより、柔軟で調御され、動くことのない境地に安住し、心を集中して修行し、過去世のことを知る智慧を証得すると[264]、前世の無数のいろいろのでき事を記憶してお

淨、過於人耳。聞二種聲、天聲・人聲。譬如城內有大講堂高廣顯敞、有聰聽人、居此堂內、堂內有聲、不勞聽功、種種悉聞。比丘如是、以心定故、天耳清淨、聞二種聲。摩納、此是比丘第四勝法。

　彼以定心清淨無穢、柔濡調伏、住無動地。一心修習、證他心智。彼知他心有欲無欲、有垢無垢、有癡無癡、廣心狹心、小心大心、定心亂心、縛心解心、上心下心、至無上心、皆悉知之。譬如有人以清水自照、好惡必察。比丘如是、以心淨故、能知他心。摩納、此
86b
是比丘第五勝法。

　彼以心定清淨無穢、柔濡調伏、住無動地。一心修習、宿命智證。便能憶識宿命無數若干種事、能憶一生、至無數

り、一つの前生から無数の前世に至るまで、[265]劫の生成消滅や道筋や、この世で死んであちらの世界に生れた際の名前や姓や種族や飲食の好し悪し、寿命の長短、受ける苦楽、形や色や容貌などすべて記憶している。あたかもある人が自分の村から他の土地に往き、そこで行ったり停まったり語ったり黙したりして、さらにその国から別の国に往き、このように[266]次第に進んで[267]そのまま故郷に戻ると、心で努力することなしに[268]すべて行った国々のこと、こちらからあちらに往き、あちらからこちらに来、行住語黙（の日常のこと）をすべて記憶しているようなものである。摩納よ、比丘も同様に、浄らかで穢れのない安定した心で、動くことのない境地に安住することができると、過去世のことを知る智慧によって無数劫の過去世のことを記憶することができる。これが、比丘の第一の勝れたことを得たことで、無明は永遠に滅し、偉大な明らかな真理が生れ、暗闇は消えて光明にみちた真理が生れる。これが比丘の過去世を知る智慧である。なぜかというに、勤め励んで思念が乱れることなく、独り閑かに暮すことを楽しむことから得たものだからである。

　その人が浄らかで穢れのない安定した心で、柔軟で調御され、動くことのない境地に安住し、ひたすらに修行して生死を見る智慧を証得すると、その天の眼は浄らかで、衆生たちがこちらで死んであちらに生れ、あちらからこちらに生れること、形や色の好醜、善悪の諸々の結果、尊

生、劫數成敗、死此生彼、名姓種族、飲食好惡、壽命長短、所受苦樂、形色相貌、皆悉憶識。譬如有人從己村落至他國邑。在於彼處、若行若住、若語若默、復從彼國至於餘國、如是展轉、便還本土。不勞心力、盡能憶識所行諸國、從此到彼、從彼到此、行住語默、皆悉憶之。摩納、比丘如是、能以定心清淨無穢、住無動地、以宿命智能憶宿命無數劫事、此是比丘得第一勝。無明永滅、大明法生。闇冥消滅、光曜法生。此是比丘宿命智明。所以者何。斯由精勤念無錯亂、樂獨閑居之所得也。

　彼以定心清淨無穢、柔濡調伏、住無動處、一心修習、見生死智證。彼天眼淨、見諸衆生死此生彼、從彼生此、形色好醜、善惡諸果、尊貴卑賤、隨所造

貴と卑賤、造った業によって報い[269]を受ける由来を見てすべて知る。この人は身に悪を行ない、口に悪を言い、心に悪を思い、賢者聖人を謗《そし》り、[270]誤った見解を信じ、身体が壊れて命が終ると、[271]三悪道《さんあくどう》に堕ちるが、この人は身に善を行ない、口に善を言い、心に善を思い、賢者聖人を謗らず、見解は正しく信じて行ない、身体が壊れ命が終ると天や人間に生れる（ということを知る）。浄らかな天の眼で衆生たちが業の縁によって[272]五道を往来するのを見る。あたかも、城市の中で高く広く平らな土地で[273]四つの道が交差するところに大きく高い桜台を起《た》て、目がよく見える人が[274]上から観ると、東西南北いずれでも、道行く人の動作行為すべて見るようなものである。摩納よ、比丘も同様に、浄らかな安定した心で、動くことのない境地に安住し、生死を見る智慧を証得すると、浄らかな天の眼で、衆生の行為の善悪や、業によって生を受けて五道に往来することをすべて見て、みな知るのである。これが、比丘が第二の能力を得たことで、無明《むみよう》を断ちきり、智慧を生じ、暗闇を捨てて智慧の光を出す。これが衆生の生死を見る智慧の証得である。なぜかというに、勤め励んで思いは乱れず、独り静かに暮すことを楽しむことによって得たことだからである。

その人が浄らかで穢れのない安定した心で柔軟で調御され、動くことのない境地に安住し、心を集中して修行して[275]無漏《むろ》の智慧を証得するなら

86c

業報應因緣、皆悉知之。此人身行惡、口言惡、意念惡。誹謗賢聖、信邪倒見。身敗命終、墮三惡道。此人身行善、口言善、意念善。不謗賢聖、見正信行、身壞命終、生天人中。以天眼淨見諸衆生、隨所業緣往來五道。譬如城內高廣平地、四交通頭起大高樓、明目之士在上而觀、見諸行人東西南北、擧動所爲、皆悉見之。摩納、比丘如是、以定心淸淨住無動處、見生死智證。以天眼淨盡見衆生所爲善惡、隨業受生、往來五道、皆悉知之。此是比丘得第二明、斷除無明、生於慧明、捨離闇冥、出智慧光。此是見衆生生死智證明也。所以者何。斯由精勤念不錯亂、樂獨閑居之所得也。

彼以定心淸淨無穢、柔濡調伏、住不動地。一心修習、無漏智證、彼如實知

ば、その人は[276]正しく[277]苦に関する聖なる真理を知り、正しく有漏《うろ》が集まり生ずることを知り、正しく有漏が尽きることを知り、正しく漏の尽きる状態に至る道を知る。その人は[278]欲漏《よくろ》・有漏・無明漏をこのように知り、このように見、心は解説を得、解脱の智慧を得、[279]生死は尽き果て、梵行は成就し、作すべきことは作して、未来の存在を受けることがない。あたかも清らかな水の中に木・石・魚・亀や水中生物があちこち行き来するとき、目のよい人ははっきりと見て、これは木や石であり、これは魚や亀である（とする）ようなものである。摩納よ、比丘も同様に、清らかな安定した心で動くことのない境地に安住し、無漏の智慧を証得して、ついには未来の存在を受けないようにまでなる。これが、比丘が第三の能力を得て、無明を断ちきり、智慧を生じ、暗闇を離れて大いなる智慧の光を出すということであり、このことが無漏の智慧である。なぜかというに、勤め励んで思念は乱れず、独り静かに暮すことを楽しむことによって得たものだからである。

　摩納よ、以上がこの上ない智慧と行為を具えているということである。[280]お前はどう思うだろうか。このような智慧と行為は、[281]その通りであろうか、違うであろうか」

　仏は摩納に告げられた。

「この上ない智慧と行為を具えることができなくても、四つの手だてを

苦聖諦、如實知有漏集、如實知有漏盡、如實知趣漏盡道。彼如是知、如是見欲漏・有漏・無明漏。心得解脱、得解脱智。生死已盡、梵行已立。所作已辦、不受後有。譬如清水中有木石魚鱉水性之屬、東西遊行。有目之士明了見之、此是木石、此是魚鱉。摩納、比丘如是、以定心清淨、住無動地。得無漏智證、乃至不受後有。此是比丘得第三明、斷除無明、生於慧明、捨離闇冥、出大智光、是爲無漏智明。所以者何。斯由精勤念不錯亂、樂獨閑居之所得也。

　摩納、是爲無上明行具足。於汝意云何。如是明行、爲是爲非」

　佛告摩納、

「有人不能得無上明行具足、而行四方

行なう人がある。どのようなものが四つであろうか。

摩納よ、この上ない智慧と行為を具えていなくても、斧を持ち籠を負い、山に入って薬草を求め、樹木の根を食べ（て生活す）る人がいるならば、摩納[282]よ、この上ない智慧と行為を具えていなくても第一の手だてを行なうということである。どうであろうか、摩納よ、この第一の手だてについて、あなたとあなたの先生はこのあり方を行っているであろうか」

（阿摩昼は）答えて、

「いいえ」

仏は摩納に告げられた。

「あなたは自分自身が卑賤で真偽を弁別できないのに、かえって釈迦族の者を誇り罵《ののし》った。自ら罪の根となるものを種え、地獄の本となるものを育てているのである。

さらに次に、摩納よ、この上ない智慧と行為を具えることができなくても、手に水瓶[283]をもち、杖算《じょうさん》[284]の術をもって山林に入り、自然に落ちている果実を食べる者がいれば、摩納よ、この上ない智慧と行為を具えることができなくても、第二の手だてを行っているのである。どうであろうか、摩納よ、あなたとあなたの先生は、このあり方を行っているであろうか」

便。云何爲四。

摩納、或有人不得無上明行具足、而持斫負籠、入山求藥、食樹木根。是爲摩納不得無上明行具足、而行第一方便。云何摩納、此第一方便、汝及汝師行此法不」

答曰、

「不也」

佛告摩納、

「汝自卑微、不識眞僞、而便誹謗輕罵釋子、自種罪根、長地獄本。

復次摩納、有人不能得無上明行具足、而手執澡瓶、持杖筭術、入山林中、食自落果。是爲摩納不得無上明行具足、而行第二方便。云何摩納、汝及汝師行此法不」

答えて、

「いいえ」

仏は摩納に告げられた。

「あなたは自分は卑賤で真偽を弁別[285]できないのに、釈迦族の者を謗りあなどった。自ら罪の根を種え、地獄の本となるものを育てているのである。

さらに次に、摩納よ、この上ない智慧と行為を具えていなくても、先の薬草を採ったり落ちた果実を拾ったりすることをやめ、村に帰って来て人里を依り所として、草庵を建て、草木の葉を食べるならば、摩納よ、これはこの上ない智慧と行為を具えていなくても、第三の手だてを行なうということである。どうであろうか、摩納よ、あなたとあなたの先生はこのあり方を行っているだろうか」

答えて、

「いいえ」

仏は摩納に告げられた。

「あなたは自分は卑賤で真偽を弁別できないのに、釈迦族の者を謗りあなどった。自ら罪の根を種え、地獄の本となるものを育てているのである。これが第三の手だてである。

さらに次に、摩納よ、この上ない智慧と行為を具えておらず、薬草も

答曰、

「不也」

佛告摩納、

「汝自卑微、不識眞僞、而便誹謗輕慢釋子、自種罪根長地獄本。

87a
復次摩納、不得無上明行具足、而捨前採薬及拾落果、還來向村、依附人閒、起草庵舍、食草木葉。摩納、是爲不得明行具足、而行第三方便。云何摩納、汝及汝師行此法不」

答曰、

「不也」

佛告摩納、

「汝自卑微、不識眞僞、而便誹謗輕慢釋子、自種罪根、長地獄本。是爲第三方便。

復次摩納、不得無上明行具足、不食

食べず、落ちた果実も食べず、草の葉も食べず、村や城市に大きな堂閣を建て、すべて東西南北に旅する人が通り過ぎると、能力に応じて物資を提供する、これがこの上ない智慧と行為を具えなくても第四の手だてを行うということである。どうであろうか、摩納よ、あなたとあなたの先生はこのことを行っているであろうか」

答えて、

「いいえ」

仏は摩納に告げられた。

「あなたは自分は卑賤で真偽を弁別できないのに、釈迦族の者を謗りあなどった。自ら罪の根を種え、地獄の本となるものを育てているのである。

どうであろうか、摩納よ、[286]昔の婆羅門や仙人たちは多くの[補2]わざがあり、[287]以前に暗誦したことをほめたたえるが、（それは）今の婆羅門がほめたたえることのできるものである。（彼らは）[288]一に阿吒摩、二に婆摩、三に婆摩提婆、四に鼻波密多、五に伊兜瀬悉、六に耶婆提伽、七に婆婆婆悉吒、八に迦葉、九に阿楼那、十に瞿曇、十一に首夷婆、十二に[補3]損陀羅である。このような大仙人・婆羅門たちはみな、あなた方師弟が今住んでいるように、堀をつくり堂閣を建てたであろうか」

藥草、不食落果、不食草葉、而於村城起大堂閣、諸有東西南北行人過者、隨力供給。是爲不得無上明行具足、而行第四方便。云何摩納、汝及汝師行此法不」

答曰、

「不也」

佛告摩納、

「汝自卑微、不識眞僞、而便誹謗輕慢釋子、自種罪根長地獄本。

云何摩納、諸舊婆羅門及諸仙人、多*諸技術、讃歎稱說本所誦習、如今婆羅門所可諷誦稱說。一阿吒摩、二婆摩、三婆摩提婆、四鼻波密多、五伊兜瀨悉、六耶婆提伽、七婆婆婆悉吒、八迦葉、九阿樓那、十瞿曇、十一首夷婆、十二損陀羅。如此諸大仙婆羅門、皆掘塹建立堂閣、如汝師徒今所居止不」

答えて、

「いいえ」

「それらの大仙人たちは、あなた方師弟が今住んでいるように、城郭を築いて家の周囲を囲み、その中に住んでいたであろうか」

答えて、

「いいえ」

「それらの大仙人たちは、あなたの先生や弟子たちが今そうしているように、高い床に重ねた敷物、目が細かく軟かな[289]敷物に坐っていただろうか」

答えて、

「いいえ」

「それらの大仙人たちは、あなた方師弟のように、金・銀・瓔珞《ようらく》・様々の色の花飾りや美女で楽しんでいただろうか。それらの大仙人たちはあなたがた師弟が今用いているように、[290]素晴らしい車に乗って[291]戟《ほこ》で先導し、白い蓋で覆い、手に素晴らしい[292]払子を持ち、様々な色の素晴らしいぞうりをはき、さらに汚れのない白布を身につけているだろうか」

答えて、

「いいえ」

「摩納よ、あなたは自分が卑賤で真偽を弁別できないのに、釈迦族の者

答曰、

「不也」

彼諸大仙、頗起城墎、圍遶舍宅、居止其中、如汝師徒今所止不」

答曰、

「不也」

「彼諸大仙、頗處高床重褥綩綖細軟、如汝師徒今所止不」

答曰、

「不也」

「彼諸大仙、頗以金銀瓔珞雜色花鬘美女自娯、如汝師徒不。彼諸大仙、頗駕乘寶車持戟*導引、白蓋自覆、手執寶拂、著雜色寶屣、又著全白疊、如汝師徒今所服不」

答曰、

「不也」

87b
「摩納、汝自卑微、不識眞僞、而便誹

を誇りあなどって、自ら罪の根を種え、地獄の本となるものを育てているのである。

どうであろうか、摩納よ、あの[293]大仙人や昔の婆羅門たちの場合、以前に暗誦したことをほめたたえるが、(それは)今の婆羅門がほめたたえることのできるものである。(すなわち、彼等は)阿咤摩などである。もし彼等が説いたことを伝えて、他の人々に梵天に生れることを願うように[294]させるのであるならば、[295]それはあり得ないことである。[296]あたかも、摩納よ、波斯《はし》匿王《のくおう》が人と議論し、あるいは王たちや大臣・婆羅門・居士と議論したのを、他の[297]身分の低い人が聞いて、[298]舎衛城に入って人に遇って、波斯匿王はこのように語ったと話したとするならば、どうであろうか。摩納よ、王はこの人と議論したことになるであろうか」

答えて、

「いいえ」

「摩納よ、この人が王の言葉を暗誦して他の人に語ったならば、王のために大臣となることができるであろうか」

答えて、

「ありえないことです」

「摩納よ、あなた方が今日、昔の大仙人や婆羅門が暗誦したことを伝えて、人に梵天に生れることを願うようにさせるならば、それはありえ

謗輕慢釋子、自種罪根、長地獄本。

云何摩納、如彼諸大仙舊婆羅門、讃歎稱說本所諷誦、如今婆羅門所可稱說諷誦、阿咤摩等。若傳彼所說、以教他人欲望生梵天者、無有是處。猶如摩納、王波斯匿與人共議、或與諸王、或與大臣婆羅門居士共論、餘細人聞、入舎衛城、遇人便說、波斯匿王有如是語。云何摩納、王與是人共言議不」

答曰、

「不也」

「摩納、此人諷誦王言、以語餘人、寧得爲王作大臣不」

答曰、

「無有是處」

「摩納、汝等今日傳先宿大仙舊婆等門諷誦、教人欲至生梵天者、無有是處。

ないことである。なぜかというに、どうであろうか、摩納よ、あなた方は他の人の供養を受けて、規定通りに修行することができるであろうか」

答えて、

「そうです、瞿曇よ。他の人の供養を受けて、規定通りに修行すべきです」

「摩納よ、あなたの先生の沸伽羅婆羅門[299]は王の村を領地として与えられ、波斯匿王と議論するときに、王の必要のない議論や役にたたない話をしていて、正しいことがらでいさめて[300]いない。

あなたは今や[301]あなたと先生の間違いがわかったでしょう。しばらくこのことはさておいて、ただあなたがやって来たわけ（である三十二相）を探しなさい」

摩納はただちに目をあげて如来の身体を観察し、様々の特相[302]を探した。他の特相はすべて見たけれども、ただ二つの特相は見ず、そこで心に疑いを懐いた。

その時、世尊は黙って考えた。

「今、この摩納は二つの特相を見ず、このために疑いを生じている」

そこで広く[303]大きな舌という特相を出し、耳を舐めて顔を覆った。するとその摩納はさらに一つの特相を疑った。世尊はまた考えた。

云何摩納、汝等受他供養、能隨法行不」

答曰、

「如是瞿曇、受他供養當如法行」

「摩納、汝師沸伽羅婆羅門受王村封、而與王波斯匿共論議時、說王不要論無益之言、不以正事共相諫曉。

汝今自觀汝*及師過。且置是事。但當求汝所來因緣」

摩納卽時擧目觀如來身、求諸相好。盡見餘相、唯不見二相。心卽懷疑。

爾時世尊默自念言、

「今此摩納不見二相、以此生疑」

卽出廣長舌相、舐耳覆面。時彼摩納復疑一相。世尊復念、

「今、この摩納はなお一つの特相を疑っている」

そこで神通力によってその摩納にだけ陰馬蔵《おんめぞう》[304]を見させた。そのとき、摩納はすべて特相を見て、ようやく如来についてもはや疑い[305]がなくなった。そこで座を起って仏の周りをめぐって去った。

その時、沸伽羅婆羅門は門の外に立って、遙かに弟子を見守っていたが、弟子が遠くからやって来るのを見て、問いかけた。

「お前は瞿曇が本当に特相を具えているのを観たか。功徳や神通力は本当にうわさ通りであったか」

そこで（阿摩昼は）先生に申し上げた。

「瞿曇沙門は三十二の特相をすべて具えて、功徳や神通力も本当にうわさどおりです」

先生はまた尋ねた。

「お前は瞿曇と少しは議論したのか」

答えて、

「本当に瞿曇と議論しあいました」

先生はまた尋ねた。

「お前は瞿曇と何を議論したのか」

そこで摩納は仏[306]と議論した通りに詳しく先生に申し上げた。先生は言った。

「今此摩納猶疑一相」

卽以神力使彼摩納獨見陰馬藏。爾時摩納盡見相已、乃於如來無復狐疑。卽從座起、遶佛而去。

時沸伽羅婆羅門立於門外、遙望弟子見其遠來、逆問之言、

「汝觀瞿曇、實具相不。功德神力實如所聞不」

卽白師言、

「瞿曇沙門、三十二相皆悉具足。功德神力、實如所聞」

師又問曰、

87c

「汝頗與瞿曇少語議不」

答曰、

「實與瞿曇言語往返」

師又問曰、

「汝與瞿曇共論何事」

時摩納如共佛論、具以白師。師言、

「[307]私はついに聡明な弟子を得て、こんなふうにしてしまって、私達は間もなく地獄に堕ちるだろう。なぜかと言うと、お前は瞿曇に勝り、そしり、彼を不快にさせようと語ったのに、かえって私に背いてしまった。お前、聡明な弟子は、こんなふうにしてしまって、私を間もなく地獄に落ちさせるだろう」

そこでその先生は怒りの心を懐いて、摩納[308]を蹴って落とした。先生は自分で車に乗った。その時、その摩納は車から堕ちた時に白癩[309]を生じた。

そこで、沸伽羅娑羅婆羅門[補4]は太陽を仰いでから、ひそかに[310]思った。

「今、沙門瞿曇にお目にかかるには、適当な時ではない。明日を待ってお目にかかりに行くのがよかろう」

翌日の早朝、すばらしい車を準備し、五百人の弟子に前後を囲んで従わせ、伊車林に至って、車を下りて歩いて進み、世尊のもとに至って、挨拶[311]をしてから片方に坐った。如来の身体を仰ぎ見て、様々な特相をすべて見て、ただ二つの特相を見なかった。そこで、婆羅門は二つの特相について疑った。仏は婆羅門の思いを知ると、直ちに広く長い舌という特相を出し、耳を舐めて顔を覆った。そこで婆羅門はまた一つの特相を疑った。仏はその心を知って、すぐに神通力で陰馬蔵を見せた。そこで

「我遂得聰明弟子、致使如是者、我等將入地獄不久。所以者何。汝語諸欲勝毀呰瞿曇、使之不悅、於我轉疎。汝與聰明弟子、致使如是、使我入地獄不久」

於是其師懷忿結心、卽蹴摩納令墮。師自乘車。時彼摩納當墮車時、卽生白癩。

時沸伽羅*娑羅婆羅門仰觀日已、默*自念言、

「今覲沙門瞿曇、非是時也。須待明日、當往覲問」

於明日旦嚴駕寶車、從五百弟子前後圍遶、詣伊車林中、下車步進、到世尊所、問訊已一面坐。仰觀如來身、具見諸相、唯不見二相。時婆羅門疑於二相。佛知其念、卽出廣長舌相、舐耳覆面。時婆羅門又疑一相。佛知其念、卽以神力使見陰馬藏。時婆羅門具見如來

婆羅門は如来の三十二相をすべて見て、直ちに心が開け[312]、もはや疑うことがなかった。そこで仏に申し上げた。

「私が道を行く時、途中で仏に遇ってしばらく車を停めたならば、実に[313]私は仏に敬意を示しているのです。なぜかと言えば、他人の村を領土として受けているから、もし車を下りたならば、この領土を失って、悪い評判が流布するでしょう」

また仏に申し上げた。

「私が車を下りて、剣を解き、傘を取り、旗[314]や水瓶や履物をとったならば、実に私は如来に敬意を示しているのです。なぜかと言えば、私は他人から領土を受けているから、五[315]つの礼儀作法があります。もし礼拝すれば、ただちに領土を失って、悪い評判が流布することになります」

また仏に申し上げた。

「もし私が人々の中で仏を見て起ち上ったり、もし右臂を肌脱ぎ、自分で姓を名乗ったならば、実[316]に私は如来に敬意を示しているのです。なぜかというに、私は他人から領土を受けております。もし礼拝すれば、領土を失い、悪い評判が流布するでしょう」

また仏に申し上げた。

「[317]私は仏に帰依し、法に帰依し、僧に帰依します。私が正しい仏法において[318]優婆塞《うばそく》となることをお許し下さい。今後、殺さず、盗まず、淫らな

三十二相、心卽開悟、無復狐疑。尋白佛言、

「若我行時、中路遇佛、少停止乘。當知我已禮敬世尊。所以者何。我受他村封。設下乘者、當失此封、惡聲流布」

又白佛言、

「若我下乘、解劍退蓋、幷除幢麾澡瓶履屣、當知我已禮敬如來。所以者何。我受他封、故有五威儀。若禮拜者、卽失所封、惡名流布」

又白佛言、

「若我在衆見佛起者、若偏露右臂自稱姓字。則知我已敬禮如來。所以者何。我受他封。若禮拜者、則失封邑、惡名流布」

又白佛言、

「我歸依佛、歸依法、歸依僧。聽我於正法中爲優婆塞。自今已後、不殺、不

ことをせず、欺かず、酒を飲みません。[319]どうか世尊と教団の皆さん、私の願いを受け入れて下さい」

その時、世尊は黙って願いを受け入れられた。すると婆羅門は仏が黙っているのを見て許[320]されたことを知り、すぐに座を起って思わず仏を礼して三たびめぐって去った。帰って食事を設[321]け、用意が終って、戻って(仏に)「ちょうどよい時になりました」と申し上げた。そこで世尊は衣を着、鉢を手にして、千二百五十人の僧団とその家に行き、座につかれた。そこで婆羅門は自ら給事して様々なおいしい食事を仏と僧団の人々に与えた。食べ終えて鉢をしまい、洗い水を使いおえた。そこで、婆羅門は右手で弟子の阿摩昼の臂をもって世尊の前に来て言った。

「どうか、如来よ、この者の懺悔《さんげ》[322]をお認め下さい。どうか、如来よ、この者の懺悔をお認め下さい」

このようにして三回繰り返した。さらに、仏に申し上げた。

「ちょうどよく調教した象や馬がころんでも再び正しい路にもどるように、この者も同様に、不十分[323]なところがありましたが、どうか懺悔をお認め下さい」

仏は婆羅門にお告げになった。

「あなたの寿命は長く、この世で平穏に過ごせるように。あなたの弟子は白癩が治ることができるように」

盗、不婬、不欺、不飲酒。唯願世尊及諸大衆、當受我請」

88a
爾時世尊默然受請。時婆羅門見佛默然、知以許可、即從坐起、不覺禮佛、遶三匝而去。歸設飯食、供饍既辦、還白時到。爾時世尊著衣持鉢、與諸大衆千二百五十人、往詣其舍、就坐而坐。時婆羅門手自斟酌、以種種甘饍供佛及僧。食訖去鉢、行澡水畢。時婆羅門右手執弟子阿摩晝臂、至世尊前言、

「唯願如來、聽其悔過。唯願如來、聽其悔過」

如是至三。又白佛言、

「猶如善調象馬、猶有蹶倒、還復正路。此人如是、雖有漏失、願聽悔過」

佛告婆羅門、

「當使汝受命延長、現世安穩。使汝弟子白癩得除」

仏のことばが終ると、その弟子の白癩はすぐさま治った。そこで婆羅門は一つの小さな座席を占めて仏の前に坐った。世尊はそこで婆羅門のために[324]法を説き、利益を与えて喜ばせ、布施についての説、戒についての説、天に生ずる説（をなし）、欲望を穢れとし、上漏《じょうろ》を患いとし、出離を上なるものとし、清らかさを説いた。そこで世尊は婆羅門の心が調えられ、清らかで垢れなく、[325]道の教えを受けるのに堪えられると知って、諸仏の永遠の理法の通りに、[326]苦に関する聖なる真理、（苦の）集起に関する聖なる真理、苦の滅に関する聖なる真理、苦より出離することに関する真理を説いた。すると婆羅門はただちにその席において、垢れを離れ、[327]浄らかな法の眼を得た。あたかも清らかな白い布が容易に染められるように、沸伽羅娑羅婆羅門もやはり同様に、理法を見て理法を得、[328]さとりに至ることに定まり、他の道を信ぜず、畏れることのない境地を得た。そこで仏に申し上げた。

「[329]私は今、繰り返し仏と理法と比丘の僧団に帰依します。私が正しい理法のもとで優婆塞となることをお認め下さい。一生涯、殺さず、盗まず、淫らなことをせず、欺かず、酒を飲みません。どうか、世尊と僧団の皆さん、私を哀れんで七日間の供養をお受け下さい」

そこで世尊は黙ってお許しになった。そこで婆羅門はすぐに七日間、様々に仏と僧団の人々を供養した。それから、世尊は七日を過ぎて村落

一九四

佛言適訖、時彼弟子白癩卽除。時婆羅門取一小座、於佛前坐。世尊卽爲婆羅門說法、示教利喜、施論・戒論・生天之論。欲爲穢汙、上漏爲患、出要爲上、演布清淨。爾時世尊知婆羅門心已調柔、淸淨無垢、堪受道教、如諸佛常法、說苦聖諦・集聖諦・苦滅聖諦・苦出要諦。時婆羅門卽於座上、遠塵離垢、得法眼淨。猶如淨潔白疊、易爲受染。沸伽羅娑羅婆羅門亦復如是、見法得法、決定道果、不信餘道、得無所畏。卽白佛言、

「我今再三歸依佛法及比丘僧。聽我於正法中爲優婆塞。盡形壽、不殺、不盜、不婬、不欺、不飮酒。唯願世尊及諸大衆、哀愍我故、受七日請」

爾時世尊默然許之。時婆羅門卽於七日中、種種供養佛及大衆。爾時世尊過

を歩いて行かれた。

　仏が去られて間もなく、沸伽羅娑羅婆羅門は病気になって亡くなった。その時、比丘達はこの婆羅門が七日間仏を供養してからすぐに[330]亡くなったと聞いて、それぞれ、この人が亡くなって[331]どの世界に生れたか考えた。その時、比丘達は世尊のもとにやって来て、仏を礼拝して一方に坐り、仏に申し上げた。

「あの婆羅門は七日間仏を供養してから、身体は壊れ、命終って、[332]どこに生れたのでしょうか」

　仏は比丘たちに告げられた。

「この族姓子は、様々の善をひろく集め、[333]様々の理法を満足して、理法に従った行ないに背かず、[334]五下結を断じた。あちらの世界で[335]般涅《はつね》槃《はん》してこの世界に戻ることはない」

　そこで比丘たちは仏の説かれたことを聞いて[336]歓んで受け保った。


七日已、遊行人間。

　佛去未久、沸伽羅娑羅婆羅門遇病命
88b
終。時諸比丘聞此婆羅門、於七日中供養佛已、便取命終。各自念此命終、爲生何趣。爾時衆比丘往至世尊所、禮佛已、一面坐、白佛言、

「彼婆羅門於七日中供養佛已、身壞命終、當生何處」

　佛告比丘、

「此族姓子、諸善普集、法法具足。不違法行、斷五下結。於彼般涅槃、不來此世」

　爾時諸比丘聞佛所說、歡喜奉行。

【注】

阿㝹夷経

注

1——冥寧国阿㝹夷土　パーリ本には anupiyaṃ nāma mallānaṃ nigamo（*DN.* Ⅲ, p. 1, 以下パーリ文からの引用は頁数のみを記す）（Malla 族の Anupiya という集落）とある。以下にこの漢訳の地名の比定を試みよう。

パーリ聖典等の伝えるところによると、出家した釈尊は Anomā 河畔の Malla 族の集落、Anupiya（Anopiya）に至り、剃髪し、衣を着たという（*DPPN.* および赤沼『固有名詞辞典』の当該箇所参照）。また、Mahāvastu（Mv）は Anomiya（ii. 164. 18 等）、『修行本起経』は「阿奴摩（â-nuo-muâ）国」（巻下、大正三・四六八上。「漢言常満」との割注あり）の名で伝えている。

一方、Lalita Vistara（LV）によると、釈尊は Kapilavastu 城を出て、Śākya, Kroḍya, Malla の諸族の領地を越えて、Maineya 族の Anuvaineya（Edgerton の指摘するように、m と v の交替があると思われる。*BHSD.*, s. v.）という集落に至ったという。さらに『方広大荘厳経』第六には「去迦毘羅城、至弥尼（mjię:-niei）国」（唐、地婆訶羅訳、大正三・五七六上）、『仏本行集経』巻一七には「至一聚落、名弥尼迦（mjię:-niei-ka）」（隋、闍那崛多訳、大正三・七三三下）とある。

ここでパーリ聖典の伝える Anumā 河畔の Malla 族の集落 Anupiya（上に列挙した梵漢の伝承をみる限り、m が例えば v を介在させて p と交替したことが推測される。河名と関係あると思われる）、Mv の Anomiya（Critical Pali Dictionary は Anopiya の誤りかと疑っているが、そうではあるまい）、「阿奴摩国」と、LV の Maineya 族の集落 Anuvaineya、「弥尼国」、集落「弥尼迦」は同一の場所をさしているはずである。このことから、「弥尼」、Maineya 族と呼ばれる、Malla 族の一支族の住む集落が Anupiya, Anomiya 等と呼ばれたのではないかと推定できる。

さらに、このことをうらづけるものとして、律の阿那律の出家に関する文の中に次の記述がある。『四分律』巻四、「弥尼捜（mjię:-niei-ṣi̯əu.「捜」は不明、注では「弥尼楼国」となっている。大正四〇・四三四下）国、阿奴夷（â-nuo-i）界」（姚秦、仏陀耶舎、竺仏念共訳、大正二二・五九〇中）、同、「阿㝹夷（â-nəu-i）、弥尼国」（五九一中）、『五分律』巻三、「弥那（mjię:-nâ）邑、阿㝹（â-nəu）林」（劉宋、仏陀什等訳、大正二二・一六下）。

本経の場合も、パーリ本に集落 Anupiya とあることを考えあわせると、「冥寧」（mieng-nieng）は Maineya（LV）や「弥尼」等の種族名に対応する音写であり、「阿㝹夷」（â-nəu-i）は Anupiya（パーリ本）、Anomiya（Mv）の地名に対応する音写と思われる。つまり、釈尊が出家して、馭者 Channa、愛馬 Kanthaka と別れ、剃髪した地が本経の舞台となっている訳である。『種徳経』注64参照。

2――於時如早　同じ『長阿含経』の『布吒婆楼経』には「今日乞食、於時為早」（大正一・一〇九下）とある。

3――房伽婆梵志　「房伽婆」の推定中古音は b'i̯wang-g'i̯a-b'uâ. パーリ本には Bhaggava-gotta（バッガバ姓のもの）とある。Bhaggava は梵語 Bhārgava. *DPPN.*, および赤沼『固有名詞辞典』の当該個所参照。

「梵志」に関しては次のような解釈がある。『翻梵語』巻三、「梵志、旧訳曰梵者浄。案、梵志是此間語、非外国音。梵是訓浄、如猶寂訓静、非異国意。声論者云、外国呼梵為婆羅摩、呼志為婆他剌」（大正五四・一〇〇五上）。『瑜伽論記』巻一九上、「梵者西国言、此翻為寂静、謂涅槃也。志是此方語。志求於梵、故云梵志」（唐、遁倫集撰、大正四二・七三二上）。『大日経義釈演密鈔』巻二、「梵志者梵者浄也。謂以浄行為志、名為梵志」（遼、覚苑撰。卍続蔵経一・三七・一―二四左上）。清浄なる志をもつものとして解釈されている。多く、brāhmaṇa（婆羅門）や māṇava（若い婆羅門）の訳語として古くから用いられ、ときに parivrājaka（出家し、遊行する行者）の訳語となる。パーリ本 paribbājaka. 本経では「房伽婆梵志」（本文三一頁以下）、「梵志、波梨子」（本文四三頁以下）、「道頭波梨梵志」（本文四八頁）の三人の「梵志」が出るが、いずれも外道の修行者のようである（注91・119参照）。また、「沙門・婆羅門・梵志・居士」という表現がみえるから（本文四九、五一頁）、本経の訳者は「梵志」を「婆羅門」とは別のものと捉えていたようである。

4――園観　パーリ本は ārāma（ココナッツやマンゴーやバナ

ナの植えてある樹林のこと。公共のものも、個人のものもある。比丘たちは、ārāma で修行することが多かったので、vihāra と同義に使われる)。

5——比須時至　「比」は、そのころに及んでの意を示す介詞。『布吒婆楼経』には「須時至、当乞食」(大正一・一〇九下)とある。

6——奉迎　『後漢書』巻三、章帝記に「有遣使奉迎、探知起居」。

7——共相問訊言　この「共相」は、「互いに」の意である。この場合の「言」は無義で以下の会話文を引き出す符号的なはたらきをしていると思われる(『釈提桓因問経』注22参照)。

8——乃能屈顧　この「乃」は意外性を示すはたらきをしている。「能」は「乃」に通じ、この場合、意外性を示すはたらきをもつ。『釈提桓因問経』注25も参照。「屈顧」の場合の「屈」は地位の高い人がへりくだって、わざわざ……してくださった、との意をあらわす。

9——唯願　『沙門果経』注45を参照。

10——白　次に出る「仏告梵志」の「告」とは逆に、身分の低い者が高い者へ語るときに使う。『阿摩昼経』注32・『沙門果経』注11・13参照。

11——隷車子善宿比丘　「隷車」の推定中古音は liei-tʻśʼi̯a. P. S., Licchavi に相当する音写。Vṛji 国を形成する八つの部族の一つ。Vṛji 族の上流階級のものを Licchavi族といい、Vaiśālī を首都としていた。*DPPN.*, s. v. および中村元『インド古代史』上二二五頁〜二四二頁、二五五頁〜六頁、B. C. Law: *Some Kṣatriya Tribes*, p. 118; H. Raychaudhuri: *Political History of Ancient India*, p. 531 など参照。

「善宿」は S. Sunakṣatra,(よい星宿),P. Sunakkhatta の訳。*DPPN.*, s. v. 赤沼『固有名詞辞典』の当該箇所を参照。

12——疎外　同じ意味の語を重ねたことば。諸葛亮『罷来敏教』に「背先帝、所疎外」とある(『三国志』来敏伝注に引く『諸葛亮集』より)。

13——見向説　この「見」は以下の行為が話し手(房伽婆梵志)に及んだことを示すはたらきがある。牛島徳次『漢語文法論』中古篇九八頁以下を参照。

14——在毗舎離獮猴池側集法堂上　「上」は場所を表わす方位詞。『阿摩昼経』注173など参照。「毗舎離」の推定中古音は bʻji̇-śi̯a-lji̯ę. S. Vaiśālī, P. Vesālī に対応する音写。ビハールの Muzaffarpur 地方にある Besarh に比定されている(中村元『遊行経』上、二二八頁注に掲げられている参考文献参照)。「獼猴」は『楚辞』招隠士などにみえる。おおざるのこと。「獼猴池」は『大唐西域記』巻七に「(Vaiśālī の Aśoka 王の)石柱南有池。是群獼猴為仏穿也。在昔如来曾住於此。池西不遠有窣堵波。諸獼猴持如来鉢、上樹取蜜之処。池南不遠有窣堵波、是諸獼猴奉仏蜜処。池西北隅猶有獼猴形像」(大正五一・九〇八中)とある。S. Markaṭahrada(猿の池)に対応する。梵漢の経や律はこの池の畔(Markaṭa-hradatīra)に重閣講堂 Kūṭāgāra-śālā があったと伝えるが、パーリ文資料には Mahāvana(大きな林)にあったといい、Markaṭahrada への言及がない(Étienne Lamotte, *Le Traité de la Grande Vertu de Sagesse*, Tome I, pp. 183~4. fn. l; E. Waldschmidt, *Das Mahāparinirvāṇasūtra*, S. 202; *BHSD*, p. 420 l, 赤沼『固有名詞辞典』四一五頁、三三六~七頁参照。また *DPPN*. には〝猿の池〟に相当する語をとっていない)。本経の「獼猴池側」はまさしく Markaṭahradatīra に相当し、「集法堂」は Kūṭāgāra-śālā にあたる。

重閣講堂 Kūṭāgāra-śālā は語義通り幾層からかなる建物である(逸見梅栄『印度仏教美術考・建築篇』二一四頁以下)。kūṭāgāra(頭頂の部屋)の kūṭa には「頂」以外に「集まり」の意もあるから、「集法堂」と訳したのであろう(『出曜経』巻一には「普集講堂」とある。大正四・六一一上)。ここに「集法堂」とあり、後には「獼猴池(側)法講堂」とでるが(本文三六、四三頁)、いずれも、法を講説する建物とみて、kūṭāgāra-śālā を意訳したものと思われる(『世記経』閻浮提州品注12参照)。この意味の「法堂」の翻訳仏典以外の例としては、梁の任孝恭の『多宝寺碑銘』に「法堂毎諠、禅室恒静」とある(『芸文類聚』巻七七所収)。パーリ本では、いずれも mahāvane kūṭāgāra-sālāyaṃ(大林の重閣講堂に)とある。*DPPN*. や赤沼『固有名詞辞典』の当該箇所参照。

15——外 『漢書』巻六八、霍光伝に「今将軍墳墓未乾、尽外我家」とあり、顔師古は「外謂疏斥之」と注する。注12参照。

16——神足変化 ここでは P. iddhi-pāṭihāriya, S. ṛddhi-prātihārya の訳語。如来は衆生を教化するために、ādeśanā-prātihārya(衆生の心を読みとる奇蹟)、anuśāsanī-pr。(教誡するという奇蹟)、ṛddhi-pr。(超人的な力を発揮するという奇蹟)の三種の奇蹟をもつという(*BHSD*., prātihārya の項及び *CPD*., s. v. を参照)。

「神足」は、本来、ṛddhi-pāda(超人的な、不思議な力)の訳語であり、「構成要素、構成単位」の意の pāda

に「足」の意味もあるので、「神足」と訳しているが、本来、足とは関係なく、神通力の総称である（『小縁経』注88・『転論聖王修行経』注134参照）。しかし、中国では、ここの場合のように、ṛddhi とあって、神通力を総称している場合でも、しばしば「神足」と訳された。自在に飛行してゆけることが、神通力を代表するとみなされたからであろう。後漢の応場の『馳射賦』に「驊騮激騁、神足奔越」（『芸文類聚』巻六六所収）、梁の王簡棲の『頭陀寺碑文』に「神足遊息、霊心往還」（『文選』第五九所収）とあるのを参照。

prātihārya（奇蹟 extraordinary occurrence, miracle. acc. to *BHSD.*）を「変化」と訳している。しかし漢語としての「変化」は「姿、かたちをかえる」の意にとられるであろう。張衡、『西京賦』、「若神龍之変化、章后皇之為貴」（『文選』巻二所収）、王嘉『拾遺記』「有扶婁国、其人能機巧変化異形改服」の例がそれである。なお、梵語 nir√mā も多く「変化」と訳される。

17――吾可請汝於我法中浄修梵行当為汝現神足耶　「吾」がやや尊大な言いかたをするときに用いられることは、牛島徳次『漢語文法論』（中古篇）一三二頁以下をみよ。『典尊経』注142・『転輪聖王修行経』注29・『阿摩昼経』注102も参照。ここの「可」は反問を示す。「いったい」ほどの意味。「請」はここでは「告」の意。

「於……中」の「中」は場所を示す方位詞である（『種徳経』注21などを参照）。「浄修梵行」については『典尊経』注30を参照。「当」が軽く話者の意志を示し、「……しよう」ほどの意になることは『弊宿経』注69・『釈提桓因問経』注100参照。

18――復当語我　磧砂蔵本、三本には「汝復曾語我」とある。パーリ本には tvaṃ vā pana maṃ evaṃ avaca（p. 3）（では、おまえが私にこのように言ったか）とある。

19――云何善宿如汝意者　「如」は「依照，按照（……によれば）」の意。『弊宿経』注52参照。パーリ本には taṃ kiṃ maññasi sunakkhatta（p. 3）（このことをどう思うか。Sよ）とある。定型句 S. tat kiṃ manyase（P. taṃ kiṃ maññasi）は、多く、「於意云何」、「於汝意云何」と訳される。『弊宿経』には「汝論云何」とある（同注48参照）。

20――謂如来能現神足為不能現耶　「為」を用いた選択疑問文。普通には選択肢双方の句頭に「為」をつける。『弊宿経』注50・『釈提桓因問経』注114・128参照。

21――我所説法彼法能得出要尽苦際不耶　「我所説法」とまず主題を提起して、それを「彼法」と受けている。

「得出要」はパーリ本では niyāti（S. niryāti 輪廻から抜け出る *BHSD*., s. v.)。『阿摩昼経』注324・326・『梵動経』注52参照。なお、『遊行経』には「趣賢聖要尽諸苦本」という句がみえる（本シリーズ第1巻二〇七頁）。「尽苦際」はパーリ本 sammā-dukkha-kkhayāya（全き苦の滅にいたる）。あとには、「尽諸苦際」とある（本文三三頁一七行）。『法華経』には「尽諸禅定際」（分別功徳品、大正九・四五上）の例がある。「……不耶」は否定詞と語気詞を重ねた疑問文。『小縁経』注13・『弊宿経』注207参照。

22——所可説法　「所可」で「所」と同じはたらき。あとには「我所説法」とある。『法華経』の「（はるか昔の日月燈明仏の）所可説法初中後善」（序品、大正九・四上）や、『無量義経』の「若菩薩得聞是経、（中略）所可演説無違無失」（同・三八八上）も同じ用法。

23——出要離苦　注21参照。「出要」が「出離する」という意の動詞として使われている。『清浄経』注23参照。

24——欲何所求　あとには「復欲何求」とでる。「所」に場所の意味はない。牛島前掲書三七七頁参照。

25——我頗曾言……耶　次には「我頗復言……耶」とでる。「頗」は「不」「耶」などと呼応して、可能性の乏しい事柄を問う疑問文を作る。『釈提桓因問経』注127・『沙門果経』注65参照。

26——云何　「於意云何」（どう思うか）と同じ意味。『清浄経』注74および本経注19参照。

27——汝謂如来能説汝父秘術為不能説耶　先には「我頗曾言汝於我法中修梵行者教汝父術耶」「汝頗復言教我父術者当於仏所修梵行耶」と、「言」を使って、談話の内容を直接に引用していたが、ここでは「謂」を使って、思考の内容を間接的に表現している。同様の「謂」の用例として、『礼記』檀弓上、「君謂我欲弑君也（殿様はわたしが殿様を殺そうとしていると思っている）」。他方、「謂」が引用符号的に用いられている例としては『阿摩昼経』注84を参照。なお、パーリ本では「世界の起源（aggañña）を教えない」とある。たしかに、この会話を受けて本経の後半で、仏は外道たちの世界起源論を紹介し、批判している。

28——所可説法　注22参照。

29——跋闍　推定中古音 b'uât-d'ʑ̆ia. P. Vajji, S. Vṛji. Vṛji 族の上流階級のものを Licchavi 族といい、その首都が Vaiśālī. 注14を参照せよ。パーリ本にはVajji-gāma（ヴァッジ人の村）とあり、註釈書は、Vesālī のこととしている。

30——方便　『阿摩昼経』注162参照。ただし、ここのパーリ対応語は pariyāya（やり方、方法。*BHSD.*, paryāya の項を見よ）。

31——称歎　孔融、『論盛孝章書』、「九牧之人、所共称嘆」（『文選』巻四一所収）。

32——衆僧　パーリ本 saṃgha（僧伽）。『弊宿経』注254参照。

33——譬如有人八種称歎彼清涼池使人好楽一冷二軽三柔四清五甘六無垢七飲無饜八便身　パーリ本に対応文なし。「清涼池」は清浄な水をたたえた池のことで、固有名詞ではあるまい。仏典では、渇をいやし、やすらぎを与えるもの、あるいは清浄さの喩えとして、しばしば用いられる。『釈提桓因問経』注38参照。

いわゆる「八功徳水、八味水」に言及している。Abhidharmakośabhāṣyaには、śītala（ひんやりしている）、svādu（おいしい）、laghu（軽い）、mṛdu（柔らかい）、accha（清浄な）、niṣpūtika（臭みがない）、pibataś ca kaṇṭhaṃ na kṣiṇoti（飲むとき、のどを痛めない）、pītaṃ ca kukṣiṃ na vyābādhate（飲んだあと、腹を痛めない）とある（ed. by P. Pradhan, revised by A. Haldar, p. 160. 玄奘訳『倶舎論』巻一一、大正二九・五七下。真諦訳『倶舎論』巻八、同、二一四下）。その他、『成実論』（巻三、大正三二・二六一中）や『称讃浄土仏摂受経』（大正一二・三四八下）などにも、『倶舎論』と同様のリストがある。本経は、「冷、甘、軽、柔、清、無垢、飲無饜、便身」の順で一往、上述の梵語に対応する。『世記経』鬱単曰品注52の「八味」もこのことである。

34——信楽　水の場合には「好楽」とあった。『阿摩昼経』注131参照。本経の注184もみよ。

35——当知　『転輪聖王修行経』注20・『阿摩昼経』注92参照。パーリ本 ārocayāmi …… paṭivedayāmi（のべましょう。語りましょう）。

36——尽形　あとには「尽形寿」とある。「死ぬまでずっと、いのちある限り」の意味。

37——処卑陋行　「卑陋」は類義語を重ねた語。『列子』周穆王篇「化人以為王之宮室卑陋而不可処」。パーリ本 hīna（卑しい）。

38——獮猴池側法講堂　「重閣講堂」Kūṭāgāra-śālā のこと。注14をみよ。パーリ本 mahāvane kūṭāgārasālāyaṃ（大林の重閣講堂に）。「講堂」が仏教造語であることは、『釈提桓因問経』注55・『阿摩昼経』注69参照。

39——尼乾子字伽羅楼　「尼乾」は推定中古音 ṅi-g'i̯än (kân). P. nigaṇṭha, S. nirgrantha の音写。「尼乾子」はジャイナ教の祖師 Nigaṇṭha Nātaputta のこと。「子」は putta（S. putra 子供）の訳。ここでは彼の弟子を「尼乾子」といっている。『清浄経』注10参照。

「伽羅楼」は推定中古音 g'ia-lâ-lǝu. パーリ本 Kandaramasuka (*v. l.* Kaḷāramaṭṭaka, Kaḷāramaṭṭhuka etc. see *DN.* ii, p. 9, fn. 2)。

40——在彼処止　「在」は介詞的に使われている「彼処」は「彼」を引きのばした形。

41——宗敬　類義字を重ねた語。「崇敬」に同じ。

42——利養備具　「備具」は類義字を重ねた語。「利養」は『阿摩昼経』注163参照。パーリ本 lābhagga-ppatto（最高の利を得た）。

43——漸漸転到尼乾子所　「漸漸」と複音節化するのは口語的表現か（『世紀経』鬱単曰品注50参照）。『法華経』信解品「漸漸遊行、遇向本国」（大正九・一六中）、『晋書』王如伝「于是舞刀為戯、漸漸来前」。「転」も「漸漸」と同じ方向の語。

44——瞋恚　同義字を重ねた語。

45——触嬈　『釈提桓因問経』注84・『種徳経』注69・『阿摩昼経』注246を参照。

「触」は「触犯」「触冒」や「触害」（嵆康『大師箴』「犯機触害」）、「触悩」（真諦訳『倶舎論』巻六「此衆生見寒風及冷雨触悩自身」大正二九・二〇三下。梵語 √bādh "苦しめる" に対応）の熟語にみられるように、「犯す、悩ませる」の義をもつ。一方、「嬈」も『説文』に「嬈、苛也」とあり、『一切経音義』などに「煩也」「悩也」の訓詁があるから、やはり、「わずらう、悩ます」の方向が出てくる。

したがって、「触嬈」には「苦しめ、悩ます」の義があるといえる。本経で対応するパーリ語 āsādeti (to attack, offend, behave disrespectfully *CPD.*, s.v.)や、『種徳経』で対応する、viheṭheti (to vex, to annoy *PTSD.*, s. v.)、『遊行経』（「何故三来触嬈我為」、本シリーズ第1巻二五四頁）の abhinippīḷeti (to annoy, trouble *CPD.*, s. v.) とも一致する。また、『釈提桓因問経』のpaṭicodeti, codeti (to blame, reprove *PTSD.*, s. vv.) も同じ方向である（『阿摩昼経』注246の対応語不明）。

46——将無長夜有苦悩報耶　「長夜」は「長い年月」の意（『釈提桓因問経』注126）。「将無……耶」の構文については『典尊経』注166・『転輪聖王修行経』注57参照。

47——頭面礼足　磧砂蔵本および三本は「頭面作礼」。ひざまずいて、両手を伸ばし、相手の足を掌で受けて、自分の頭につけるインドの礼法。

48——不以此縁告我　あとには「不以此事而語我言」（本文四一頁）、「不以此縁語我」（本文四三頁）、「具以此事而来告我」（本文四五頁）、とある。「縁」は「こと」程度の軽い意味と思われる。

49――寧可自称為沙門釈子耶　「寧可……耶」は反語の用法（『典尊経』注16・『阿摩昼経』注29参照）。「沙門」は『釈提桓因問経』注47、「釈子」は『小縁経』注49・『釈提桓因問経』注32参照。

50――汝曾往至……汝有是念不　この文全体が疑問文となっている。

51――触　注45参照

52――彼是羅漢何縁乃有此嫉恚心……非我羅漢有嫉恚心　「羅漢」は「阿羅漢」の略語（『小縁経』注72参照）。「何縁」は六朝代によくみられる疑問文（牛島前掲書三七三頁の文例参照）。「乃」は反語の語気を強めている（『常用文言虚詞手冊』二五八頁）。「嫉恚」は漢訳仏典の造語と思われる。『法華経』安楽行品「心無嫉恚」（大正九・三八上。S. irṣuka ねたむ）、同「当捨嫉恚慢」（同、三八中。S. irṣyā ねたみ）など。パーリ本では maccharāyati（そねみ、ねたむ。cf. S. mātsarya『輪輪聖王修行経』注113・114参照）。

あとには「何故世尊於阿羅漢所生嫉妬心。仏告愚人、我不於羅漢所生嫉妬心。何為於羅漢所生嫉妬心」とあり（本文四〇頁）、パーリ本も、この方向なので、こう訳したが、漢文としては「『彼は阿羅漢です。どうして、このような悪意がありましょうや』『阿羅漢にどうして悪意があろうか。私の阿羅漢にはいかりがない』」ととる方が自然かもしれない。『注維摩』巻六に「（僧）肇曰。阿羅漢秦言破結賊、嫉恚邪疑諸悩結因慈而滅、可名羅漢矣」とある（大正三八・三八四下）。

53――尽形寿　注36参照。「形寿」は翻訳仏典の造語。パーリ本 yāva-jīvaṃ（いのちあるかぎり）。

54――不飲酒食肉　パーリ本には surā-maṃsen'eva yāpeyyaṃ（p. 10）（スラー酒と肉だけ食べてくらそう）とあり、漢訳と逆。

55――麨麺　「麨」は、いった麦をひいた粉。むぎこがし。「麺」は麦粉。古代インドの苦行者の節食・絶食の苦行に関しては、原実『古典インドの苦行』一四三頁以下参照。

56――石塔　「塔」に関しては『世記経』鬱単曰品注73参照。ここでは、P. cetiya, S. caitya のこと。釈尊のころには、樹神の宿るとみなされていた霊樹であり、その下に小石や木材を積み重ねて小さな祠堂がつくられていたという。

57――憂園塔　「憂園」は P. Udena（S. Udayana）に対応する音写か（「園」は S. udyāna〝庭園〟に関係あるかもしれない）。推定中古音 ịəu-jịwɐn. Udena は夜叉の名で、それの棲む霊樹が、Udena-cetiya（*CPD*., s. v.; 中村

元『遊行経』上、三〇五頁、赤沼『固有名詞辞典』、*DPPN.* を参照）。F. Weller, Über den Aufbau des Pāṭikasuttanta, II, S, 111 参照。

58――象塔　パーリ本には Gotamaka-cetiya とある。なぜ「象」と訳されているか不明（F. Weller, *ibid.*, S. 116, Anm. 1 参照）。*Mv* には、Gautamaka-cetiya (i. 300), *Mahāparinirvāṇasūtra* には Gautamanyagrodha (Gautama というバニヤン樹。ed. by E. Waldschmidt, S. 204) とある。赤沼『固有名詞辞典』等を参照。

59――多子塔　パーリ本 Bahuputta-cetiya.「多子」は S. Bahuputraka（多くの子をもつ。*Mv.* i. 300; *Divyāvadāna* p. 201）の訳。『大唐西域記』巻七に因縁譚あり（大正五一・九〇八下）。霊樹の名であろう。

60――七聚塔　パーリ本 Sattamba-cetiya.「七聚」は Saptāmraka（七本のマンゴー樹。*Mv.* i. 300 等）の意訳か。その祠には七本のマンゴー樹があったのであろう。F. Weller, *ibid.*, S. 116, Anm. 4 参照。

61――譬如野干疥癩衰病死丘塚間　パーリ本なし。「野干」は慧琳『一切経音義』巻四一に「野干。或云射干。射音夜。司馬彪及郭璞並云、野干能縁木。広志云、巣於危巌高木。故知非野狐也。淮南名曰麻狐。禅経又云、見一野狐、又見野干。故知二別。野狐大於野干也」（大正五四・五七五下）とある。司馬相如の『子虚賦』に「騰遠射干」とあり、郭璞は「張揖曰、（中略）射干似狐能縁木」と注し、李善は「射、弋舎切」と注している（『文選』巻七）。

　ところで、「野干」は翻訳仏典特有の語であり、多く、S. śṛgāla（ジャッカル）に対応する（例えば、真諦訳『倶舎論』巻一・大正二九・一六七上。『法華経』譬喩品、大正九・一四中。同・一五下）。「野」と「射」の音が似ているから、後には「野干」と「射干」が混同されるようになったと思われる（先述の『音義』巻四一の記述。また『漢書』司馬相如伝、王先謙補注「沈欽韓曰、射干、蓋仏書所謂野干」や『本草綱目』の射干の記述）。『敦煌変文字義通釈』七八頁も参照。なお、śṛgāla を「野狐」と訳す例は多い（例えば『五分律』大正二二・一八中、三八中・四〇中など）。

　ジャッカルは墓地（śmaśāna）に棲み、屍を喰ったらしい（Suttanipāta 第二〇一偈；Aṅguttara-nikāya III, p. 324; Saṃyutta-nikāya IV, p. 199 など）、また、疥癬（P. ukkaṇṇaka, see *CPD.*, s. v.）にかかったらしい（Saṃyutta-nikāya II, p. 230 = p. 271）。また、ジャッカルは動物の中で最も卑しいと考えられていた（例えば、Jātaka II, p. 67. adhamo migajātānaṃ sigālo tāta vassati. 父よ。

動物の中で最も卑しいジャッカルが吠える)。

「疥癩」は、皮膚病の一種。『法華経』譬喩品に「若狗野干　其形頷痩　黧黮疥癩　人所触嬈（中略）有作野干　来入聚落　身体疥癩」とあり(大正九・一五下)、S. kaṇḍula(痒い。疥癬にかかった)に対応する。

「丘塚」は「丘冢」に同じく、小高く築いた墓。「丘冢」はすでに『史記』などにみえる語。「丘塚間」や後出の「塚間」「空塚間」は火葬場 śmaśāna のことと思われる。古代インドでは、火葬場 śmaśāna は卑しく、かつ恐ろしい所で、日常、人の近づくようなところではないと考えられていた。

62——本自誓言　六朝代には「自」をつけて複音節化する傾向がみられ、「本自」もその一つ(志村良治『中国中世語法史研究』五四頁、八九～九〇頁)。しかし、ここの「自」は「みずから」「おのずから」の意味。「言」は引用符合的に用いられている。

63——所記　「記」は S. vy-ā√kṛ(説明をする。予言をする)の訳語として用いられる(『釈提桓因問経』注139参照)。パーリ本 vyākāsiṃ(私は予言した)。漢語「記」がなぜこのような意味の翻訳語に用いられたのであろうか。

パーリ経典での veyyākaraṇa(S.vyākaraṇa←vy-ā√kṛ)の意味には、㈠文法、㈡九分教の一支、㈢ⓐ仏の外道のものの横死に関する予言、ⓑ仏弟子の死後の再生についての予言、あるいは説明、ⓒ法の実践によって自己の得た境地を説明、㈣前項以外の一般的な意味における説明、解説、㈤、質問に対する答、があるという(田賀龍彦『授記思想の源流と展開』及び同「授記と譬喩」〈平川彰他編『講座・大乗仏教　四―法華思想』所収〉などを参照)。しかし、㈢～㈤からわかるように、予言と説明解説、回答は、はっきりと区別できない。㈢ⓑのように、説明解説がそのまま予言になっているからであり、多くの場合、説明解説が問いに対する回答の形をとるからである。したがって、P. vyākaroti, S. vy-ā√kṛ は、「予言する」「説明し解説する」「回答する」の意味を併せもち、時として、区別しがたい。

この複雑な語を漢訳者がどこまで理解できたか疑問である。

いわゆる「記別」に関して慧琳『音義』には「記莂。彼列反。仏受記。分別其事也」(巻一九、大正五四・四二二下)、「記箣、箣、彼列反。本作別字者誤也」(巻二二、同・四四四中)、「記莂。悲別反、分簡也。経文作別非也」(巻二六・四七九中)、「記諯。変別反。考声云、審其善悪也。亦作箣。経従草作莂、恐誤也」

(巻三八・五五九上)、「記莂。彼列反、分也。分別与受記也」(巻九〇・八七九中)、玄応の『音義』に「記別。稗列反。分別也。旧経多言印駐。経文従草作莂非也」(慧琳『音義』巻五六所収、六七八中)などとあり、「記䇷」「記𧦝」が正しく、「䇷」または「𧦝」は「分別する」の意であるといっている。『説文』には「記、疋(疏)也」とあるから、「記」は、一つ一つ分別してかきしるす、の意である。

以上、要するに、「記」というも、「記䇷」「記𧦝」というも、「分別する」の意をもつわけである。ところが、「予言する」「説明し解説する」「回答する」の三つの意味を時として個別に、また時には併せもつS. vy-ā √kṛ に対して、多くの場合、漢訳者は意味の異相を省察することなく、「記」「記䇷」「記𧦝」などの漢語をあてたのである(「決」とも訳すが、それも「分別する」の意をとったもの)。

なお、吉蔵の『法華義疏』巻八に「授記」に関して、「授者云与也。記者云決也。亦云莂也。所言決者、於九道内分決此人必当成仏、故云決也。莂義亦然。懸説未来事、以授前人、故名授記、(中略)又釈記者言録。示果有可記録也」(大正三四・五六五下)とあり、「記」に「未来のことを懸説する」意があると、当時の仏教者も知っていたようであるから、本経でも「予言する」と訳しておいた。『闍尼沙経』注8参照。

64——冥寧国白土之邑　「冥寧国」は注1参照。「白土之邑」は不明。パーリ本 uttarakā nāma bumūnaṃ nigamo (p. 10)(ウッタラカーというブム族の町。注釈は Khulu 族の町という)。『涅槃経』では「迦尸国尸婆富羅(Śivapura)城」とある(大正一二・八〇七中)。「白土」はパーリ本の bumū(*v. l.* bumuttha, thūlū, thulū, khulū)に対応する音写の可能性もある(推定中古音 b'ɐk-t'uo)。

65——究羅帝　推定中古音 kiə̯u-lâ-tiei. P. Korakkhatta (Korakkhattiya), S. Khoradattika. Hardy, *Manual of Buddhism*, p. 300 を参照。以下の話は Lomahaṃsa-jātaka に言及あり(J. i. 389)。また、『大般涅槃経』巻三一、迦葉菩薩品に言及がある。ただし、腹ばいになって食べる尼乾の徒と、腹痛で死んで鬼になる「苦得」という名の尼乾の徒との逸話になっている(大正一二・八〇七中〜八〇八上)。

66——伏舐糠糟　「伏舐」の「伏」は軽くそえられているのかもしれない。「糠糟」は「糠」はぬか、「糟」は、さけかす。古典に出る「糠糟」に同じく、粗末な食物のこと。パーリ本では、「犬のように四つん這いになって、地上に散らばっている食物を口でかみ、口で食べる」とある。『涅槃経』では「於酒家舎、見一尼乾蹉脊蹲地飡食酒糟」（前同・八〇七中）とあり、酒屋でさけかすを食べていたことになる。

67――世間諸有阿羅漢向阿羅漢道者　「世間」は、『典尊経』注72参照。「諸有」は『弊宿経』注68参照。「向阿羅漢道者」は「阿羅漢向」というに同じ。『小縁経』注72参照。

68――此人苦行乃能如是除捨憍慢　あとには「今此究羅帝乃能苦行除捨憍慢」とある。「乃」は転折や意外性を示すはたらきがある。「除捨」は類義字を重ねた語。「憍慢」も同じ。すでに『戦国策』などに見える。

69――汝愚人　「汝意愚人」とあるが、磧砂蔵本と三本により、「意」を衍字とみる。あとには「汝愚人」とある。

70――寧可自称為釈子耶　「寧可……耶」の構文については注49参照。

71――何故称我為愚不応自称為釈子耶　「耶」は「何故」と呼応して、疑問・反語の意を強めている。

72――諸世間阿羅漢　先には「世間諸有阿羅漢」とあった（注67）。初期経典では、他方仏国の観念がなく、阿羅漢のいる世間（世界、loka）が複数ある訳がない。この「諸」は漢訳者の曲解か、あるいは「世間阿羅漢及阿羅漢者」の全体にかかるのかもしれない。

73――最為尊上　『小縁経』注22参照。

74――実爾　『転輪聖王修行経』注79・『釈提桓因問経』注106の指摘するように、ここでも身分の低いもの（善宿）が身分の高いもの（世尊）に対していう場合に使っている。パーリ本は evaṃ bhante（その通りです。あなた様）。

75――於阿羅漢所生嫉妬心　『沙門果経』注22などが指摘するように、「所」が「詣」「至」などの動詞の補語について、軽く場所を示す用例は多いが、ここでは、さらに軽く、ほとんど場所の意味あいはなく、むしろ対象領域、対象を示している。すぐあとに「於羅漢所生嫉妬心」とある。

「嫉妬」「妬嫉」は『転輪聖王修行経』注114参照。ここでは P. macchariya, macchera（S. mātsarya そねみ、羨望すること）に対応。

なお、『涅槃経』では、さけかすを食べていた尼乾の徒に対して、次のように批判している。「癡人。汝常不聞阿羅漢者不飲酒、不害人、不欺誑、不盗、不婬。如是之人、殺害父母、食噉酒糟。云何而言是阿羅漢。是人捨身、必定当堕阿鼻地獄。阿羅漢者、永断三悪。云何而言是阿羅漢」（大正一二・八〇七中）。そして、次に、煩悩や解説に因縁がないと説く尼乾の徒、

「苦得」に対して、仏は、「苦得は本当の阿羅漢ではない。その証拠に七日後に腹痛で死んで、食吐鬼になり、同学のものたちによって墓場に捨てられる」という（同・八〇七上）。

76――却後七日　「却後」は、同じはたらきをする関係詞を複合したものであり、常に具体的に示す時間詞をともない（ここでは「七日」）、後の出来事の発生時期を表わす。「却」「却去」も同じい。これに対して、「比後」は関係詞と時間詞からなり、具体的な時間詞を伴なわず、ただ漠然と将来、出来事を発生することを示す（以上、西谷登七郎「六朝訳経語法の一端――増壱阿含経を中心として」〈『広島大学文学部紀要』第一四号、昭和三三年九月所収〉を参照）。牛島前傾書三四頁などにも用例を引いてある。

77――腹脹　『論衡』道虚篇「気満腹脹、不能饜飽」。病名としては『霊枢経』水脹篇、『素問』玉机真蔵論にみえる。

78――生起屍餓鬼中　「起屍餓鬼」はS. vetāla の訳語と思われる。vetāla は、死体に憑いてこれを活動させる鬼神のこと。「起屍鬼」とも訳す。ただし、パーリ本は「kālakañja という最も卑しい阿修羅」とあり、『涅槃経』には「食吐鬼」とある（大正一二・八〇七下）。F. Weller, *ibid.*, S. 123, Anm. 3 参照。注111も見よ。

79――以葦索繋拕於塚間　パーリ本には、「bīraṇa 草（ある種の香りある草）のおいしげる墓地になげすてられる」とある。『涅槃経』には「しかばねをかついで、寒林（死体捨て場）におく」とある（大正一二・八〇七下）。「葦索」（「葦茭」ともよばれる）は中国では古くから、鬼を縛るつなであると信じられ、門に飾って邪気ばらいに用いられた。すでに、後漢の応劭の『風俗通義』巻八に「謹按黄帝書、『上古之時、有神荼与鬱塁昆帝二人、性能執鬼。度朔山上有桃樹、二人於樹下簡閲百鬼無道理妄為人禍害、神荼与鬱塁縛以葦索、執以食虎』於是県官常以臘除夕飾桃人、垂葦茭、画虎於門、皆追效於前事、冀以禦凶也」とあり、同様の風習は、後漢、蔡邕の『独断』、『荊楚歳時記』に対する隋の杜公瞻の注などでも言及されている。葦なわが鬼ばらいになるのは「葦」が「違」に通じ、「去」「逃」「奔亡」の意をもつからであるという（秋田成明「度朔山伝説考――桃の俗信――」『支那学』一一―三、五六頁、森三樹三郎『中国古代神話』二七二頁）。「究羅帝」が「起屍餓鬼」という鬼になる所から、漢訳者は「以葦索繫」という脚色を施したのではあるまいか。インドには、このような風習があるかどうかは未聞。
「塚間」は注61参照。P. susāna (S. śmaśāna)。

80――記　注63参照。

81――復白　磧砂蔵本、三本には「語曰」とある。「白」であると尊敬の意が加わることは、繰り返し述べたとおり。

82――死屍　同義字を重ねた語。しかばね。

83――屈指計日　『三国志』顧譚伝「毎省簿書、未嘗下籌、徒屈指心計、尽発疑謬」。

84――往至裸形村中　パーリ本なし。パーリ本では **Korak-khattiya**（究羅帝）のことを **acela**（裸の苦行者）といっているから、この「裸形」はそのことであろう。ジャイナ教徒は、無所有に徹し、一糸も身にまとわずに、裸で修行していた（紀元前三〇〇年頃になって白衣をまとうことを許す白衣派が分派した）。彼らが村を形成していたかは不明。

85――諸賢　『遊行経』（八）注70・『世記経』閻浮提州品注7参照。また、牛島前掲書一五六～七頁に『世説新語』の用例をあげている。
　以下の会話文において「報曰」「問曰」「答曰」を訳出しなかった。訳文を通りよくするためである。

86――取命終　『釈提桓因問経』注131・『阿摩昼経』注330・『沙門果経』注77参照。

87――欲至未至　「欲」は動詞の前について、行為や情況が、まさに生起しようとしていることを表わす副詞。六朝代にはひろく用いられるが（牛島前傾書二五一頁参照）、古い例としては、『漢書』東方朔伝「朱儒飽欲死、臣朔飢欲死」がある。『典尊経』注166参照。

88――善利　パーリ本なし。翻訳仏典からはじまる語と思われる。『法華経』信解品に「於今忽然得聞希有之法、深自慶幸獲大善利」（大正九・一六中。lābha〝利益〟に対応）、薬草喩品に「随其所堪而為説法種種無量、皆令歓喜快得善利」（同・一九中。hita〝利益〟に対応）、化城喩品に「今者見世尊　安穏成仏道　我等得善利」（同・二二下。rddhi 繁栄、幸福）とあり、『維摩詰所説経』見阿閦仏品に「聞此経者亦得善利」（大正一四・五五五下）、嘱累品に「若使不聞如是等経則失善利」（同・五五七上）とある。すぐれた利益、恩恵のことである。

89――不以此縁語我　「縁」に関しては注48参照。

90――如我所記究羅帝者実爾以不　「記」は注63参照。「――以（已）不（否）」の疑問文については、『阿摩昼経』注101・『敦煌変文字義通釈』三五二頁・内田道夫「中世中国語の疑問文――その二三の特色について――」

（『日本中国学会報』五、昭和二五年所収）・志村前掲書一〇五頁を参照。内田氏によると、陳述文と文末の否定辞の間に「以」「已」などを介在させることによって語勢が緩和されているとも考えられるという（前掲論文七四頁）。

91——有梵志名曰波梨子　パーリ本には「裸の苦行者（acela）Pāṭika-putta」とある。「波梨」はP. Pāṭika（*v.l.* Pāthika, Pātika; S. Pāṭi）に対応する音写。辛嶋静志『「長阿含経」の原語の研究』一八六頁参照。『四分律』巻五一に「露形斯尼外道波梨子」（大正二二・九四九下）とあるのも彼のことか。「波梨」の推定中古音　puâ-lji. F. Weller, *ibid.*, S. 111 参照。なお、パーリ本の経名はこの行者の名に因んでいる。

92——超越道　パーリ本なし（F. Weller, *ibid.*, S. 126, Anm. 1 参照）。「超越」は類義字を重ねた語。仏典では、しばしば、世俗を越える意で使われる。例えば『維摩経』の「仏為世尊、過於三界」の文に対する道生の注に「三界是病之境也。仏為悟理之体、超越其域」（『注維摩』巻四、大正三八・三六〇上）とある。また『遊行経』にも、「入涅槃無疑　超越天人路」（本シリーズ第1巻二六〇頁）とある。

93——乃至　長い文章が繰り返されるとき、途中を省略することを示すことは何度もみた通り。S., P. yathā や S. peyālaṃ（*BHSD.*, s.v.; P. peyyālaṃ）に対応する。

94——晨朝　すでに漢の蔡邕撰『琴操』に、「晨朝履霜自傷見放」とみえる。

95——来告　趣向動詞としての「来」のはたらきについては、『釈提桓因問経』注8・『阿摩昼経』注176・牛島前掲書八五頁以下参照。

96——来至我所　『典尊経』注9参照。

97——終無是処　『典尊経』注80・『梵動経』注115参照。

98——作是念　「念」だけでよいのであるが、「作是念」というのは翻訳仏典から始まる表現。

99——彼頭即当破為七分　この表現については『阿摩昼経』注105参照。

100——欲使　「欲使」で仮定を表わすと思われる。「欲使——者」の仮説句を「無有是処」でうける。『典尊経』注79参照。

101——護口　「護、慎守也」（『素問』注）とある（仏典でも、S. saṃvara〈感官を制すること〉の訳語として用いられる）。パーリ本でも、rakkhat' etaṃ ……（口をつつしめ）。『増阿』巻五に「護汝口語、勿於長夜、受苦無量」（大正二・五六七下）とあるも参照。

102——威神　すでに『漢書』など古典にみえる。王逸の『魯霊光殿賦』「似乎帝室之威神」張載注「威神言尊厳也」（『文選』一一巻所収）。神々しさ、けだかさ。仏典では anubhāva, prabhāva（ときに ṛddhi）といった、気高さと同時に、magical power を意味する語（原実前掲書九七頁以下参照）の訳語に用いられる。たとえば『無量寿経』巻下「承仏威神、一食之頃、往詣十方無量世界」（大正一二・二七三下）、『注維摩』巻一〇、「（羅）什曰、（中略）若不加威神、則為魔所壊、不能降伏。故請加威神」（大正三八・四一七下）など。「威神力」「威力」「神力」とも訳す。

103 ——脱当来者将無現世尊虚耶　「脱」も「当」も、偏句の頭か主語のあとにおいて、仮説を示す連詞である（『古漢語虚詞手冊』参照）。ここでは「脱当」と重ねて、強めている。「将無……耶」は注46参照。

104 ——頗有二耶　「頗」は「不、乎、耶、也」などと呼応して疑問文を作る。『弊宿経』注53・『沙門果経』注65など参照。

105 ——為自知見彼波梨子為諸天来語　「為……、為……」を使った典型的な選択疑問文。この文は一種の set phrase. 例えば『無量寿経』巻上「云何。阿難。諸天教汝来問仏耶。自以慧見問威顔乎」（大正一二・二六六下）。「知見」は類義字を重ねた語。「諸天」は『小縁経』注90参照。

106 ——阿由大将　あとには「阿由陀大将」とある。「阿由陀」の推定中古音 â-i̯eu-d'â. S., P. Ajita に対応する音写。辛嶋前掲書一八六頁参照。F. Weller, *ibid.*, S. 110～111 参照。パーリ本には「アジタという Licchavi 族の将軍」とある。

107 ——忉利天　『釈提桓因問経』注11参照。

108 ——彼来語我言　大正蔵には「彼如来語我言」とあるが、高麗蔵本、広勝寺本、磧砂蔵本、三本になく、誤植。

109 ——波梨梵志子　注91でみたようにパーリ本では「裸の苦行者の Pāṭika-putta」。Pāṭika-putta は人名だが、注釈書によると、"Pāṭika の子供" とある。「波梨梵志子」と訳したのは、やはり、「行者波梨の子」とみたのであろう。他の箇所では「梵志波梨子」とある。

110 ——羞慚　類義字を重ねた語。

111 ——生起屍鬼中　注78参照。パーリ本は mahā-niraya（大地獄）。

112 ——仏告愚人善宿　漢文としては、「仏は愚かものの善宿に語った」の方が自然であろうが、本経の前後やパーリ本では「愚人善宿」はよびかけ。

113 ——随汝唱之　「随」は「随即、随後（すぐさま）」の意の副詞か。

114——威力　注102参照。

115——神足　注16参照。

116——沙門随所現多少　先には「随（彼）沙門所現多少」（本文四四頁）、あとには「沙門瞿曇随所現神足多少」（本文四八頁）、「瞿曇随現神足多少」（本文四九頁）、「沙門瞿曇現其神足、随所現多少」（本文五一頁）とあり、「随」の使い方が様々である。

117——尋自　六朝代には副詞に接尾辞「自」をつける用例が多くみられる。注62参照。

118——衣毛為竪　『釈提桓因問経』注132・『阿摩昼経』注110・『種徳経』注56参照。

119——道頭波梨梵志林　宋本「道頭婆梵志林」、磧砂蔵本、元・明本「遁頭婆梵志林」。「道頭波梨」の推定中古音d'âu-d'ə̯u-puâ-lji.「道頭婆」は dâu-d'ə̯u-buâ,「遁頭婆」は d'uən-d'ə̯u-b'uâ, パーリ本は Tindukkhānu-paribbājakārāma（ティンドゥッカーヌ遊行者の園。なお、注釈書では Tindukhāṇu, Tindukkhaṇu)。F. Weller, *ibid.*, S. 109 参照。「道頭波梨」の「梨」は衍字と思われる。「波梨子」にひきずられたのではないか。

120——坐縄床上　「縄床」は「縄牀」に同じ。西域伝来のもので「胡牀」ともいう。なわを張って作り、今のソファーの様な形であったらしい。『晋書』仏図澄伝に「澄至故泉源上、坐縄牀、焼安息香」。パーリ本 palāla-pīṭhaka（わらでつくった椅子）。

121——愁悶迷乱　「愁悶」も「迷乱」も類義字を重ねた語。

122——遮羅　推定中古音 tśi̯a-lâ. S. cāla に対する音写か。

123——喚彼遮羅而告之曰　類似する表現「命——而告之曰」については『転輪聖王修行経』注27・『阿摩昼経』注32・『沙門果経』注11を参照。

124——道頭林　「道頭波（梨）梵志林」のこと。

125——衆共　「皆共、咸共、悉共」などと同じく六朝代の造語。『小縁経』注125。

126——波梨　磧砂蔵本と三本には「波梨子」とあるが、四字句にするために、波梨子のことを「波梨」としたのであろう。

127——来看　「来」は趨向動詞。

128——集在　『阿摩昼経』注69を参照。

129——沙門瞿曇現神足随現多少　この破格の表現については注116をみよ。

130——波梨　以下「波梨」「波梨梵志」とあるがいずれも「梵志波梨子」のこと。四字句にするために「子」を省略している。

131——寧可還也　直前には「沙門瞿曇故来至汝林中、汝可来

看」とあったが、ここでは「寧可……也」を使っている。「寧可」は利害得失を比較した上で、ある行動を選択することをあらわす。願望・反語に用いる場合については『典尊経』注16などを参照。

132——転側不安　『論衡』案書篇に「世俗用心不実、省事失情、二語不定、転側不安」。

133——復著其足　あとでは「床即著足、不能得離」（本文五二頁）といいかえている。「復」のはたらきが明瞭でない。

134——彼乃不能得離縄床　あとに「彼乃不能自離縄床」（本文五二頁、二行目）とあるように、「能得」は「能」を複音節化したもの。古代漢語では原則的には「能」は主観的可能性をあらわし、「得」は客観的可能性をあらわすが、実際には、交錯して用いられ、さらに「能得」と重ねて用いられることもある（以上、西谷前掲論文九四頁参照）。

135——尚自不能離此縄床何由能得至大衆所　「何由」は「何縁」と同じく、疑問・反語をあらわす（用例は牛島前掲書三七三頁）。ここでは「尚」と呼応して、反語を示す。「自」は軽い意味であろう。

136——呵責　類義字を重ねた語。

137——往語　「往」は趨向動詞。

138——頭摩隷車子　不明。あとには「頭摩子」とでる。「頭摩」は推定中古音 d'ə̯u-muâ.「隷車」は S. Licchavi に対応する音写（注11参照）。パーリ本では、「あるリッチャヴィ人の宰相（mahāmatta）」と「Dārupattaka の門弟 Jāliya」の二人が相前後して、波梨子を連れに行ったことになっている。

139——偏露右臂長跪叉手　「偏露右臂」は『転輪聖王修行経』注60参照。「長跪」は体をのばしひざまづく礼法であり、「叉手」は「拱手」ともいい、両手を胸の前でくむ礼法。中国古来からのもの。ただし、「叉手」の語は六朝代からのものか。

140——我今自往将彼人来　「往将」の「往」は趨向動詞。

141——欲使　注100参照。「欲使……」の仮説句を「無有是処」でうける。

142——正使　仮定の譲歩を表わす句をつくる。『典尊経』注75など参照。

143——至彼身砕　この「至」は「……（の状態にまで）になる」の意。

144——口自唱言　『観普賢菩薩行法経』（劉宋、曇無蜜多訳）にも「向諸世尊口自発露」（大正九・三九〇下）と「口自」の例がみえる。

145——沉復　先には「沉能行歩」とあった。「復」は「或、而、況、乃、雖、亦」などの副詞の接尾辞として、文に調子を与えるはたらきをする。志村前掲書九九頁参照。

146―諸有　注67参照。

147―乃往久遠　「乃往」は『転輪聖王修行経』注8参照。「久遠」は『弊宿経』注130参照。また『典尊経』注108参照。ここもパーリ本では bhūta-pubbaṃ.
　以下の喩えと同じく野干が獅子の吼え声を空しくまねようとすることで、外道の仏に及ばぬことを喩えるのは、他にも *AN.* I, pp. 187-8 ＝『雑阿』巻三四（大正二・二五〇下）＝『別訳雑阿含経』巻一一（同・四五〇上）や *SN.*, p. 66 ＝『雑阿』巻四九、大正二・三五九下にみえる。

148―竟是何獣　「竟」は疑問文にかぶせて、より一歩追求することを表す。語気を強めるはたらきをもつ。森野繁夫「六朝漢語の疑問文」（『広島大学文学部紀要』第三四巻、昭和五〇年三月所収）二一九頁・牛島前掲書一九九頁参照。また同じようなはたらきをする「定」については吉川幸次郎「六朝助字小記」〈『全集』第七巻所収〉を参照のこと。

149―今寧可　磧砂蔵本、三本には「我今寧可」とある。「寧可……耶」で願望を表す（注131参照）。

150―威恩　威光・権威と恩恵・恩愛。やさしさときびしさ。六朝代からみえる語。「威恩並行」あるいは「恩威並行」といえば、恩賞と刑罰が有効になされること。

151―更　ここでは「反而（かえって。……どころか）」の意。既述した内容に対して、結果が予想外であることを示す。

152―責数　「数、責也」（『広雅』釈詁）とある。類義字を重ねた語。

153―野干……　以下の三偈は、第一偈はパーリ本の第一偈と対応し、第二偈、第三偈がパーリ本の第三偈に対応する。

154―四種喩　偈の中の、「野干称師子」「独処於空林」「跪地求穴鼠」「穿塚覓死屍」の四事のことをさすのであろう。

155―欲使　「欲使……無有是処」の構文については、注100参照。パーリ本 abhabo（ありえない）。

156―正使　注142参照。パーリ本 sace（もし）。

157―種種説法示教利喜　この定型句については『阿摩昼経』注324参照。パーリ本はdhammiyā kathāya sandassesiṃ samādapesiṃ samuttejesiṃ sampahaṃsesiṃ (p. 27) (with a religious discourse showed, incited, inflamed, delighted. see *BHSD.*, samādapayati s. v.).

158——一切世間梵自在天所造　パーリ本では「自在天が創造した（issara-kutta）、梵が創造した（brahma-kutta）という伝統的な世界起源説（を説く）」とある。ここでは、「自在天」（S. Īśvara, P. Issara. 主宰神）は「梵」（S., P. Brahmā. 人格的最高原理にして最高神。梵天）の **epithet** である。当時の梵天崇拝の思想を受けた世界創造説に言及している。これはインド一般には「主宰神論」（Īśvaravāda）と呼ばれるものに相応する（中村元『初期ヴェーダーンタ哲学』一九四頁以下、二三二頁以下、三三二頁以下、三三五頁以下、三五三頁以下など参照のこと）。また、宇井伯寿「阿含に現はれたる梵天」（『印度哲学研究』第三所収）を参照。さらに、以下に展開する梵天による世界起源説は、『梵動経』にもみえる（大正一・九〇中〜下）。

159——初壊敗時　この「初」は、事柄が順次に生ずる場合、最初の事柄を副詞的に形容するはたらき（『釈提桓因問経』注50）。先にも「獅子清旦、初出窟時」（本文五二頁）の例あり。

160——光音天　『小縁経』注86・『釈提桓因問経』注98・『梵動経』注59参照。

161——余空梵処　『梵動経』では「空梵天」とあった（注60）。パーリ本では、同じく、suññaṃ brahma-vimāna（誰もいない梵天の住処）。

162——起愛生楽著心　「楽著」は仏典よりはじまる語か。『釈提桓因問経』注92参照。

163——大梵天　『梵動経』では「大梵」とあった（注61）。本経ではあとには「梵王」といいかえている。Brahmā（梵天）を「（大）梵王」と訳すのは、「天」の写誤でない限り、漢訳者の意訳。

　なお、以下部分のパーリ本の対応個所には、**aham asmi brahmā mahā-brahmā abhibhū anabhibhūto aññadatthu-daso** (so. *CPD*, s. v.) **vasavatti issaro kattā nimmātā seṭṭho sañjitā vasī pitā bhūta-bhavyānaṃ** (p. 29)（私は梵天であり、大梵天であり、絶対者にして、凌駕するものなく、唯一の見るものであり、自在なものであり、主宰神にして、作り出し、造化するものであり、最高のものにして、創造者であり、主人にして、過去と未来のものたちの父である）とある。

164——忽然而有　『清浄経』注150参照。『梵動経』では「自然有」とあった（同注62参照）。

165——千世界　『梵動経』注63参照。

166——微妙第一「第一」は P. seṭṭha (S. śreṣṭha 最高の、第一の）に対応するかもしれない。「微」「妙」は根源的な道のあり方を表す語として、すでに『老子』にみえる。『小縁経』注62参照。

167――随後　底本には「随彼」とあるが、磧砂蔵本、三本により改める。大梵王が寿命が尽きてこの世に来生することはありえないから。

168――此間　『小縁経』注91・『弊宿経』注106を参照。

169――定意三昧　あとには「心定三昧」とある。パーリ本ceto-samādhi（心の集中）。『梵動経』注47参照。

170――無変易法　P. avipariṇāma-dhamma, S. avipariṇāma-dharma（〈とくに悪い方へ〉変化しない性質のもの）の訳。「変易」は古典から見える語。

171――苦集滅味過出要如実知之以平等観無余解脱名曰如来　『梵動経』注52・53・54を参照。また、早島鏡正「仏教真理観における ādīnava の研究」（『印度学仏教学研究』第二十二巻第二号、昭和四九年三月所収）を参照のこと。

「如来」は P., S. tathāgata の訳。漢訳者は tathāgata を「かくのごとく（tathā）」「来たもの（āgata）」と解釈して、「如来」と訳したといわれている。tathāgata の語源、語義に関しては多くの研究がある（E. Lamotte, *ibid.*, Tome I, p. 126 fn. 1 を参照）が、初期仏典では「完全な人格者」ほどの意（中村元『ゴータマ・ブッダ』五〇六頁）。『梵動経』や本経では「如来」の定義を下している訳であるが、パーリ本には「名曰如来」に相当する文がない。『清浄経』にも「仏於初夜、成最成覚、及末後夜、於其中間、有所言説、尽皆如実。故名如来。復次如来所説如事、事如所説。故名如来」（本文一〇六頁。パーリ本もほぼ同じ）と「如来」の定義があるが、本経でも、「如実知之」（本経のパーリ本にはないが、『梵動経』のパーリ対応語は、yathābhūtaṃ viditvā "あるがままに知り"）をもって、「如来」を定義したものであろう。

本経のように四諦を「如実に知る」ことをもって「如来」の定義とするのは他にもみられる。例えば、Buddhaghosa は如来の九義をあげ、その第四に「四諦十二因縁を如実に悟るから如来という」といい（*Sumaṅgalavilāsinī* I, p. 65）、また『十住毘婆沙論』巻一には一一義をあげ、その第四に「如名四諦、以一切種見四諦故、名為如来」という（大正二六・二五中）。さらに『舎利弗阿毘曇論』には「知受集滅味過出要、以平等観無余解脱、故名如来」（大正二八・六五八）という本経にそっくりの表現がある。

172――戯笑懈怠　『梵動経』注65参照。パーリ本によると、これは khiḍḍā-padūsikā（遊びによって堕落するもの）という天のこと。Willibald Kirfel, *Die Kosmographie der Inder*, Bonn 1920, S. 193 参照。

173 心定三昧　パーリ本 ceto-samādhi（心の集中）。先には「定意三昧」とあった。注169参照。

174 失意　パーリ本によれば、これは mano-padūsikā（心が汚れているもの）という天のこと。『梵動経』注67参照。

175 展転相看已便失意　『梵動経』注67・68を参照。「展転」は『優婆塞浄行法門経』上巻にも、「（如来は過去世に凡夫であったとき）展転教余人」（大正一四・九五六中）とあり、これに対して慧琳『音義』巻四五に「展転。（中略）案展転著（者?）事跡相因、展転遷変也」とあり（大正五四・六〇五中）、これは「次第を追って、次々と」の意であろう。『阿摩昼経』注266も同じ方向。

しかし、『倶舎論』の梵本と玄奘訳とを互照してみるとS. paraṃparā（連続、次第）やS. pāraṃparyeṇa（次第に、次々と）を「展転」と訳している場合もあるが（大正二九・三八上、一二三上、二二下、三五上などなど）、一方、S. anyo 'nyam（お互いに、相互に）を「展転」と訳している（同・三一上、五三上、八六中など）。このように玄奘訳『倶舎論』においては「展転」は「次々と」の意と「互いに」の意の二つの方向をもつが、これは六朝代の訳経にもみられるものである（『梵和大辞典』および『仏教語大辞典』の当該箇所参照のこと）。

そして、ここでは「互いに」の意で用いられている。パーリ本も aññamaññaṃ（= S. anyo 'nyam 互いに）となっている。

176 已便　『梵動経』注68参照。

177 已平等観　底本には「知已」とあるが、磧砂蔵本、三本により「知」を衍字とみる。「已」は「以」に通じる。先には「以平等観」とあった（注171）。

178 報　「報」と「答」の使い分けの問題に関しては、『典尊経』注50参照。本経では、とくに本文四一～四二頁に多出するが、その区別は判然としていない。

179 屏処　人の見えない、隠れたところの意。

180 浄解脱成就浄行彼知清浄不遍知浄　「浄解脱」(S. śubha-vimokṣa, P. subha-vimokkha）は、三界の煩悩から解脱する八種の内観（八解脱）の中の第三。外境に対して清浄であるとみて、煩悩を生じさせないこと。『十上経』注182参照。

「清浄」という漢語は、道を体得した人が到達する境地として、道家思想で特に重んじられたものである（『清浄経』解題参照）。

パーリ本では、「浄解脱に入ったとき、一切は不浄であると悟る」とあり、漢訳と少しずれている。

181――善利　注88参照。

182――忍　「能也」「耐也」の訓詁がある。「忍」は P. khanti, S. kṣānti の訳語として使われる。kṣānti はふつう「忍耐」の意であるが、仏教文献では、時に intellectual receptivity;the being ready in advance to accept knowledge (acc. to *BHSD*., s. v.) の意をもつ（この仏教特有の語義が生じた経緯に関しては、佐々木現順『阿毘達磨思想研究』五八〇頁以下や桜部建『仏教語の研究』五四頁以下を参照のこと。要検討）。しかし、漢訳者は原語の意味の異相を捉えずに、どちらの場合も「忍」と訳してしまう傾向がある。

ここでは、パーリ本 aññā-khantika は「異なったものの受けとめ方をするもの」の意（*CPD*., s. v. acquiescing in other views)。

183――但使　「使」は仮設を表す連詞。「但使」「但須」は「ただ……すれば」と限定を示す連詞となるが、ここでもその方向でとれるかもしれない（大田辰夫『中国語歴史文法』三四一頁・『典尊経』注81を参照。また志村前掲書九八頁もみよ）。

184――好楽　注33参照。パーリ本 pasāda（信じること。S. prasāda)。

185――長夜　『釈提桓因問経』注126参照。

補注

1――餘衆生　パーリ本には aññataro satto（或るもの）とある。「餘」はおそらく P. aññatara, S. anyatara（或る）を P. añña, S. anya（他の）と混同した誤訳。

2――已不著　この三字はおそらく衍字。

善生経

注

1——如是我聞　仏典の書き出しのこの定型句は鳩摩羅什に至って定着するといわれる（『釈提桓因問経』注1参照）。本経は羅什以前のいわゆる古訳時代の異訳経典を三種類もっているが、その書き出しはそれぞれ違っている。『尸迦羅越六方礼経』（以下、『六方礼経』と略す）ではこれに相当する句が無く、西晋の支法度訳『善生子経』では「聞如是」、四世紀末の僧伽提婆訳『中阿含』所収『善生経』（以下、『中阿含』と略す）では「我聞如是」とある。

2——羅閲祇耆闍崛山　「羅閲祇」はマガダ国の首府。王舎城と意訳する。「耆闍崛山」は王舎城の東北にある山。『典尊経』注2・3参照。『六方礼経』では「王舎国鶏山」と訳し、『善生子経』では「羅閲耆闍崛山」とある。また、『中阿含』では、「王舎城」の「饒蝦蟆林」（蝦蟆がたくさんいる林？　英訳は“Wood of the Frogs' Feeding Ground”）、パーリ本では Kalandakanivāpa（栗鼠に餌を与えるところ。——パーリ本の日本語訳は、中村元訳「シンガーラへの教え」に従う。以下同じ—— Kalanda を寄進者の名とする説もある。赤沼『固有名詞辞典』七五二頁以下参照）となっており、この両者の関係については、Bhadanta Pannasiri 前掲書（解題参照）一五四頁に考察がある。

3——時到　「托鉢の時間が至ると」の意。『阿㝹夷経』にも「比須時至」と見えた（注5参照）。本経では世尊が托鉢に出掛けたということが先に記されているが、異訳三経ではいずれも、世尊托鉢の記事よりも先に善生が父の遺命に従って六方拝礼を行っていることが記され、そのあとに世尊が托鉢のために城内に入ったことが記されている。パーリ本の順序も異訳三経と同じである。

4――長者子名曰善生　「長者」は有徳の誉れ高く、郷邑において指導的役割を任う人物のことで、同時に富豪であることが多かったようである。仏典では「居士」と同様に、P. gahapati(S. gṛhapati)――家の主人。富裕な商工業者――の訳として用いられる。「居士」については、「梵動経」注37参照。『六方礼経』では「長者子」、『善生子経』と『中阿含』では「居士」と訳している。ただし、『善生子経』以外の経（パーリ本も含めて）では長者（居士）の子の名が善生（尸迦羅越）であるとするのに対して、『善生子経』だけは、居士自身の名が善生となっていて、子の名は固有名詞としては出てこない。

5――清旦　『弊宿経』注133参照。『善生子経』は「晨日」、『中阿含』は、「平旦」。

6――詣園遊観　「遊観」は庭園の中などを巡り歩いて景観を楽しむこと。『韓非子』存韓篇に「秦王飲食不甘、遊観不楽、意専在図趙」、王褒「四子講徳論」（『文選』巻五一）に「偃息匍匐乎詩書之門、遊観乎道徳之域」などの用例がある。仏典における用例は『散陀那経』注8参照。

7――沐浴　沐は髪を洗うこと。『説文』に「沐、濯髪也」。当時、バラモンたちの間で、河や池の水に浴し身を清めることが神聖な意義を持つと考えられていて、衣服を着たまま水に入り、髪や顔を一緒に洗うことが行われた（中村元訳「シンガーラへの教え」注3参照。また、バラモンの沐浴の風習については、中村元『原始仏教の生活倫理』三九八頁以下参照）。パーリ本対応句は、Alla-vattho alla-keso（*DN.* Ⅲ. p. 180, 以下パーリ本からの引用は頁数のみを記す）（衣を浄め、髪を浄めて）。髪を洗い身を清めることに宗教的な意義が認められ、祭祀の前に齋戒沐浴が行われたことは中国古代においても同じである。『孟子』離婁下「雖有悪人、齋戒沐浴、則可以祀上帝」、『墨子』天志中「天子有疾病禍崇、必齋戒沐浴、潔為酒醴粢盛、以祭祀天鬼、則天能除去之」など。

8――挙身皆湿　「挙身」はからだ全体の意。「挙」の用法は、『弊宿経』注242などを参照。本経では沐浴して体を濡らしたまま六方礼拝を行うことになっており、パーリ本とも一致するが、異訳三経ではいずれも沐浴のあと新しい衣を着て六方礼拝を行っている（『六方礼経』は「洗浴、著文衣、東向四拝」、『善生子経』は「沐浴、著新衣、之水上、拝謁六面」、『中阿含』は「沐浴、著新芻磨衣、手執生拘舎葉、往至水辺、叉手向六方礼」）。このことについては Bhadanta Pannasiri 前掲書一五六～七頁にも言及があるが、なぜこうした相違が生じたのか明らかでない。

9——東西南北上下諸方　実際には六方礼拝は東方→南方→西方→北方→下方→上方の順序で行われた。ここでは六つの方角をまとめて言っているだけで順序のことは意識していない。

10——長者子善生　「長者子」を底本は「長者」に作るが、三本・磧砂蔵本に従って改めた。

11——上方下方　三本・磧砂蔵本は「下方上方」に作るが、ひとまずこのままで訳した。実際の礼拝の順序は注9にも述べたように、東→南→西→北→下→上であり、パーリ本と『中阿含』はそのとおりになっているが、『六方礼経』では、「東向四拝、南向四拝、西向四拝、北向四拝、向天四拝、向地四拝」とあり、『善生子経』では「……周旋南方西方北方上下、面面同辞」となっていて、どちらも上（天）→下（地）の順序である。これは中国的な上下（天地）の順序意識を反映するものであるのかどうか、さらに検討を要する。

12——澡浴　手や体を洗い清めること。『三国志』魏書・倭人伝に、倭人の風俗として「始死停喪十余日、当時不食肉、喪主哭泣、他人就歌舞飲酒。已葬、挙家詣水中澡浴、以如練沐」と見える。

13——叉手　『弊宿経』注43参照。

14——有此方名耳非為不有然我賢聖法中非礼此六方以為恭敬　世尊はここで六方礼拝というものの存在を一応は認めた上で、善生の行っている六方礼拝は正しいものではないと言っている。世尊の教化の方法は、従来おこなわれてきた宗教儀礼や習慣を頭から排斥するのではなく、それらを一応名目的には承認し、その上で新しい解釈を与えたりして実質的・内容的にそれを改革したといわれるが、これもその例である（中村元『原始仏教の生活倫理』四六二頁、Bhadanta Pannasiri 前掲書一五九―一六一頁参照）。「賢聖法」はここでは **ariyassa vinaya**（立派な人のやり方）の訳語。「賢聖」については『釈提桓因問経』注120などを参照。

15——諦聴諦聴善思念之　仏が自分の説を述べ始める時の慣用句。『遊行経』（一）注49・『阿摩昼経』注126参照。この句も羅什以前にはまだ定着していないようである。『六方礼経』ではこの箇所は「聴之、内著心中」となっている。

16——当為汝説　「当」は「将」の意。韓崢嶸『古漢語虚詞手冊』四九頁、徐仁甫『広釈詞』二七五頁などを参照。また『弊宿経』注69参照。

17——唯然　『小縁経』注19参照。

18——願楽欲聞　『阿摩昼経』注128参照。

19——四結業　「結」は煩悩の異名。「結業」は『注維摩』巻五に「由過去著我、広生結業。結業果熟則受於苦」（大正三八・三七六上）と見える。後文では「結行」と言い換えている。

20——不於四処而作悪行　パーリ本では catūhi ca ṭhānehi pāpakammaṃ na karoti (p. 181)（四つのしかたで悪い行為をなさず）。「処」は ṭhāna(condition, point, way) の訳。『梵動経』注50・115参照。

21——今世根基後世根基　わかりにくい文であるが、善報の「根基」という意味で解した。英訳は、"it will be a cause for happy results in this world as well as in the next." 異訳三経には相当する文が見えず、パーリ本では ubho-loka-vijayāya paṭipanno hoti, tassa ayañ c'eva loko āraddho hoti paro ca loko (p. 181)（この世とあの世と両方の世界で勝利をおさめるために修行する人は、この世でも成就するし、あの世でも成就する——ここは中村訳を改めた）というあたりが相当するようであるが、内容はずれている。

22——獲世一果　「世の一果」という表現は見なれない表現である。異訳三経・パーリ本はいずれも相当する文は見えない。英訳は "he will get the best fruits of life".

23——身壊命終生天善処　「身壊命終」は『弊宿経』注58参照。
「生天善処」はパーリ本には sugatiṃ saggaṃ lokaṃ uppajjati (p. 181)（良いところ、天の世界に生まれる）とあり、『中阿含』でも「必至善処、上生天中」となっている。ここの「天善処」も「天という善きところ」という意味だろう。『弊宿経』にも「生天上」（注84）とある。なお、この箇所、『善生子経』では話を逆の方向から述べて「如有四面垢悪之行、不能悔者、則是身死、精神当生悪道地獄之中」とあり、「精神」が輪廻の主体であることを特に記していることが注目される。

24——四結行者一者殺生二者盗竊三者婬逸妄語　この四つの上に「飲酒」を加えたものが、いわゆる五戒（世俗の人が行ってはならない五つの事柄）である。五戒としてまとめられる以前に、三戒の段階、次いで四戒の段階があったこと、中村元『原始仏教の生活倫理』二四四頁以下参照。

25——頌　仏典では gāthā の訳として用いられる。「偈」はその音写。『典尊経』注35参照。本経と『善生子経』・『中阿含』・パーリ本はいずれも散文と散文の内容を五言の定型句で要約した頌（パーリ本の場合は韻文）とから成るが、『六方礼経』だけは全体が散文のみでできている（『六方礼経』の末尾の長い偈は後世の付加である。Bhadanta Pannasiri 前掲書一六三頁および中村元「シンガーラへの教え」解説参照）。

26——如月向上満　この句は前の偈の「如月向于晦」に対応する。「上満」の「上」は満月へと向かう方向性を示すものと解釈した。

27——六損財業者一者耽湎於酒二者博戯三者放蕩四者迷於伎楽五者悪友相得六者懈堕　「耽湎」は物事に熱中して他の事をかえりみなくなること。『尚書』酒誥に「罔敢湎于酒」、『説文』に「湎、湛於酒也」などとあるように、「湎」は特に酒について言われる。「放蕩」はパーリ本では Vikāla-visikhā-cariyânuyogo（p. 182）（時ならぬのに街路を遊び歩くことに熱中する）に相当する。「放蕩」の二字でそういう意味を表すことはもちろん無理である。「悪友相得」の「相」は、「悪友どおしが互いに」ではなく、「ある人が悪友と」の意。「相」の用法については、『釈提桓因問経』注135などを参照。「相得」は気持ちがぴったり合うこと。『史記』灌夫伝に「其游如父子然、相得驩甚、無厭、恨相知晩也」。

表一

本経	『六方』	『善生子』	『中阿含』	パーリ本
耽湎於酒	(1)喜飲酒	(1)嗜酒遊逸	(3)飲酒放逸求財物	(1)Surā-meraya-majja-pamāda-ṭṭhānânuyogo
博戯	(2)喜博掩	(3)博戯遊逸	(1)種種戯求財物	(4)Jūta-ppamāda-ṭṭhānânuyogo
放蕩		(2)不時入他房	(2)非時行求財物	(2)Vikāla-visikhā-cariyânuyogo
迷於伎楽		(4)大好伎楽	(5)常喜妓楽求財物	(3)Samajjâbhicaraṇaṃ
悪友相得	(5)喜与悪知識相随	(5)悪友	(4)親近悪知識求財物	(5)Pāpa-mittânuyogo
懈堕	(3)早臥晩起	(6)怠惰	(6)懶惰求財物	(6)Ālassânuyogo
	(4)喜請客亦欲令人請之			
	(6)憍慢軽人			

※数字は各経の中における順序をあらわす

この「六損財業」の六項目について、異訳三経およびパーリ本との対応関係を表示すれば前頁のようになる（表一）。

解題にも記したように本経では悪い行いや悪友・善友、家族間の倫理などについて、それぞれ数箇の項目に整理して説明されている。それらの整理された項目について本経と異訳三経・パーリ本の対応関係を調べてみることによって、諸本間の系統関係を明らかにする手がかりが得られるのではないかと考え、このような諸本対照表を全部で二十九作成したが、紙面の都合上、特に必要なものに限って載せることにした。結論を先に述べれば、この場合のように、比較的きれいに諸本すべての間の対応がつくのはむしろ例外であり、ほとんどの場合は項目の数は同じであっても中身はあまり対応がつかない（中には項目の数が違う場合もある。注79・88参照）。そうした対応・不対応関係を調べてみると、大まかな傾向として、『長阿含経』とパーリ本は一致することが多く、また『善生子経』と『中阿含』は比較的よく一致し、『六方礼経』は他のどれともあまり一致しないということが言える。

28——解知　類義字を重ねた語。

29——供養六方　「供養」は親を養うことや供え物をして祖先を祭ることをいうが、ここではもっと精神的なことを言っている。上文では「礼敬六方」とあった。『中阿含』ではこの箇所は、六方の衆生に対して「恭敬供養礼事」するとある。

30——飲酒有六失　飲酒の六失のうち、第五の「恚怒暴生」だけはパーリ本に対応文が見られず、そのかわりに kopinidaṃsanī（陰処をあらわし）がある。『中阿含』も「陰蔵発露」とあり、パーリ本に同じ。ただし『善生子経』では「多怒」とあって本経と同じである。

31——産業　財産の意。後文では「財産」「財業」と言い換えている。『阿摩昼経』注119「財業」の項参照。

32——迷於伎楽復有六失一者求歌二者求舞三者求琴瑟四者波内早五者多羅槃六者首呵那　「波内早」はパーリ本 pāṇissaraṃ（手《しゅ》楽）に対応する音写か。「多羅槃」「首呵那」については未詳。諸本対照表を載せておくが、「多羅槃」「首呵那」がどれに対応するのか（あるいは対応しないのか）わからない（表二）。なお『六方礼経』にはここに相当する文はない。

33——方便　『阿摩昼経』注162参照。

34——屏処　『阿㝹夷経』注179参照。

35——図謀　類義字を重ねた語。『三国志』蜀書・先主伝に「臣昔与車騎将軍董承図謀討操、機事不密」。

表二

本経	『善生子』	『中阿含』	パーリ本
求歌	(2)志在歌	(1)憙聞歌	(2)kuvaṃ gītaṃ
求舞	(1)志在舞	(2)憙見舞	(1)kuvaṃ naccaṃ
求琴瑟	(3)志在絃		
波内早		(5)憙拍両手	(5)kuvaṃ pānissaraṃ(?)
多羅槃			
首呵那			
	(4)志在節	(3)憙往作楽	(3)kuvaṃ vāditaṃ
	(5)志在鼓	(4)憙見弄鈴	(4)kuvaṃ akkhānaṃ
	(6)志在彼	(6)憙大聚会	(6)kuvaṃ kumbhathūnan

36――五者時早不肯勤修六者時晩不肯勤修　「時早」「時晩」はこれだけでは「事を行うには時期は早すぎる（遅すぎる）」の意味にもとれるが、後の頌の中に「朝夕不肯作」とあるので「朝早く」「夜おそく」の意味であることがわかる。『善生子経』はわかりやすく「晨不作」「昏不作」と訳している。

37――迷惑於酒者　還有酒伴党　「迷惑」は類義字を重ねた語。『荀子』大略篇「民迷惑而陥禍患」など古くから用例は多い。「還」はこの場合、酒にまどうことが悪いことである上にさらに悪い友達ができるというニュアンス。「伴党」は類義字を重ねた語。

38――財産正集聚　随己復散尽　「正」は「正使」と同じく「たとえ〜しても」という意味。「随己」はここでは「自分の欲望に沿って」あるいは「自分が何かを行えばそれに付随する結果として」という意味。

39――因此自陥墜　「陥墜」は類義字を重ねた語。穴の中に落ちてしまって出てくることができないこと。ここでは身の破滅をたとえる。

40――好悪著外色　宋明本・磧砂蔵本では「悪」を「博」に作る。すぐあとに「但論勝負事」とあるので「博」の方がつながりがよいが、このままでも意味は通じる。「著外色」はわかりにくいが、今は「外色」を「外貌」の意味でとり、「顔色にあらわれる」と解釈した。ただし、「著」を高麗蔵本は「着」に作る。仏典では「著」と「着」は通じて使われることが多いから、その方向で解釈すれば「外界の物事に執着する」という意味になる。なお、ちなみに英訳では “Good or bad he will decide by its outer colour” とするが従いがたい。

41――親悪無返復　底本は「悪」を「要」に作るが、今、三本・磧砂蔵本に従って改めた。「無返復」は『荘子』

繕性篇に「然後民始惑乱、无以反其性情而復其初」とあるように、悪い方にばかり流れていって本来の正しい在り方に復帰することがないことをいう。

42――為酒所荒迷　「荒迷」は迷い乱れること。少し時代は降るが、『顔氏家訓』勉学篇に「阮嗣宗沈酒荒迷、乖畏途相誡之譬也」などと見える。

43――破家　家の財産を出し尽くすこと。『淮南子』人間訓「聞殺身破家以存其国者」など用例は多い。

44――夜覚多悕望　「悕」は念・願・悲などの訓があるが、ここでは希に通じるものと解した。「希望」は胸の中に満たされない思いがあることをいう。これに相当する箇所は、『善生子経』では「昏夜道為奸」、『中阿含』では「夜則好遊行」、パーリ本では ratti-n-uṭṭhāna-dassinā (p. 186)（夜は起きるものと思い）となっている。

45――有四怨如親　「親」はここでは「親しい仲間」の意。「親」一字でそういう意味に用いる例としては、『左伝』僖公五年の「国君不可以軽。軽則失親」（注曰、親、党援也）などが挙げられる。

46――美言　言葉を飾る、あるいはうわべを飾った言葉。『新語』輔政に「讒夫似賢、美言似信、聴之者惑、観之者冥」などと見える。パーリ本では Anuppiya-bhāṇī（甘言を語る人）。『善生子経』では「言佞」と訳す。

47――悪友　後文の内容から見れば、飲酒・博戯など悪事をする時の友のこと。「悪友」の二字を「悪事の友」という意味にとるのは一般的ではないが、ここでは文脈に従って訳した。パーリ本では apāya-sahāyo（遊蕩の仲間）。『善生子経』は「邪教」、『中阿含』は「悪趣伴」と訳す。

48――先与後奪　異訳本・パーリ本には対応する文が見えず、代わりにパーリ本 aññadatthu-haro hoti (p. 186)（何でも取って行く）、『善生子経』「貪取彼物」、『中阿含』「以知事奪財」という文が見られる。

49――畏故強親　パーリ本では bhayassa kiccaṃ karoti (p. 186)（ただ恐怖のために義務をなす）。『善生子経』では「為畏故習」、『中阿含』では「或以恐怖」と訳す。

50――美言親復有四事　ここの四つの内容はパーリ本・異訳本と全く重ならない。パーリ本では⑴ pāpakam pi'ssa anujānāti（相手の悪事に同意し）⑵ kalyānam pi'ssa nânujānāti（善事に同意しない）⑶ sammukhā 'ssa vaṇṇaṃ bhāsati（その人の面前では讃美し）⑷ parammukhā 'ssa avaṇṇaṃ bhāsati (p. 186)（その背後ではその人をそしる）とあり、このうち⑶と⑷に対応する文が『善生子経』と『中阿含』には見える。

51――善悪斯順　「斯」は「是」と同じで動詞と目的語が倒

置された場合に用いられる。たとえば『詩経』幽風・七月「朋酒斯饗」など。『古漢語虚詞手冊』三四一頁参照。

52——外有善来密止之　「善来」はここでは「善いことがやって来る」の意でとった。「密止之」は、三本は「密遮止之」に作る。意味は同じ。

53——排擠　底本は「擠」を「濟」に作るが、元明本に従って改めた。「排擠」は類義字を重ねた語（『説文』に「排、擠也」）で、おしのけること。『史記』酷吏・張湯伝に「湯為廷尉、治淮南獄、排擠荘助」と見える。

54——一者先誑二者後誑三者現誑　「先誑」「後誑」「現誑」はわかりにくい表現である。パーリ本では「先誑」が **atītena paṭisantharati**（過去のことに関して友情をよそおい）、「後誑」が **anāgatena paṭisantharati**（未来のことに関して友情をよそおい）、「現誑」が **paccuppannesu kiccesu vyasanaṃ dasseti** (p. 186)（なすべきことが眼前に迫ると都合が悪いということを示す）にそれぞれ相当すると思われる。

55——復作頌　本経では「四怨」についてここでまとめて「頌」が置かれていて、この形式はパーリ本と同じであるが、『善生子経』と『中阿含』では「四怨」のそれぞれの説明のあとに一つずつ頌がある。次の「四親」についても同じ形式である。

56——三者利人四者同事　「利人」（パーリ本は **upakāro**——助けてくれる友）と「同事」（パーリ本は **samāna-sukha-dukkho**——苦しいときも楽しいときも一様に友人である人）は、いわゆる「四摂事」に含まれるものである。注83参照。

57——示人天路　「天路」は「天上の道」ともとれるが、ここでは「天に至る道」の意で解した。パーリ本は **saggassa magga.** 似た表現として、「梵道」が「梵天への道」という意味で使われること、『三明経』注24参照。

58——見利代喜　「利」は「事がすらすらとうまく運んでいる（順調にいっている）」という意味にもとれる。パーリ本では **bhaven' assa nandati** (p. 187)（その人の繁栄を喜び）とある。

59——見人説悪便能抑制　パーリ本の **avaṇṇaṃ bhaṇamānaṃ nivāreti** (p. 187)（他の人がかれをそしるのを弁護してくれ）に相当する。「抑制」は類義字を重ねた語。『説苑』権謀「宜以時抑制無使至於亡」など早くから用例はある。

60——一者護彼不令放逸二者護彼放逸失財三者護彼使不恐怖四者屏相教誡　第二の「護彼放逸失財」は第一の「護彼不令放逸」という表現および第三の「護彼使不恐

怖」という表現と合わせれば、「護彼不令放逸失財」（彼が放逸になって財産を失ってしまわないように見守る）という意味かとも思われるが、ここでは文字どおり「彼が放逸失財の状態にある時にかばって保護する」という意味に解釈した。「護」の字義は、中のものを傷つけないように外からとりまいてかばいまもるということだから、こういう解釈も可能である。嵇康「与山巨源絶交書」（『文選』巻四三）の「仲尼不假蓋於子夏、護其短也（短所をかばう）」といった用法が今の場合に近い。パーリ本は第二の項目は **pamattassa sāpateyyaṃ rakkhati**（友が無気力なときにその財産をまもってくれる）となっていてあまり参考にならないが、第一と第三はそれぞれ **pamattaṃ rakkhati**（友が無気力なときにまもってくれる）、**bhītassa saraṇaṃ hoti**（p. 122）（友が恐れおののいているときにその庇護者となってくれる）とあり、それと同じパーリ文があとで親族がとるべき五つの態度のうちの第一・第三として出てきていて、それに対応する部分を本経では「一者護放逸」「三者護恐怖者」と訳している（注84参照）ことから見れば、ここも梵語原本をそのまま漢訳すれば、「一者護彼放逸」「三者護彼恐怖」となるはずのところだったのではないか。それをあえて「護彼不令放逸」「護彼使不恐怖」と訳したのは、放逸や恐怖に陥った人をかばうことよりも放逸や恐怖の状態に陥らせないようにする方が友としてすぐれているという漢訳者の判断が働いたからだろうか。なお、『善生子経』と『中阿含』にはここに相当する文は見えない。「屏相教誡」の「屏」はその人の欠点が外に見えないようにかくしてかばってやること。「相」は「その人に対して」の意。

61――一者為彼不惜身命二者為彼不惜財宝三者為彼済其恐怖四者為彼屏相教誡　「身命」と「財宝」はともに中国古典に早くから見える語であるが、漢訳仏典では特に頻用される。たとえば『注維摩』巻四「三堅法、身命財宝也。若忘身命棄財宝去封累而修道者、必獲無極之身無窮之命無盡之財也」（大正三八・三六五下）。ここにあげられている「同事の友」の四つの事柄のうち第三と第四は、前の「利益の友」の第三・第四と同じである。梵語原本もそうなっていたのかもしれないが、無理に数合わせをしたという感じを受ける。パーリ本には第一の「為彼不惜身命」に相当する文は見えるが、その他の三つは本経とは全く違う内容である。『善生子経』と『中阿含』も「身命」「財宝」以外は別の内容になっている。

62――慈愍在他親　三本・磧砂蔵本は「在」を「存」に作る

が、「在」のままでも「存」（存問する、あわれむ）という意味があるのでこのままで読んだ。『爾雅』釈詁下に「在、存也」。郝懿行『爾雅義疏』には『大戴礼』曽子立事篇「存往者、在来者」盧弁注「在猶存也」をあげる。

63――同事斉己親　「同事」は注56・83参照。「斉己」は他人を自分と斉しく見なすということ。あとの偈に「同利等彼己」とある。

64――親者戒具足　如火光照人　この文、前とのつながりがよくわからない。また、火のたとえの意味も明らかでない。パーリ本では Paṇḍito sila-sampanno jalaṃ aggîva bhāsati.（p. 188）（戒めをたもっている賢者は〔山頂に〕燃える火のように輝く）とあり、Bhadanta Pannasiri はパーリ本のこの部分を、下の文（注105と注111に引用した文）につづけて、全体をひとまとまりのものと考え、もともとはこの場所にはなかったものが誤ってここに挿入されたとしている（前掲書一六四頁）。

65――父母為東方師長為南方妻婦為西方親党為北方僮僕為下方沙門婆羅門諸高行者為上方　父母や師長など六つの人間関係を何を根拠にして六つの方角に配当したかということについては、中村元『原始仏教の生活倫理』四六三頁以下に述べられている。それによれば、師に対しては布施を与えねばならぬ（dakkhiṇeyys）から南（dakkhiṇa）に配当するなど、上下の二方を除けば、いずれも通俗的な語源解釈にもとづいたものであったらしい。したがって、この配当のしかたは中国人にはわかりにくいものであったにちがいない。「妻婦」は「妻」一字でも同じ意味だが、ここでは二字にするために引き伸ばしたもの。「親党」は親しくしている仲間。『晋書』賈皇后伝「武帝欲為太子取衛瓘女、元后納賈郭親党之説、欲婚賈氏」などの例に見られるように、この語は必ずしも親戚だけに限らず、親戚・朋友を含めていう。しかし本経では後文で「親族」に言い換えている。「沙門婆羅門」については、『梵動経』注29参照。「高行」という語は、『淮南子』氾論訓の「言而必信、期而必当、天下之高行也」の文のように世俗倫理について言われることもあるが、己の身命をかけて道を守ろうとする人々や世俗の汚れに抗って身の潔らかさを守ろうとする人々（たとえば後漢末の清流派の人々やいわゆる逸民、隠逸者たち）の行為について言われる場合が多いようである。蔡邕「陳太丘碑文」（『文選』巻五八）「追歎功徳、述録高行」、『三国志』魏書・荀彧伝注引張璠『漢紀』「荀淑博学有高行、与李固李膺同志友善」など。ここの「沙門婆羅門」は世俗を超えた道を求める宗教者のことであるから、「高行」のこうした意味あいと抵触することはない。

66——夫為人子当以五事敬順父母　ここにあげられる「五事」の内容は異訳三経・パーリ本とほとんど一致しない。『六方礼経』では⑴当念治生　⑵早起勅令奴婢時作飯食　⑶不益父母憂　⑷当念父母恩　⑸父母疾病当恐懼求医師治之というように日常的・具体的な事柄が説かれ、パーリ本では kula-vaṃsaṃ ṭhapessāmi（家系を存続しよう）・dāyajjaṃ paṭipajjāmi（財産相続をしよう）・pana petānaṃ kālakālānaṃ dakhiṇaṃ anuppadassāmīti（P. 189）（そうしてまた祖霊に対して適当な時々に供物を捧げよう）など家系の継承を中心事項とする事柄が説かれる。

67——父母復以五事敬親其子　「敬親」を三本・磧砂蔵本は「敬視」に作るが、これは「親」のままでよいだろう。前の頌にも「如慈母親子」とあったように、「親」は愛《いつく》しむこと。ここで父母が子を「敬親」することが言われている。「敬」はかしこまって身心をひきしめ丁寧に相対することで、人間関係について言われる時は、下位の者が上位の者に対してとるべき態度をいうことが多いようである（たとえば『孝経』士章「資於事父以事母而愛同、資於事父以事君而敬同。故母取其愛而君取其敬、兼之者父也。故以孝事君則忠、以敬事長則順」などを参照）が、もっと広く自分と同等の者や自分より下位の者に対しても「敬」すべきであると言われることもある。たとえば、『尚書』五子之歌「為人上者、奈何不敬」、『孟子』万章下「用下敬上、謂之貴貴。用上敬下、謂之尊賢。貴貴尊賢、其義一也」。今の場合、そうした広い意味の「敬」の使われ方に通じる。後出の、師長が弟子を「敬視」する、夫が妻を「敬（待）」するなどというのも同じである。なお、本経の「敬親其子」に相当する箇所は、『六方礼経』では「視子」、『善生子経』では「愛哀其子」、『中阿含』では「善念其子」とあり、「敬」の字を用いているのは本経だけである。また、注93を参照。

68——善処　「処」は thāna の訳か。注20・71参照。この部分、パーリ本では kalyāṇe nivesenti（善に入らしめ）。

69——慈愛入骨徹髄　類似の表現としては、『新序』善謀「秦父兄怨此三人、痛入骨髓」。また仏典では『大乗荘厳経論』巻六「菩薩念衆生、愛之徹骨髓」（大正三一・六二三上）。

70——子於父母敬順恭奉則彼方安隠無有憂畏　ここで子が父母に対して敬順恭奉ならば東方は安らかであるというのは、子と父母の相互のあるべき関係を説いたあとのまとめとしては片手落ちの感を免れない。父母が東方である（注65参照）から、東方を拝するということは子が父母を敬順する行為の方が中心になるとも考えられるが、パーリ本は Imehi kho gahapati-putta pañcahi ṭhānehi puttena puratthimā disā mātā-pitaro paccupaṭṭhitā imehi pañcahi ṭhānehi puttaṃ anukampanti. Evaṃ assa esā puratthimā disā paṭicchannā hoti khemā appaṭibhayā.（P. 190）（実に子はこのような五つのしかたによって、東方に相当する父母に奉仕し、また父母はこれらの五つのしかたによって子を愛するのである。このようにしたならば、かれの東方は護られ、安全であり、心配がない）とあって、両方のことを述べている。『善生子経』も両方述べているが、『中阿含』は本経と同じく一方しかない。なお、『善生子経』ではこの箇所を「是為東方二分所欲者得古聖制法。為子必孝、為父母慈愛、士丈夫望益而善法不衰」と、中国の伝統的な語彙を用いて訳している。

71――五法　この前後の文ではいずれも「五事」となっているがここだけが「五法」。パーリ本ではいずれも pañcahi ṭhānehi. 本経のはじめの四結業の話のところでは ṭhāna を「処」と訳していた。注20参照。

72――師長復以五事敬視弟子　師長が弟子を「敬視」することについては注67参照。本経の「敬視」に相当する語は、『六方礼経』では「教」、『善生子経』では「哀教」、『中阿含』では「善念」である。パーリ本は父母と子の場合と同じく anukampanti（いつくしむ）。

73――調御　仏典ではしばしば用いられるが、中国古典では見なれない語。この語の説明としては、『維摩経』の「調御以一心」につけられた羅什の注（『注維摩』巻七）「道品心中有三相。……若動静得適則任之令進、容豫処中是名為捨。捨即調御、調御即和合也。譬如善御、遅則策之、疾則制之、舒疾得宜則放之令去、縦歩夷塗必之所往也（大正三八・三九四中）があげられる。

74――令善解義　「解義」は義理（道理）を理解すること。三本・磧砂蔵本は「義解」に作る。「義解」ならば義理に従って理解するの意。

75――夫之敬妻亦有五事　夫が妻を「敬」するとあるが、これは異訳経典もほぼ同じで、『善生子経』では「夫当以五事正敬正養正安其婦」、『中阿含』では「夫当以五事愛敬供給妻子」とある。パーリ本では paccupaṭṭhātabbā（奉仕すべきである）とあって「五事」の第一に sammānanāya（尊敬すること）がある。

76――相待以礼　「相待」はここでは夫が妻を待遇するということ。夫が妻に対して礼法を以て接するということは中国にも見られる。『詩経』大雅・思斉「刑于寡妻、至于兄弟、以御于家邦」箋「文王以礼法接持其妻、至于宗族」。

77――威厳不嬻　「嬻」は媟の俗字。なれあって男女の別をみだすこと。『漢書』五行志下之上に「夫婦不厳、玆謂媟」と見える。なお、夫が妻を敬する五事の内容は、本経と異訳三経・パーリ本との間に比較的きれいに対応がつくが、この「威厳不嬻」だけはどれにも見えない。

78――荘厳以時　「荘厳」はこれまで何度も出てきたように身を装うこと。ここでは夫が妻に美しい衣服やアクセサリーを与えて妻の身を飾らせることをいう。『六方礼経』では「当給与金銀珠璣」、『善生子経』では「時与宝飾」、『中阿含』では「為作瓔珞厳具」と訳す。

79――妻復以五事恭敬於夫　本経では妻の夫への対し方として五箇条をあげており、これは数の点では『六方礼経』およびパーリ本と同じであるが、『善生子経』では十四箇条、『中阿含』では十三箇条があげられている。内容的には、『六方礼経』の二箇条と『善生子経』の三箇条および『中阿含』の一箇条が本経と一致するほかは対応がつかない。なお、『六方礼経』は「夫出不在、当炊蒸掃除待之」や「用夫教誡、所有什物不得蔵匿」などのように細かく具体的な事が記されている。

80――和言　言葉をやわらかくし、おだやかにものを言うこと。『注維摩』巻一に、四摂事の愛語の説明として「以愛心故和言、随彼所適」（大正三八・三三六上）と見える。

81――先意承旨　相手の気持ちを言葉として出されるよりも先に察知し、その旨趣にさからわないこと。『礼記』祭義「君子之所為孝者、先意承志、諭父母於道」、『三国志』呉書・賀邵伝「先意承旨、各希時趣」など用例は少なくない。

82――是為夫之於妻敬待　三本・磧砂蔵本は「夫」と「妻」が入れかわっている。妻が夫に仕える方法を説いたあとのまとめのことばとしてはその方がよいようにも思えるが、「敬待」という語はすぐ前に「夫以此五事敬待於妻」として使われているし、妻が西方である（注65参照）から後文「如是則彼方（西方）安隠、無有憂畏」への続き具合もよいので、このままで読んだ。ただし、注70の父母と子の関係のところで述べたように、ここでも、パーリ本のように夫婦相互のことを記す方が落ち着きはいい。

83――夫為人者当以五事親敬親族云何為五一者給施二者善言

三者利益四者同利五者不欺　ここにあげられている五事のうち第一から第四までは共同生活を円滑に営む方法として説かれるいわゆる「四摂事」(cattāri saṃgaha-vatthūni 四つの包容の態度)と重なる。「善言」は注80の「和言」、注97の「軟言」と同じ。また「愛語」とも訳される。「同利」はあとの偈でも同じ語が出てくるが、「同事」とも訳されるもの。『注維摩』巻一に「以四等法摂衆生為四摂也。一者恵施。財法二施、随彼所須。二者愛語。以愛心故和言、随彼所適。三者利行。随彼所利、方便利之。四者同事。遇悪同悪而断其悪、遇善同善而進其善、故名同事也」(大正三八・三三六上)と見える。本経の五事の内容はパーリ本と完全に一致するが、『善生子経』・『中阿含』とはほとんど一致しない。なお『中阿含』だけは「親友臣」(本経の「親族」にあたる)を北方ではなく下方に配し、北方には「奴婢使人」を配している。

表三

本経	『六方』	『善生子』	『中阿含』	パーリ本
護放逸		(2)遨逸則数責	(3)見放逸教訶	(1)pamattaṃ rakkhanti
護放逸失財			(1)知財物尽 (1)知財物尽已供給財物	(2)pamattassa sāpateyyaṃ rakkhanti
護恐怖者	(2)小有急当奔趣救護之	(1)有畏使帰我	(5)急時可帰依	(3)bhītassa saraṇaṃ honti
屏相教誡	(1)見之作罪悪私往於屏処諫曉呵止之			
常相称歎	(4)当相敬歎			
	(3)有私語不得為他人説 (5)所有好物当多少分与之	(3)私事則為隠 (4)供養久益勝 (5)言忠為忍言	(4)愛念	(4)āpadāsu na vijahanti (5)apara-pajaṃ ca pi śsa paṭipūjenti

84――一者護放逸二者護放逸失財三者護恐怖者四者屏相教誡五者常相称歎　この五つのうち第一から第四については注60参照。そこで問題にしたことも関係するので、この部分の諸本対照表を載せておこう（表三）。

85――敬視親族　元明本・磧砂蔵本は「視」を「親」に作る。上文に「親敬親族」とあるから、それでも通じるが、今はこのままで読んだ。

86――賜労随時　「賜労」は功労に対して賞賜すること。『梁書』武帝紀中「赦天下、内外文武各賜労一年」。主人が召使いに対してなすべき五事は『善生子経』・『中阿含』・パーリ本とも割合よく対応しているが、「賜労随時」だけはそれらに見えない。『六方礼経』は「飲食随時」と「病与医薬」の条以外は対応しない。

87――縦其休假　「縦」はここでは「ゆるやかにする」というほどの意味か。召使いに休息が必要な時には休息させるということだろう。『善生子経』では「時時教斎」、『中阿含』では「及日休息」、パーリ本では **samaye vossaggena**（適当なときに休息させる）となっている。

88――僮使復以五事奉事其主　本経では召使いの主人への仕え方として五箇条をあげるが、『善生子経』では十箇条、『中阿含』では九箇条をあげている。『六方礼経』とパーリ本は本経と同じく五箇条であるが、第四の「作務以次」にあたる条が見えない。

89――不与不取　「与えられざれば取らず」の意。『阿摩昼経』注141参照。

90――称揚主名　『六方礼経』では「当称誉大夫善、不得説其悪」、『善生子経』では「出門称曰、我家長子聡而有慧」、『中阿含』では「行他方時便讃歎」「称大家庶幾」とあり、本経よりも詳しい。

91――是為主待僮使則彼方安隠無有憂畏　上文の夫と妻の場合と同じように、「則」の上に「如是」が省略されているものと考えて訳した。

92――檀越当以五事供奉沙門婆羅門云何為五一者身行慈二者口行慈三者意行慈四者以時施五者門不制止　「檀越」は **P., S. dānapati** の音写。義浄『南海寄帰内法伝』巻一に「梵云陀那鉢底、訳為施主。陀那是施、鉢底是主。而云檀越者、本非正訳。略去那字、取上陀音、転名為檀、更加越字。意道由行檀捨、自可越渡貧窮。妙訳雖然、終乖正本」（大正五四・二一一中）。『善生子経』では「施主」、『中阿含』では「居家布施之人」と訳している。檀越の沙門婆羅門への対し方として本経にあげられている五事の内容はパーリ本と完全に一致する。また、『善生子経』と『中阿含』は別の系統で完全に一致する。『六方礼経』は三箇条が本経・パーリ本と共通するが、二箇条はどれにも共通しない。この関係を表示すれば次のようになる（表四）。

93――沙門婆羅門当復以六事而教授之　ここまで六つの方角に配置された人間関係においてなされるべき事柄がそれぞれ「五事」に整理されていたが、ここだけが「六事」になっている。この「六事」の内容はパーリ本と完全に一致する。『六方礼経』も六箇条あげていて数の点では同じだが、その内容は布施・持戒・忍辱・精進・一心・黠慧のいわゆる六波羅蜜で、本経とは全く異なる。『善生子経』と『中阿含』は五箇条になっており、そのうち三箇条は『六方礼経』と重なる。

以上の文で、六つの方角に配置された人間関係において果たされるべき義務が述べられてきたわけであるが、それらの人間関係とそれを要約する語を図式化し

表四

本経	『六方』	『善生子』	『中阿含』	パーリ本
身行慈	⑶以身敬之			⑴ mettena kāya-kammena
口行慈	⑵択好言与語			⑵ mettena vacī-kammena
意行慈	⑴以善心向之			⑶ mettena mano-kammena
以時施				⑸ āmisânuppadānena
門不制止		⑴開門待之	⑴不禁制門	⑷ anāvaṭa-dvāratāya
	⑷当恋慕之			
	⑸当恭敬承事問度世之事			
		⑵来迎門訊	⑵見来讃善	
		⑶与設几席	⑶敷設床待	
		⑷経法蔵護	⑸擁護如法	
		⑸施食潔浄	⑷施設浄美豊饒飲食	

て示せば次のようになる（番号は記述の順を示す）。

①敬順　③敬奉　⑤敬
子⟷父母　弟子⟷師長　夫⟷妻
②敬親　④敬視　⑥恭敬

⑦親敬　⑨教授　⑪供奉
人⟷親族　主⟷僮使　檀越⟷沙門婆羅門
⑧親敬　⑩奉事　⑫教授

このうち①③⑤⑦⑨⑪に相当する語はパーリ本ではいずれも paccupaṭṭhātabbā（奉仕する）であり、②④⑥⑧⑩⑫に相当する語はパーリ本では anukampanti（愛する）である。もし梵語原本もパーリ本に近いものであったと仮定すれば、中村元「シンガーラへの教え」解説（前掲）にも言われているように、中国人の社会的通念に従って漢訳の際にこれらの語が改められた可能性がある。もしそうであるならば、上下双方の身分関係に使うことのできる「敬」という字が繰り返し用いられていることに注目すべきであろう。

94――防護不令為悪　文の形は前に出てきた「護彼不令放逸」と似ているが、「護彼不令放逸」が「護放逸」（すでに放逸の状態にあるのをかばってまもる）と同じ梵語の訳であるらしい（少なくともパーリ本では同じ。注60・84参照）のに対して、「防護不令為悪」はパーリ本でも pāpā nivārenti（悪から遠ざからしめ）となっている。

95――天路　注57参照。

96――師長為南方　「為」を底本は「名」に作るが、三本・磧砂蔵本に従って改めた。その方が前後と統一される。

97――恵施及軟言　利人多利益　同利等彼己　所有与人共　この「恵施」「軟言」「利人」「同利」は四摂事とよばれているもの。注83参照。「所有与人共」は「同利」をもう一度説明した句であろう。パーリ本では Dānañ ca peyya-vajjañ ca, attha-cariyā ca yā idha, Samānattatā ca dhammesu, tattha tattha yathā rāhaṃ. (p. 192)（施与と、親愛のことばを語ることと、この世でひとのためにつくすことと、あれこれの事柄について適当に協同すること）。

98――此四多負荷　任重如車輪　「此四」とは前段の恵施・軟言・利人・同利をさす。「此四多負荷」とは、この四摂事に課せられた任務は重いということ。パーリ本ではこの箇所は Eke kho saṅgahā loke, rathass'āṇîva yāyato (p. 122)（これらが世の中における愛護である。あたかも回転する車の轄《くさび》のごとくである）となっていて、本経とは車のたとえの方向が違っているようである。

99――世間無此四　則無有孝養　「世間」については『典尊

経』注72参照。「孝養」がないというのはこれだけではわかりにくいが、パーリ本にあるように Ete ca saṅgahā n' assu, na mātā putta-kāraṇā, Labhetha mānaṃ pūjaṃ vā pitā vā putta-kāraṇā. (p. 192)（もしも四つの愛護を行わないならば、母も父も、母たり父たるが故に子から受けるべき尊敬も扶養も得られぬであろう）というような意味だろう。

100——此法在世間　智者所撰択　「此法」は四摂事の教えをさす。「撰」を三本・磧砂蔵本は「選」に作る。「撰」のままでも「選」に通じて使われる。

101——厳飾於牀座　供設上飲食　この二句は教えを実践した時に得られる大いなる果報（前段の「大果」）の具体例を述べているとも考えられ、英訳はそのように解釈しているが、ここでは人が親や友人に対してこのような事を行えば名声が得られるという意味で解した。偈の次の段が四摂事のうちの「利人」を実践して善き誉れを得るといっているのに対して、この段はしいて言えば「恵施」にあたると言えようか。ここに相当するパーリ文はない。「厳飾」は『世記経』鬱単曰品注15参照。「供設」は類義字を重ねた語。『説文』に「供、設也」。「上飲食」は上等の飲食。『典尊経』にも「設種種上味」と見えた（注171）。

102——上下常和同　「上下和同」は中国古典によく見られる表現。一例をあげれば、東方朔「答客難」（『文選』巻四五）「伝曰、天下無害、雖有聖人、無所施才、上下和同、雖有賢者、無所立功」。

103——先当習伎芸　然後獲財業　財業既已具　宜当自守護　「伎芸」は類義字を重ねた語。技術。「財業」は『阿摩昼経』注119参照。原始仏教では一般在俗信者に対しては、財の集積は望ましいこととして積極的に財を尊重すべきことを説いていた。この偈にもそうした考え方が顕著に見える。世俗人に対して説かれた原始仏教の経済倫理思想については、中村元『原始仏教の生活倫理』第二編第五章に詳しい説明がある。

104——出財未至奢　当撰択前人　欺誑觝突者　寧乞未挙与　「出財」は文脈から見れば消費生活のことではなく人に施与することをさす。「前人」は、普通は昔の人という意味だが、ここでは目の前にいる人の意か。しかしそうした用例は未見。「觝突」は元明本・磧砂蔵本は「抵突」に作る。どちらであっても同じ子音字を重ねた双声の擬態語で、あばれ廻るという意味。『無量寿経』に「如此之人、矇冥抵突、不信経法、心無遠慮」（大正一二・二七五上）、「肆心蕩逸、魯扈抵突、不識人情、強欲抑制」（大正一二・二七七上）と使われている。吉川幸次郎「仏説無量寿経の文章」参照。また、その他の用例は、徐震堮『世説新語校箋』附録「世説新語詞語簡釈」参照。「寧乞未挙与」は「寧A未B」の構文で「AをすることはあってもBをすることはない。BよりもAの方がましだ」という意味。『古漢語虚詞手冊』二四三頁「寧……無……」「寧……不……」の項を参照。また『典尊経』注16・『小縁経』注123参照。ただし、ここでは選択の用法ではなく、「寧」は「たとえ〜しても」という仮設の意味で使われていると解した方がわかりやすい。なお、この箇所はパーリ本には相当する文が見えないが、『善生子経』では「有財無与富、又無与辺方、慳悋及悪業、有力無与友」、『中阿含』では「出財莫令遠、亦勿令普漫、不可以財与、凶暴及豪強」となっている。

105——積財従小起　如蜂集衆花　パーリ本では前の善友の偈の中（注64に引用した文のすぐあと）にここに相当する文があり、Bhoge saṃharamānassa bhamarass' eva iriyato（p. 188）（蜂が食物を集めるように働くならば）となっている。

106——止足　己の分に止まり満足すること。『老子』四十四章「知足不辱、知止不殆」にもとづく語。

107——三当先儲積　以擬於空乏　「儲積」は類義字を重ねた語。「擬」は『説文』に「擬、度也」とあり、推し測ること。ここでは窮乏の事態を推測してそれに備えることをいう。この箇所の英訳は "Thirdly, you should first have a stock, lest you should be in want and need".

108——択地　底本は「択」を「沢」に作るが、三本・磧砂蔵本に従って改めた。

109——塔廟『阿㝹夷経』注56・『世記経』鬱単曰品注73参照。

110——房舎　類義字を重ねた語。法顕『仏国記』「衆僧住止房舎、床褥飲食衣服、都無缺乏、処処皆爾」、蕭子良『浄住子浄行法門』出三界外楽門（『広弘明集』巻二七）「得自然宮殿、七宝房舎、早得成仏」（大正五二・三一三中）など仏教関係の用例が多いようである。

111——六業　本経では在家の者が勤励すべき六つの事柄として、⑴食知止足　⑵修業勿怠　⑶先儲積以擬於空乏　⑷耕田商賈択地而置牧　⑸起塔廟　⑹立僧房舎があげられているが、これをパーリ本・異訳本と比較するとかなりの相異がある。まず、パーリ本ではこれに相当する箇所は注105に引いた蜂のたとえと同じく善友の偈の中にあって、Catudhā vibhaje bhoge, save mittāni ganthati, Ekena bhoge bhuñjeya, dvīhi kammaṃ payojaye, Catutthañ ca nidhāpeyya, āpadāsu bhavissa-tîti.(p, 188)（その財を四分すべし。〔そうすれば〕かれは実に朋友を結束する。一分の財をみずから享受すべし。四分の二の財をもって〔農耕・商業などの〕仕事を営むべし。また〔残りの〕第四分を蓄積すべし。しからば窮乏の備えとなるであろう）とある。つまり、財産の四分の一は衣食などの生活のために使い、四分の二（すなわち半分）は農耕・商業の資本として使用し、残りの四分の一を窮乏の備えとして貯蓄にまわすようにと説いているのである。パーリ本に見えるこの財産四分説を説きつつ、さらにその上に二項目を追加しているのが『善生子経』と『中阿含』である。『善生子経』では「若索以得財、当常作四分、一分供衣食、二為本求利、蔵一為儲跱、厄時可救之、為農商養牛、畜羊業有四、次五厳治室、第六可娉娶」、『中阿含』では「後求財物已、分別作四分、一分作飲食、一分作田業、一分挙蔵置、急時赴所須、耕作商人給、一分出息利、第五為取婦、第六作屋宅」とあって、いずれも財産四分を説いたあとで、立派な家を建てることと妻をめとることといった、きわめて世俗的な立場からの二項目がつけ加えられている。しかし、財産四分説のあとに第五・第六と追加していくやり方はいかにも不自然である。本経では内容的には財産四分説で述べられた事を含みながら——「六業」の第一番目の「食知止足」は四分のうちの生活のための消費に相当し、第三番目の「先儲積以擬於空乏」は四分のうちの窮乏の備えに相当し、第四番目の「耕田商賈択地而置牧」は四分のうちの資本としての使用に相当すると見られる——、『善生子経』や『中阿含』のように財産を四分するといった表現は全く用いず、全体が在家者の「六業」として統一された記述のしかたになっている。そして、第五・第六の内容も、『善生子経』や『中阿含』のような世俗的なものではなくて、仏教教団の教団的立場からのものになっている。以上のことをまとめれば

パーリ本

↓　財産四分説に第五・第六の項目を付加

『善生子経』・『中阿含』

↓　教団的立場から在家の「六業」として整理

本経

という関係にあると言える。（『六方礼経』の最後の偈は経の本文とは関係のない内容のものであるから、今は問題にならない。注25参照）。

それぞれの梵語原本について推測を加えるならば、『善生子経』と『中阿含』はこれまで何度か指摘した

ように内容・形式両面で一致することが多く（注79・88・92・93などを参照）、ここでも類似性が見出せるから、おそらくこの二つの経典の梵語原本は同じ系統のものであったと考えられる。一方、パーリ本と本経は、『善生子経』・『中阿含』系統とは別のものと考えられ、一致する点が多い（注8・79・88・92・93・112などを参照）が、ここでは合わない。この部分に関する限り、本経の梵語原本はパーリ本のそれよりも後出の、教団的立場からの手が加えられたものと言えそうである。このことをどのように理解したらよいのか詳しくは後考を待たねばならないが、大まかな傾向としてパーリ本と本経の梵語原本は同一系統の中にあったと見られるのではないだろうか。Bhadanta Pannasiri も漢訳四本の中で『長阿含』が最もパーリ本に近く、『善生子経』と『中阿含』はそれとは別の同一の源から出ているとの結論を出している（前掲書一六四頁）。なお『六方礼経』について同書は、「財産を損う六つの行い」についての記述がないことや散文の内容を要約する偈がないことなどを理由に、最もオリジナルで未発達な形をとどめているものと考えている。

112——爾時善生白世尊言　偈のあとに善生の世尊に対する言葉を載せているのは本経とパーリ本だけである。

113——本望　もともと持っていた願望。『宋書』劉粹伝「深思自警、以副本望」といった用例がある。

114——冥室燃燈有目得視　パーリ本では andha-kāre vā tela-pajjotaṃ dhāreyya "Cakkumanto rūpāni dakkhintîti (p. 193)（あるいは「眼ある者は色を見るであろう」と言って暗黒の中に油の燈火をかかげるように）。冥室と炬火のたとえは、牟子『理惑論』（『弘明集』巻一）「吾自聞道以来、如開雲見白日、炬火入冥室焉」（大正五二・五中）をはじめ多く見られる。

115——清白法　パーリ本には対応する語は見えなが、「清白」は S. śukla の訳語であろう。この語の古代インドにおける意味あいについては、『小縁経』注23参照。中国では世の混濁に交じらない生き方、私欲を捨てた清廉潔白な生き方をさして「清白」という語が使われる。たとえば、『楚辞』離騒「伏清白以死直兮、固前聖之所厚」、『後漢書』楊震伝「性公廉不受私謁、子孫常蔬食歩行。故旧長者或欲令為開産業。震不肯曰、使後世称為清白吏子孫、以此遺之、不亦厚乎」など。しかし、ここでは仏の説法を讃美する時の常套語である「清浄」と同じように使われている。仏法のことを「清白法」とよぶ例としては、『浄住子浄行法門』十種慚愧門（『広弘明集』巻二七）に「各須慚愧、順清白法」

（大正五二・三一四中）と見える。

116——仏為如来至真等正覚　如来・至真・等正覚は仏の十号に数えられるもの。『小縁経』注58・59参照。

117——帰依仏帰依法帰依僧　「帰依」については『弊宿経』注250参照。この表現はのちの願疏文によく用いられるようになる。たとえば梁簡文帝「請為諸寺檀越願疏」（『広弘明集』巻二八）「菩薩戒弟子蕭綱、帰依十方尽虚空界一切諸仏、帰依十方尽虚空界一切尊法、帰依十方尽虚空界一切聖僧」（大正二・三二五中）。

118——憂婆塞　三本・磧砂蔵本は「憂」を「優」に作る。**P. upāsaka** の音写。男性の在俗信者。

119——自今日始尽形寿　「形寿」は肉体と寿命。漢訳仏典や願疏文にはここと類似の表現がよく見られる。たとえば『法華経』法師功徳品「婆羅門居士、国内人民尽其形寿、随侍供養」（大正九・四九中）、梁簡文帝「請為諸寺檀越願疏」（『広弘明集』巻二八）「皆尽形寿、永為檀越」（大正五二・三二五中）。『弊宿経』にも「自今已後尽命」とあった（注256）。

120——不殺不盗不婬不欺不飲酒　世俗の人々が守るべき五つの戒律で、のちに「五戒」と呼ばれるようになったもの。本経では「不飲酒」を加えない古い時代の四戒の説（注24参照）とこの五戒とをあわせて記している点で注目される。

清浄経

注

1――迦維羅衛国　釈迦族の国都。「迦維羅衛」は P. Kapila-vatthu, S. Kapila-vastu の音写。

2――緬祇　パーリ本に Vedhaññā と見える地名の音写であろうと思われる。「緬祇」のカールグレンによる推定中古音は mi̯än-g'ji̯ę。赤沼『固有名詞辞典』七四九頁参照。

3――優婆塞　P., S. upāsaka. 男性の在俗信者。

4――与大比丘衆千二百五十人俱　大正蔵には「衆」の字がないが、底本のままの方がよい。

5――沙彌　P. sāmaṇera, S. śrāmaṇera. 出家したばかりの僧。

6――周那　P., S. Cunda. 鍛冶工の子。仏に最後の供養をしたことで知られる。『遊行経』(四) 注91参照。

7――波波国　王舎城の近くにあった末羅族の国。「波波」は P. Pāvā, S. Pāpā の音写。「波婆」とも音写する。『遊行経』(四) 注88参照。

8――夏安居　「安居」は P. vassika, S. vārṣika の訳。雨期の三ヶ月間、洞窟や寺院に籠って修行すること。『周那経』では「夏坐」と訳している。「安居」(安らかに居るの意) の中国古典における用例としては、『孟子』滕文公下「(大丈夫) 一怒而諸侯怒、安居而天下熄」、『漢書』燕刺王劉旦伝「君子独安居」などがある。

9――至阿難所　「至……所」の用法については、『沙門果経』注22参照。「阿難」は仏弟子。Ānanda の音写。

10――尼乾子　P. Nigaṇṭha Nātaputta. ジャイナ教の祖師。本名は Vardhamāna. 中村元『原始仏教の成立』によれば、紀元前四四四年頃～前三七二年頃。波波国で没した。『遊行経』(七) 注52・『衆集経』注12などを参照。ここと同じように、尼乾子の死と教団の分裂の話は、『衆集経』にも見えた。

11――命終　『釈提桓因問経』注131参照。漢訳仏典に多く出る語であるが、『抱朴子』至理篇にも、「身労則神散、気竭則命終」と見える。

12――其諸弟子分為二分　石川海浄訳『国訳一切経』脚注が指摘するように、ジャイナ教徒が白衣派と裸形派に分かれたことをさすと考えられる（パーリ本にも odāta-vasanā〔白衣者〕の語が見えている）が、歴史的な事実としては、この二派の分裂が生じたのは紀元前三〇〇年以降であり、釈尊在世中のこととして記す本経とは合わない。また、そもそも尼乾子の死は釈尊よりも後であると考えられる（中村元『インド古代史』下によれば釈尊の死は前三八三年頃）から、本経のこのあたりの記述は、歴史的時間の流れを離れて話として作られたものであると思われる。

13――各共　『小縁経』注101参照。

14――無復上下　パーリ本では対応する文はない。「無上下之別」や「無上下之分」という表現は、中国古典にはしばしば見られる。

15――迭相　「迭」は互の意。『史記』楽書に、「五者皆乱、迭相陵、謂之慢」。『小縁経』注118・『阿摩昼経』注174参照。

16――知見　知識にもとづいた見解。S. jñāna-darśana の訳。

17――以前著後以後著前　『阿摩昼経』注175参照。

18――大徳　偉大なる徳を持つ人。『礼記』中庸に「大徳必得其位、必得其禄、必得其名、必得其寿」と見える。

19――我等有言欲啓世尊今共汝往宣啓此事　この箇所は、阿難たちには別に世尊に申し上げたいと思っていたことがあって世尊の所へ出かけるので、そのついでに周那の話をしようという意味にとれるが、パーリ本では、**Atthi kho idaṃ āvuso Cunda kathā-pābhataṃ Bhagavantaṃ dassanāya āyāma' āvuso Cunda** (*DN.* Ⅲ, p. 118, 以下パーリ本からの引用は頁数のみを記す）（友、周那よ。これはちょうどよい話題だ。世尊に会いに行こう）となっており、意味が違ってくる。ちなみに、『周那経』では「得因此説、可往見仏奉献世尊」とある。『周那経』のパーリ本の対応箇所はここと同文であり、漢訳のしかたは『周那経』の方が『清浄経』よりもパーリ本の意味に近い。「宣啓」は類義字を重ねた語。

20――戒勅　類義字を重ねた語。『漢書』楊惲伝「欲令戒飭（＝勅）富平侯延寿」などの用例がある。

21――三耶三仏　正しく覚った人。S. samyak-saṃbuddha の俗語 samyasambut からの音写。宇井伯寿『訳経史研究』所収「支讖の訳書に於ける音訳一斑」参照。

22――猶如朽塔難可汙色　このたとえの意味、よくわからない。「汙色」を磧砂蔵本・元明本は「杇色」に作る。「汙」は「杇（＝朽）」に通じ、壁を塗るという意味があるので、今その方向で訳したが、「汙色」「杇色」ともに用例は未検出。パーリ本では **bhinna-thūpe appatisaraṇe ti** (p. 118) とある。これはブッダゴーサの注によれば、**thupa** は **patiṭṭha** の意で、「土台がこわれており、頼ることができない」ということで、ここと意味がずれるようである。壁を塗るという意味であるとすれば、『論語』公冶長篇の「宰予昼寝。子曰、朽木不可雕也。糞土之牆、不可杇也。於予与何誅」という話が連想され、誤った教えを説く人とそれを信奉する人に対してはなすべきすべがないということのたとえになる。

23――出要　もともと「出離の要道」という意味であったと思われるが、ここでは「出離」と同じで動詞として用いられている。『阿摩昼経』注324・『三明経』注18参照。

24――諸賢　『典尊経』注47参照。

25――当於中行　「於中」はすぐあとに「然諸弟子於此法中不能勤修」とあるのと同じように、「師の教えの中において。教えどおりに」の意。漢文としてはやや奇異な表現のように思えるが、漢訳仏典には類似の用例は多い。たとえば、『法華経』普賢菩薩勧発品「此王於我法中、作比丘精勤修習助仏道法」（大正九・六〇中）、同じく信解品「於仏法中勤精進故所得弘多」（大正九・一七中）など。

26――其彼弟子　「其彼」は四字句にするために引き伸ばした言い方。

27――二倶　二字で「ともに」の意。

28――獲無量罪　この句はあとの「獲無量福」と対になっていることから見れば、「結果として多くのわざわいを得る」という意味になりそうだが、「獲罪」という語は、普通は「罪を犯す。罪人になる」という意味。たとえば、『論語』八佾篇「獲罪于天、無所禱也」。パーリ対応語は **bahuṃ apuññaṃ** (p. 120). **apuñña** は、行為としての罪の意と結果としてのわざわいの意の両方を含む。

29――平等道　パーリ本には対応する語が見えない。「平等」については、『梵動経』注53・55参照。「平等之道」という表現は、『注維摩』巻三に「雖非凡夫而不離凡夫法、此乃平等之道也」（大正三八・三五〇中）などと見える。

30——法法成就　パーリ対応語は dhammânudhamma-paṭipanno.「法法」は、ひとつひとつの法すべてという意味。同じ名詞を二つ重ねる用法は、たとえば「家家自以為稷契、人人自以為皐陶」（揚雄「解嘲」）などがあり珍しいものではないが、「法法」の用例は未検出。『増一経』注22参照。

31——勤苦　漢訳仏典に頻出する語だが、中国古典にも『礼記』学記「時過然後学、則勤苦而難成」など用例は多い。

32——現法　現世。この世。『小縁経』注25参照。

33——道果　さとりという結果。『注維摩』巻三にも「肇曰、果、諸道果也」（大正三八・三五〇中）などと見える。パーリ本に対応語はない。『阿摩昼経』注328参照。

34——出世　世に出現するという意味の用例としては、王嘉『拾遺記』巻十に「明王出世、則浮於海際焉」とある。

35——云何導師出世使弟子生憂　「云何……」で「……とはどのようなことか」の意。内容の説明のあと「是為……」で受けることが多い。

36——其法具足梵行清浄　同じことが後に三度繰り返されるが、いずれも「其法清浄梵行具足」となっている。パーリ本では同文の繰り返し。「梵行」については、『釈提桓因問経』注46参照。

37——如実真要　「如実」は「ありのままに」という意味で『論衡』などに用例が見られる。『梵動経』注19参照。「真要」は真理のかなめ。『注維摩』巻七「有非真要、時復暫遊。空為理宗、以為常宅也」（大正三八・三九三中）、『法華経』信解品「一切諸仏秘蔵之法、但為菩薩演其実事、而不為我説斯真要」（大正九・一八中）などがその用例。

38——取滅度　「滅度」は、僧肇『涅槃無名論』に「涅槃……秦言無為、亦名度。無為者、取於虚無寂寞、妙滅絶於有為。滅度者、言其大患永滅、超度四流」とあるように、**P. nibbāna, S. nirvāṇa** の訳として用いられることが多いが、ここのパーリ対応語は **antaradhānaṃ hoti**（消える）である。「取」の用法については、『阿摩昼経』注330参照。

39——愁憂言　「愁憂」は類義字を重ねた語。「言」は「念言」（心に念《おも》う）の「言」と同じように、その後に憂えた内容が続くことを示す引用符号のようなものとして解した。『沙門果経』注11参照。

40——謂　上の「云何」を受けて、これより後の文がその答えであることを示す。

41——如実真要而不布現而今導師便速滅度使我弟子不得修行　磧砂蔵本・三本は「如実真要而広布現、然後導師方

取滅度、使我弟子皆得修行」となっており、それに従えば、注42の四字を、「憂いを抱くことはなく、こう言った。……」の意味に解さなければならなくなる。パーリ本は磧砂蔵本・三本の方向に近いが、今はひとまず大正蔵のままで訳した。

42——不懐憂言　「憂いを抱くことはなかった。どういう憂いかといえば……」という意味で解した。注39および次注参照。

43——此支成就梵行　「支」は部分、構成要素。この文、意味がとりにくい。パーリ本は、Etehi ce pi Cunda aṅgehi samannā-gataṃ brahmacariyaṃ hoti (p. 123)（もし梵行がこれらの要素をそなえているならば）。今、漢文としての自然な読みに従って、「梵行」を「成就」の目的語として訳した。

44——梵行支不具足　パーリ本は evaṃ taṃ brahmacariyaṃ aparipūraṃ hoti ten' aṅgena（p. 123）（かく、その梵行はこの点に関して不十分である）。漢文としての自然な読みに従って「梵行支」を主語として訳した。次の「梵行支具足満」も同じ。

45——安処　パーリ対応語は yogakkhema（安穏なる境地）。

46——往滅之　「往」は動作が相手（この場合は異論をとなえる者）に向かってなされることを示す。

47——分別演説　『荀子』非相篇に、「談説之術、……分別以喩之」とあるように、事柄を類別して説くこと。

48——優婆夷　P., S. upāsikā. 女性の在俗信者。

49——乃至　長い文章が繰り返される場合、途中を省略することを示す一種の中略符号のようなもの。

50——無有名聞利養損減　後の文脈から考えれば、導師が世にいないために名聞と利養がなく、したがってそれらが損減することもないということ。「利養」については、『阿摩昼経』注163参照。

51——如来至真等正覚　仏の十号のうちに数えられるもの。『小縁経』注58・59・60参照。

52——徒衆　「徒」も「衆」の意。P., S. saṅgha（音写語は僧伽）の訳。「衆」一字の場合も同じ。

53——見不可見　パーリ本は Passan na passatîti（見ていても見えない）。

54——鬱頭藍子　P. Uddaka Rāmaputta. 釈尊が出家後まもなく訪れた禅定の師のひとり。釈尊は鬱頭藍子の修行法に満足できず、山林で六年間苦行に勤めることになった。鬱頭藍子の説については諸経に散見する（赤沼『固有名詞辞典』六九頁、中村元『ゴータマ・ブッダの生涯』一一〇—一一二頁参照）が、比較的まとまったものとして、『中阿』巻二八『優陀羅経』（大正一・六〇三上

～中）がある。しかし、『優陀羅経』にも鬱頭藍子（＝優陀羅）の「見不可見」の論は見えない。

55――作是説　「作此念」というのと同じ構造。『沙門果経』注71参照。

56――刀可見刃不可見　パーリ本は、Khurassa sādhu-nisitassa talam assa passati, dhārañ ca kho tassa na passati(p. 126)（非常に鋭いナイフの面を見るけれども、その刃先は見えない）。

57――彼子乃引凡夫無識之言以為譬喩　「彼子」は鬱頭藍子。「乃」はこの場合「そうすべきではないのに、なんとまあ」というニュアンスを持つ。「無識」は物事の是非を判断する力がないこと。『荀子』法行篇「怨人者窮、怨天者無識」。

58――汝当正説言　底本は「正」の字の下に「欲」の字があるが、磧砂蔵本・三本に従って「欲」の字を省いて訳した。

59――是不可見　磧砂蔵本・三本は「見不可見」に作る。どちらの場合も、意味は「是見不可見」ということ。

60――彼相続法不具足而可得不相続法具足而不可得　ひとまず訳をつけたが、文意は不明。パーリ本には対応する文は見えない。

61――酪酥中醍醐　酪・酥・醍醐はいずれも五味のひとつ。牛乳を精製すると、乳→酪→生酥→熟酥→醍醐（これを五味という）の順に変化し、しだいに味が深まる。ここでは「酪酥」で五味を代表させている。醍醐については、『闍尼沙経』注94参照。

62――我於是法躬自作証　ここから「於如来正法、当自熾然、快得安楽、得安楽已」までは、『遊行経』に同じような文が見える。「我以此法、自身作証、成最正覚。謂四念処・四意断・四神足・四禅・五根・五力・七覚意・賢聖八道。汝等宜当於此法中、和同敬順、勿生諍訟。同一師受、同一水乳。於我法中、宜勤受学、共相熾然、共相娯楽」（本シリーズ第1巻二四九頁）。「於是法」は『遊行経』と同じく「以此法」の意味に解した（『遊行経』（四）注26参照）。「躬自作証」については、『釈提桓因問経』注80参照。

63――四念処　P. cattāro satipaṭṭhānā. さとりを得るための四種の修行方法。身・受・心・法を如実に内観すること。以下の、四神足・四意断・五根・五力・七覚意・賢聖八道と合わせて三十七道品という。『闍尼沙経』注96参照。

64――四神足　P. cattāro iddhi-pādā. 神通力を得るための四つの基。欲神足・勤神足・心神足・観神足。『闍尼沙経』注106参照。

65——四意断　P. cattāro samma-ppadhānā.「四正勤」の古訳。四つの正しい努力。『闍尼沙経』注107・『衆集経』注93参照。

66——四禅　色界における四種の禅定。その内容は後段に見える。三十七道品についての説明の中で「四禅」を加えているのは、注62所掲『遊行経』も同じである。ただし、『清浄経』も『遊行経』もパーリ本には「四禅」を欠く。『衆集経』注95参照。

67——五根　P. pañc' indriyāni. さとりを得るための五つの機根。信根・精進根・念根・定根・慧根。『十上経』注54・『増一経』注41参照。

68——五力　P. pañca balāni. さとりに至らしめる五つの力。信力・精進力・念力・定力・慧力。『増一経』注82参照。

69——七覚意　P. satta bojjhaṅgā.「七覚支」の古訳。さとりを得るために役立つ七つの事柄。念覚意・法覚意・精進覚意・喜覚意・軽安覚意・定覚意・捨覚意。『増一経』注61～69、『自歓喜経』注41・43参照。

70——賢聖八道　P. ariyo aṭṭaṅgiko Maggo.「八聖道」「聖八支道」ともいう。さとりに至るための八つの道。正見・正思惟・正語・正業・正命・正精進・正念・正定。『闍尼沙経』注100参照。

71——同一水乳　水と乳とは融けやすいので「水乳」は人々の和合する喩えとして仏典によく出てくる。たとえば『中阿』巻四八『牛角娑羅林経』「汝等常共和合、安穏無諍、一心一師、合一水乳」(大正一・七三〇上)、『十誦律』巻三七「汝与僧共和合。和合者歓喜無諍、一心一学、如水乳合」(大正二三・三六四下)など。

72——当自熾然　「当自熾燃、熾燃於法、勿他熾燃。当自帰依、帰依於法、勿他帰依」は『転輪聖王修行経』や『遊行経』にも出てくる定型句。『遊行経』(三)注121・『転輪聖王修行経』注3、中村元訳『遊行経』(上)二八九頁などを参照。

73——若有比丘説法中有作是言　「中」はこの場合「……している時」という意味。「作是言」の主語がないが、下文に「中有比丘作是言」とあるのに合わせて訳した。「作是言」は注55「作是説」と同じ構造。下文の「作如是問」「作如是説」なども同じ。

74——云何諸賢　「云何」は、漢訳仏典の慣用句「於意云何」(どう思うか)と同じ意味。『大本経』(一)注22参照。「諸賢」は呼びかけの語であるが、これは文脈から考えて、後段のように「比丘」とあるべきところだろう。

75——何者為勝何者為負　「何者A、何者B」で、「どちらの方がAで、どちらの方がBか」という意味の疑問文。

76―同一師受同一水乳　底本は「同一受、同一師、同一乳」とあるが、磧砂蔵本・元明本によって改めた。

77―十二部経　仏典の叙述の形式または内容によって十二に分類したもの。各経典によって十二の名称・順序に相違があるが、『清浄経』とほぼ同じなのは『遊行経』（本シリーズ第1巻二四九頁）である。詳しくは、前田恵学『原始仏教聖典の成立史研究』第二編および別表を参照。

78―貫経　P. sutta, S. sūtra.「経」・「契経」などとも訳す。釈尊の教えを文章にまとめたもの。中国では、『注維摩』巻一に「肇曰、経者常也、古今雖殊、覚道不改、群邪不能沮、衆聖不能異、故曰常也」（大正三八・三二七下）とあるように、古今を通じて不変の真理を記したものとして解釈された。

79―祇夜経　P. geyya, S. geya.「応頌」「重頌」などと訳す。経典の中で、前に散文で述べたところを重ねて韻文で示した部分をいう。

80―受記経　P. veyyākaraṇa, S. vyākaraṇa. 経典のうち、仏が修行者に対して将来さとりを得ることを予言する部分をいう。

81―偈経　P., S. gāthā.「頌」と訳す。経典の中で、仏の思想を韻律を整えた詩句によって述べたもの。

82―法句経　P., S. udāna. 仏が感興に乗じて説いた語。

83―相応経　P. itivuttaka, S. itivṛttaka. 仏弟子の前世物語。

84―本縁経　P., S. jātaka.「本生」とも訳す。仏・菩薩の前世物語。

85―天本経　P., S. nidāna.「因縁」「縁起」とも訳す。仏の説法教化の縁由を説いたもの。

86―広経　P. vedalla, S. vaipulya.「方広」「方等」とも訳す。広く菩薩道を説いたもの。

87―未曾有経　P. abbhuta-dhamma, S. adbhuta-dharma. 仏・菩薩が現した奇跡を記したもの。

88―譬喩経　P. apadāna, S. avadāna. たとえによって教えを説いたもの。『遊行経』（本シリーズ第1巻二四九頁）では「証喩経」となっており、これだけが名称が異なる。

89―大教経　S. upadeśa.「論議」とも訳す。仏あるいは仏弟子が教えの内容を分別し、論議し、問答して解釈したもの。

90―称量　類義字を重ねた語。はかること。『後漢書』方術下・華佗伝に「心識分銖、不假称量」などと見える。

91——若塚間衣若長者衣麤賤衣　「若……若……」は物を例示して列挙する表現。「麤賤衣」の上にも「若」が省略されている。「塚間衣」は墓場に捨てられた死屍を包んだ衣。塚間衣を着ることについて、『長阿含経』巻八『散陀那経』には、「仏告梵志、汝所行者皆為卑陋。……或衣鹿衣、或留頭髪、或被毛編、或著塚間衣。……以無数衆苦、苦役此身」（本シリーズ第2巻一七三〜一七四頁）と否定的な見方がなされているが、一方、『四分律』巻三九（大正二二・八四九下）では、仏は比丘が塚間衣を取ることを許している。「塚間」については、『阿摩昼経』注214参照。また、原始仏教では塚間が修行の場であったこと、中村元『ブッダ最後の旅』一九五頁注を参照。

92——知足而已　「知足」は『老子』三十三章・四十四章・四十六章などに見える語。「已」を磧砂蔵本・三本は「止」に作る。

93——下至閑静懈息之処　「下至」は yāvad の訳。「乃至」というのと同じ。「閑静」は『淮南子』本経訓に「閑静而不躁」とあるように、道家で重んじられる静かな精神状態を表す語。『大縁方便経』注6参照。「懈息」はここでは心の緊張をほぐしてゆったりと憩うこと。

94——大小便　牛の大小便を薬として用いたもの。『摩訶僧祇律』などに見える。磧砂蔵本・三本は「陳棄薬」に作る。陳棄薬でも意味は同じ。『南海寄帰内法伝』巻三「除其弊薬」の項（大正五四・二二五上）を参照。

95——酥油蜜　牛乳を精製して作った酥油（『転輪聖王修行経』注96参照）に蜂蜜を加えたもの。

96——黒石蜜　比丘が黒石蜜を受けることを仏が許したことは『四分律』などに見える。その巻四二に、「若病比丘、須酥油蜜生酥黒石蜜、乃至七日応服」（大正二二・八七〇中）とあるのがここと関係しよう。『転輪聖王修行経』注96参照。

97——外道梵志　P. añña-titthiyā paribbājakā.　仏教以外の宗教修行者。『梵動経』注5参照。

98——来作是語　「来」は動作がこちらに向かってなされることを示す。注46の「往」と相対する用法。

99——沙門釈子　P. Samaṇā Sakya-puttiyā.　沙門であり釈尊の弟子であるもの。「釈子」は『小縁経』注49の「釈種子」に同じ。

100——呵責　類義字を重ねた動詞。『三国志』魏書・高貴郷公伝「吾数呵責、遂更忿恚」。次の「称誉」も同じ。『韓非子』八姦篇「称誉者所善、毀疵者所悪」。

101——瞿曇　P. Gotama. S. Gotama, Gautama.　釈尊の姓。『遊行経』（二）注84参照。

102——設有　前段では「若有」とあった。「設有」「若有」ともに場合設定を示す語。

103——五欲功徳　「五欲」は五つの感覚器官（眼・耳・鼻・舌・身）による欲望。『沙門果経』注14参照。「五欲功徳」は S. pañca kāma-guṇāḥ の訳。ただし、この梵語は the objects of the five senses（Edgerton）の意であるから、guṇa を普通の意味に従って「功徳」（すぐれた働き）と漢訳するのは意味がずれている。中村元『原始仏教の思想』下、三七二頁参照。

104——猶是五欲縁生喜楽　「猶」は明本は「由」に作る。「猶」のままでも「由」と同じく原因・理由を示す。

105——衆生　パーリ対応語は pāṇa（生き物、生類）。人間をも含めたすべての生あるものという意味で「衆生」の語が使われるのは、中国古典に早くから用例がある。たとえば、『礼記』祭義「衆生必死、死必帰土、此之謂鬼」（正義「物之群衆而生、必皆有死」）。

106——私竊偸盗　「私竊」と「偸盗」はともに類義字を重ねた語。『漢書』張敞伝「長安市偸盗尤多」。

107——外苦行　外道の苦行という意味か。パーリ本に対応語はない。

108——非是如来所説正行　「非是」は繋辞「是」の否定形。「是」の繋辞化およびその否定形の歴史的変遷に関しては、『中国文化叢書』1「言語」所収、志村良治「中古漢語の語法と語彙」参照。

109——身知触　底本は「意知法」に作るが、磧砂蔵本・三本により改めた。

110——去離　類義字を重ねた語。『後漢書』献帝紀「年踰六十、去離本土」。

111——有覚有観離生喜楽入初禅　「覚」はおおまかに物事を推しはかること、「観」は細かく物事を観察すること。『転輪聖王修行経』注140、『梵動経』注97・98・99参照。

112——内喜一心無覚無観定生喜楽入第二禅　『転輪聖王修行経』注142、『梵動経』注100・101・102参照。「内喜一心」の「喜」はパーリ語 sampasādana（心が静まった状態）に対応し、「定生喜楽」の「喜」はパーリ語 pīti（喜び）に対応する。また、「一心」については、『阿摩昼経』注201参照。

113——除喜入捨　「喜」のパーリ対応語は pīti.「捨」は苦楽を離れた心の平静。

114——自知身楽賢聖所求護念一心入第三禅　『転輪聖王修行経』注144・『梵動経』注104・105・106参照。「護念」は、思念が散逸しないように慎んで守ること。

115——楽尽苦尽憂喜先滅不苦不楽護念清浄入第四禅　『転輪

聖王修行経』注145、『梵動経』注108・109・110参照。

116——幾果功徳　「幾」はここでは「幾何」と同じで数をたずねる疑問詞。パーリ本では kati phalāni kat' ānisaṃsā（いくつの結果といくつの利益）。

117——七果功徳　パーリ本では cattāri phalāni cattāro ānisaṃsā（四つの結果と四つの利益）となっており、数が違う。パーリ本の四つの内容は、預流果・一来果・不還果・無学果。

118——正使　「たとい」「もし」と訓じ、仮設の辞。『文語解』巻二に、「行之決矣、正使死、何所懼（魏志少帝紀注）。晋宋間ノ文ニ用ルコトオオシ」。『典尊経』注75参照。

119——五下結　欲界において起こる煩悩。貪結・瞋結・身見結・戒結・疑結。『闍尼沙経』注11・『阿摩昼経』注334参照。

120——中間般涅槃　S. antarā-parinirvāyin. その意味は、attaining nirvāṇa in the intermediate state between death and rebirth (Edgerton).「中般涅槃」ともいう。『倶舎論』巻二四「言中般者、謂往色界、住中有位、便般涅槃」（大正二九・一二四中）。

121——生彼般涅槃　S. upapadya-parinirvāyin.「生般涅槃」ともいう。『倶舎論』巻二四「言生般者、謂往路色界、生已不久、便般涅槃」（同上）。

122——行般涅槃　S. sābhisaṃskāra-parinirvāyin.「有行般涅槃」ともいう。『倶舎論』巻二四「有行般者、謂往色界、生已長時加行不息、由有功用、方般涅槃」（同上）。

123——無行般涅槃　S. anabhisaṃskāra-parinirvāyin.『倶舎論』巻二四「無行般者、謂往色界、生已経久、加行懈息、不多功用、便般涅槃」（同上）。

124——上流阿迦尼吒般涅槃　『倶舎論』巻二四「言上流者、是上行義。以流与行其義一故。謂欲界歿、往色界生、未即於中能証円寂、要転生上、方般涅槃」（一二四下）。

125——学地　S. śaikṣa-bhūmi. の訳。まだ学習をしなければならない者の境地。『注維摩』巻七に、「学地中、尽未能自知所行所断、既得無学尽智無生智、悉自知見所行所断、通達分明」（大正三八・三九四上）とあるのを参照。

126——五蓋　「蓋」は「煩悩」の異名。心をおおう五つのもの。「睡眠蓋」は『阿摩昼経』注221、「掉戯蓋」（磧砂蔵本・三本は「掉」を「調」に作る）は『釈提桓因問経』注113・『阿摩昼経』注222参照。

127——欲知欲見　未詳。パーリ本には対応語は見えない。

128——無有是処　『典尊経』注80・『梵動経』注115参照。

129——四念処　底本は「四意処」に作るが、磧砂蔵本・三本により改めた。注63参照。

130――漏尽阿羅漢　「漏」は「煩悩」の異名。『阿摩昼経』注275参照。「漏尽」は煩悩を断じ尽くすこと。「阿羅漢」はS. arhat（尊敬さるべき人）の音写。『小縁経』注72参照。上の「学地比丘」が、まだ学ぶべきものがあるという意味で「有学」と呼ばれるのに対して、「漏尽阿羅漢」は「無学」（もはや何も学ぶものがない）と呼ばれる。『注維摩』巻一の「漏尽、九十八結漏既尽、故意得解脱、成阿羅漢也」（大正三八・三三八下）という説明を参照。

131――尽諸有結使　「結使」は「煩悩」の異名。「結」「使」それぞれ一字でも同じ。『大乗義章』巻六に、「如世公使随逐罪人得便繫縛、煩悩亦爾、久随行人、繫縛三有、不令出離、故名為使」（大正四四・五八二上）。この文は、漢文としては「諸有」は「所有」と同じで「あらゆる」の意味に解するのが自然であると思われるので本文のように訳したが、パーリ本では parikkhīṇa-bhavasaṃyojano（有の結を消し尽くした）となっている。

132――譬如門閫常住不動　「閫」は「梱」に同じ。門の中央にあって両扉をとめるくい。『説文』に「梱、門橛也」段注「謂当門中設木也」とある。ここでは、それ自身は不動であって扉の開閉を支えるものという意味で「閫」という語が使われているが、中国では「閫」のそうした用例は未検出。普通はそういう意味では「枢」（ひとつの扉の開閉の軸。とぼそ）が用いられる。たとえば、『荘子』斉物論篇「彼是莫得其偶、謂之道枢。枢始得其環中、以応無窮」。この箇所、パーリ本では Seyyathā pi āvuso inda-khīlo vā ayo-hkīlo vā gambhīra-nemo sunikhāto acalo asampavedhī（p.133）（友よ。たとえば因陀羅の柱や鉄の柱が深く根ざし、しっかりと固定して動かず揺れないように）となっている。「門閫」はおそらく梵語 indrakīla の訳であろう。なお、梵語文献・パーリ語文献における indrakīla(indakhīla) の用例とその象徴的な意味については、Lily De Silva, "The Symbolism of the Indrakīla in the Paritta-maṇḍapa"(Senarat Paranavitana Commemoration, 1978) 参照。

133――彼比丘　諸本いずれも「彼比丘」となっているが、文脈から考えて「諸比丘」とあるべきところだろう。

134――道智　パーリ対応語は bodhijaṃ ñāṇaṃ（さとりから生じる智慧）。

135――仏於初夜成最正覚及末後夜　インドでは夜を初夜・中夜・後夜の三つに分けた。『阿摩昼経』注199・『世記経』鬱単曰品注48参照。「後夜」の上の「末」は四字句にするために付け加えたもの。ちなみに中国では、一夜を五つに分けて甲夜・乙夜・丙夜・丁夜・戊夜と呼び、甲夜のことを初夜とよぶこともあった。「最正覚」は S. agra-bodhi の訳。最もすぐれたさとり。

136――世間常存　これ以下に述べられる四つの主題、すなわち、(1)世界は常住か無常か、(2)世界は有限か無限か、(3)身体と霊魂は一つであるか別のものであるか、(4)如来は死後に存在するか否か、は釈尊が正しきさとりをもたらすに益なき議論として、捨置して答えなかったもの（「捨置記」）として知られる。『長阿含経』巻一七『布吒婆楼経』（大正一・一一一上）、『中阿』巻六十『見経』（大正一・八〇三下）、同『箭喩経』（大正一・八〇四上）にも同じ内容の文が見られる。

137――是命是身　パーリ本には対応する文がないが、これと同文を載せる『布吒婆楼経』のパーリ本（Poṭṭhapāda-sutta）の対応文は taṃ jīvaṃ taṃ sarīraṃ であり、「命」は jīva（生命、霊魂）、「身」は sarīra（身体）にあたる。「是A是B」で、「AがとりもなおさずBである。AとBは同一である」ということ。

138――非命非身　「是命是身」の打ち消しの形と考えて本文のように訳したが、こうした用例は未検出。また、本文のように訳すと、次の「命異身異」と同じ内容になってしまう。「捨置記」の他の三つの主題の論法からいけば、①命と身は同一である、②命と身は異なる、③命と身は同一であり、かつ異なる、④命と身は同一でもなく異なることもない、の四者が述べられるべきところである。

139――命異身異　「A異B異」で、「AとBとは異なる」ということ。『阿摩昼経』注254参照。

140――本生本見　パーリ本は pubbanta-sahagatā diṭṭhi-nissayā（過去に関する見解の根拠）。すぐあとでは「本見本生」と言いかえている。『梵動経』の「本劫本見」にあたる。その注45参照。

141――末見末生　底本は「未見未生」に作るが、元明本に従って改めた。パーリ本では aparanta-sahagatā-diṭṭhi-nissayā（未来に関する見解の根拠）。『梵動経』の「末劫末見」にあたる。

142――無色是我従想有終　この下に「此実余虚」という文が省略されている。以下も同じ。

143――我有辺　この下に「従想有終」という文が省略されている。以下も同じ。

144――一想　『梵動経』注81参照。

145――本見本生　諸本いずれも「本見本生」となっている

が、前後の文脈から推して「末見末生」に作るべきであろう（石川海浄訳『国訳一切経』脚注83参照）。

146——沙門婆羅門　『梵動経』注29参照。

147——云何此世常存此実余虚耶　「云何」は反語の意を表わす。磧砂蔵本・三本は「云此世常存実余虚耶」に作る。

148——出過　類義字を重ねた語。「出」も「過」も、「抜き出る、まさる」という意味。『増阿』に「転輪聖王顔貌端政、世之希有、出過世人」（大正一・七三二下）と用例がある。

149——自造　パーリ本 sayaṃ-kato.「自」は他者の力を借りずにそれ自身でという意味。

150——忽然而有　何の原因も前触れもなかったのに気がついたらそこに存在していたということ。こうした意味の「忽然」の用例としては、賈誼「鵩鳥賦」の「忽然為人兮、何足控摶」などが挙げられる。

151——触　P. phassa, S. sparśa. 十二因縁の第六。十二因縁については、『大縁方便経』に詳しく述べられている。その注9・24参照。また『大本経』（本シリーズ第1巻一六五頁）にも同様の記述がある。

152——六入　P. saḷāyatana, S. ṣaḍāyatana. 対象をとらえる六つの場。五つの感覚器官（眼・耳・鼻・舌・身）と心。十二因縁の第五。『大縁方便経』注25参照。

153——受　P., S. vedanā. 心の感受作用。十二因縁の第七。『大縁方便経』注23参照。

154——愛　P. taṇhā, S. tṛṣṇā. 物を貪り求める気持ち。十二因縁の第八。『大縁方便経』注22参照。

155——取　P., S. upādāna. 執着し、求めてやまない心。十二因縁の第九。『大縁方便経』注21参照。

156——有　P., S. bhava. 心を持つ生き物としての生存。十二因縁の第十。『大縁方便経』注20参照。

157——生　P., S. jāti. 十二因縁の第十一。

158——老死　P., S. jarā-maraṇa. 十二因縁の第十二。

159——陰集　「陰」は「蔭」に通ず。上から物をおおうこと。

160——内身身観　ここから「受意法観亦復如是」まで、『転輪聖王修行経』（本シリーズ第2巻、一〇七頁以下）・『阿摩昼経』にほぼ同文がある。『転輪聖王修行経』注5・『阿摩昼経』注206参照。

161——憶念　類義字を重ねた語。『釈名』釈言語「憶、意也、恒在意中也」。

162——有対想　『長阿含経』では『衆集経』（本シリーズ第2巻、二一五～二一六頁）、『十上経』（本シリーズ第3巻、六三頁）、『大縁方便経』（本シリーズ第3巻、一二一頁）などにも八解脱のことが見え、『十上経』『衆集経』では

「有対想」が「瞋恚想」となっている。『大縁方便経』注92〜97、『十上経』注179〜187参照。「有対」という語の用例としては、『注維摩』巻八「有相則有対、有対則為二、不繫一与三也」（大正三八・三九八中）、『荘子』斉物論篇郭象注「故無心者与物冥而未嘗有対於天下也」などが挙げられる。

163——空処　無色界の四処のうちの第一。『世記経』閻浮提州品注76参照。

164——識処　無色界の四処のうちの第二。『世記経』閻浮提州品注77参照。

165——不用処　無色界の四処のうちの第三。『世記経』閻浮提州品注78参照。

166——有想無想処　無色界の四処のうちの第四。『世記経』閻浮提州品注79参照。

167——滅尽定　S. nirodhyākhyā samāpattiḥ.　心の働きをすべて滅してしまった禅定。

自歓喜経

注

1――那難陀城　那難陀は P.,S. Nālandā の音写。中インド、マガダ国の首都王舎城の北方にある地名。グプタ王朝以後には壮大な寺院が作られ重要な地となった。赤沼『固有名詞辞典』四四〇頁参照。那難陀の推定中古音は nâ-nân-ta'â.『雑阿』巻一八では、「那難揵陀」と音写されている。

2――波波利菴婆林　波波利菴婆は P. Pāvārikambavana, S. Prāvārikāmravana の音写。Pāvārika という富商が所有していたマンゴー樹林。赤沼『固有名詞辞典』五〇〇頁、中村元『遊行経』下、八二二頁参照。波波利菴婆の推定中古音は puâ-puâ-lji-ʔăm-b'uâ. 磧砂蔵本・三本は『波婆利菴婆林』に作る。『雑阿』巻一八では、「売衣者菴羅園」と訳されている。Mahāparinibbāna-suttanta（第一章一五―一八）では釈尊が王舎城からパータリ村に行く途中でナーランダーのパーヴァリカのマンゴー樹林にとどまったということになっている。中村元『ブッダ最後の旅』参照。

3――長老　漢語としては学徳を備えた年長者の意。『韓非子』外儲説左上『吾聞、宋君無道、蔑侮長老、分財不中、教令不信、余来為民誅之』など一般的に広く用いられる。すでに出てきた「耆旧長宿」（『弊宿経』注21・『阿摩昼経』注51）や「先宿耆旧」（『転輪聖王修行経』注21）などと意味あいは似ている。パーリ対応語は āyasmant.

4――舎利弗　P. Sāriputta, S. Śāriputra. の音写。推定中古音は śi̯a-lji-pi̯uət. 仏の十大弟子の一人で「智慧第一」と称せられる。

5――閑静処　『大縁方便経』注6・『清浄経』注93参照。後文にある「静室」と同じ場所をさしている。舎利弗が世尊に会う前に閑静処にいたことはパーリ本と法賢訳には見えない。

6――我心決定知　「決定」は類義字を重ねた語。二字で「必ず、疑いを抱くことなく」の意。「心　決定して知る」という表現は『法華経』法師品にも「譬如有人渇乏須水、於彼高原穿鑿求之、猶見乾土知水尚遠。施功不已、転見湿土、遂漸至泥、其心決定知水必近」（大正九・三一下）などと見える。

7――智慧神足功徳道力　「神足」は神通力のこと。『小縁経』注88参照。「道力」は悟りを得ることによって得られる威神力。『注維摩』巻一「肇曰、道力之所制、豈魔兵之所能敵」（大正三八・三三三上）などの用例がある。

8――無所著　仏の十号の一つ。何事にも執着しないこと。**P. arahant** に対応する。阿羅漢または応供・至真とされることが多い。「無所著」と訳される例は、安世高訳『陰持入経』にも見られる（大正三三・二一下など）。

9――静室　『闍尼沙経』注4・『大縁方便経』注12参照。後漢末に張魯の五斗米道の教団で治病のための懺悔の場所として「静室」が用いられたことは、『闍尼沙経』の注のとおりであるが、その後も「静室」は治病祈願の場所・修行の場所として、六朝時代の道教においては重要な意味を持っていた。たとえば、『真誥』巻一八には静室の建造方法が記され、『登真隠訣』巻下には「入静法」の詳細な記述がある。

10――一向　「専ら、ひたすら」の意。パーリ対応語は**ekaṃsa.** 漢訳仏典では、『無量寿経』に「一向専念無量寿仏」という表現が繰り返し見られる（大正一二・二七二中など）。また、志村良治『中国中世語法史研究』五四頁参照。

11――師子吼　『維摩経』仏国品「演法無畏、猶如師子吼」注「肇曰、師子吼、無畏音也。凡所言説、不畏群邪異学、喩師子吼衆獣下之」（大正三八・三二八下）などとあるように、邪説を畏れずに説くこと。

12――云何舎利弗　「云何」については『清浄経』注74参照。相手の注意をこちらに向けて質問に答えさせる時の表現。

13――汝能知……不　「不」は文末に置かれて疑問文を構成する。『典尊経』注101参照。その用例は韓峥嵘『古漢語虚詞手冊』九四頁などを参照。一例をあげれば、『史記』廉頗藺相如列伝「秦王以十五城請易寡人之璧、可予不」。

14――解脱堂　「解脱」という語については『釈提桓因問経』注153参照。ここの「如是戒、如是法、如是智慧、如是解脱、如是解脱堂」という文は、パーリ本の "Evaṃ sīlā …… evaṃ-dhammā …… evaṃ-paññā …… evaṃ-vihārī ……evaṃ vimuttā" (*DN.* Ⅲ, p. 99-100, 以下パーリ本からの引用は頁数のみを記す）に相当するから、「解脱堂」は vihārī に対応している。P.,S. vihāra は dwelling place of monks（精舎・寺）あるいは state of being, stage or condition of existence の意味であり（Edgerton）、Rhys Davids の英訳は "mode of life" としている。「解脱堂」は文字通り解釈すれば解脱を得るための堂宇、もしくは解脱を得たものの住む堂宇ということか。『雑阿』巻一八では、この箇所は、「如是法、如是慧、如是明、如是解脱、如是住」（大正二・一三〇下）となっている。

15――当来　三つの時制について本経ではここ以外は「過去」「未来」「現在」と訳しているが、ここだけは「過去」「当来」「今」となっている。「当」が「将」と同じ意味で用いられること、『弊宿経』注69・『善生経』注16参照。

16――如我今如来至真等正覚　はじめの「如」は「……については」の意。文頭の「若」と同じ用法。ここで「至真」と訳されるのはパーリ本の arahant に対応する。上文では「無所著」と訳されていた（注8参照）。本経の原本も同一語であったとすれば、こうした訳の不統一はどこから来るのであろうか。

17――決定　注6参照。

18――我於過去未来現在諸仏心中所念我不能知　「於」は「……については」の意。この箇所、『雑阿』巻一八では、「我不能知過去当来現在諸仏世尊心之分斉」（大正二・一三上）となっている。

19――総相法　難解。パーリ本の dhammanvaya に対応する。dhamma-anvaya は general conclusions of the Dhamma (*PTSD.*) の意。Rhys Davids による英訳は the lineage of the Norm.

20――黒白法　パーリ本の *kaṇha-sukka-sappaṭibhāga* に対応する、「黒白」はここでは善悪の意味。『信仏功徳経』では「善不善業」（大正一・二五五中）がこれに相当するようである。kaṇhā (S. kṛṣṇa) と sukka (S. śukla) の二語の古代インドにおける意味あいについては『小縁経』注23参照。中国において黒白が善悪の意味で用いられる例をあげておくと、『史記』秦始皇本紀「今皇帝并有天下、別黒白而定一尊」、『春秋繁露』保位権「声有順逆、必有清濁。形有善悪、必有曲直。……各応其事、以致其報、黒白分明、然後民知所去就」など。

21――縁無縁法　未詳。パーリ本には見えない。『信仏功徳経』では「縁生法」（大正一・二五五中）がこれに相当するらしい。

22――照無照法　未詳。これもパーリ本には見えない。

23――一一法　如来が説いたひとつひとつの教えという意味。石川氏の国訳注は「総相法に対する別相法を云うなり」とするが従いがたい。『雑阿』巻一八では、「知一法即断一法、知一法則証一法、知一法則修習一法、究竟於法」（大正二・一三一上）とあり、『信仏功徳経』では「了一法已、復修一法、修一法已、復滅一法、滅一法已、復証一法」（大正一・二五五中）とある。

24――於法究竟　「於」の用法は注18に同じ。「究竟」は類義字を重ねた語。「きわめ尽くす」という動詞で用いられること、『典尊経』にも「究竟道法、究竟梵行、究竟安隠、終帰滅度」（本シリーズ第2巻七二頁）と見えた。

25――信如来至真等正覚　ここに「信」と訳されている語はパーリ本では pasidi に対応する。このパーリ語の持つ宗教的な意味あいについて、Rhys Davids は次のように説明している。"There is no English word that quite fits this or its variants pasādo, pasanno. They are expressions of the satisfaction akin to æsthetic gratification felt by the believer in whom faith, confidence, amounts to a passion, akin to religious love."（英訳脚注）また、本経の解題を参照。

26――如来法善可分別　「分別」は『闍尼沙経』注96・『清浄経』注47参照。ここと似た文として『典尊経』にも「仏法微妙、善可講説」（本シリーズ第2巻四四頁）と見えた。

27――如来衆苦滅成就　この箇所、元本・明本は「如来衆苦滅衆善成就」に作る。その方が意味はわかりやすいが、今はこのままで読んだ。「成就」については『典尊経』注62参照。

28――世尊智慧無余　世尊は智慧として得られるもののすべてを余すところなく得ているということ。「無余」の用例としては、班固「西都賦」（『文選』巻一）に「草木無余、禽獣殄夷」などがある。

29――況欲出其上　「出」は「超出」の意。似た表現として『清浄経』にも「諸沙門婆羅門中、無与我等者。況欲出過」と見えた（本文一〇九頁）。

30――世尊説法復有上者謂制法　これより以下に世尊のすぐれた教えとしてあわせて十五の事柄が順次記される。「復有上者」とか「又有上者」という表現は、ここでは、後に記されたものが前のものよりも「上」《すぐれたもの》という意味ではなくて、同じ程度に「上」なる教えを次々と列挙する言い方。「制法」はこれだけではわかりにくいが、パーリ本ではこの箇所は Aparam panabhante etad ānuttariyaṃ, yathā Bhagavā dhammaṃ deseti kusalesu dhammesu. (p. 102)（さらにまた尊師よ、世尊が数々の良き教えについて本当のところを説かれるのは最高のことです）となっており、下の諸段も同じ構文である。kusala dhammā は all points of righteousness, good qualities of character（*PTSD.*）の意。

31——四念処四正勤四神足四禅五根五力七覚意八賢聖道　『清浄経』注63〜70を参照。ここでは四念処・四正勤・四神足・五根・五力・七覚意・八賢聖道の三十七道品と並べて四禅が挙げられているがパーリ本には四禅に相応する語が見えない。それは『遊行経』（本シリーズ第1巻二四九頁）や『清浄経』（本巻二一六頁）の場合と同じである。

32——諸入　パーリ本では āyatana-paññatti にあたる。

33——眼色耳声鼻香舌味身触意法　六つの感受器官（眼耳鼻舌身意）とそのそれぞれの対象。あわせて十二処とか十二入とよばれる。『大縁方便経』注25参照。

34——所謂眼色乃至意法　ここの「所謂」は上文の「諸入者謂眼色耳声鼻香舌味身触意法」を受けていう。「乃至」は中略符号の働きをしている。

35——正使　『清浄経』注118参照。

36——入胎　パーリ対応語は gabbhâvakkanti.

37——乱入胎乱住乱出　「乱」は「無秩序に、めったやたらに」の意。パーリ本の asampajāno（自覚しないで）とは意味がずれる。『信仏功徳経』では、「乱」にあたるところは「不知」と訳されており、（大正一・二五七中）、その方が、パーリ本とは一致する。

38——所謂道也　本経ではこの前後はいずれも「世尊（如来）説法、復（又）有上者。謂……」という形式になっているが、ここと次の「滅」とあとの「教誡」だけは「謂」ではなくて「所謂」となっている。ここで「道」とあるのは、その内容は七覚意をさしている。悟りに至る道（方法）ということ。パーリ本では「道」にあたる箇所は padhāna（努力、精勤）になっている。

39——種種方便　「さまざま（のもの）」という意味での「種種」という語の用例としては、古詩「為焦仲卿妻作」（『玉台新詠』巻一）に、「物物各自異、種種在其中」とある。「方便」については『阿摩昼経』注162参照。

40——定意三昧　底本は「定慧意三昧」に作るが、三本に従って「慧」を省いた。「定意」は P.,S.samādhi の意訳、「三昧」はその音写。『阿㝹夷経』169・『梵動経』

注47参照。

41――念覚意　七覚意の一つ。七覚意は悟りに達するための七つの項目。『小縁経』注134・『増一経』注61・『清浄経』注69参照。念覚意はP.sati-sambojjhaṅga, S. smṛti-bodhyaṅga の訳。心に思念して忘れないこと。安世高訳『陰持入経』にも七覚意のことが見え、そこでは、念覚意・法分別観覚意・精進覚意・愛可覚意・猗覚意・定覚意・護覚意の名称になっている（大正三三・一二下）。その陳慧の注は、念覚意について、「師云（宇井伯寿によれば、師はおそらく支謙をさす。『訳経史研究』一八四頁）、覚、覚善悪也。悪念生即滅之、道念生即滅之、道念生即摂持。謂之念覚意矣」と説明している。

42――依欲依離依滅尽依出要　「依欲」はテキストに異同はなく、すぐあとにも繰り返して出てくるが、このままでは意味がわかりにくい。本経のこのあたりと同じ内容の文が『増一経』にも見え、そこでは「云何七修法。謂七覚意。於是比丘修念覚意、依無欲、依寂滅、依遠離」（本シリーズ第3巻八二頁）となっている。（『増一経』注63参照）また『雑阿』巻二九にも「若比丘修念覚分、依遠離、依無欲、依滅、向於捨」（大正二・二〇八下）とあり、どちらも「依欲」ではなくて「依無欲」となっている。本経も「依無欲」とあるべきところだろう。「出要」は出離の意味であること、『散陀那経』注52参照。

43――法精進喜猗定捨覚意　法覚意・精進覚意・喜覚意・猗覚意・定覚意・捨覚意。七覚意の残りの六つ。法覚意はP. dhammavicaya-bojjhaṅga, S. dharmavicaya-bodhyaṅga の訳。法を探求すること。精進覚意はP. viriya-bojjhaṅga, S. vīrya-bodhyaṅga の訳。努力すること。喜覚意はP. pīti-bojjhaṅga, S. prīti-bodhyaṅga の訳。法に向かう喜びを持つこと。猗覚意はP. passaddhi-bojjhaṅga, S. praśrabdhi-bodhyaṅga の訳。精神をかき乱すものがなくなり平穏であること。「猗」の字は、ここでは「倚」と同じで「依る」の意。安世高訳『陰持入経』でも「猗覚意」と訳されており（注41参照）、その陳慧の注には、「智士常以意猗四意止、色痛想行四陰起、即覚滅之。謂之猗覚意矣」（大正三三・一二下）とある。定覚意はP. samādhi-bojjhaṅga, S. samādhi-bodhyaṅga の訳。心を集中して乱さないこと。捨覚意はP. upekkhā-bojjhaṅga, S. upekṣā-bodhyaṅga の訳。対象へのとらわれを捨てること。以上の六つについては、『増一経』注64〜69参照。また、中村元『遊行経』上、一一三頁・一一六頁も参照。

44――滅　パーリ本では paṭipadā にあたる。paṭipadā の意味は、means of reaching a goal or destination, mode of progress (*PTSD.*).「滅」一字でこうした意味内容を表現することは無理であるので、この段は漢訳だけでは意味がわかりにくい。

45――苦滅遅得二俱卑陋　「苦滅遅得」は四種の paṭipadā のうちの第一。パーリ対応文は dukkhā paṭipadā dandhâbhiññā (p.100) (Rhya Davids の英訳は progress is diffcult and intuition slow)。「二俱」は類義字を重ねた語。「苦」と「遅」の双方においてという意味。

46――苦滅速得　四種の paṭipadā のうちの第二。パーリ対応文は dukkhā paṭipadā khippâbhiññā (p. 106) (Progress is difficult but intuition comes swiftly)。

47――楽滅遅得　四種の paṭipadā のうちの第三。パーリ対応文は sukhā paṭipadā dandhabhiññā (p. 106) (Progress is easy but intuition is slow)。

48――楽滅速得　四種の paṭipadā のうちの第四。パーリ対応文は sukhā paṭipadā khippâbhiññā (p. 106) (Progress is easy and intuition comes swiftly)。本経では「楽滅速得」について「卑陋」である場合とそうでない場合の二つが挙げられ、如来は後者であるとされているが、この記述はパーリ本とは異っており、パーリ本では「楽滅速得」はそのまま paṇīta. (excellent)であるということになっている。

49――神変化　神秘的な変化。「変化」については『阿㝹夷経』注16参照。「神変化」とあるが、内容は「神通変化」「神足変化」と同じで、ここでも奇蹟という意味であろう。「神変」と「神化」の中国における用例を一つずつあげておく。孫綽「遊天台山賦」(『文選』巻一一)「騁神変之揮霍、忽出有而入無」。班固「典引」(『文選』巻四八)「亜斯之代、通変神化、函光而未曜」。また、prātihārya (奇蹟)の訳語としての「変化」と同じような意味の用法は、たとえば『神仙伝』左慈伝に次のように見える。「乃学道、尤明六甲、能役使鬼神、坐致行厨。精思於天柱山中、得石室中九丹金液経、能変化万端、不可勝記」。

50――舎利弗白仏言　「滅」についての話の途中で一度舎利弗の言葉が終わり、再び舎利弗が話し始めるという形式になっているが、話の内容は連続している。不自然な形である。パーリ本ではこのあたりに対応する文は見えない。

51――微妙第一　『阿㝹夷経』注166参照。

52――女人　成人した女性の意。中国古典における用例としては、たとえば班昭『女誡』に、「女有四行、一曰婦

徳、二曰婦言、三曰帰容、四曰婦功。……此四者女人之大徳而不可乏之者也」とある。

53――尽有漏成無漏心解脱慧解脱於現法中自身作証生死已尽梵行已立所作已辦不受後有　阿羅漢になったことを示す定型句。『典尊経』注230〜232・『小縁経』注136・『転輪聖王修行経』注133・『阿摩昼経』注279を参照。

54――不朋党　「朋党」は類義字を重ねた語。徒党をくむ。『荀子』彊国に、「不比周、不朋党、倜然莫不明通而公也」とある。

55――見定　パーリ本の dassana-samāpatti（見ることに関する瞑想の段階）にあたる。Rhys Davids の英訳は degrees of discernment.

56――謂有沙門婆羅門　「謂」を三本は「諸」に作る。「謂」ならば上の文を受けて「見定とは……をいう」の意味になり、「諸」ならば下の文に続いて「あらゆる（諸有）沙門婆羅門」の意味になる。読みとしては両方とも可能である。あとの「常法」の段では、ここに相当する部分が「諸沙門婆羅門」とあり、「観察」の段では「謂有沙門婆羅門」とある。ここではひとまず「謂」のままで読んだ。

57――観頭至足観足至頭　ここで「観」と訳されている語は、パーリ本では paccavekkhati（*PTSD.* によれば、to look upon, consider, review, realise, contemplate）にあたる。このあたりと同様の内容のことは、『雑阿』巻四三に次のように見える。「此身従足至頂、骨幹肉塗、覆以薄皮、種種不浄充満其中。周遍観察、髪毛爪歯、塵垢流唌、皮肉白骨、筋脈心肝、肺脾腎腸肚、生蔵熟蔵、胞涙汗涕、沫肪脂髄、痰癊膿血、脳汁屎溺」（大正二・三一一中）。また、いわゆる白骨観については、『増阿』巻一二（大正二・六〇五中〜六〇六上）に詳しい記述がある。

58――髪毛爪甲　三本は「髪毛」と「爪甲」の間に「及」の字がある。

59――肝肺腸膶脾腎五臓　三本は「肝肺」を「肺肝」に、大正蔵本は「膶」を「胃」に作る。中国では五臓として数えられるものは、普通は心臓・肝臓・肺臓・脾臓・腎臓である。腸（大腸と小腸）と胃は、膽・膀胱・三焦とともに六腑のうちに数えられる。ここではいわゆる五臓のうちの心臓を省き、六腑のうちの腸と胃を入れたために、実際は六つ挙げられている器官を「五臓」と呼ぶ矛盾が生じている。

60――髄脳　脳みそ。『史記』扁鵲倉公列伝に「臣聞上古之時、醫有兪跗、……乃割皮解肌、訣脈結筋、搦髄脳、揲荒爪幕、湔浣腸胃、漱滌五倉、練精易形」とある。

61——屎尿涕涙臭処不浄　「屎尿……臭処」という表現は、蕭子良『浄住子浄行法門』生老病死門（『広弘明集』巻二七）にも「屎尿臭処、妻子為之改容」（大正五二・三〇八下）と見える。「臭処」は嵆康「与山巨源絶交書」（『文選』巻四三）に「囂塵臭処、千変百伎、在人之目前、六不堪也」とある。また、『弊宿経』にも「糞塗臭処」という句が見えた。その注215参照。

62——無一可貪　三本は『無可貪者』に作るが、大正蔵のままで読んだ。

63——初見定　本経では「初見定」から「五見定」まで五種の見定を挙げているが、パーリ本では四種であり、本経の「四見定」に相当するものがない。『信仏功徳経』は五種類（五つの「三摩鉢底」）をあげるが、内容は本経と少し違っている。

64——白骨及与牙歯　「及与」は類義字を重ねたもの。「～と～」の意。「及」または「与」一字でも同じ。『増阿』巻一二に「年過少壮、牙歯欠落、頭髪皓白、身体垢堺、皮緩面皺、脊僂呻吟、身如故車」（大正二・六〇五中）とあるのを参照。

65——心識　パーリ本の viññāṇa (a mental quality as a constituent of individuality (*PTSD.*) にあたる。ふつうは「識」と訳される。人間の認識作用・識別作用のことで、人間存在の根本的原理と考えられ、輪廻の主体として想定された。中村元『原始仏教の思想』上、二六〇頁以下などを参照。「心識」という語が用いられる例としては、『注維摩』巻一に、「衆生心識相伝、美悪由起、報応之道、連環相襲」（大正三八・三三三上）。同じく巻五「心識滅尽、名為遠離」（同・三八〇中）などがあり、また、六朝時代の神滅不滅論争の中でこの語が用いられているものとしては、『弘明集』巻九「大梁皇帝立神明成仏義記」に、「豈非心識性一、随縁異乎」（大正五二・五四下）などとある。

66——為在今世為在後世　「為～為～」の形の選択疑問文。森野繁夫「六朝漢語の疑問文」（『広島大学文学部紀要』第三十四巻）参照。

67——識在後世不在今世今世断後世不断今世解脱後世不解脱
ひとまず訳をつけたが内容がよくわからない。注63に述べたように、これに対応する文はパーリ本には見えない。

68——説常法　この段とあとの「自識宿命智証」の段は、内容的に重なる面を持つ。パーリ本ではこの二つが合わさって同一段となっており、そこに「常法」に相当する語が見える。それは sassata-vāda (eternalism, the doctrine that soul and world are eternal〔*PTSD.*〕)。

69――憶識世間二十成劫敗劫　三本には「世間」の二字がないが、大正蔵のままで読んだ。「憶識」は類義字を重ねた語。『後漢書』列女・董祀妻（蔡琰）伝に「操因問曰、聞夫人家先多墳籍、猶能憶識之不」とある。パーリ対応語は anussarati.「成劫敗劫」については『梵動経』注48参照。また「劫」については『小縁経』注84参照。

70――世間常存　『清浄経』注136参照。『常存』の語は、『白虎通』社稷に、「礼不常存、養人為用」などと見える。

71――朝暮　「あけくれ、毎日毎日」の意。「旦暮」に同じ。『韓非子』孤憤に、「当塗之人、乗大勝之資而旦暮独説於前」とある。

72――我復能過是知過去成劫敗劫　「過是知」を三本は「知是」に作るが、大正蔵のままで読んだ。「過是」はここでは「四十以上」ということ。

73――三常存法　ここだけ「常法」ではなく「常存法」となっているが意味は同じ。本経ではこの第三の常法も沙門婆羅門が「無智を以て説いた」ものということになっていて、如来はこれをも否定しているように見えるが、パーリ本では第三の常法が、常法の中では無上のものであるということになっている（パーリ本では「無智を以て説く」にあたる部分は全く見えない）。少し前後のつながりが悪いが、今はひとまずパーリ本の内容に沿って解釈した。

74――観察　パーリ本の ādesanā にあたる。S. ādeśanā は reading of the mind の意（Edgerton）。「人の心を読みとる」という意味を、「観察」という漢語で表すことは無理であり、この段を漢訳だけで読んだ中国人は文意が理解しにくかったのではないかと思われる。

75――以想観察　ここでは「想」の字を文字どおり「心に思う」の意味で解釈したが、パーリ本では nimittena（外見・人相によって）とあり、「想」は「相」に通じて使われている可能性もある。次の第二・第三・第四の観察もすべて同じである。

76――他心爾趣此心爾趣　「爾趣」がよくわからない。下文には「汝心如是」とあるからおそらく「爾趣」は「如是」と同じような意味なのであろうが、検討を要する。

77――聞諸天及非人語　「天」は神を意味する場合と、神の住む世界を意味する場合とがある（『典尊経』注13参照）。ここでは前者。天の神々という意味では「天神」や「神天」という語も用いられる。『遊行経』（二）注56・『典尊経』注29参照。「非人」は人間ではないもの、神や半神をいう。パーリ本では api ca kho manussānaṃ vā amanussānaṃ vā devatānaṃ vā saddaṃ sutvā ādisati（P. 103）（人や人でないものや天神の音声を聞いて）とある。

78——有実有虚　「有」は「或」の意。上文の「或実或虚」と同じ。

79——除覚観已　「覚」に対応する語はパーリ本では vitakka,「観」は vicāraである。「覚」は大まかに物事を推しはかること、「観」は細かく対象を観察すること。『梵動経』注97参照。パーリ本ではこの「覚観」による観察が第三の観察ということになっている。第四の観察はこれをも除くということ。

80——教誡　パーリ本の anusāsana（advice, instruction）にあたる。「教誡」の語は、『風俗通』怪神に、「司空南陽来季徳停喪在殯、忽然坐祭牀上、顔色服飾声気熟是也。孫児婦女以次教誡、事有條貫」とある。

81——或時　この段の四つの教誡についての文はいずれも「或時」で始まる。「〜の場合は」というほどの意味。

82——尽有漏……不復受有　注53参照。この「初教誡」は四果のうちの阿羅漢果に相当する。

83——尽五下結於彼滅度不還此世　四果のうちの阿那含果を得たことを示す定型句。『典尊経』に「断五下結、即於天上而般涅槃、不復還此」（本シリーズ第2巻七一頁）、『闍尼沙経』に「断五下結、即於天上而取滅度、不来此世」（本シリーズ第2巻七三頁）と見えた。「五下結」は、欲界において起こる五つの煩悩。貪結・瞋結・身見結・戒結・疑結。『闍尼沙経』注11・『阿摩昼経』注334参照。「滅度」については『清浄経』注38参照。また、阿那含果については『小縁経』注71も参照。

84——三結尽薄淫怒癡得斯陀含還至此世而取滅度　「淫」を高麗蔵本は「婬」に作る。四果のうちの斯陀含果を得たことを示す定型句。『典尊経』に「三結尽、薄婬怒癡、一来世間而般涅槃」（本シリーズ第2巻七一頁）、『闍尼沙経』に「断三結、婬怒癡薄、得斯陀含、一来此世、便尽苦際」（本シリーズ第2巻七四頁）と見えた。三結は、見結・戒取結・疑結。『闍尼沙経』注14〜16参照。また、斯陀含果については『小縁経』注70も参照。

85——三結尽得須陀洹極七往返必成道果不堕悪趣　「返」を三本は「反」に作る。四果のうちの須陀洹果を得たことを示す定型句。『典尊経』に「断三結、得須陀洹、不堕悪道、極七往返、必得涅槃」（本シリーズ第2巻七二頁）、『闍尼沙経』に「三結尽、得須陀洹、不堕悪趣、極七往返、必尽苦際」（本シリーズ第2巻七四頁）と見えた。「極七往返」にあたる文は、『信仏功徳経』では「逆生死流、七往天上、七来人間」（大正一・二五七中）と訳されている。『闍尼沙経』注18〜20参照。「道果」は、悟りという結果。『清浄経』注33参照。また、須陀洹果については『小縁経』注69も参照。

86——是為四教誡　以上に述べられた四つの教誡は、「初教誡」が阿羅漢果、「二教誡」が阿那含果、「三教誡」が斯陀含果、「四教誡」が須陀洹果をそれぞれ説いており、はじめのものほど程度が高い。本経では、「入胎」「滅」「見定」「観察」などの段では、あとに説かれるものほど程度の高いすぐれたものであったが、この「教誡」の段は逆になっている。パーリ本では、須陀洹→斯陀含→阿那含→阿羅漢の順に記述されている。

87——戒清浄　パーリ本では purisa-sila-samācara (Rhys Davids の英訳は the ethical conduct of man) にあたる。

88——有諸沙門婆羅門　「有諸」を三本は「諸有」に作る。本経ではここと同じような文の書き出し部分は、「諸沙門婆羅門」「諸有沙門婆羅門」「有沙門婆羅門」などいくつかのヴァリエーションがある。「有諸」のままでそうしたヴァリエーションの一つとして解釈した。いずれにしても意味にほとんど差はない。

89——至誠　『礼記』中庸に、「誠者、天之道也。誠之者、人之道也。……唯天下至誠、為能尽其性。能尽其性、則能尽人之性。能尽人之性、則能尽物之性。能尽物之性、則可以賛天地之化育。可以賛天地之化育、則可以与天地参矣」などとあるように、儒家思想においては重要な概念。ここでは、パーリ本の sacca (real, true) に対応する。

90——両舌　『小縁経』注39参照。

91——常自敬粛　「自」は接尾辞化したもの。志村良治『中国中世語法史研究』八九頁などを参照。「敬粛」は類義字を重ねた語。『説文』巻三下に「粛、持事振敬也」。

92——捐除睡眠　パーリ本の jāgariyânuyogam anuyutto にあたる。jāgariyânuyoga は *PTSD*. によれば application or practice of watchfulness の意味。「睡眠」は実際に眠ることだけではなく、ぼんやりとした状態も含めて言う。安世高訳『陰持入経』では「睡瞑」と訳され、「為身癡、為意癡、為身重、為意重、為身不使、為意不使、為身不使、為意不使、是為睡瞑」（大正三三・二四中）という説明がなされている。『阿摩昼経』注221参照。

93——邪諂　よこしまな心を持ち、人にへつらうこと。東方朔「非有先生論」（『文選』巻五一）に、「是以輔弼之臣瓦解而邪諂之人並進」などとある。

94——不為世人記於吉凶　パーリ本では na ca nemittiko（占相者ではない）に相当する。「世人」は世間の人々。『新語』術事に、「聴之無声、視之無形、世人莫覩其兆、莫知其情」とある。「記」という語が漢訳仏典においては仏が修行者の得道を予言するという時に用いられること、『闍尼沙経』注8・『釈提桓因問経』注139・『阿㝹夷経』注63参照。ここでは主語は沙門婆羅門であり、得道に関することが問題にされているわけではないが、「記」の字はやはり将来について予言するという方向の意味を持っている。将来の吉凶を予言した文を書きつけて示すということであろう。

「記」が vyākaraṇa（予言）の訳語として用いられた経緯は明確でないが、参考までに、後漢末から六朝にかけて中国において「記」が予言的な内容の書物・文書の意味で用いられている例を二、三あげておく。『三国志』呉書虞翻伝注引『呉書』「翻始欲送朗到広陵、朗惑王方平記言疾来邀我、南岳相求、故遂南行」。『太平経』庚部一二「薄文内記、在白日昇天之中、義不相欺」（王明『合校』六〇七頁）『太平経』庚部九「生命之日、司候在房、記著録籍、不可有志。……寿未尽、籍記在旁、雖見王相、月建気以不長」（同上五四七頁）。

95——不自称説従他所得以示於人更求他利　「更」を三本は「不」に作るが、大正蔵のままで読んだ。「称説」は類義字を重ねた語。『漢書』鼂錯伝に「太常遣錯受尚書伏生所、還、因上書称説」とある。この箇所、パーリ本では na ca lābhena lābhaṃ nijigiṃsitā（pp. 106–107）（物を得ればさらにもっと得たいと貪求する者でもなく）に相当する。

96——坐禅修智　「坐禅」については『小縁経』注129参照。禅定によって知恵を習得するということは、慧遠の「念仏三昧詩集序」にも「夫称三昧者何、専思寂想之謂也。思専則志一不分、想寂則気虚神朗。気虚則智恬其照、神朗則無幽不徹」と見え、このような考え方は、中国古典では『荘子』に見える「恬」（心の安らかさ）と「知」の思想に淵源を持つ。『荘子』繕性「古之治道者、以恬養知。生而無以知為也。謂之以知養恬。知与恬交相養而和理出其性」とあるように、「恬」によって「知」を養うという考え方が道家思想にあり、それが中国仏教の「定」（禅定）と「慧」（智慧）の議論につながっていく。

97——弁才無碍　「弁才」は『弊宿経』注23参照。『注維摩』巻六にも、「無閡之辯、必出于無閡之道」（大正三八・三八八中）と見える。「無閡」は「無碍」に同じ。

98――精勤　ひたすら努力すること。『増一経』注97参照。

99――解脱智　パーリ本では para-puggala-vimutti-ñāṇa（他の人々の解脱に関する智）に相当する。パーリ注釈では、「他の人々の解脱に関する智とは、預流等他の人々の様々な修道による煩悩よりの解脱の智」とある。

100――世尊因他因縁内自思惟言　世尊がある人の解脱に関して、その人の因縁にもとづいて思惟すること。パーリ本では Jānāti bhante Bhagavā para-puggalaṃ paccattaṃ yonisomanasikārā（P. 107）（尊師よ、世尊は他の人々を一人一人、如理作意〔＝正しい認識作用〕により知っておられる）に相当する。「思惟」は類義字を重ねた語。『闍尼沙経』注38参照。「思惟言」の「言」は、「念言」や「愁憂言」などと同じように、引用符号のようなもの（『清浄経』注39参照）。「思惟」した内容が以下のようであることを示す。

101――自識宿命智証　パーリ本では pubbe-nivāsânussati-ñāṇa（knowledge of remembrance of one's former state of existence, one of the faculties of an Arahant〔*PTSD.*〕）にあたる。「宿命」は過去世における生命の意。『増一経』注26・「阿摩昼経」注264参照。「智証」は『阿摩昼経』注257参照。

102――百千生　十万生のこと。パーリ対応語は jāti-sata-sahassa.

103――於某処生　宋本は「某」を「其」に作るが、大正蔵のままで読んだ。

104――種姓　古代インドの階級制度の四種姓（婆羅門・王族・農工商人・奴隷）をさす。『小縁経』注30参照。

105――若干種相　「若干種事」「若干種身」「若干種想」などという言い方と同じ。『大縁方便経』注83・『阿摩昼経』注264参照。

106――経歴　類義字を重ねた語。『南史』巻二四王延之伝に、「延之居身簡素、清静寡慾、凡所経歴、務存不擾」とある。

107――此是色此是無色此是想此是無想此是非無想　「色」は色界。三界のうちの一つで、すぐれた形質（色）のみのある世界。「無色」は無色界。三界のうち最もすぐれた世界で、形質を超えた精神のみの世界。『衆集経』注57参照。「想」は有想天。無色界にある四つの天のうちの一つで、まだ想（こころ）の働きが残っている世界。「無想」は無想天。無色界の四つの天のうちの一つで、こころの働きがなくなった世界。「非無想」は非想非非想天。無色界の天のうち最上のもので、こころの働きがあるのでもないのでもない世界。

108――天眼智　パーリ本の sattānaṃ cutûpapāta-ñāṇa（Rhys

Davids の英訳は knowledge of the decease and rebirth of creatures) にあたる。これが「天眼智」と訳されたことについては、『増一経』注26参照。

109——諸沙門婆羅門　「諸」を三本は「謂」に作る。「謂」ならば上文の「天眼智者」を受けてその内容を説明する言い方になるが、今は大正蔵のままで読んだ。注56・88参照。

110——観諸衆生死者生者善色悪色善趣悪趣若好若醜随其所行尽見尽知　「死者生者」は「死んだり生まれたり」の意。パーリ本の cavamāne uppajjamāne に相当する。「善色悪色」の「色」はここでは容色・容貌の意味に解した。下の「若好若醜」と内容的には重なる。「善趣」は善なる行為の報いとして死後に趣くところ。修羅・人・天の三つの世界をいう。「悪趣」はその反対で、悪しき行為の報いとして死後に趣くところ。地獄・畜生・餓鬼の三つの世界。『闍尼沙経』注19参照。このあたりの記述は『散陀那経』と重なる。『散陀那経』では、「彼天眼浄、観衆生類、死此生彼、顔色好醜、善悪所趣、随行所堕、尽見尽知」(本シリーズ第2巻一八二頁)と見えた。

111——身壊命終　四字で「死ぬ」という意味。『弊宿経』注58参照。

112——見正信行　難解。パーリ本では sammā-diṭṭhikā sammā-diṭṭhi-kamma-samādānā (P. 111) (Rhys Davids の英訳は holding right views, acquiring karma resulting from right views). 同じ文は『散陀那経』(本シリーズ第2巻一八三頁)にも見えた。

113——如実知見　「如実」は、「ありのままに」の意。『梵動経』注19参照。「知見」は類義字を重ねた語。『大縁方便経』注13参照。

114——神足証　「神足」は神通力、「神足証」は神通力を証得すること。『増一経』注54・『阿摩昼経』注257参照。

115——能変一身為無数身以無数身合為一身　ここに神通力として記されている事と似たようなことは、中国においても、方士の行う幻術の中に見出すことができる。一例として、『神仙伝』巻四の劉安伝の淮南八公の話をあげておこう。「(劉安)乃天下道書及方術之士、不遠千里、卑辞重幣、請致之。於是乃有八公詣門。……一人能坐致風雨、立起雲霧、畫地為江河、撮土為山嶽。一人能崩高山、塞深泉、収束虎豹、召致蛟龍、使役鬼神。一人能分形易貌、坐存立亡、隠蔽六軍、白日為瞑。一人能乗雲歩虚、越海凌波、出入無間、呼吸千里。一人能入火不灼、入水不濡、刃射不中、冬凍不寒、夏曝不汗。一人能千変万化、恣意所為、禽獣草

木、万物立成、移山駐流、行宮易室。一人能防災度厄、辟却衆害、延年益寿、長生久視。一人能煎泥成金、凝鉛為銀、水錬八石、飛騰流珠、乗雲駕龍、浮於太清之上」

116——結加趺坐　「加」を明本は「跏」に作る。『阿摩昼経』注215参照。

117——身出烟火如火積燃　「烟火」の「火」を三本は「燄」に作り、「積」を三本は「𧂐」に作る。「加火積燃」は、『典尊経』にも「光照於四方、如大火𧂐燃」（本シリーズ第2巻五七頁）と見えた。その注169参照。（「𧂐」は「積」に同じ。漢の楊厥碑に「𧂐」の字が見える。陳士元『漢碑用字』参照）。

118——以手捫日月立至梵天　「捫」は「なでる、つかむ」の意。「梵天」はここではブラフマン（Brahman）の住む天空。『典尊経』注13参照。ここと直接の関係はないが、「以手捫日月」という表現は、中国においては、長沙馬王堆の前漢墓出土の帛画に描かれた、月に手をかけて昇ろうとしている女性の姿（曽布川寛『崑崙山への昇仙』参照）や、『楚辞』九章・悲回風の「據青冥而攄虹与、遂儵忽而捫天」といった文を思いおこさせる。

119——有此神足非為不有　一応相手の説を認めながら、次にそれを否定する説を出す時の言い方。『善生経』・『梵動経』・『種徳経』などにも同じ表現が見えた。『善生経』注14・『梵動経』注96参照。

120——卑賤下劣　「賤」を三本は「陋」に作るが底本のままで読んだ。

121——愛色不染　パーリ本では **Appaṭikkūle paṭikkūla-saññī vihareyyan ti** (pp. 112–113)（快なるものに対して不快の考えをもち）に相当する。

122——於無喜色亦不憎悪　「無喜色」のパーリ対応語は **paṭikkūla**. すぐあとでは「不愛色」と訳されている。「憎」を三本は「増」に作るが、大正蔵のままの方がいい。

123——平等護　「護」は P. upekkhā, S. upekṣā の訳。四無量心（慈・悲・喜・捨）の一つである「捨」の異訳。物事に対して平静であること。七覚意の一つである「捨覚意」（注43参照）は、『遊行経』や『衆集経』では「護覚意」と訳され（『衆集経』注201参照）、『般泥洹経』（大正一・一七六下）では「行護覚」と訳されている。中村元『遊行経』上、一二六頁参照。安世高訳『陰持入経』の陳慧注は、「護覚意」を説明して「意危難護、其妙難制。若行在欲、慎将護之、使其出欲、在色在無色、護之亦然。故曰護覚意」（大正三三・一二下）という。「平等」は平らかで傾りのないこと。ここでは「護」を形容し、その内容を説明している。

124 ――斯乃名曰賢聖神足　ここで「神足証」についての話は終わっているようだが、各段の結びの定型句「此法無上、智慧無余、神通無余、諸世間沙門婆羅門無有与如来等者、況欲出其上」がなく、次の文とのつながり具合もよくわからない。

125 ――等覚　三本は「等正覚」に作る。「等正覚」については、『小縁経』注59参照。意味はともに「仏の正しき悟り」ということ。「等覚」の語は『雑阿』などにも用いられている。

126 ――若欲除弊悪法有覚有観離生喜楽遊於初禅　「弊悪」は類義字を重ねた語。「弊悪法」は、安世高訳『人本欲生経』にも、「上下欺侵、若干両舌、多非一、致弊悪法」（大正三三・二中）と見える。「有覚有観」以下は『梵動経』注97～99参照。この句と次の「如是便能除弊悪法……遊於初禅」の句とのつながりがよくわからない。

127 ――二禅三禅四禅亦復如是　二禅・三禅・四禅の各段階の禅定に入る方法は、『清浄経』（本文一〇三頁）・『阿摩昼経』（本文一七五頁以下）・『梵動経』（九三中）などに見えた。

128 ――外道異学　「外道」と「異学」は、ともに（仏教から見て）異端の道を学ぶ者をいう。ともに訳経用語であろう。『注維摩』巻四に、「仏法及外道、凡出家者皆名沙門。異学能大論議者、名外道也」（大正三八・三六七下）、同じく巻八に「外道異学、名愚人生処也」（大正三八・四〇一下）と見える。下の文では「外道梵志」と言い換えているが、それも同じ意味。「梵志」については、『梵動経』注5参照。

129 ――瞿曇　釈尊の姓。P. Gotama. S. Gotama, Gautama. 『遊行経』（二）注84参照。

130 ――設問未来沙門婆羅門与仏等不　「設問」を三本は「設有問」に作る。その方が前の文と合うが、「設問」のままでも意味は同じ。「設」は「もし～ならば」の意。

131 ――三耶三仏　正しく悟った人。『清浄経』注21参照。

132 ――無有是処　『梵動経』注115参照。「欲使～無有是処」で、「～させようとしても、そんなことはありえない」の意味。すぐあとにも同じ構文のものが出てくる。

133 ――依法順法　「依」は依拠すること、「順」は逆わないこと。

134 ――将無咎耶　「将無……耶」は、話者の感情のたゆたいを含んだ疑問文。ここでは、話者は「咎」ではないことを願いつつも、もしかしたら「咎」であるかもしれないという懼れの気持ちを留めて、「間違っていはしないでしょうか」と尋ねている。『典尊経』注166・『転輪聖王修行経』注57『阿㝹夷経』注46などを参照。

135——出世　世の中に出現すること。『釈提桓因問経』注79・『清浄経』注34参照。

136——尊者　「長老」と同じく、P. āyasmant の訳。中国古典では、『礼記』玉藻「士於尊者、先拝進面」など用例は多い。

137——欝陀夷　P.,S. Udāyi の音写。優陀夷・烏陀夷とも音写される。仏弟子の一人。「勧導第一」と称せられる。欝陀夷の推定中古音は juet-t'â-i.

138——少欲知足　「少欲」「知足」ともに道家思想で重んじられる事柄。『老子』第一章「故常無欲以観其妙」、第十九章「見素抱樸、少私寡欲」などとある。「知足」は『清浄経』注92参照。

139——不楽在欲　「在」は「於」に同じ。上に「世尊今亦不楽於欲」という文があった。また、下の「不用在欲」の「在」も同じ用法。

140——竪幡告四遠　「竪」はしっかりと立てること。「幡」は「のぼり、はたぼこ」。パーリ対応語は paṭāka.「四遠」は四方の遠隔の地。『論衡』超奇に、「珍物産於四遠幽遼之地、未可言無奇人也」などとある。

141——如来今者少欲知足　このあたり、文脈がとりにくい。この下の括弧部分（「しかし、私、世尊はそのように自分を誇示することはしない」）は、パーリ本に依って補った。なお、『信仏功徳経』では、龍護（Nāgasamāla）が仏の功徳を世に宣示するために「表刹を建立」しようとしたところ、仏がそれをとどめたという話になっている（大正一・二五七下）。

142——舎利弗……無復疑網　本経ではここで、欝陀夷が舎利弗に向かって教えを説くことを命じ、そのあとで世尊が再び、同じ言葉で舎利弗に命じたことになっているが、これは不自然な感じを受ける。パーリ本では欝陀夷が舎利弗に命じる部分はない。「疑網」は『釈提桓因問経』注107参照。『法華経』方便品に「菩薩聞是法、疑網皆已除」（大正九・一〇上）とある。

143——以自清浄故名清浄経　ここで「清浄経」と名づけると言っているのに、表題は「自歓喜経」になっている。ここの「清浄」と表題の「自歓喜」のパーリ対応語は、ともに sampasādanīya（sam-pa-sīdati の未来受動分詞形）。pa-sīdati（S. pra √sad）は、「鎮める、浄化する、喜悦する」の意であり、漢訳としては「清浄」と「歓喜」の二つとも可能であったわけであるが（解題参照）、ここで「清浄経」と命名しておきながら、表題が「自歓喜経」であるというのはやはり矛盾している。こうした矛盾が起きたのは、これのすぐ前の経（Pāsādika-suttanta）の表題が『清浄経』と訳されているので、それとの混同を避けようとして、表題だけ「自歓喜経」としたためではないかと考えられる。なお、pasāda, sampasāda の意味・用法については、藤田宏達「原始仏教における信の形態」（『北海道大学文学部紀要』六）に考察がある。

大会経

注

1——釈翅搜　推定中古音（以下同じ）śịäk kjię(śię-) ṣịau. 底本の「提」を明本により「搜」に改める。P.Sakkyesu, S.〔Śākyeṣu〕. この音写に関して、Bailey は、*Śākśesu という形を推定しているが（1946:795, fn.2）、疑問。*Śākkeṣu（<S. Śākyeṣu）という形が推定される。「シャカ族の領土で」の意。-eṣu という活用語尾のまま音写する例はしばしば見られる（例えば、『四分律』大正二二・五九〇中「弥尼搜」Maineyeṣu）。

2——迦維　kịa wi. P. Kapilavatthusmiṃ, S.〔Kāpilava〕stav〔e〕（カピラヴァストゥの）。この音写から、*Kāvi（<S. Kāpi-）という原語が推定される。

3——神妙天 P., S. devatā の訳。神霊・精霊。ここでは神々の総称。

4——浄居天　パーリ本に、Suddhāvāsakāyikā devā（浄居の神々）とある。浄居天とは色界最上の天。梵本には、brahmakāyikā devāḥ（梵衆天の神々）とある。梵本と同系統のチベット訳（二）・宋訳の他、『雑阿』も梵本に同じ。

5——欲如海呑流　パーリ本には、sārathi va nettāni gahetvā（*DN*, II, p.254, 以下パーリ本からの引用は頁数のみを記す）（御者がたずなを握るように）とあり、梵本などの諸本も同様。

6——断刺平愛抗……　パーリ本には、chetvā khilaṃ chetvā palighaṃ indakhīlam ūhacca-m-anejā,te caranti suddhā vimalā cakkumatā sudantā susunāgā.（p.254）（〔愛欲・憎悪・無知という〕杭《くい》を折り、〔愛欲などの〕閂を壊し、〔愛欲などという〕不動の帝釈柱を掘り起こし、彼らは清浄となり、汚れなく、眼をもつもの〔＝仏〕により制御され歩き回る。あたかも馴致された若い象たちのように）。khilaṃ は khilaṃ とする異本もあり、また梵本に kīlam とあるが、韻律の要請で、khilaṃ となっていると考えられる。梵本なども類似した内容。

7——諸依地山谷……皆帰於梵天　大地の神々についての詩だろうが難解。伝承の混乱を反映しているのであろう。「隠蔵見可畏」はパーリ本の pahitattā samāhitā-……lomahaṃsābhisambhuno（p.255）（決然とした心をもち、精神が鎮まっていて、……恐怖心を克服している）に対応する。「隠蔵」は中国では賢者が野に下って隠れひそむこと。例えば、東方朔、初放騒「懐計謀而不見用兮、巌穴処而隠蔵」。「見可畏」は難解。パーリ本の abhisambhuno も問題で他にこの意味の用例はない。チベット本（一）には pa（ba?）spu tsam yaṅ gyo ba med（毛ほども動揺がない）、チベット本（二）には spu ziṅ źe sa byed pa yin（die freudig erregt Ehrerbietung zeigen）とあり、解釈にずれがある。「見」は「無」の誤りの可能性もある。

「天人聞此已　皆帰於梵天」は一見他本に対応がないようだが、梵本の śritā deva-manuṣyeṣu yāvadbrahm（以下不明）とチベット本（二）には thsaṅs pa'i 'jig rten mthar thug pa'i/lha daṅ mi yi bar na 'khod（die unter den Göttern, welche die Grenze des Brahmaloka berühren, und unter den Menschen wohnen）が対応する。漢訳の「聞」は原本における śritā と śrutvā（聞き）との混乱を暗示している。

8——今我称其名……比丘汝当知　パーリ本に、devakāyā abhikkantā te vijānātha bhikkhave, ye vo'haṃ kittayissāmi girāhi anupubbaso（p.256）（神々の集団がやってきた。比丘たちよ。あなた方に詩で順に説くから、それを知るべし）とあり、他の諸本も同様。

9——世間凡人智……周遍於天下　パーリ本には app eke satam addakkhuṃ sahassaṃ atha sattatiṃ, sataṃ eke sahassānaṃ amanussānaṃ addasuṃ, app eke 'nantam addakkhuṃ disā sabbā phuṭā ahū.（p.256）（あるものたちは百の、またあるは七万の〔鬼神を〕見た。またあるものたちは十万の鬼神をみた。またあるものたちは無数にみた。あらゆる方角に〔鬼神が〕満ち満ちていた）とあり、他の諸本もほぼ同じ。

10——悦叉　i̯wät tṣ'a. S.yakṣa の音写。邪鬼としての夜叉の意ではなく、力あり、優れた存在の意で、神々のことを指す。

11——神足形貌色像名称　パーリ本に iddhimanto jutimanto vaṇṇavanto yasassino（p.257）（神通力があり、威光あり、容貌すぐれ、誉れ高い）とある。

12——雪山神　パーリ本 Hemavata. 宋訳の「金山」は S.

Haimavata（雪山の）を hema（金）の派生語とみたもの。

13——舎羅神　「舎羅」は śja:（śja-）lâ.P. Sātāgira, S. Sātāgiri, Śātagiri. 母音間の t が l に変わるのは、コータン語にも見られ、西北インド方言にもあったと考えられる。辛嶋静志『「長阿含経」の原語の研究』一九頁参照。Māy233 では Śātagiri は Haimavata とともにインダス河口地帯に棲む神とされている。

なお、『翻梵語』（大正五二・一〇二八中）は「箭也」と解釈するが、これは S. śala（矢）と理解したもので誤り。この書には、根拠のない類推で音写語を解釈している例が多いので注意を要する。

14——毘波蜜　b'ji puâ mi̯ĕt. P. Vessāmitta, S. Viśvamitra. Viśvāmitra はインド古典では有名な聖仙として登場する。ここではある神々の名。あとには「鼻波蜜多羅」と出る（注42）。「波」は原語における -śv- ＞ -śp- という音変化を反映していると考えられる（辛嶋前掲書三八頁参照）。

15——馬国　他の諸本にはない。

16——金毘羅　ki̯əm b'ji lâ.P.,S.Kumbhīra. ガンジス河に棲むわにを神格化したもの。

17——毘富羅　b'ji pi̯əu- lâ. P. Vipulla, S. Vepula, P. Vepulla（＜S.Vaipulya). 王舎城を囲む五つの山の一つ。

18——提頭頼吒　d'iei d'ə̯u lâi- ṭa-. P. Dhataraṭṭha,S. Dhṛtirāṣṭra. 四天王の一人。

19——乾沓和　g'i̯ăn（kân）d'ạp ɣuâ. P. Gandhabba,S. Gandharva. 天の楽神たち。

20——因陀羅　・ien d'â lâ. P. Inda, S. Indra.

21——毗楼勒　b'ji lə̯u lək. P. Virūḷha, S. Virūḍhaka. 四天王の一人。

22——毗楼博叉　b'ji lə̯u pâk tṣ'a. P. Virūpakkha, S. Virūpākṣa. 四天王の一人。

23——鳩槃荼　ki̯ə̯u b'uân d'a. P. kumbhaṇḍa, S. kumbhāṇḍa. ある邪鬼たちの名。

24——毗沙門　b'ji ṣa muən. S. Vaiśravaṇa. Kubera の異名。パーリ本・梵本など他の諸本には Kubera とある。pkt. *Veṣamaṇa が原語として想定される。鼻音の近くで v は鼻音化され、さらに m となった例。cf. BHS. Vaiśramaṇa.

24a——世尊欲降其幻偽虚妄之心故結呪　パーリ本には、tesaṃ māyāvino dāsā āgu vañcanikā saṭhā（p.250）（彼ら〔＝四天王〕の、幻術を使い、惑わし誑《たぶらか》す手下たちが来た）とあり、梵本なども一致する。本経のみが特異な表現になっている。

25―摩 muâ. P.,S. Māyā. 〝幻惑の女神〟、プラーナ文献では Durgā 女神の異称。cf. Waldschmidt 1932:173 Anm. 8. 宋訳には「摩野」とあるが、本経では他にも母音間の y を落とす例がある（辛嶋前掲書二六頁参照）。

以下、毘楼羅までは、四天王の手下で幻術をあやつり、人々をたぶらかす神々。

26―拘楼羅 kịu lə̣u lâ. P. Kuṭeṇḍu, S. Kiṭi.

27―毗楼羅 b'ji lə̣u lâ. P. Viṭuṭa, S. Vikiṭi. 本経の「摩……毘楼羅」に相当する部分、パーリ本では Māyā-Kaṭeṇḍu Veṭeṇḍu Viṭuc ca Viṭucco (v.l.Viṭuṭo) saha (p.258) とあって五人の神の列挙している。三本は「摩摩拘拘楼楼羅羅毘毘楼楼羅羅」としているが、これは密呪らしく書き改めたものと思われる。

28―栴陀那 tśiän d'â nâ. P., S. Candana. この神は他の経典にも出る（cf. *DPPN.*, s.v.）。以下、樹塵陀羅までパーリ本の Āṭā に対応句がり、また梵本 Māy にも出る（pp.236~237）。cf. Waldschmidt 1932:175 Anm. 3. いずれも四天王の家来たち。

29―加摩世致 ka muâ śi̯äi- ti-. P. Kāmaseṭṭho,S. Kāmaśreṣṭhaḥ（Māy）.

30―迦尼延豆 ki̯a nji i̯än- d'ə̯u. P. Kinnughaṇḍu,S. Kunikaṇṭho. チベット本（一）mgul pa mdses も Kunikaṇṭha に対応する。「延」は母音間の k が y に変化していたことを示す（辛嶋前掲書一五頁参照）。「豆」の韻母は男性・主格の語尾 -o（< -aḥ）を示す。

31―尼延豆 nji i̯än- d'ə̯u-. P. Nighaṇḍu, S. Nikaṇṭhakaḥ (Māy). チベット本（一）gul ṅes (=S. Nikaṇṭha). 音写については前注に同様。Kunikaṇṭha と Nikaṇṭha のペアは他の経典にも出る（cf. *BHS.*, s. vv.）。

32―波那攎 puâ nâ luo. P.Panādo,S. Praṇāda (Māy). 本『長阿含経』ではその原語の傾向を反映して pr,tr, kr などの r を保存する傾向が強いが、ここはその少ない例外の一つ。「攎」の韻母は男性・主格・単数の語尾を示す。その声母は、原語での -d- > -l- の変化を示すとも考えられるが（辛嶋前掲書一九頁参照）、ここに見える梵語、パーリ語自体、S.*Praṇāla,*Pranāla から変化したとも考えられる（cf. H. Lüders, *Philologica Indica*, S.555）。

32a―主 t'si̯u:. パーリ本の ca（と、そして）に対応すると考えられる。アシーョカ碑文には、ca が tu（しかし）の影響を受けた形 cu が頻出するが、ガンダーラ語の『法句経』にも、その俗語形 yu が見える（Brough 1962:83）。この「主」も、cu の音写の可能性がある。

33——嗚呼奴奴　・uo xuo nuo nuo. P. Opamañño,S. Upapañcakaḥ (Māy). この音写は説明がつかない。P. は S. Upamanyu あるいは S. Aupamanyava の俗語形であろう。Upapañcaka は俗語形から誤って梵語化したもの。

34——提婆蘇暮　d'iei b'uâ suo muo-. パーリ本とチベット本（一）にのみ対応がある。P. devasūto（神の御者）の音写。帝釈の御者 Mātali の称号。「暮」(muo-) の解釈は難しい。コータン語では t（d と発音される）も v も hiatus-filler として使われるため、梵語の t が弱化して、その結果 v にとって替わられることがある。例えば、S. Jeta>Khotanese Jiva, S. lokadhātu->Khotaness lovadāva. 本『長阿含経』の「布和」(S. Potana. P. Pota, Potana) もこの例と考えられるが、hiatus-filler t が本経の原語に存在したことを示す証拠は他にもある (Bailey 1946:783)。他方、v と m はある条件の下で交替するので、ある段階で（誤解して）v を m としてしまったのであろう。すなわち、sūto> *sūvo>*sūmo. すぐあとに m が出る (Mātali) のも影響したかもしれない。

35——摩頭羅　muâ d'ạu lâ. P. Mātali, S. Mātali (Māy). 帝釈の御者。「頭」の声母は原語で母音間の t が d に変化したことを示す。

36——支多羅斯那　tsie tâ lâ siẹ nâ. P. Cittasena, S. Citrasena (Māy). ガンダルヴァ（楽神）たちの首領。

37——乾沓婆　g'jän(kân) d'ập b'uâ. P. gandhabba, S. gandharva (Māy). 底本「波」は「婆」の誤りであろう。この神々は仏典では天の楽神として登場する。

38——那羅　nâ lâ. P. Nala, S. Nara (Māy). パーリ本には Nala とするものもある。Naḍa>Naḷa>Nala と変化したことについては、Lüders の前掲論文を参照。Nara は r と l の混同を示す。なお、漢字はインド語の r と l を区別して音写できない。「主」は rājan（王）の訳。

39——闍尼沙　źja nji ṣa. P. Janesabha, S. Jinarṣabha (Māy). pkt.*Janeṣa'a (<*Janeṣaha<*Janeṣabha<*Jana+iṣabha<S. Jana+ṛṣabha) という形が原語として想定できる。しかし、-bh->-h->-'- の変化については辛嶋前掲書二九頁を参照（「阿弥陀」も同じ変化を示すか？）。原語は三種のシビラント（ś・ṣ・s）を区別した。この夜叉の名は『闍尼沙経』にも出る。同注42を参照。

40——尸呵　śi xâ. P. Sīvaka (Aṭā). 以下、「樹塵陀羅」までパーリ本に対応がなく、Āṭā に対応文がある (*DN.* III, P.205, *ll.*1~2)。ここは、その Sīvaka 対応すると

思われる。

41——無蓮陀羅　mịu lien d'â lâ. P. Mucalinda（Āṭā), S.（Mucalinda).「陀羅」とあるのは Indra（> Pkt. Inda）の影響をうけ、間違って梵語化した形 *Mu'uindra（< *Muyulinda<S. Muculinda）を音写したのであろう。

42——鼻波蜜多羅　b'ji- puâ mi̯et tâ lâ. P. Vessāmitta（Āṭā), S.（Viśvāmitra). 先には「鼻波蜜」の形で出た。「多羅」は原語で -tr- の音が保たれていたことを示す。

43——樹塵陀羅　źi̯u-（źi̯u:）d̂'i̯en d'â lâ. P. Yugandhara（Āṭā), S.（Yugandhara). ここでは夜叉の名だが、山の名として『世記経』で「樹臣陀羅」（一一五下）などと音写される。ガンダーラ語では語頭の y は変化しないのに、この「樹」は y->j- の変化を示す。辛嶋前掲書一四頁参照。

44——那閭尸呵　nâ li̯wo śi xâ. 底本には「尼呵」とあるが、三本・磧砂蔵本の読みを採る。「那閭」は不明。「尸呵」は P.（Pañca-）sikha（Āṭā）に対応。pkt.*śiha（< S. śikha）の音写であろう。

45——斗浮楼　tə̯u: b'i̯ə̯u lə̯u. P. Timbaru, S.（Tumburu). ガンダルヴァ（楽神）の王。pkt.*Tubburu（< S. Tumburu）が想定される。

46——輸支婆遮娑　「婆」を「娑」に改める。三本・磧砂蔵本により「迹」を「遮」に改める。śi̯u tsie b'uâ tsi̯a sâ, P. Suriyavaccasā, S.（*Sūryavarcasā). パーリ本の注釈は Timbaru の娘という。Waldschmidt は Śu-ci-varcasā を想定している（1932:231)。

47——阿醯　・â xiei. P. atha,S.（atha), この音写は何度も出る。Waldschmidt は S. api と対応すると考えている（1932:232)。他のプラークリットでは時々見えるが、ガンダーラ語には -th->-h- の例は少ない（e.g, taha, daha<tathā)。

48——那陀瑟　nâ d'â si̯ĕt. この音写は未詳。梵本には Sahabhū とあり、チベット訳（二）もその訳。一方、パーリ本には、Nābhasā（注釈には Nāgasā とする版本もあるが、これはシンハラ書体での混同による）とし、チベット訳（一）も一致。

49——那頭　nâ d'ə̯u. P. nāga, S. nāgo この音写は Bailey が論じたように（1946:784)、コータン語に見られ、またガンダーラ語に存在したと思われる hiatus-filler としての t（有声でdで読まれる）の例である。nāgo>*nā'o>*nādo の変化を示す。コータン語には、nāta（<S. nāga）の形がある。

50——毗舎離　b'ji śi̯a- lji̯ẹ. P. vesāla, S. vaiśāla. 後出の

Takṣaka の形容詞句で「Viśāla の後裔」の意。この音写は都市 Vaiśālī の音写として多出する。

51——帯叉　tâi- tṣ'a, P. Tacchakā, S.Takṣakaḥ. 龍王の名としてすでに *Atharva-veda* に出る。推定中古音 tṣ'- は梵語 -kṣ- の音写に使われ、本経の原語が -kṣ- を保持したガンダーラ語であることを証左している。Pulleyblank は -kṣ- を音写する推定中古音 tṣ' が本来 *khṣ-, khṣ- であったと主張したが（1964:207）、むしろ Coblin の言うように（1983:54）他に近い音がなかったから tṣ'- で代用したと考えられる。

52——娑呵　sâ xâ. 底本には「沙」とあり、三本・磧砂蔵本には「婆」とある。P. saha, S. saha. ガンダーラ語を反映して、『長阿含経』の音写でも ś と ṣ と s の三つのシビラントが区別されているが、いくつかの例外の中で、とくに「沙（ṣa）」が梵語やパーリ語の sa, sā に対応する例が目立つ。例えばこの例。Brough はガンダーラ語 ṣaǵa（P. saṅga）の類推で ṣaha となったのではないかと考えているが（1962:54, fn. 1）、ここ以外にもいくつか例があり、この推論は当たらない。むしろ「娑（sâ）」が音写を重ねている間に「沙」と書かれてしまったのではないだろうか。それは三本・磧砂蔵本が「婆」と誤って伝承していることからも確かめられる。

53——蛇婆提　i̯ę b'uâ d'iei. パーリ本には Yāmunā とあり、（チベット本（一）も同じ）、注釈は「Yamunā 河に棲む」という形容詞にとる。しかし、梵本には saudāsako とあり、チベット本と宋訳も同様。本経の音写はパーリ本に近いようだが（鼻音の近くで -m- ＞ -v- と変化したことも考えられる）、パーリ本の読みも本来のものか疑わしい。

54——提頭頼吒　P. Dhataraṭṭhā, S. Dhṛtarāṣṭra. 既出。

55——帝婆　tiei b'uâ. 不明。梵本には、prajāgúś とあり、パーリ本には pāyāgā とある。

56——若利耶　ńźi̯a: lji- i̯a. P. ñātibhi（< jñātibhiḥ). 梵本には ca guṇā とある。母音間の t や d が、r または l となる例はガンダーラ語やコータン語に見える（Brough 1962:96, 229, 255-56; Emmerick 1981b:81）。例えば、G. praverayadi < P. pavedenti, Khot. harīrai < S. haritakī, Khot. nihalamāna < S. nihatamāna. また本経に見えるこの変化はつとに Bailey が言及している（1946:786-7）。辛嶋前掲書一九頁参照。「耶」は母音間の bh が h になり、さらに ya-śruti にとって替わられたものか。

57——娑呵　sâ xâ. 底本には「沙」とあり、三本・磧砂蔵本には「婆」とあるが、「娑」の誤り。P.＝S. saha.

58——加毘羅摂波　ka b'ji lâ śịäp puâ. S. Kambalāśvata-raḥ, Kambalassa(tarā). Kambala も Aśvatara もともに竜の名で、*Mahābhārata* などに見える。「加毘」は -mb- ＞ -bb- の変化を示す。三本・磧砂蔵本は「摂婆」（śịäp b'uâ）とするが、底本には「摂波」とある。後者は、ガンダーラ語やコータン語でのみ見られる -śv- ＞ -śp- の変化を示していることになり、本経の原典がガンダーラ語で書かれていたことの重要な証拠となるもの。辛嶋前掲書三八頁参照。

59——摩天提伽　muâ t'ien d'iei g'ịa. パーリ本には yasassino とあり、梵本には yaśasvī mamā ……とあって後半不明。Waldschmidt はチベット本（二）に rdus 'p-hul ldan pa'i とあることから、梵本も maharddhikaḥ と読むことを示唆する（1932:177, Anm.7）。本経のこの音写が maharddhika の俗語形の音写であることは、つとに Bailey が示した（1946:784）。pkt.*mahiṃdhiga（＜ *maheddhika＜mahā＋iddhika＜S. mahā＋ṛddhika）が原語として想定される。

「天」が xien という発音をもっていたことは、『釈名』の有名な『天、顕也』からも推定されているが（羽田亨「天と祆と祁連と」『羽田博士史学論文集』第二巻、五一七～八頁、Bodman 1954:28–9）、その他にも証拠があり、中国西部から後漢代に中央部に及び、その後も方言に残った発音と考えられている（Dien 1957, Pulleyblank 1962:117, Coblin 1983:45–6, 133–134）。ちなみに「天竺」もこの例と考えられている。

60——那伽　nâ g'ịa. P. nāgā, S. nāgo.

61——阿陀伽　・â d'â g'ịa. パーリ本 āgu, 梵本 prāpto に対応。この音写は問題で、三つの可能性がある。㈠「阿伽陀」の誤りと見、*āgadā（＜ āgatāḥ〝来た〟）の音写と考える。㈡ *āyādā（＜ āyātāḥ）あるいは *āyadā（＜ āgatāḥ）とあったものが、（この原語には hiatus–filler として、y,g,t〔d と発音〕があるため）間違って、*ādāgā あるいは *ādagā と〝backformation〟してしまった。㈢「伽」は衍字。この単語の前後に「伽」が頻出するだけに、この可能性は高い。「阿陀」が *ādā（＜ *ā'ādā＜āyātāḥ あるいは＜ *ā'adā＜āgatāḥ）を音写する例は後に頻出する。

62——摩呵那伽　muâ xâ nâ g'ịa. P. mahānāga. 梵本には mahābhiṣmaḥ とあって対応しない。「偉大な竜」という意味で、Erāvaṇa を形容する。

63——伊羅婆陀　・i lâ b'uâ d'â. P. Erāvaṇa, S. Airāvaṇa. 竜神の名。この音写はおそらく、同じ意味をもつ、S.

Airāvata の俗語形の音写であろう。

64――毘摩那伽　b'ji muâ nâ g'ia. 不明。

65――多陀伽陀　tâ d'â g'ia d'â. 三本・磧砂蔵本には「多咃伽陀」とある。梵本の te cāpi …… āyātā, パーリ本の so p'āga が対応するので tathā+āgataḥ の俗語形で *tadhāgadā の音写と推定される。しかし、『長阿含経』では、-th->dh- となる例が他にないので問題。

　なお、本経後半の、梵天などに対応がなく不明な部分に、七度「多陀阿伽度」と出るが、これも tathā+āgataḥ>*tadhāgado の音写か。

66――余　i̯wo. P. ye, S. yo. 以下、この一文の主題は、梵本では一羽の鳥で、パーリ本では二羽の鳥となっていて、微妙な違いがある。パーリ語では東部インド方言の名残りで、ye が複数・主格のみでなく単数・主格として使われることがあり、それが、後の伝承で誤解を生じる結果となることがままある。本経は yo の音写である。

67――那伽羅闍　nâ g'ia lâ źia. P. nāgarāje, S. nāgarājaṃ. 「竜の王たちを」の意。

68――娑呵沙　sâ xâ ṣa. 底本の「婆呵沙」を改める。P. sahasā（力尽くで）に対応すると思われる。「沙」も、「娑」の誤りか。なお、梵本は prasahya（力尽くで）とある。以下、対応が明確ではない。

69――提羅帝　d'iei lâ tiei-. 底本は以下「婆提羅帝」と続くが、三本・磧砂蔵本により削除する。梵本 harati, パーリ本 haranti（捕らえる）に対応するか。未詳。

70――毘収大迹閦　b'ji śi̯ə̯u d'âi- tsi̯äk tṣ'uk. P. visuddhacakkhū, S. viśuddhacakṣuḥ（透徹した眼をもつ）. 底本の「枚」を金蔵広勝寺本と房山石経本により「収」に改める。「閦」は -kṣ- が原語で保たれていたことを示す。

71――提婆　d'iei b'uâ. P. dibbā（天の）に対応すると思われる。ただし、梵本には balavāṃ（力強い）とある。

72――呵叉奇　xâ tṣ'a kji̯ę. 不明。P. pakkhi, S. pakṣī（鳥）に対応するか。

73――毘呵四　b'ji xâ si-. P. vehāsayā（te）, S. vaihāyase（na）. パーリの語形は s と y の metathesis を示す。「空から」の意。

74――婆嚀　b'uâ nieng. S., P. vanam. 『長阿含経』では、中古音の -ng は常に梵語の -ṅ に対応するのに、ここは例外。「森に」の意。

75――阿婆婆四　・â b'uâ b'uâ si-. P. ajjhapattā, S. abhyupāgataś. 後者は adhi√pat の重字アオリスト（Hinüber1986:§481)。本経は abhi+√pat の重字アオリスト abhyapaptan（飛んで来た）の俗語形（*abbhavatta）の音写か。しかし「四」が解決しない。

76——質多羅速和尼　tsi̯ĕt tâ lâ tsi̯äk γuâ nji. P. citrā Supaṇṇā. Suparṇa, S. citraṃ Suvaṇṇī はすでに *Ṛg-veda* に見える、神話的な鳥。その別名 Suparṇī の俗語形が梵本の Suvaṇṇī. 本経の「速和尼」はこの俗語形の音写。「和」は後漢代からの漢訳佛典で、va の音写によく使われるが（例えば、「和論」varuṇa）、『長阿含経』では「婆」がこの音を表わし、他に例がない。

パーリ本の citrā は異読の citta が本来的な形。英訳は固有名詞ととるが、むしろ、形容詞ととるべき。あるいは、*Citta-supaṇṇa＞*Cittā-supaṇṇa（m.c.）＞Citrā Supaṇṇā と変化したものかもしれない。梵本の citraṃ は、ā/aṃ の交替を示す。「多羅」は、-tr- の音が保たれていたことを示す。

77——那求四多　nâ g'i̯ə̯u si- tâ. 不明。

78——阿婆由　・â b'uâ i̯ə̯u. P., S. abhayaṃ（平安、安全）. 梵本では対格、パーリ本では主格。本経の音写は -aṃ＞-u の変化を示しているが、これは仏教梵語（BHSG§8.30–36）の他、ガンダーラ語に見える（Brough 1962:§75)。同様の例は本経に他に三例あり、これらは本経の原典がガンダーラ語で書かれていたことを示す証拠の一つと考えられている（Hiän-Dschi, "Die Umwandlung der Endung -aṃ in -o und -u im Mittelindischen". *NAWG* 1944, No.6)。辛嶋前掲書一四頁参照。

79——那伽羅除　nâ g'i̯a lâ d̂'i̯wo. P. nāgarājānam, S. nāgarājñām（竜王たちの）複数・属格の形。「除」が音写する原語の語尾の形は推定できない。

80——阿四　・â si-. P. āsi, S. adāt. パーリ本に一致する。√as のアオリスト・三人称・単数 āsīt の俗語形の音写。

81——仏陀　b'i̯uət d'a. P. Buddho, S. chāstā（＜śāstā). 梵本は「師」の意。

82——修跋羅薩帝奴　si̯ə̯u b'uât lâ sât tiei- nuo. 不明。P. Supaṇṇato khemam, S. Suparṇitaḥ kṣemam（スパルナから身を守って［くれた］）とある。「修跋羅」は *Suvar-＜Supar(ṇitaḥ) にあたると思われる。

83——阿伽　・â g'i̯a. P. akāsi, S. akārṣīt. √kṛ のアオリスト。本経には「阿伽仏陀灑」とあるが、「阿伽灑、仏陀」の誤りではないか。「阿伽灑」（・â g'i̯a ṣi̯ẹ-）で、*agāṣṣi（＜akārṣīt）に対応する。それでなければ、「灑」は対応がない。

84——灑　ṣai:, ṣa:, ṣi̯ẹ-. 注83を見よ。

85——失羅寧　śi̯ĕt lâ nieng. P. saṇhāhi, S. ślakṣṇāsu（優しい〔言葉〕)。S. ślakṣṇābhiḥ>*ślaṣṣṇāhi> ślaṇhāhi>*ślaṇhā'i の音写か。注74同様「寧」は問題。「失羅」は言語が śl- を保存していたことを示す。

86——婆耶　b'uâ i̯a. P. vācāhi, S. vācāsu（ことばで). S. vācābhiḥ>vācāhi>*vāyā'i の音写か。筆者は「耶」がźではなく、yを音写すると考えている。

87——憂羅頭婆延楼　・i̯ə̯u lâ d'ə̯u b'uâ i̯än- lə̯u. P. upavhayantā, S. muditāsu (entreat, invoke). S. upahvayantaḥ>*uvavhayando が想定されるが、未詳。

88——素槃兔　suo- b'uân nəu P. Supaṇṇā, S. tatraiva. 原語は、*Suvaṇṇo（<S. Suparṇaḥ）という形が推定される。ところで、パーリ本（＝チベット訳（一））では、竜たちと Supaṇṇa たちとが仏に帰依したとあり、梵本（＝チベット訳（二））は、竜たちが仏に帰依したとある。

89——仏頭　b'i̯uət d'ə̯u. P. Buddhaṃ, S. Buddhaṃ. ここも、対格・単数の語尾の -aṃ>-u という変化を示す。注78参照。

90——舎羅兔　śi̯a- lâ nəu. P. saraṇaṃ, S. śaraṇaṃ（庇護を)。これも -aṃ>-u の変化を示す。「舎」は ś- が保たれていたことを示す。

91——伽類楼　g'i̯a li̯wi- lə̯u. P. agaṃsu, S. upāgatāḥ. √gam（行く）の派生語の音写であろうが、未詳。

92——跋闍呵諦　b'uât źi̯â xâ tiei-. P. Vajirahatthena, S. Vajrahastena（金剛杵を手にもつもの). 帝釈のこと。-jr- は『長阿含経』に他に出例がない。ガンダーラ語（Kharoṣṭhī 碑文）には vayira- の例があり、またコータン語には vajra, vaśära と出、いずれも r を維持している。本経の音写は vajja(<vajra) と原語にあったことを示す。-jr->-jj- となる Prakrit を経て伝承されたのだろう。

Vajrahaste->*Vajjahatthe という原語が想定される。

93——祇陀　g'i̯ię d'â. P. jitā, S. vijitā（負けた). S. jitā>*jidā の音写。

94——三物第　sâm miuət d'iei-. P. samuddaṃ, S. samudram（海に). 後出の S. śritāḥ, P. sitā（拠る、棲む）に懸かるが、この動詞は対格も於格もとる。S. samudre->*saṃmudde が推定される。『長阿含経』では -dr->-dd- となる方が -dr- を保つ例よりも多い。

95——阿修羅　・â si̯ə̯u lâ. P. asurā, S. asurāḥ（アシュラたち)。

96——阿失陀　・â śi̯ĕt d'â. P. sitā, S. śritāḥ（拠る、棲む).

ガンダーラ語やコータン語では、梵語の śr がṣとなり、それが西北インド方言の特徴だが、ここの例や、注29の「加摩世致」の例は、S. śr＞śś となったことを示す。もちろん、ガンダーラ語にも、śeṭha（＜S. śreṣṭha), śotr'a（＜S. śrotriya）のような例外がある。辛嶋前掲書三一～三二頁参照。

97――伊弟　・i d'iei:. P., S.ete（彼らは）. ete＞*ede が原語として推定される。

原語は、*āśidā（＜S. āśritāḥ）が推定される。

98――阿陀　・â d'â. 他の諸本に対応する語がなく、不明。

99――摩天地　muâ t'ien d'i-. パーリ本には、iddhimanto yassassino とある。梵本は写本を欠く。チベット本（一）はパーリ本に一致、チベット本（二）には mtsho la skyabs su 'dus śes pa（dachten an die Zuflucht zum See)とあるが、宋訳に「皆具神通威徳」とあって、パーリ本などに一致。本経は注59の場合と同じく、mahardhika（大いなる威力をもつ）の俗語形であろう。ガンダーラ語では、-ika＞-i（Burrow 1937:§75）となるが、ここもその例と考えることができる。また、単純に Bahuvrīhi-compound の maharddhi の音写と考えることも可能である。

100――提婆　d'iei b'uâ. 他の諸本に対応がない。deva（神）の音写として頻出する。

101――婆三婆四　b'uâ sâm b'uâ si-. P., S. Vāsavass'（ヴァーサヴァの）. Vāsava は帝釈の別名。Vāsavasya＞*Vāsavassi が原語として推定される。

102――婆延地　b'uâ i̯än- d'i-. P., S.bhātaro. 梵本は写本を欠く。パーリ本は bhātaro Vāsavass' ete（彼らはヴァーサヴァの兄弟である）とあるが、チベット本（二）には、thams cad nos lhas skrag gyur ciṅ（alle Reichtums〔Vasu〕-Götter erschraken). 宋訳にも「一切怖畏、薬叉并其眷属」とあるから、√bhī（怖れる）の派生語が想定される。例えば、bhayante＞*bhayande が本経の原語として想定される。

Vāsava は帝釈の別名である。パーリ本の読みに従えば、「帝釈に負けた海に棲むアシュラたちは、帝釈の兄弟」となり意味が通じない。本経やチベット本（二）が示すように「海に棲むアシュラたちは、帝釈に負け、彼らはヴァーサヴァ（帝釈）を恐れた」が本来的でないか。√bhī ＋属格で「～を怖れる」の意になる。

103――阿修羅　・â si̯ə̯u lâ. P. asurā.

104――伽黎妙　g'i̯a liei mi̯äu-. P. Kālakañjā. 梵本は写本が欠けているが、S. Kālakañja はインド古典にも出る。

アシュラの種族の名。「妙」が音写する原語は想定できない。

105――摩呵祕摩　muâ xâ pji- muâ. P. Mahābhiṃsā. 梵本に欠く。パーリ本の注釈は Kālakañjā にかかる形容詞（"とても怖しい"）とみているが、固有名詞ととれる。S. Mahābhiṣma または Mahābhīma は Bhiṣma の父として古典文学に出るが、それと同一のものを意味していないにせよ、アシュラの名として相応しい。ここの音写は Mahābhīma に対応する。「祕」(pji-) が有声鼻音を音写しているのは問題。

106――陀那祕羅陀　d'â nâ pji- lâ d'â. P. Dānaveghasā（注釈は Dhānaveghasā とする）. このアシュラの名の梵語の形は不明。チベット本には khro byed（＝dānava?）とある。本経の「祕羅陀」は不明。「祕」は前注と合わせ考えると、ここでは ve を音写しているのかもしれない。

107――鞞摩質兜楼　b'iei muâ tśịĕt tə̣u lə̣u. P. Vepacitti, S. Vemacitro. 仏教梵語には、Vemacitrin の形もある。仏典ではアシュラの名として出る。インド古典に dānava（悪鬼）の名として、Vipracitti（-citta と書き誤られることもある）が出るが、これと関係があると筆者は考える。Vipracitti＞*Vippacitti＞*Vipacitti＞P. Vepacitti＞*Vevacitti＞*Vemacitti＞BHS. Vemacitrin. 同様に、-citta＞BHS. -citra と間違って梵語化されたのであろう。

　本経の音写から、Vemacitro という形が推定できる。-tr- は hypersanskritism. -o は男性・単数・主格の語尾。

108――修質諦麗　sịəu tśịĕt tiei- ljịę (liei-). P. Sucitti, S. Sucitro. アシュラの名。古典にも Sucitra という名の悪鬼の名が出る。本経は*Sucitrī の音写。

109――婆羅呵黎　b'ua lâ xâ liei. P. Pahārādo, S. Prahlādo. 古典でも、Prahlāda, Prahrāda はアシュラの名として出る。パーリ本が Prahrādo に由来にすることは韻律からも確かめられる。

　本経の「婆」は「波」の間違いであろう。*Prahal-(＜Prahlāda) という形が推定される。

110――無夷連那婆　mịu i lịän nâ b'uâ. P. Namucī saha, S. Mucilas tathā. チベット本（一）はパーリ本に同じ、宋訳は梵本に同じ、チベット本（二）は gtaṅ zuṅ (btaṅ bzuṅ?) とあり、Mucilinda の訳。本経も*Muyiliṃna＜Mucilinda の音写であろう (cf. Waldschmidt 1932-179 Anm. 3)。「婆」は未詳。「娑」の誤りか。注41参照。

111——阿細　・â siei-. 未詳。

112——跋黎弗多羅那　b'uât liei pi̯uət tâ lâ nâ. P. Baliputtā-naṃ, S. Baḍiputrāṇāṃ（バリの子供たち）. つねに梵本と一致するチベット本（二）にも stobs ldan bu（＝Baliputra）とある。アシュラ Bali は Virocana の子供であり、Vairocana とも呼ばれ、古典にも出る。*Bali-putrāṇā という原語がこの音写から推定される。

113——舍黎　śi̯a- liei. P. satañ ca, S. śataṃ ca（更に百人の）. *sal-（＜śata）が推定されるが、語尾は不明。

114——薩鞞　sât b'iei. P. sabbe, S. sarve（皆）. savve（＜sarve）が推定される。

115——鞞楼耶那那迷　b'iei lə̣u i̯a nâ nâ miei. P. Veroca-nā-makā, S. Vairocanā〔makā〕. パーリ本は *Verocana-nāmakā の重音省略か。本経は *Veroyanā-nāmī（＜*Vairocana-nāmin）が推定されるが語尾は問題。「Vairo-ca という名をもつ」の意。

116——婆黎細如　b'uâ liei siei- ńźi̯wo(ńźi̯wo-). P. Baliṃ se-naṃ, S. Baḍisenāṃ（バリの軍隊を）。パーリ本は Bali-senaṃ が韻律の関係で分かれた split-compound. 本経の音写からは *Baliseñño（＜*Bali-sainyaṃ）という形が推定される。ここでも -aṃ＞-o（あるいは -u）という変化がみられる。

117——薩那迷諦　sât nâ miei tiei-. P. sannayhitvā, S.〔saṃ-nahya〕hi（武装して）. チベット本（二）も go chas bgos te（＝ saṃnahitvā）とある。「迷」は問題。saṃ √nam（準備する）の絶対分詞*samnamitvī＞*saṃnamit-tī の音写であろうか。「諦」はガンダーラ語に特有の絶対分詞 -tti（＜ Vedic -tvī）を音写していると考えられる。

118——羅耶跋兜楼　lâ i̯a b'uât tə̣u lə̣u. P. Rāhubhaddam, S. Rāhur bhadram（吉祥なラーフに）. Waldschmidt は梵本を Rāhubhadram と読むことを示唆する（1932:181, Anm. 4）。アシュラの王ラーフは古典にも出る。「耶」は -h-＞-y- の変化を示す。これは母音間の h が脱落したか、単に hiatus-filler と見なされ、他の hia-tus-filler にとってかわられたことを示し、ガンダーラ語の特徴と一致する（Burrow 1937:§28;Brough 1962:§39; Hinüber 1986:§223）。辛嶋前掲書二九頁参照。「兜楼」は -dr-＞-tr- の変化を示し、-tr-, -dr- を保つ傾向のある『長阿含経』では、この例は特異。ガンダーラ語（ニヤ文献）の agra＞akra（Burrow 1937:§36）と比較できよう。「楼」は -aṃ＞-o の変化を示す。辛嶋前掲書一四頁参照。

119——伊呵菴婆羅迷　・i xâ ・i̯äm b'uâ lâ miei. 未詳。他

の諸本には、「やって来た」とある。すなわち、P. upāgamuṃ, S. upāgatah. Brough（1962:52）は「菴婆羅迷」を *abrami<abravīt（言った）の音写とみている。

120――跋陀若　b'uât d'â ńźįa:. P. bhaddaṃ te, S. te mahāvīra（汝に繁栄あれ）. 本経の音写がガンダーラ語のbhadrañu に類似することが指摘されている（Brough 1962:53）。bhadraṃ yu(yu は二人称代名詞の語幹）>bhadrañũu>*bhaddañña の音写か。「あなた様に繁栄あれ」の意。

121――伊陀那　・i d'â nâ. P. dāni（今）. idāni（<idānīm）の音写。

122――比丘那　b'jï(b'ji-) k'įəu nâ. P. bhikkhūnaṃ, S. bhikṣūṇāṃ（比丘たちの）.『長阿含経』で、-kṣ->-kkh- の変化を見せるのは「比丘」の例だけ。これは、原始仏典の形をそのまま残したもの。ガンダーラ語『法句経』でも、bhikhu と出る。

123――三弥涕　sâm mjię t'iei-. P. samitiṃ, S. 〔sami〕tiṃ（集まりに）.「涕」は原語でtが保たれていたことを示す。『長阿含経』には五十以上の母音間のtの音写例があるが、tを保つものは、筆者の知る限り二、三例しかない。他は -t->-d-,-l-（-r-）を示す。samiti あるいは、鼻音の前で母音が鼻音化した形 *saṃmiti（cf. sam-iñj->Pali saṃmiñjati, BHS. saṃmiñjayati）の音写。
あとには「娑未弟」と出る（注152）。

124――拔泥　b'uât niei. 底本・三本・磧砂蔵本に「泥拔」とあるが改める。P. vanaṃ（森に）, S. vane（森で）.「婆嚀」（注74）、「婆尼」（注153・247）を参照。ここはvane の音写。

125――三摩由　sâm muâ įəu. P. samayo, S. samayas（時間）。samayo あるいは *saṃmayo の音写。

126――阿浮　・â b'įəu. P. Āpo, S. Āpa(s).神としての水。以下、神格化された四大元素（地・水・火・風）が列挙される。*Āvo(<Āpas）の音写。

127――蓽犁醯陛　piei liei xiei b'iei:. P. Paṭhavī, S. Pṛthivī（地）. この音写から *Prihivī という形が想定される。-th->-h- という変化は、他のプラークリットでは時々見られるが（Pischel 1900:§§78, 204;Hinüber 1986:§187）、ガンダーラ語では -th- を単に有声化する傾向にあり（Konow 1929:ci;Brough 1962:§42）、愛よ本経とガンダーラ語の相違点の一つだが、Brough（1962:52）の示唆するように、ガンダーラ語訳される以前の言語の姿を留めているのであろう。コータン語にも、anāha（<S. anātha), karmapaha（<S.karmapatha）の例があ

る。辛嶋前掲書二三頁参照。

pṛ->pr- はガンダーラ語の特徴と一致。辛嶋前掲書一四頁参照。しかし、『長阿含経』には ṛ が r＋母音、あるいは母音＋r になる例は他にない。

128——提豫　d'iei i̯wo-. P. Tejo（火）. 梵本は写本を欠くが、チベット本（二）に me とあり、S.Tejo が推定される。*teyo（<S. tejas）という形が推定される。

129——婆由　b'uâ i̯ə̯u. P. Vāyo（風）. チベット本（二）に rluṅ（=S. Vāyuḥ）とある。

130——提婆　d'iei b'uâ. P., S. devā（神々）。

131——多陀兔　tâ d'â nəu. P. tad āgamuṃ（そこへ来た）. チベット本（一）der 'oṅs so（そこへ来た）、チベット本（二）'oṅs gyur te（来た）。パーリ本は tadā āgamuṃ（そのとき来た）ともとれる。「多陀」は、tad ā- あるいは tadā に対応。「兔」は未詳。

132——跋楼兔　b'uât lə̯u nəu. P. Varuṇā, S. (Varuṇā). 宋訳「嚩嚕拏」（=Varuṇā）。本経は Varuṇo という原語が推定される。Veda 神話から見えるヴァルナ神のこと。水と密接な関係のある神で、チベット訳（一）も chu lha（水神）。

133——跋楼尼　b'uât lə̯u nji. P. Vāruṇā, S. Vāruṇī. チベット訳（二）chu lha mo. 宋訳「嚩嚕尼」（=Vāruṇī）. 女神の名。金蔵広勝寺本と房山石経には「婆楼尼」とある。

134——世帝　P. devā, S. devī（女神）.「世帝」では音写ではなく、devī, devā に対応する意訳であろう。

135——蘇弥　suo mjię. P. Somo. 梵本は Kṣaumā だが、チベット訳（二）に zla ba mo（=S. Somā）。チベット訳（一）は zla ba（=S. Soma）。月の神、ソーマ神のこと。本経の音写からは*Somī という形が推定されるが、語尾がおかしい。

136——耶舎　i̯a śi̯a-. P. Yasa. チベット訳（一）に grags pa（=S. Yaśas）。梵本は写本を欠き、チベット訳（二）は異なる。本経は*Yaśa（<S. Yaśas）の音写。〝栄光、名声〟の神格化されたもの。

137——阿頭　・â d'ə̯u. 諸本に対応がないが、*ādu（<S. āyātaḥ）の音写であろうか。

138——摩天梯与　muâ t'ien t'iei i̯wo-. P. yasassino, S. yaśasvinī. ここも*mahiddhiya（<S. mahā+ṛddhi+ka）の音写。注59参照。ただし、「与」の音は問題。梵本は女性・単数、パーリ本は男性・複数だが、本経は右の「阿邏」「提婆」から、パーリ本と同じく、男性・複数のはずであり、ここも -yā という語尾が期待されるところ。このことから、「与」の韻母はまだ -i̯wo に

なっておらず、例えば -aï（＜上古音 -ag）の状態にあった可能性がある。

139——提婆　d'iei b'uâ. P. devā（神々）, S. devī（女神）. 本経も devā の音写。

140——弥多羅婆伽羅那移婆　mjię̯ tâ lâ b'uâ g'i̯a lâ nâ ię̯ b-'uâ. P. Mettākaruṇākāyikā, S. Maitrī-Varuṇikā cāpi. Edgerton は梵本を Maitrī と Varuṇikā に分けている（*BHSD.*, s. vv.）が、この語は*Maitrā-Varuṇikā（ミトラとヴァルナの子孫の〔神々〕）から変化したものかもしれない。Mitra 神と Varuṇa 神は常に双称される。パーリ本は注釈に「慈(mettā) 禅定と悲（karuṇā）禅定を修めて再生した神々」とある。梵本とパーリ本の違いは、kとvの交替によって生じたものにすぎない。チベット訳（一）と宋訳が梵本に一致し、チベット訳（二）がパーリ本に一致するところをみると、この混同は比較的早い時期におきたものであろう。常識的には、-k-＞-y-＞-v-（yとvの交替は音声的なものではなくて、hiatus-filler の交替）の変化が考えられるが、パーリ本は hyperpālism だとも考えられる。

本経は問題。音写から*Metrā-vakaraṇā-yiva という形が推定されるが、varuṇā と karuṇa の混在したような形になる。「弥多羅婆羅那伽移婆」（*Metrā-varaṇā-kāyivā＜*Maitrā-Varuṇā-kāyikā）の誤りかもしれない。『長阿含経』には -k-＞-y-＞-v- の例がいくつかある。例えば、「汲毗」（＜P. Kiki, BHS. Kṛki, 三下一）、「波浮陀」（＜P. Pakudha. 一〇七中二七）など。辛嶋前掲書一六頁参照。

141——阿邏　・â lâ. P. āgu, S. prāptā. *āla（＜*ā'ādā ＜S. āyātāḥ "来た"）の音写。

142——陀舎　d'â śi̯a-. P. das' ete, S. daśaite（これら十の）. 本経は daśa（十）の音写。

142a——提舎　d'iei śi̯a-. P.dasadhā（十様に）、S. daśakāḥ（十からなる）. 本経は *deśa（＜daśa）が推定される。-dh-＞-h-＞-φ- と変化したことも考えられる。なおチベット訳（一）は「十方世界で」と解釈している。

143——伽予　g'i̯a i̯wo(i̯wo:). P. kāyā, S. kāyāḥ（集団）. 辛嶋前掲書五九頁参照。

144——薩鞞　sât b'iei. P. sabbe, S. sarve（皆）.

145——那難多羅婆跋那　nâ lâ tâ lâ b'uâ b'uât nâ. P.nānattavaṇṇino, S. nānātvavarṇinaḥ（様々な色をもつ）. 本経の「羅」は衍字と思われる。-tra- を音写する「多羅」が頻出するからであろう。*nānaṃtvavarṇa（＜S. nānātvavarṇa）という原語が推定される。ā/aṃ の交替はプラークリットで時折見られる。

146——伊地槃大　・i d'i- b'uân d'âi-(d'â-). P. iddhimanto, S. ṛddhimanto（神通力のある）. 本経は *iddhivanda という原語が推定されるが、これは -m-＞-v- の変化を示している。

147——韃地槃那槃大　źįęu d'i- b'uân nâ b'uân d'âi-（d'â-）. P. jutīmanto vaṇṇavanto, S. dyutimanto varṇavanto（威光あり、容貌がすぐれている）. 本経は *judi-vaṇṇa-vanda という原語が推定される。前半の -mant が省略されている。varṇa は先には「跋那」と音写されたが、ここでは、「槃那」とある。ガンダーラ語でも varṇa と vaṇa（＝ vaṇṇa）の両方の形がある。

148——耶舍卑兔　i̯a śi̯a- pji̯ę nəu. P. yasassino, S. yaśasvinaḥ（誉れ高い）。本経は *yaśaspino という原語が推定される。-sv-＞-sp- に関しては辛嶋前掲書三八頁参照。

149——暮陀婆那　muo- d'â b'uâ nâ. P. modamānā（歓喜しつつ）, S. vandamānā（敬礼しつつ）. 本経は *modavānā（＜ S. modamānā）が推定され、-m-＞-v- の変化を示している。

150——阿醯揵大　・â xiei ki̯ɐn:（gi̯ăn）d'âi-(d'â-). P. abhikkāmuṃ, S.〔abhikrā〕ntā（近づいた）. 金蔵広勝寺本には「揵」ではなく「建」とある。「揵」は『長阿含経』の他の箇所ではgを音写する。例えば「揵茶」（S. Gaṇḍa. 一七中二六）、「揵稚」（P. Giñjikā. 一三上一二）。しかし、ここでは、kを音写していると考えられる。*ahikkandā（＜ S. abhikrāntā）が推定される。-bh-＞-h-はプラークリットでひろく見られる変化。

151——比丘那　b'ji(b'ji-) k'i̯ə̯u nâ. P. bhikkhūnaṃ, S. bhikṣūṇāṃ（比丘たちの）. 注122参照。

152——娑未弟　sâ mjwęi- d'iei:. 底本には「娑朱弟」、三本・磧砂蔵本には「婆未弟」とあるが改める。P.＝S. samitiṃ（集まりに）. 本経は *samidi（＜ S. samitiṃ）という原語が推定される。先には「三弥涕」と出た（注123）。

153——婆尼　b'uâ nji. P. vanaṃ（森へ）, S. vane（森で）. 先には「拔泥」と出た（注124）。vane の音写。

154——鞞弩　b'iei nuo:. P. Veṇhū, S. Viṣṇu. ヴィシュヌ神のこと。Veṇhu, Viṇhu（＜ *Viṇṣu＜S. Viṣṇu）が原語として推定される。

155——提歩　d'iei b'uo-. P. devā（神々）, S. devaḥ（神）. 本経は devo（＜ S. devaḥ）が推定される。

156——舍伽利　śi̯a- g'i̯a lji-. P. Sahaḷī, S. Sahalī. チベット訳（一）lhan cig tu. チベット訳（二）gśol can lha. 宋訳「婆賀梨左天」（＝ Sahalī ca deva）。この神の語源

は未詳。梵本の形も、俗語形を踏襲していると考えられる。本経は *Ṣ́aghalī という様な原語が推定されるが、おそらく hypersanskritism の結果であろう。

157——阿醯地　•â xiei d'i-. P. Asamā ca, S. āgataś ca. 本経は他の諸本と対応しないが、前後の詩のパターンからみて、ath' āyātaḥ の俗語形の音写の可能性がある。

158——勇迷　i̯wong: miei. P. Yamā, S. Yama（ヤマ神たち）. 本経の音写は母音が混乱している。

159——那剎帝隷　nâ tṣ'ăt tiei- liei-. P. nakkhattāni, S. nakṣatrāṇi（星宿たち）. 本経は *nakṣatri という原語が想定されるが、語尾が問題。複数・対格 -e の変化したものか。

160——富羅息幾大　pi̯əu- lâ si̯ək ki̯ei d'âi-(d'â-). P. purakkhatvā, S. puraskṛtya（～を先導として）. 本経は *puraskitā（< S.*puraskṛtvā）という原語が推定される。-sk- が保たれていることが注目される。

「大」は『長阿含経』では、tt, tth, d, dh の音写に使われている。

161——蔓陀羅婆羅鞞　mi̯wen- d'â lâ b'uâ lâ b'iei. P. Mandavalāhakā, S. Mandavalāhakāḥ. パーリ本の注釈は、vāta-valāhakā, abbha-v., uṇha-v. の総称で雲の神の名という。本経は *Mandravalāve という原語が想定される。manda (slow, gentle) と mandra (pleasant, charming) とは形も意味も類似していて、時に混同される（cf. *MW.* s.vv）。しかも、プラークリットでは後者も manda になる。したがって、この箇所で、梵本やパーリ本の Manda- が Mandra- に由来するのか、あるいは本経の Mandra- が誤った back-formation の結果なのか決し難い。

「鞞」は問題。-h- が弱化して落ちたあと、hiatus-filler の v が使われたのかもしれないが、この変化は他に例がない。-aka suffix の k はガンダーラ語ではしばしば落ちる。

162——阿陀　•â d'â. P. āgu, S. prāptā（来た）. *ādā（< S. āyātāḥ）の音写。

163——栴大蘇婆尼捎　tśi̯än d'âi-(d'â-) suo b'uâ nji ṣi̯äu (ṣau). P. Candassūpanisā, S. Candropaniṣado. チベット訳（一）zla ba de yi 'khor. チベット訳（二）zla la gnas pa. パーリ本の注釈は Canda-nissitakā devā（月に依拠する神々）とする。〝月を依り処とする〟〝月を頼みとする〟あるいは〝月に類した〟（神々）の意か。

本経は *Candassūvaniṣā という形が想定できるが、

これはパーリ本 Candassūpanisā（< S. Candrasya upaniṣad-）に類した俗語形を踏襲するものであろう。『長阿含経』では -ndr->-ndr-, -nd- の両方の変化がみられるが、ここでは Canda が Candra に由来すると知らず、そのまま残したと考えられる。

164――提婆　d'iei b'uâ. P. devā, S. devāś（神々）。

165――阿陀　・â d'â, P. āgu, S. eva（来た）. ここも、*ādā（< S. āyātāḥ）の音写。

166――栴陀　tśiän d'â. P. Candam, S. Candram（月を）. ここでも、Candra と backformation していない。

167――富羅翅大　pi̯ə̯u- lâ kjiẹ d'âi-(d'â-). 底本、金蔵本、房山石経本には「富羅翅支大」とある。三本・磧砂蔵本にない「支」は衍字だろう。P. purakkhatvā, S. puraskṛtya（～を先導として）. 先には「富羅息幾大」とでた（注160）。

「翅」の推定中古音は普通は śiẹ- とされるが、仏典の音写には kjiẹ の例も多い。ここは、*purakkhittā, *purakkhettā（< S.*puraskṛtvā）が推定される。-sk->-kkh- と変化している。

168――蘇黎耶蘇婆尼捎　suo liei i̯a suo b'uâ ṇji ṣi̯äu(ṣau). P. Suriyassūpanisā, S. Sūryopaniṣado. 〝太陽を依り処とする、太陽を頼みとする〟あるいは〝太陽に類した〟（神々）の意か。注163を参照。*Suriyassūvaniṣā（< S. Sūryasya upaniṣad-）が推定される。

169――提婆　d'iei b'uâ. P. devā, S. devāḥ（神々）。

170――阿陀　・â d'â. P. āgu, S. e〔va〕（来た）. *āda（< S. āyātāḥ）の音写。

171――蘇提耶　suo d'iei i̯a. P. Suriyam, S. Sūryam（太陽を）. 音写からは *Sudiya, *Sūdya（< S. Sūrya）が推定される。母音間での r と d の交替はガンダーラ語（Brough 1962:§43b）やパーリ語でもみられる（例えば、*Therī-gāthā* 367 ovadiyāna/ovariyāna; *Sutta-nipāta* 785 nirassati/nidassati）。-ry->-dy- は例がないが、S. udyāna>Khotanese, uryāna の例をみると考えられなくもない。いずれにせよ、r と d が音声的に近くなっていたことを示す例。

172――富羅翅大　pi̯ə̯u- lâ kjiẹ- d'âi-（d'â-）. P. purakkhatvā, S.〔pura〕skṛtya（～を先導として）. 注167に同じ。

173――摩伽陀　muâ g'i̯a d'â. P. Vasūnam…seṭṭho（ヴァス神群の首長）, S. Maghavāṃ（惜しまず与える者）. チベット訳（二）rdo rje can（= Vajradhara）. いずれも帝釈の称に言及しており、本経の音写も同様のはず。おそらく、Maghavā に由来するであろう。-v- が弱化して落ちたあと、間違って *Maghadā と backformation したか（その場合、仏典に頻出する都市名 Magadha との混同も考えられる）、あるいは、コータン語にみられる hiatus-filler の t が v の落ちたあとに入ったものかもしれない（cf. Bailey 1946:783-4）。

174——婆蘇　b'uâ suo. P. Vāsava（ヴァス神群の長）. 帝釈の別称。*Vāso（< S. Vāsava）あるいは単に Vasu（ヴァス＝帝釈の別称）の音写と考えられる。

175——釈拘　śi̯äk kịu. P. Sakka, S. Śakraḥ. インドラ神の称、本経は *Śakko（< Śakraḥ）という原語が推定される。-kr->-kk- の変化が見られる。

176——富羅大擄　pịə̯u- lâ d'âi-(d'â-) luo. P. Purindado, S. Purandaraḥ. いずれも帝釈の別称だが、前者は〝要塞（pur, pura）を破るもの（dara）〟の意で、リグ・ヴェーダから見える語。他方、後者は purī（要塞）を使い、*Purīṃdara>*Puriṃdara>Purindada と変化したものであろう（ここにも -r->-d- が見える）。しかし、パーリ文献では〝町で（pure）布施をするもの（dānaṃ dadāti）〟と通俗的に語源を解釈する。-dara>-dada が通俗語源に影響された変化とするのは（Childers 1874: s.v., purindara;Geiger 1916:§44,Anm.1）疑問。音声的な変化がまずあり、それから通俗語源解釈が生じたと思われる。

チベット訳（一）yaṅ yaṅ spyin（sbyin?）pa. チベット訳（二）khyer 'jig（= Puraṃdara）.

本経は、*Puraddaro（< S. Purandaraḥ）が推定されるが、-nd->-dd- は問題。他に「摩陀延」（< S. mandākinī）の例がある。（一一七上二五）。

177——因図擄　•i̯en d'uo luo. P. seṭṭho（〔ヴァス神群の〕首長）. 梵本は写本を欠く。本経は Indro（< S. Indraḥ）の音写。インドラ神、すなわち帝釈のこと。

178——阿頭　•â d'ə̯u. P. āga（来た）, S. prāptaḥ（到った）. 本経は、*ādo（< S. āyātaḥ）の音写。

179——叔伽　śi̯uk g'i̯a. P. Sukkā, S. Śu[klā]. 女神あるいは夜叉の名。本経は *Śukkā（< S. Śuklā）という原語が推定される。

180——伽羅摩羅那　g'i̯a lâ muâ lâ nâ. P. Karumhā（*v.ll.* Kǎrambhā）Aruṇā, S. Kaḍambā Karuṇā. チベット訳（一）drod daṅ dmar po daṅ（= S. Uṣṇa+Aruṇā >P. Umhā+Aruṇā）. チベット訳（二）rgyags byed daṅ sñiṅ rje（= S.）.

梵本の形は hypersanskritism であろう。パーリ本の形の語源は明らかでない。本経はパーリ本に近い。例えば、P. Karambhā Aruṇā>*Karamhāraṇā という原語が推定される。

181——阿大　・â d'âi-. P. āgu, S. prāptā. 本経は*ādā（< S. āyātāḥ）の音写。「来た」の意。

182——鞞摩尼婆　b'iei muâ nji b'uâ. P. Veghanasā（< *Vighna-naśā?）, S.Nīlakavāsinī（青い服を着た）. チベット訳（二）と宋訳は梵本に一致。チベット訳（一）は sṅon śugs stug po とある。本経は不明。「婆」は「娑」の写誤かもしれない。女神の名。

183——波羅無呵　puâ lâ mịu xâ. P. pāmokkhā, S. Pramukhī. チベット訳（一）（二）は la sogs（pa）. 宋訳は梵本に一致。パーリ本の注釈は「（Odātagayhā という）最高の女神」と、形容詞にとる。Edgerton は梵本の形に関し、形容詞ならば、pramukhā であるから、Pramukhī は固有名詞にとるべきだろうという（*BHSD*, s. v.）。

本経は、*pramuhā（< S. pramukhā）が想定される。-kh- > -h- はガンダーラ語（Brough 1962 §40）やプラークリット（Pischel 1900 §188）の通常の変化。〝最高〟の意。

184——嗚婆提奇呵　・uo b'uâ d'iei kiję xâ. P. Odātā-gayhā, S. A〔vādata〕keśā（白い髪の〔女神〕）. チベット訳（二）と宋訳は梵本に一致。チベット訳（一）は dkar po 'dsin pa とありパーリ本に一致。ただし、パーリ本 gayha の語義は未詳。

本経は *Ovāde-gehā（< P. Odāta-gahyā < S.*Avadāta-grāhyā?）という原語が推定されるが、-de- < -ta- の母音変化は説明できない。gehā < gahya は舌音化で説明できるが、gahya が本来的かどうかは疑問。(-t- >) -d- > -y- > -v- は『長阿含経』にも見られ、コータン語にも例があるが、音声的な変化ではなく、hiatus-filler の交替。例えば、「布和」（S. Potana, P. Pota, Potana. 三三上二二）、「阿越」（S. Āduma, P. Ātuma. 一九上二六）。また、コータン語 Jīva（< S. Jeta）, uvāra（< S. udāra）, lovadāva（< S. lokadhātu）を参照。とくに、o や u の近くでこの変化が生じるようである。辛嶋前掲書一九頁参照。

185——鞞婆羅微　b'iei b'uâ lâ mjwęt. 三本には「鞞波羅微那」とある。P. devā Vicakkhaṇā（V° という神）, S. Pītakavāsinī（黄色い服を着た〔女神〕）. チベット訳（一）（二）はそれぞれパーリ本・梵本に一致。本経は不明。

186——阿尼　・â nji. P. āgu, S. prāptā（致った）に対応するか。未詳。

187——薩陀摩多　sât d'â muâ tâ, P.＝S. Sadāmattā. チベット訳（一）（二）も対応。この神群の名は他の梵語仏典にも見える（*BHSD*., s. v.）。本経も Sadāmattā の音写。

188——阿呵黎　・â xâ liei. P. Hāragajā, S. Hāritakā. チベット訳（一）には 'phraṅ ba チベット訳（二）には、'phrog ma とある。後者は梵本に一致。この神々の名は未詳。本経は *Āhāri- という原語が想定されるが、これは、(Sadāmatt)ā Hāri- とあったものを、Āhāri- と誤解したものと思われる。

189——弥沙　mjię ṣa. P. Missakā, S. Miśrikāś. チベット訳（一）'dres pa チベット訳（二）spel ma. ある神群の名。

本経の音写は *Miṣa（< S. Miśrakāḥ）という原語が想定されるが、-śr- > -ṣ- というガンダーラ語特有の音変化を示していて重要（cf. Brough 1962:54; 辛嶋前掲書三三頁）。-aka の k はガンダーラ語ではしばしば落ちる。

190——阿尼　・â nji. P. ca yasassino（誉れ高い）, S. ［anekaśaḥ］（無数に）. チベット訳（一）（二）はそれぞれパーリ本・梵本に対応。本経は *ane-（< S. aneka-）が推定され、梵本に対応する。「無数の」意。

191——鉢鞞莵　puât ži̯ęu nau. P. Pajjunno, S. Pradyumnaḥ. チベット訳（一）pra dsdsuna はパーリ語からの間違った梵語化を示す。雨の神の名。S. Parjanya > P. Pajjunna については、Lüders, *Beobachtungen über die Sprache des buddhistischen Urkanons*, Berlin 1954, S. 129 を参照。梵本の形も誤った梵語化（cf. *BHSD*., s. v.）。

本経は Pajjunno（< S. Parjanyaḥ）が推定される。

192——歎奴　t'ân- nuo. P. thanayaṃ, S. svātikā（雷鳴を轟かしつつ）. チベット訳（一）mar po, チベット訳（二）dbyaṅs can ma.

本経は *thano（< thanaṃ < S. stanan もしくは、< thanayaṃ < S. stanayan）が推定される。-aṃ > -o の変化は既出。

193——阿擄　・â luo. P. āga, S. prāptā. 梵本が複数形であるのに対して、パーリ本は単数形。本経も *ā'ālo（< *ā'ādo < S. āyātaḥ）という単数形が推定される。-t- > -l-, -r- は既出。

194——余　i̯wo. P. yo, S. yā. 関係代名詞で、梵本は女性・単数、パーリ本は男性・単数。後者は、雨の神 Pajjunna にかかる。本経も、yo が推定され、パーリ本に一致。

195——提舍　d'iei śi̯a-. P. disā, S. diśo（四方を）. 本経は、*diśā（< S. diśāḥ）の音写。複数・対格・女性形。

196——阿醯跋沙　・â xiei b'uât ṣa. P. abhivassati, S. abhivarṣa〔ti〕（雨を降らす）. 本経は、*ahivaṣṣa-,*ahivarṣa-（< S. abhi-varṣati）が推定される。-bh->-h- と変化している。

197——睒摩　ṣi̯a muâ. P. Samānā（ある神の名）. 梵本には写本を欠くが、チベット訳（二）に sño bsaṅs とあり、宋訳に「舎摩」とあり、Śyāmā が推定される。チベット訳（一）は、dus（= S. samāja）.

本経は、*Śāmā（< S. Śyāmā）が推定される。P.Samānā との関係は未詳。

198——摩呵睒摩　muâ xâ ṣi̯a muâ. P. Mahāsamānā（神の名）、チベット訳（一）、dus pa chen po（= S. Mahāsamāja）. 梵本は写本を欠くが、チベット訳（二）sño bsaṅs chen po と宋訳「摩賀舎摩」から、Mahāśyāmā が推定される。

本経は *Mahāśāmā（< S. Mahāśyāmā）が推定される。

199——摩菟沙　muâ nəu ṣa. P. Mānusā. チベット訳（一）mi（= S. Mānuṣa）.チベット訳（二）mi 'dra. 宋訳「摩耨沙」。

本経も *Mānuṣā（< S. Mānuṣāḥ）が推定される。神群の名。

200——阿摩菟疏多摩　・à muâ nəu ṣi̯wo tâ muâ. P. Mānusuttamā. チベット訳（一）mi yi mchog チベット訳（二）mi 'dra dam pa. 宋訳「摩耨数怛摩」は S.*Mānuṣottama に相応。

本経は、*Amānuṣottamā が推定される。*Mānuṣā Mānuṣottamā とあったものを *Manuṣā Amānuṣottamā と誤解したものと思われる。Mānuṣa が〝人間の〟意であるのに対し、Amānuṣa は〝邪鬼の〟の意である。

201——乞陀波頭灑　k'i̯ət d'â puâ d'ə̯u ṣai:(ṣa:, ṣi̯ẹ-). P.Khiḍḍāpadūsikā. チベット訳（一）rol pa'i go 'phaṅ, チベット訳（二）rtsed mos myos. 宋訳「訖里拏」「鉢羅謨沙」。

本経は、*Khiḍḍapadoṣi（< S.*Krīḍā-pradoṣikā）が推定される。ここでも、-ika>-i と変化している。

〝遊びによって堕落するもの〟という神々の名。W. Kirfel, *Die Kosmographie der Inder*, Bonn 1920. S. 193 参照。

202——阿陀　・à d'â. P. āgu. チベット訳（二）de bźin du. 本経は、*ādā（< S. āyātāḥ）が推定される。

203——摩菟波頭灑　muâ nəu puâ d'ə̯u ṣai:(ṣa:, ṣi̯ẹ-). P. Manopadūsikā. チベット訳（二）yid 'grug ma. 宋訳「摩曩鉢囉努沙迦」。

本経は、*Manoppadoṣi-（< S. *Manaḥpradoṣikā）が推定される。〝精神が堕落した〟という神々。

204—阿醯　・â xiei. P. ath'（āgu）. チベット訳（一）de nas.

本経は、*aha（< atha）が推定される。

205—阿羅夜　・â lâ ịa-. P. Harayo（Hari 神たちが）. チベット訳（一）mchod 'os.

本経は、*araya（< S. Harayaḥ）が推定される。ガンダーラ語ではhが、hiatus-filler として使われることが多いので、逆に、本来的なhを脱落した例であろう。Hari はインド古典にも出る神の名。

206—提婆　d'iei b'uâ. P. devā. チベット訳（一）lha. 本経は、devā（< S. devāḥ）の音写。

207—阿陀　・â d'â. P. āgu. 本経は、*ādā（< S. āyātāḥ）の音写。

208—黎陀夜婆私　liei d'â ịa- b'uâ si. P. Lohitavāsino（赤い服を着た〔神々〕）. チベット訳（一）gaṅ yaṅ dmar po'i gos gyon.「婆私」は -vāsī の音写だが、前半は難解。

209—摩天梯夜　muâ t'ien t'iei: ịa-. P. yasassino（誉れ高い）. チベット訳（一）grags chen.

本経は、*mahiddhiya（< *maheddhika<pkt. mahā + iddhika<S. mahā+ṛddhika）の音写。〝大いなる神通力を有するもの〟の意。

210—提婆　d'iei b'uâ. P. devā. チベット訳（一）lha. 本経は、devā（< S. devāḥ）の音写。

211—波羅　puâ la. P. Pāragā. チベット訳（一）pha rol. チベット訳（二）phag mo と宋訳「末囉賀」は S. Varāhī に対応。

本経は、Pāra- の音写。ある神々の名。

212—摩訶波羅　muâ xâ puâ lâ. P. Mahā-pāragā. チベット訳（一）pha rol son chen. チベット訳（二）phag mo chen mo と宋訳「摩賀末囉」は S. Mahāvarā(hā) に対応。

本経は、Mahāpāra- の音写。ある神々の名。

213—阿陀　・â d'â. P. āgu. チベット訳（二）lhags. 本経は、*ādā（< S. āyātāḥ）の音写。

214—差摩　tṣ'ịẹ(tṣ'ai, tṣ'a, tṣ'ai-) muâ. P. Khemiyā, S. 〔Kṣemakā〕s. チベット訳（一）dge ba（=P.）, チベット訳（二）bde byed（= S. Kṣemaka）. 神々の名。パーリ本の語形は Kṣemya>Khemiya と変化したもの。

本経は、Kṣema あるいは *Kṣemma（< S. Kṣemya）の音写。

215—兜率陀　tạu ṣịwet d'a. P. Tusitā, S. Tuṣitā（トゥシ

夕天の神々). 本経は、*Tuṣidā (< S. Tuṣitā) の音写。

216——夜摩　ịa- muâ. P. Yāmā, S. Yāmāḥ (ヤマ天の神々).
本経も、Yāmā の音写。

217——伽沙尼　g'ịa ṣa nji. P. Kaṭṭhakā, S. Kṛṣṇuktāś. チベット訳 śiṅ daṅ ldan pa (= S. Kāṣṭhakā). チベット訳 (二) nag po btab pa (= S. Kṛṣṇoptā). 宋訳なし。チベット訳 (一) は、P. Kaṭṭhakā を Kāṣṭhakā の俗語形とったもの。しかし、Bloch (Bloch/Master 1965:88) や v. Hinüber (1986:§285) の示唆によれば、kṛṣṇaka (> *kṛṣṭṇaka>kaṭṭhaka) の俗語形とも考えられる。梵本の形は奇妙 (cf. *BHSD.*, s.v.)。梵本の -uktā とチベット訳 (二) の -optā は、それぞれ、*-ottā という俗語形の hypersanskritism と考えられる。
他方、本経は、*Kaṣaṇi (< S. Kṛṣṇikā) の音写と考えられる。ある神々の名。

218——阿尼　·â nji. P. ca yasassino (誉れ高い), S. anekaśaḥ(無数に). チベット訳 (一) (二) はそれぞれパーリ本・梵本に一致。本経は、*ane- (< S. aneka) の音写。

219——藍鞞　lâm b'iei. P. Lambītakā, S. Lumbinī. チベット訳 (一) 'phyaṅ ba gnas (= P.?)・チベット訳 (二) lum bi ni (= S.). ある神々の名。語源は不明だが、Lumbinī の形は、Lambi- の母音 a の labialization により生じたものであろう。
本経は、Lambi- という形が推定される。

220——藍婆折帝　lâm b'uâ tṣịat(źịät) tiei. P. Lāmaseṭṭhā, S. Lumbiniśreṣṭhā. チベット訳 (一) ('phyaṅ ba gnas daṅ) gtso bo (= S. *Lamba-śreṣṭha?). チベット訳 (二) lum bi mchog (= S.*Lumbi-śreṣṭha).
本経は、*Lamba-jeṭṭha (< S. Lamba-śreṣṭha?) が推定されるが、-śr->-j- は他に例がなく、問題。ある神々の名。

221——樹提那摩　źịu-(źịu:) d'iei nâ muâ. P. Jotināmā, S. Jyotirnāmā. チベット訳 (一) 'od……źes bya. チベット訳 (二) skar ma źes bya.
本経は、*Jodināmā (< S. Jyotir-nāmā) が推定される。〝輝きという名の神々〟の意。

222——伊灑　·i ṣai:(ṣa:, ṣịe-). P. Āsavā, S. 〔Svāśi〕ṣā. チベット訳 (一) bsam pa źes bya. チベット訳 (二) legs smon (= S. Sv-āśis). この神々の名は難解で、本経の音写との関係がつかない。

223——念摩羅提　niem- muâ lâ d'iei. P. Nimmānaratino, S. Nirmāṇaratayaḥ (化楽天の神々). チベット訳なども一致。

本経は、*Nimmā(ṇa)radi（< S. Nirmāṇarati）が推定される。

224――阿陀　・â d'â. P. āgu, S. prāptā. 本経は、*ādā.（< S. āyātāḥ）が推定される。

225――醯　xiei. P. atha, S. atha. 本経は、'ha（< S. atha）が推定される。

226――波羅念弥大　puâ lâ niem- mjię d'â-(d'â-). P. Paranimmitā, S. Vaśavartinaḥ. チベット訳（一）gźan 'phrul dbaṅ byed ston(= S. Paranirmitavaśavartin). チベット訳（二）dbaṅ sgyur rnams（= S. Vaśavartin）は Paranirmita の別称で、Paranirmitavaśavartin（他化自在天）の主とされる。

本経は、*Paranimmidā（< S. Paranirmitā）が推定される。

227――阿醯　・â xiei. P. ath'. チベット訳（一）de nas（= S. atha). 本経は、*aha（< S. atha）が推定される。

228――阿奇尸呼波摩　・â gię śi xuo puâ muâ. P. aggisikhā-r-iva（炎の如く), S. arciḥśikhopamā（炎のような）. チベット訳（一）me yi rtse mo bźin. チベット訳（二）me lce'i rtse 'dra. 宋訳「如火焰（天女）」。パーリ本の注釈は、この語を固有名詞とする見方もあるというが、いまは形容詞にとった。宋訳は天女の名をとっている。

本経は、*aggiśihopamā（< S.*agni-śikhopamā）が推定される。意味は梵本・パーリ本と同じく、〝炎のような〟。

229――娑醯　底本には「提婆」とあるが、金蔵広勝寺本、房山石経本には「婆醯」とある。この「婆」は「娑」の誤りであろう。「娑醯」の推定中古音は、sâ xiei. P. Sahabhū, S. Sabhikā. チベット訳（一）ñer spyod. チベット訳（二）tshogs can ma（= S?). 宋訳「娑呬迦」（= S. *Sahikā?)。神の名。

*Sahi < S. Sabhikā が推定される。

230――提婆　d'iei b'uâ. P. devā（神々が), S. devī（女神が). チベット訳（一）（二）はそれぞれパーリ本・梵本に対応。宋訳「天女」。

本経は、devā（< S. devāḥ）の音写。

231――闍蘭提　źia lân d'iei. P. jalaṃ, S. jv〔alad〕（輝きつつ). チベット訳（一）chu（= S. jala）は、俗語 jalaṃ を √jval の現在分詞形ととらず、「水」(S. jala）と誤解したもの。なお、パーリ本の jalaṃ（< S. jvalan）は jalantī と注釈にあるように、単数形で複数形に代用したもの（cf. *CPD*., s. v. anussarati)。

本経は、*jalandī（< S. jvalanti）という、現在分

詞、女性形・単数形あるいは、複数・現在形動詞 *jalandi（< S. jvalanti）が考えられる。〝燃え輝く〟の意。

232——阿栗吒　・â li̯et ṭa-. P. Ariṭṭhakā, S. Ariṣṭikā. 梵本はある女神の名だが、パーリ本は神々（男性）の名。チベット訳（一）sgra ldan. チベット訳（二）'chi ltas can. 宋訳「阿里瑟吒」（=S. Ariṣṭā）。

本経は、*Ariṭṭhā（< S. Ariṣṭā, Ariṣṭakā）が推定される。ariṣṭa は〝悪運、不幸〟の意で、Ariṣṭā は Durgā 女神の別称としてインド古典に見える。

233——攎耶　luo i̯a. P. Rojā, S. Romā. チベット訳（一）snaṅ bar byed pa. チベット訳（二）źi ba mo（= S. Śamā）・宋訳「穌摩」（=S. Somā）。パーリ本の注釈は Rojā を神々（男性）の名とする。Edgerton は Romā を女性・単数ととり、女神の名とする（*BHSD.*, s. v.）。

各本それぞれ異なるが、本経は、*Royā（< P. Rojā）と推定される。

234——嗚摩浮浮尼婆私　・uo muâ b'i̯ə̯u b'i̯ə̯u nji b'uâ si. P. Ummā-puppha-nibhāsino, S. Umā-puṣpa-nivāsinī. チベット訳（一）u ma'i me tog de bźin du（= P.). チベット訳（二）dka' zlog ma me tog gos can（= S.). 宋訳「烏多摩」「補瑟波嚩悉儞」（=S. Uttamā, Puṣpa-nivāsinī). パーリ本の注釈は「亜麻の花のような神々」と理解している。Waldschmidt は Umā と puṣpa-nivāsinī に分けているが、一つの合成語と考えられる。

パーリ本の nibhāsin は sadisā（同様の）と注釈されているが *nir-bhāsin>*nibbhāsin>nibhāsin（韻律上の要請と、nibha との混同による）と変化したものであろう。全体で「亜麻の花のような」の意。

西北インドでは、-bh->-β- となり、-bh-, -v-, -vh- と記されるが、P. nibhāsino が、西北インドの方言を経由して、nivāsinī という梵本の形になったのであり（cf. v. Hinüber 1986:§191. ただし、この変化は西北インドに限らないと、K. R. Norman は筆者に語った）、逆ではあるまい。

本経は、*Umā-vupphunibhāsi-（< S.*Umā-puṣpanirbhāsin）が推定される。やはり、「亜麻の花のような（神々）」という意味である。

235——遮婆陀暮　tśi̯a b'uâ d'â muo-. P. Sahadhammā, S. Suba〔ddhakakṣā〕. チベット訳（一）bcas chos（= P.）チベット訳（二）mtshan mchiṅs（read mchan bchiṅs）bzaṅ（= S.）宋訳「穌跋捺囉」「羯叉」（=S. Subhadra,

Kakṣā).

「陀暮」は、dhammo（< P. dhammā）の音写。「遮婆」は未詳。ある神々の名。

236——阿周陀　・â tsịęu d'â. P. Accutā, S.〔A〕cyutāś. チベット訳（一）a tstsu ta（= P）. チベット訳（二）'chi med rnam pa（= S）. ある神々の名。Acyuta は Viṣṇu などの別称としてインド古典にも出る。

本経は、Accudā（< S. Acyutāḥ）が推定される。

237——阿尼　・â nji. P. Anejakā, S. anekásaḥ. チベット訳（一）du ma rnams（= P). チベット訳（二）du ma（= S.aneka).

本経は、*Ane（< S. Aneka）の音写。「無数の」あるいは、ある神々の名。

238——輸豆攎耶菟　底本の「檀」を諸本により、「攎」に改める。P. Sūleyya-Rucirā, S. Śuddhakā Rucikā. チベット訳（一）bźaṅ len mdses pa. チベット訳（二）dag pa, 'od can ma（= S). 梵本は神々の名を二つ列挙。パーリ本の注釈も Sūleyyā と Rucirā の二つの神々の名と解釈している。パーリ本と梵本は共通の起源に遡るのであるが、それは未詳。また、本経の音写の原語は未詳。

239——阿頭　・â d'ə̯u. P. āgu（来た）, S. caiva（もまた）.

チベット訳（一）（二）はそれぞれ、パーリ本・梵本に一致。

本経は、*ādo（< S. āyātaḥ）が推定されるが、なぜか単数形。「来た」の意。

240——毘沙門伊灑　b'ji ṣa muən ・i sai:(ṣa:, ṣię-). P. Vāsavanesino（ある神々の名）, S. devā yaśasvinaḥ（誉れ高い神々が）. チベット訳（一）gnas daṅ du ma daṅ（= S. Vāsa, aneka?). チベット訳（二）lha mo grags ldan rnams（= S.).

パーリ本の形の語源は不明だが、本経の音写はパーリ本に対応。*Vāsamaneṣi < P. Vāsavanesī が推定される。-v- > -ṽ- > -m- が鼻音 n の近くで生じている。

241——阿邏　・â lâ-, P. āgu（来た）, S. prāptā（到った）.

本経は、*ālā（< *ā'ādā < S. āyātāḥ）が推定される。「来た」の意。

242——此是六十種天　パーリ本には、「様々な姿をしたこれら六十のすべての神群がそれぞれの名前別にやって来た。また、他のそれらに類した者たちも」とある。六段落の各々に十ずつ神群が列挙され、都合六十となる。

243——爾時世尊復為六十八五通婆羅門……　復有千五通婆羅門如来亦為結呪　この一段は、他の諸本に対応がなく、「呪」の部分はほとんど読解できない。繰り返し出る音写を目安に、便宜的に呪を分節化したが、他に手掛りがなく確かめる方法がない。内容も不明だが、先に「世尊為阿修羅而結呪」「世尊復為諸天而結呪」と前置きして、それぞれ、阿修羅と諸天の名称が列挙されたことから、以下の部分には、六十八人の〝五通婆羅門〟（五神通を具えた婆羅門）の名称が列挙されていると予想され、そのことは本経と *Āṭānāṭika-sūtra* (P. *Āṭānāṭiya-suttanta*) から発展して成立したとされる ***Mahāmāyurī***（漢訳『孔雀経』）に、夜叉や竜王などの名を列挙したあと、六十七人の五通の婆羅門の名を列挙していること（pp.256～257）からも推測できる。しかし、実際に ***Mahāmāyurī*** のリストと比定できる名前はほとんどない。しかも、以下に頻出する「羅野」「羅予」「摩訶羅野」「摩訶羅予」は、rājā（王）, mahārājā（大王）の俗語形 *rāyā, *mahārāyā を音写していると考えられ、それらの前後の音写は、王たちの名や、国名を示していると思われるが、これも推測の域を出ない。

244——羅耶梨沙耶　lâ i̯a lji ṣa i̯a, *rāyariṣaya（< S.rājarṣayaḥ）が推定される。「王仙。王にして仙人たるものたち」の意。

245——阿醯犍大　底本の「何」を宋本により「阿」に改める。・â xiei kịen d'âi-.*ahikkandā（< S. abhikrāntāḥ）が推定される。「やって来た」の意。注150参照。

246——伽毘羅跋兜　g'i̯a b'ji lâ b'uât tạu, *Kavilavatthu（< S. Kāpilavastave）が推定される。「カピラヴァストゥの（森に）」の意。本経の舞台はカピラヴァストゥの森であり、vane Kāpilavastave という表現は梵本・パーリ本に散見する。

247——婆尼　b'uâ nji. vane（= S.）が推定される。「森に」の意。注124・153など参照。

248——阿頭　すでに何度も出て来たが、ここでも *ādo（< S. āyātaḥ）の音写であろう。「来た」の意。以下、本文の括弧内の語は音写から推測される原語の意味を示す。

249——邏野　lâ- i̯a:.*rāyā（<S. rājā）の音写か。「王」の意。

250——阿楼　・â lạu. ここも、*ālo（< *ā'ādo<S. āyātaḥ）の音写か。「来た」の意。

251——摩訶羅野　muâ xâ lâ i̯a:.*mahārāyā（< S. mahārājā）の音写か。「大王」の意。

252——多陀　tâ d'â. tadhā（< S. tathā）の音写か。注65参照。

253——阿伽度　・â g'i̯a d'uo, *āgado（< S. āgataḥ）の音写

か。注65参照。

254――阿醯　・â xiei. ここも、atha の俗語形の音写か。

255――羅予　lâ i̯wo（i̯wo:）. 底本の「子」を三本・磧砂蔵本によって「予」に改める。これも *rāyā（＜rājā）の音写か。

256――乾沓婆　天の楽神、ガンダルヴァのことか。注37参照。

257――阿醯揵癡　・â xiei ki̯ɐn(g'i̯ăn) ṣi̯ə̯u-. 以下の部分は、すでに何度か出た定型文で、梵本 abhikrāntā bhikṣū-ṇāṃ samitiṃ vane. パーリ本 abhikkāmuṃ bhikkhū-naṃ samitiṃ vanaṃ（p.259）（比丘たちの集会がある森へやって来た）に対応する音写と考えられる。

ここは、*ahikkandā（＜S. abhikrāntāḥ）の音写と推定されるが、「癡」（＝「瘦」）が説明できない。注150・245参照。

258――比丘　注122・151参照。

259――三弥地　sâm mji̯ẹ d'i-. S. samiti の俗語形の音写。先には「三弥涕」「娑未弟」（注123・152）と出た。

259a――婆尼　b'uâ nji. これも、vane（森に）の音写であろう。注124・153など参照。

260――時此世界……　以下、本経では散文になっているが、梵本・パーリ本ともに韻文で書かれている。

261――此世界第一梵王……　以下、この世界と他の千以上の世界から、梵天王が梵天の神々を連れて、集会に来たことを述べる。注目すべきことに、*Mahāmāyurī* でも、六十七人の五通婆羅門を列挙したのち、Brahmā（梵）や Sanatkumāra（次注参照）を含む十三人の世界主（prajāpati）を列挙している（p.257）。

パーリ本に、Subrahmā Paramatto ca puttā iddhimato（m. c.）saha（p.261）（Subrahmā と Paramatta が神通力をもつ天子たちとともに）とあるが、「第一梵王」は Paramatta（＜S. Paramātman?）に対応するのかもしれない。

262――有一梵子名曰提舎　「提舎」tiei(d'iei) śi̯a-は、P. Tissa, S. Tiṣya に対応し、*Tiśa（＜Tiṣya）が原語として推定されるが、この -ṣy-＞-ś- はガンダーラ語特有の変化である（cf, v. Hinüber 1986:§20）。辛嶋前掲書三二～三三頁参照。

パーリ本には、Sanaṃ-kumāro Tisso ca so p' āga samitiṃ vanaṃ(p.261)（S°すなわち T°もまた森の集会に来た）とある（パーリ本の注釈は、S°と T°を別人にとっている）。S. Sanat-kumāra（P. Sanaṃ-K°）は、〝永遠の童子〟という意だが、インド古典では、梵天の子として登場する。しかし、仏典では、ここの様に、（大）

梵天の一人として現れる（cf. *BHSD*., s. v.)。S. Tiṣya が梵天の名として出るのは他に例がなく、Sanat-kumāra との関係も明らかではない。

263――四兵　インド古代の軍隊は、象・馬車・騎馬・歩兵の四部隊からなっていた。

264――拍車　パーリ本（talaṃ āhacca）・梵本（pṛthivīṃ hatvā）はともに「大地を打てば」の意。

265――諸比丘楽此衆者　パーリ本・梵本などには「（仏の）教え（S. śāsana）を喜ぶ声聞たちに」とある。

266――汝今当敬順……　永尽諸苦本　パーリ本・梵本などの他の諸本に対応文がない。しかし、この三偈は不放逸を諭す偈として仏典にひろく見られる。たとえば、*Udānavarga*, ガンダーラ語『法句経』の不放逸品、*Theragāthā* 256–257, *Dīghanikāya II*, pp.120–121 等々（cf. Lévi 1912:284–288）。それらパーリ聖典には次の様にある。

ārabhatha nikkhamatha yuñjatha buddha-sāsane/
dhunātha maccuno senaṃ naḷāgāram va kuñjaro//
appamattā satimanto susīlā hotha bhikkhave/
susamāhita-saṃkappā sacittaṃ anurakkhatha//
yo imasmiṃ dhamma-vinaye appamatto vihessati/
pahāya jāti-saṃsāraṃ dukhass' antam karissati//

（努めよ。出離せよ。仏の教えに励め。
死神の軍を追い散らせ。象が葦の家を潰すように。
放逸なるなかれ。注意深くなり、よく道徳を守れ。比丘たちよ。
思念を熟考し、自分の考えを守り通せ。
この法に基づく戒めをゆるがせにしない人は
転生輪廻を離れ、苦しみがなくなる）

第一偈には問題がある。まず、ārabhatha は *Udānavarga* でも ārabhadhvaṃ（努めよ）とあるが、本経では「当敬順」と訳されている。これは、原本で *arahaha（< ārabhatha），あるいはガンダーラ語『法句経』と同じく arahadha（< ārabhatha）とあったものを、√arh（敬うに値する）の派生語と理解して訳したものであろう。次に、naḷāgāra（葦の家）に関して、Brough は〝葦の家〟が〝池〟〝湖〟の詩的表現の可能性もあると示唆している（1962:213）。他の漢訳に「蓮池」「華室」とあり（cf. Lévi 1912:286–287）、本経で「花藂」とあるのは、nalina, nalinī, nāla が〝蓮の花〟の意をもつことから、ここの naḷa（nala）もその意味をもつと考えたものであろう。また、「藂」は、āgāra と ākara（集まり）が俗語では共に *agara と書かれることによる混同を示している（cf. Brough 1962, xxiii,

213)。なお、三本と磧砂本には「葦藜」とあるが、後の識者による改訳の可能性がある。同様な改訳については『十上経』解題を参照。

267——諸弟子聞已…… パーリ本には、te ca ātappam akarum sutvā Buddhassa sāsanaṃ, vitarāgehi pakkāmuṃ n'esaṃ lomaṃ pi iñjayuṃ.（p.262）（彼らは仏の教えを聞いて奮励した。〔摩衆は〕愛欲を離れた者たち〔＝仏弟子たち〕から去った。彼らの身の毛さえも動かせずに）とある。梵本も同趣旨。

268——此衆為最勝…… パーリ本には、sabbe vijita-saṃgāmā bhayātītā yasassino, modanti saha bhūtehi sāvakā te jane sutā.（p.262）（皆、戦いに勝ち、恐怖を乗り越え、誉れ高い。人々の間で有名な、その仏弟子たちは衆生たちと喜びあった）とある。梵本は、後半がパーリ本と異なり、「仏の子（jinātmaja）である、その声聞たちは、弟子（śiṣya）たちと喜びあった」とある。P. jane sutā → *jina-sutā（仏の子たち）→ jinātmajāḥ と変化したと思われる。

269——爾時諸天…… 以下、諸本に対応文がない。

270——迦楼羅 gịa lọu lâ. *Garula（< S. Garuḍa）の音写だが、後漢代の訳経から見える。Garuḍa は神話的な鳥。

271——真陀羅 tśịĕn dâ lâ. 古訳時代から見える音写。S. kiṃnara（人身馬頭あるいは人頭馬身の動物。ただし、パーリ文献では、人頭の鳥）に対応する音写だが、問題がある。「緊陀羅」「甄陀羅」とも音写される。「甄」（kịän, tśịĕn）は本来「緊」（kien）の発音だったが、語頭のkが舌音化し（-k- > -tś-）、その結果、「真」（tśịĕn）で代用されるようになったと考えられている（Pulleyblank 1962:106）。

また、これらの音写から、*kindara という原語が推定されるが、-ṃn- > -nd- の変化は他に例がない。また、ウイグル語 kint (a)r ソグド語 kynntr の形はこれら漢訳の音写に由来するという。

272——摩睺羅伽 muâ γə̣u lâ g'ịa. S. mahoraga（巨大な蛇）の音写。匣母（γ）が梵語の -h- を音写することは問題。水谷真成「暁・匣両声母の対音」（『東洋学報』四〇、一九五八、四一〜九〇頁、特に七六頁以下）、Pulleyblank 1962:87; Coblin 1983:70 を参照。

阿摩昼経

注

1——如是我聞一時仏……　経典の書き出しの定型句については、『釈提桓因問経』注1・『沙門果経』注1・2参照。今、それに多少付け加えるならば、定型句に関する伝統的解釈は『大智度論』一、二（大正二五・六二下以下）にもとづき、一般に六事成就と呼ばれる。金岡照光『仏教漢文の読み方』一〇六頁参照。金岡氏は「如是我聞」という語順が漢文として一般的でないことも指摘している（同書九六～一〇一頁）。S. evaṃ mayā śrutam (P. evam me sutaṃ)の語順に従ったためかとも思われる。古訳においては必ずしもこう訳されていない。例えば、本経異訳では「聞如是」。古訳にはこの形が多い。「一時」を「ある時」の意で用いることが仏典特有であることも、『沙門果経』注2や金岡氏の前掲書一一〇頁の指摘通りだが、これも S. ekasmin samaye (P. ekaṃ samayaṃ) の直訳から生じた可能性が大きい。なお、S. evaṃ mayā śrutam ekasmin samaye は、「このように私は聞いた。ある時……」でなく、「ある時にこのように私は聞いた」ととりうる可能性もあり、議論を呼んでいる（中村元『ブッダ最後の旅』訳注一八三～一八五頁参照）が、漢訳に関しては後者のように訳している場合はないようである。また、「如是」を名詞的にもとりうることが、『沙門果経』注1に指摘されているが、『仮名書き法華経』よりさらに古く、平安初期の西大寺本『金光明最勝王経』古点でも「是の如きことを我れ聞きたまへき」と読んでいる（春日政治『西大寺本金光明最勝王経古点の研究』本文篇一頁）。ちなみに、この古点では「聞きたまへき」と謙譲の「たまふ」を用いて仏への敬意を強めているが、後に「たまふ」の謙譲の用法が理解されなくなり、「ききたまひき」と聞者の側にも尊敬表現を用いる例も出てきた（伝後伏見院宸翰『仮名書き観無量寿経』、勉誠社文庫）。なお、定型句をめぐる諸問題に関しては、早く中国の経典注釈学において議論がなされている（慧遠『維摩経義記』など）。これについては、『三明経』の注1・2参照。

2――倶薩羅国　P. Kosala. マガダと並ぶ釈尊当時のインドの大国。首府は P. Sāvatthī (S. Śrāvastī. 舎衛城)。三本・磧砂蔵本は、「倶」を「拘」に作る。『露遮経』（『長阿含経』巻一七）でも「拘薩羅」と音写されている（大正一・一一二下）。

3――与大比丘衆千二百五十人倶　『沙門果経』注6参照。パーリ本では **mahatā bhikkhusaṃghena saddhiṃ pañca-mattehi bhikkhusatehi** (*DN.* I, 87, 以下パーリ本からの引用は頁数のみを記す)（五百人の比丘からなる大きな比丘集団）とあり、数こそ違うが、それと比較するとき、「大」は「比丘衆」全体にかかると解され、また、「衆」は saṃgha の訳語としての術語的な意味をもつものと考えられる。本シリーズでもこれまでその方向でこの定型句を訳してきたが、『沙門果経』注6・『世記経』注6が指摘するように、漢語の構造から見ると、この解釈は不自然な感じが強い。漢語としては「大比丘たち（の集団）」と解する方が自然かもしれない。『大智度論』三では「共摩訶比丘僧」の「摩訶」を解して、大・多・勝の三義を挙げ、「大」の義として「一切衆中最上故、一切障礙断故、天王等大人恭敬故、是名為大」としている（大正二五・七九中）。ちなみに、『長阿含経』のうちでは、ほとんどが本経と同じ訳し方をしているが、第六・七・九経は「与千二百五十（第七経は「五百」）比丘倶」となっている。なお、「与――倶」の構文については、『沙門果経』注6の他、金岡照光『仏教漢文の読み方』六一～六九頁に詳しい。

4――伊車能伽羅倶薩羅婆羅門村　パーリ本 Icchānaṅkalaṃ nāma Kosalānaṃ brāhmaṇa-gāmo (p. 87)（イッチャーナンカラ〔伊車能伽羅〕という名のコーサラ〔倶薩羅〕のバラモンの村）。『三明経』（『長阿含経』一六）にも出る。

5――伊車林　「伊車能伽羅」(Icchānaṅkala)で一つの固有名詞であるから、本来は「伊車」で切ることは無理であるが、長くなりすぎる為に途中から省略したもの。

6――時有沸伽羅娑羅婆羅門　「時」は『沙門果経』注15参照。ただし、ここではパーリ本の Tena kho pana samayena (p. 87)（ところでその時）に当る。このように、「時」は新たに話を起す場合と、話の続きの中で「すると、そこで」くらいに軽く用いられる場合がある。「有」は注21参照。「沸伽羅裟羅」は Pokkharasādi.『三明経』にも出る。以下、『三明経』の他、固有名詞は違っても、『種徳経』(『長阿含経』一五)・『究羅檀頭経』(同)などに似た表現が多い。

7——郁伽羅村　P. Ukkaṭṭha.

8——波斯匿王　P. Pasenadi. コーサラ王。『種徳経』注8参照。

9——梵分　P. brahma-deyya. 最上の贈り物。パーリ注釈によると、Brahma-deyyan ti seṭṭha-deyyaṃ, yathā dinnaṃ na puna gahetabbaṃ hoti nissaṭṭhaṃ pariccattaṃ evaṃ dinnan ti attho (*DA*. I. p.246). a most excellent gift, a royal gift, a gift given with full powers (*PTSD*.). brahma(梵)は複合語の前半にくると、「最高の、至上の」の意になる。ただし、漢訳のこの形では「バラモンの領分とした」の意に解する方が自然に思われる。

10——不為他人之所軽毀　「為—之所—」と受動の構文に「之」が用いられている。このような例については、『文語解』巻四参照。

11——三部旧典　リグ・ヴェーダ、サーマ・ヴェーダ、ヤジュル・ヴェーダ。

12——通利　『種徳経』注11で指摘されたように、「諷誦」を説明しているとも考えられるが、ひとまず切り離して訳してみた。この語は古く『荀子』成相篇に「上通利、隠遠至」などと用いられている。

13——経書　『種徳経』注12参照。ちなみに、S. sūtra (P. sutta) の原義は糸のことであり、漢語の「経」ももと縦糸を意味する。

14——能善解大人相法……　「能善」は『種徳経』注15、「大人相法」は同注13参照。

15——摩納　P. māṇava. 儒童などと訳す。青年、若者、特にバラモンの青年を指す。普通名詞であり、なぜあえて音写しなければならなかったのか疑問である。

16——阿摩昼　P. Ambaṭṭha.

17——亦能善解……亦有五百……　先の師の婆羅門について述べたところでは、「又能善解」と「又」が使われていた。「又」と「亦」は「又亦」とも熟されるように、同義に用いられることも多いが、ここでは、「又」は「前のものに付け加えて」の意、「亦」は、師と較べて「やはり、同様に」の意に使い分けられていると思われる。

18——時沸伽羅婆羅裟羅門聞沙門瞿曇……　「時」は注4参照。ここでは atha kho に対応。「聞」はどこまでかかるかはっきりしない。すなわち、「梵行清浄」までが聞いた内容であることは間違いないであろうが、次の「如此真人応往親観」はどちらともとれる（パーリ本では聞いた内容になっている）。また、その次に「我今寧可観……」と、言・謂等の語がないまま、婆羅門の考えた内容へと移っている。これは、「聞」の内容が長く続き、また、「如此真人応往親観」のようなどちらともとれる文句がはさまることにより、自然に聞いた内容から考えた内容へと流れていってしまったものと思われる。『種徳経』にも全く同様の構文が見られる（大正一・九四上〜中）。こうした書き言葉としての不正確さは仏典にしばしば見られるところで、仏典の口語的性格の一つとして注目される。なお、訳の上でもその曖昧さをそのまま生かして訳した。

19——釈種子　P. Sakya-putta. 釈迦（族）の子。釈迦（族）の人。「沙門瞿曇は釈迦族出身で……」と訳してもよいが、「沙門瞿曇釈種子」で定型句であるから、本文のように訳した。『小縁経』注49参照。

20——沙門瞿曇　P. samaṇo Gotamo.『梵動経』注21参照。

21——有大名称流聞天下　「有」はいわゆる兼語式の構文をつくるが、実詞的な性格が薄れ、この場合のように、「ある」と訳すとかえって不自然な場合も少なくない。

22——如来至真等正覚十号　『小縁経』注58・59・60、『種徳経』注20参照。十号については、さらに注129も見よ。

23——於諸天世人魔若魔天沙門婆羅門中　『種徳経』注21・22参照。後に本経中でも「一切諸天世人沙門婆羅門天魔梵王」という表現が出る（注130）ので、ここの「魔天」も「梵天」であろうが、諸本の裏付けがないので、ひとまず底本のままとする。ちなみに、「魔天」といえば、欲界の第六天である他化自在天のことを言う。

24——上中下善　『種徳経』では「上中下言皆悉真正」とありわかり易い。同経注23参照。パーリ本ではこの前後は So dhammaṃ deseti ādi-kalyāṇaṃ majjhe kalyāṇaṃ pariyosāna-kalyāṇaṃ sātthaṃ savyañjanaṃ, kevala-paripuṇṇaṃ parisuddhaṃ brahmacariyaṃ pakāseti. (pp. 87-88) とあり、それと対比すると「上中下善、義味具足」は「法」の説明であり、「梵行清浄」も説いた内容となる。確かに、「上中下善、義味具足」は「法」の説明と見ることが可能だが、「梵行清浄」を説いた内容ととることは無理で、この一句が浮くことになる。また、「上中下善」をこれだけで「（言葉の）はじめも、中程も、終りもよい」の意にとることは無理であろう。後出の箇所（注130参照）では、わかり易く訳されている。

25――義味　『種徳経』注24参照。「義味」と熟語化した形では、「義の味わい、趣き」と解されよう。なお、『中古辞語考釈続篇』一〇七頁参照。

26――梵行　P. brahma-cariya. 戒律を守った清らかな修行。特に婬欲を断つことに関して言われる。『釈提桓因問経』注46参照。

27――真人　P. arahant.『種徳経』注26参照。道家における「真人」の原型として、『荘子』大宗師の一節を引くと、「何謂真人。古之真人、不逆寡、不雄成、不謨士。若然者、過而弗悔、当而不自得也。若然者、登高不慄、入水不濡、入火不熱。是知之能登仮於道者也若此」。中国では仏もこうした真人のイメージをもとに考えられたのである。

28――応往親覲　『種徳経』注27参照。「親」は「直接自分で」、「覲」は元来、諸候が天子にお目にかかること。このように、漢訳仏典中には、仏に対して、天子に対するのと同じ表現を用いる例がしばしば見える。

29――今寧可観沙門瞿曇為定有三十二相名聞流布為称実不　「寧可」は『小縁経』注123参照。この表現には、「むしろ……したい」という願望と、「どうして……できようか」という反語の用法がある。「為定」は「為」も「定」も疑問文を形づくる。「為称実不」の「為――不」も同じ。「三十二相」はインドで転輪聖王や仏などがもつとされる三十二の身体的特質。

30――以何縁　「介詞＋何＋名詞（事・因・縁など）」という形の疑問文が漢訳経典に少なくない（『梵動経』注94参照）。「何以」「何縁」だけで意味の通ずるところである。

31――唯有此人可使観仏……　「有」は注21参照。特に「唯有」と熟語化した場合、「有」自体の意味は弱まる。なお、「此人」が下部の主語となる兼語式とすれば、「使」が余計であるが、ここでは、「可使」以下は、師の婆羅門の目から見た「此人」（阿摩昼）の性質・状態を述べていると考えられる。

32――命阿摩昼而告之曰　「命――而告之曰」の構文については、『沙門果経』注11参照。「命」は呼び出す意とも考えられるが、「命――」と「告之」をほぼ同義の繰り返しと見ることもでき、ここではその方向で訳した。「告」と「曰」の使い分け、「曰」「言」等については金岡照光『仏教漢文の読み方』九三～九六頁、および『沙門果経』注11の説明の通りだが、それに付け加えるならば、本経で見る限り、「告」と「曰」、「白」と「言」が組み合わされており、「告之言」、「白之曰」の形は見られない。ただし、「曰」を単独で用いる場合は、下から上へ向けて言う場合にも用いている。

33――白師言「白――言」は注32参照。

34――以何験　注30参照。

35――其有具足……「其」は仮定を表わす。三本・磧砂蔵本「若」。

36――在家『春秋穀梁伝』隠公元年に「婦人在家制於父、既嫁制於夫、夫死従長子」。「出家」と対照しての「在家」はもちろん仏教にはじまる。それに対する「出家」は古典には用例がないようである。

37――転輪聖王　P. cakkavatti-rājā. 輪を転じて世界を統治するといわれる理想の帝王。『世記経』(長阿含第三〇経)転輪聖王品(大正一・一一九中以下)に詳しい。また、『転輪聖王修行経』注11参照。

38――四天下　須弥山の四方にある四つの大陸。『世記経』閻浮提州品参照。四天下を支配するのは転輪聖王のうちでも最高の金輪王である。

39――民物　辞書に「民の財物。民財」と説明される(『大漢和辞典』)が、「人々、民衆」を意味すると考えなければおかしい。『三国志』などに数多く見えるが、同様の意味と思われる場合が多い。

40――七宝　P. satta-ratana. パーリ本によると、その内容は cakka-ratana, hatthi-ratana, assa-ratana, maṇi-ratana, itthī-ratana, gahapati-ratana, pariṇāyaka-ratana. (p. 89)。すなわち、輪・象・馬・摩尼宝・女性・資産家・将軍。詳細は『世記経』転輪聖王品に説明が見られる。

41――居士　P. gahapati, S. gṛhapati. 『遊行経』(二)注104・『梵動経』注37参照。なお、注75も参照。

42――王有千子勇猛多智降伏怨敵兵杖不用「勇猛多智」以下、どこまでが「千子」の説明であるかわかりにくい。パーリ本によると、Paro sahassaṃ kho pan' assa puttā bhavanti sūrā vīraṅga-rūpā parasenappamaddanā. So imaṃ pathaviṃ sāgarapariyantaṃ adaṇḍena asatthena dhammena abhivijiya ajjhāvasati. (p. 89). これと対比すると、「勇猛多智、降伏怨敵」までが「千子」の形容で、「兵杖不用」は次の「天下泰平」と結びつく。事実、「勇猛多智」以下を四字二句ずつで切っていくと、上記のようなまとまりで切れる。ここでもそのように解した。ただし、意味のつながりから見ると、「兵杖不用」が「降伏怨敵」と結びつくようにも見える。

43――天下泰平「泰」は三本・磧砂蔵本「太」。いずれも可。『礼記』仲尼燕居に「言而履之、礼也。行而楽之、楽也。君子力此二者、夫是以天下大平也」。

44——若其　仮定を表わす。
45——受師教　『沙門果経』注43参照。「受」は受動表現とも取れるが、ここではふつうに実動詞と解する。
46——厳駕宝車　「宝車」の「宝」は美称。『沙門果経』注41参照。「厳駕」の「厳」は「装」（または「荘」）の義。『遊行経』（二）注160・（三）注5・『種徳経』注79・『沙門果経』注42参照。後に「荘厳宝車」という表現も見られる（注169）。
47——往詣　『種徳経』注30参照。
48——詣世尊所　「詣——所」の構文は『沙門果経』注22参照。
49——於其中間　少しあとにはただ「中間」とだけある。ひとまずこう訳したが、要検討。
50——義理　『史記』始皇帝本紀に「明以義理」など、漢代に多く用いられる。訳経における用例としては、『増阿』一〇に「所覚知、能分別義理」（大正二・五九三上）。
51——耆旧長宿　「耆旧」と「長宿」では特に意味の違いはなく、いずれも年老いて経験の豊かな者。耆宿・長老などと言っても同じ。『弊宿経』注21参照。
52——此為何言　この形の疑問文については、『小縁経』注94参照。
53——論法　先に「談義理」とあり、後には「論義」と言われているが、いずれも文脈からほぼ同義であることが知られる。「法」のこのような用法は言うまでもなくS. dharma（P. dhamma）の訳に由来する。
54——当如是耶　「当」は疑問を表わす（森野繁夫「六朝漢語の疑問文」）。三本・磧砂蔵本は「当」が「常」になっている。
55——我婆羅門　もともと漢語には特に名詞や代名詞の複数を表わす表現はなかったが、次第にそれに近いものが用いられるようになり、特に仏典では、接頭辞の「諸」、接尾辞の「等」（古訳では「曹」も多い）などがほとんど完全に複数形と言ってよい形を作るようになっている。特に代名詞の場合、複数の時には「我等」「汝等」など、「等」のつくことが多いが、この場合のように「等」がつかない場合もしばしば見られる。
56——今　『世記経』注36参照。『文語解』に「発語ノ辞ニ用ユ」。
57——毀形　パーリ本で muṇḍaka（禿頭の）とあるのに該当しよう。インドでも沙門の剃髪が非難の対象となっていたことが知られるが、中国でも、周知のように、『孝経』に「身体髪膚、受之父母、不敢毀傷、孝之始也」と言われている。

58——鰥独　宋本は「鰥」を「孤」につくる。『孟子』梁恵王下に「老而無妻曰鰥、老而無夫曰寡、幼而無父曰孤、老而無子曰独」。ここでは出家者の独身生活をいっている。

59——黒冥法　「黒冥」はパーリ本 kiṇha（= kaṇha）.「黒い」と同時に、「邪悪な」という意をもつ。『小縁経』注23参照。

60——坐起無在　仮にこう訳したが、要検討。

61——爾時　『沙門果経』注7・『典尊経』注6参照。本経で見る限り、「爾時」と「時」はほとんど同義に用いられている。ただ、「爾時」は「世尊」に続く時に用いられ、その他の場合に「時」が用いられている。「世尊」の場合、「爾時世尊」と四字句にするためであろう。

62——卿　『種徳経』注35参照。一般に「卿」は君主が臣下を呼んだり、同輩同士や爵位の下の者に対し、あるいは夫婦間で用いる。『世説新語』惑溺篇には、王安豊の婦人が安豊を「卿」と呼んだのに対し、安豊が不敬であると叱ったという話が出ている。志村良治「六朝漢語の語法と語彙」（『中国中世語法史研究』）参照。ここでも世尊が阿摩昼に対し、同輩または下位の者に対する呼称を用いたために阿摩昼が怒ったと考えられる。パーリ本には該当語はない。

63——調伏　身心を調和統制すること。通常、√dam, vi√nī などの訳語として用いられる。ここではパーリ本では vusitavant（完成した、成就した）に対応する。仏典にはじまる語と思われる。

64——義法　「義」は「儀」の意にとるのがよい。三本・磧砂蔵本は「儀」。

65——昔我一時　「一時」は経典冒頭の定型句に用いることが多い（注1参照）が、これは経典の途中に用いた例。やはり特定しない「ある時」を意味し、対応するパーリ本では ekaṃ samayaṃ である。

66——釈迦迦維羅越国　「迦維羅越」(P. Kapila-vatthu)は釈迦族の首都。「国」には都の意もある。

67——衆多諸釈種子　「衆多諸」はわずらわしいが、字数を整えるために重ねたもの。

68——以少因縁　ここでは「因縁」が特別教理的意味をもたずに用いられている。一行前には「少縁」と言われている。また、『梵動経』注18参照。ちなみに、「因縁」は漢代に遡る語であるが、コネやさらにはワイロをも意味することもあった。『釈提桓因問経』注31参照。

69——集在講堂　「集在」は補助動詞「在」を伴った複合動詞（森野繁夫「六朝訳経の語法」）。「講堂」はここでは s-

anthāgāra の訳。都市の公会堂で誰でも自由に出入できたという（『仏教語大辞典』参照）。しかし、「講堂」という訳語では、学術講義のためのいかめしい感じが伴う。なお、『釈提桓因問経』注55参照。

70——戯弄　高麗蔵本「挵」は「弄」の異体字。

71——不相敬待　「相」は動詞が相手にはたらきかける場合を表わす。『釈提桓因問経』注135・『種徳経』注28参照。「恐らく始めは重く用いられていた「相」が、……二音の複合語を作る要求から濫用され、その結果かかる用例を生じたものであって、一方的とはいえ相手を意識する行為に限って使われている点では、なお旧来の「相」の用法と連絡するものではあるけれども、むしろ新しい用法と見て差支えない」（吉川幸次郎「世説新語の文章」全集第七巻、四六〇頁）。

72——還在本国遊戯自恣　「還」は動作・状態の持続を表わす現代語の用法に近いか。ただし、このような用法は唐代にもなお珍しいと言われる（太田辰夫『中国語歴史文法』二七九頁）。「在」は助字、「於、于」に同じ。「自恣」は『中古辞語考釈続篇』七五頁参照。

73——猶如　『小縁経』注28参照。

74——亦復如是　譬喩の後、「亦復如是」、あるいは単に「如是」などで受ける例は訳経中に多く見られる。ここではパーリ本に対応する形が見られないが、恐らく **yathā** を **tathā** または **evaṃ** で受ける形の訳からきているのであろう。『世記経』閻浮提州品注17参照。

75——世有四姓、刹利・婆羅門・居士・首陀羅　「姓」は **P. vaṇṇa** (S. varṇa). 刹利・婆羅門・居士・首陀羅は **P. khattiya** (S. kṣatriya), **P. brāhmaṇa** (S. do.), **P. vessa** (S. vaiśya), **P. sudda** (S. śūdra).『小縁経』注30・36〜38参照。刹利が婆羅門より上になっている点、以下の本経の叙述と合せて当時の社会状況がうかがわれる。また、**P. vessa** のみ音写でなく、通常 **P. gahapati** (S. gṛhapati)の訳語である「居士」をあてている点が注目される。**gahapati** は **vessa** を代表する存在である。『小縁経』注131参照。ちなみに、『阿颰経』では、「君子・梵志・田家・工伎」。また、『薬事』では、「婆羅門・刹利・薜舍・戍達羅」と通常のカーストの順になっており（チベット本同じ）、時代的に新しいか。

　なお、ここでは **vaṇṇa** に「姓」をあてているが、少し後には **P. gotta** (S. gotra) が「姓」にあたる（注81の箇所）。「姓」は祖先以来の生れを表わし（『説文』に「姓、人所生也」）、**gotta** に近いと思われるが、中国には **vaṇṇa**（カースト）に相当するものがないので、同じ「姓」を **vaṇṇa** にもあてたものと考えられる。

76――其彼三姓　「其彼」は、近似した意味の字を重ねたもの。『小縁経』注121参照。

77――義不応爾　「義」は副詞的に用いられている。「道理として」。

78――断細　「断」も「細」も身分が低く、いやしいこと。

79――黙自念言　「自」は副詞を構成する接尾辞と説明される（森野繁夫「六朝漢語の研究」）。もともと「みずから、おのずから」の意であったものが、弱まって、語調を整えるように使われたものか。『闍尼沙経』注5参照。

80――寧可説其本縁調伏之耶　「寧可」は注29参照。最後に「耶」がくるから、一見反語のように見えるが、それでは意味が通らない。やはり願望を表わすと考えられる。「本縁」は仏教にはじまる語。「調伏」も同じ。

81――汝姓何等　「姓」は注75参照。ここでは **gotta** に対応。「何等」は「何」も「等」も疑問詞。「等」は複数表現ではない。『梵動経』注44参照。

82――声王　パーリ本と対応すると **Kaṇhāyana** に当る。『薬事』では「迦尼婆夜那」。これは **P. kaṇha** (S. kṛṣṇa, 黒) に由来する。それがなぜ「声王」と訳されたのか、あるいは『長阿含経』の原本では違う語が来ていたのか、よくわからない。このあとの本縁譚の固有名詞はいずれも問題が多い。

83――為是　「為」は「是」と同じく繋辞的なはたらきをする。したがって、「為是」は同義の動詞を重ねた形。「是為」もよく用いる。

84――勿説此言謂……　この構造では、「言謂」と熟語になっているのではなく、「勿説此言」と言ってから、「此言」の内容を「謂」以下で説明していると考えられる。この「謂」は引用符合的な語法である。『沙門果経』注11参照。

85――所以者何　『沙門果経』注49参照。

86――真族姓子　「族姓子」は **P. kulaputta** (S. kulaputra) に当る。**kulaputta** は「善男子」とも訳され、良家の子弟を指す。この語は阿含経典には少なく、大乗経典になって、その支持者、宣説者として頻出する（平川彰『初期大乗仏教の研究』二四三～二六二頁）。『小縁経』注136参照。「族姓」の語は、『左伝』襄公三一年に「弁於其大夫之族姓班位、貴賤能否」などと用いられている。ちょうど本経が訳出された六朝期には、門閥貴族が勢力をもち、族姓の貴賤が重要な問題となっていた。なお、『中古辞語考釈続篇』一八一頁参照。

87――乃往過去　「乃者」「乃昔」という語法は一般の漢籍にも見られる（『文語解』三参照）。仏典ではしばしば「乃往過去」として用いられる。「過去」も「現在」や

「未来」と同様、今日用いるような意味は仏典に由来する（王力『漢語史稿』下、五二二頁）。『転輪聖王修行経』注8参照。

88——声摩　元・明・磧砂蔵本「懿摩《いま》」。P. Okkāka（S. Ikṣvāku）、『四分律』に「懿師摩」、『大楼炭経』に「伊摩」、『五分律』に「鬱摩」等と音写される（赤沼『固有名詞辞典』四六五頁参照）。Ikṣvāku の俗語形の音写と考えられる。甘蔗王と訳される。以下の釈迦族の起源説話は極めて有名で、『マハー・ヴァストゥ』をはじめ、多くの文献に見えるが、固有名詞が一定しない。赤沼『固有名詞辞典』四六四〜四六六頁参照。また、パーリ本等、本経と関連する諸本に関しては、解題参照。

89——王擯出国、到雪山南、住直樹林　「到」以下の主語は四子。主語が転換している。

90——雪山　Himavant. ヒマラヤのこと。

91——直樹林　「直樹」は P. sāka（S. śāka）. 樹木の名（Tectona grandis）.

92——当知　自分の考えを述べる際、相手の注意を喚起するのに用いる慣用句で、仏典に例が多い。

93——欲往看視　「看視」は類義字を並べた合成動詞。「往」については『釈提桓因問経』注8・『種徳経』注27参照。

94——配疋　「疋」は大正蔵「匹」。「疋」は「匹」に通ず。

95——此真釈子真釈童子、能自在立因此名釈　釈迦の名の起源説。√śak（能力がある）と関連づけた。

96——釈奏言能……　〈 〉内割注。ただし、元本・磧砂蔵本では「〈釈奏言能〉在直樹林故名釈懿〈秦言直亦是釈〉」。明本も同じだが、〈 〉内の割注を欠く。ひとまず底本に従ったが、元本・磧砂蔵本の形の方がよいと思われる。ただし、「懿」は衍字であろう。「在直樹林故名釈」は「釈」を樹木の sāka（S. śāka）と関連づけて解したもの。「秦」は、『長阿含経』が後秦（姚秦）で訳されたので、こう言う。

97——方面　P. Disā.

98——青衣　婢女のこと。後漢の蔡邕に「青衣賦」がある（『全後漢文』六九所収）。

99——遂便　類義字の合成。「遂」はある出来事があって、継続して次の出来事が起こることを表わす。

100——如今初生育能言者……　「声王」の起源説。甚だわかりにくいが、パーリ本によると以下の通り。Yathā kho pana Ambaṭṭha etarahi manussā pisāce pisāce ti sañjānanti, evam eva kho Ambaṭṭha tena samayena manussā pisāce pi Kaṇhā ti sañjānanti. Te evam āhaṃsu: "Ayaṃ sañjāto paccābhāsi, Kaṇho jāto pisāco jāto ti."Tadagge kho pana Ambaṭṭha Kaṇhāyanā paññāyanti. (p.93)（今、人々は悪鬼を悪鬼ピサーチャ〈S. piśāca〉と呼ぶように、当時、人々は悪鬼をカンハ〔注82参照〕と呼んだ。彼等は「この子は生れるやものを言った。カンハが生れたのだ、悪鬼が生れたのだ」と言った。それ以来、カンハーヤナと名づけられるのである）。「可畏」は『小縁経』注103の「可食」と同じ構造。

101――汝頗……已不　「已」は元・明・磧砂蔵本「以」。「已」は「以」に通ず。「頗……」以下は疑問の定型句。「頗」については『沙門果経』注65参照。「已（以）不（否）」については、『敦煌変文字義通釈』三五三頁参照。

102――吾　本経では、阿摩昼達が「我」と自称しているのに対し、ここで仏は自らを「吾」と称している。「我」と「吾」が使い分けられているかどうか不明であるが、検討を要する。ちなみに、上古においては「吾」と「我」に用法の違いがあったが、中古にはその違いはなくなったと考えられている（王力『漢語史稿』中・二六八頁など参照）。

103――密迹力士　S. Vajra-pāṇir yakṣo. 玄応『音義』一に「密迹――梵言散那、此訳云密主。密是名以知仏三密功徳故也。主者夜叉主也。案梵本都無迹義。当以示迹為神故、訳経者義立名耳」。

104――金杵　金剛杵のこと。インドの武器。P. vajira, S. vajra. vajra は稲妻に由来し、それを形どった神々の武器を意味する。また、ダイヤモンドのこと。「杵」はもともと、「きね」や「つち」を意味する（武器の名にもなるが、その場合は盾のこと）が、形の類推から訳語に用いたと思われる。「金」は金属、転じて堅いものを意味する。『易』噬嗑・九四に「得金矢」とあり、その注に「金、剛也」。

105――当破汝頭為七分　分を超えて議論したり虚言を言ったりすると頭が砕けるということは『ウパニシャッド』以来見られるもので、仏典にも最初期からその影響が見られる（中村元『ブッダのことば』四一五～四一六頁注参照）。

106――当摩納頭上虚空中立　「当」は動作・行為の場所・時間（この場合、場所）を表わす。「虚空」は『荘子』徐無鬼に「夫逃虚空者、藜藋柱乎鼪鼬之逕」。ただし、その場合の「虚空」は『釈文』に「司馬云、故壊家処為空虚也」と解釈される。

107――不時答問　「時」は「適当な時に」の意。

108――汝可仰観　「可」は「……すべきだ」「……するのがよ

い」の意で軽い命令と考えられる。『沙門果経』注57参照。徐仁甫『広釈詞』に「可、猶〝当〟、宜也」（一六八頁）。

109—摩納仰観見……　「観見」で合成動詞とも考えられるが、「見」以下は「観」（意図的にみる）の結果と解する。

110—衣毛為竪　『種徳経』注56参照。パーリ本では loma-haṭṭha-jāta.「為」は「それによって」の意で軽い用法。

111—為救為護　「救」「護」は救ったり護ったりする人。「救護」で一語にまとめて「為救護」としてもよいが、四字ずつに字数を合せるためにこのようにした。

112—聞説如是種姓縁不　文末に「不」がつくと疑問を表わす。『沙門果経』注64参照。「縁」は「因縁」と同じく、「由来、おこり」。仏教に由来する用法。

113—皆各挙声自相謂言　「皆各」は類義字を重ねた合成副詞。「自相」という合成語は辞典や助字の解説書類に見えないが、「互相」や「更相」などに近い用法と考えられる。「自」が「相」と同義に用いられることについては、『広釈詞』三五七頁参照。「謂言」も類義字を重ねた合成動詞。『釈提桓因問経』注22参照。

114—無状　礼儀のない様。『史記』『漢書』などに用例が見られる。

115—方便　手段、方法。注162参照。

116—慎勿　「決して……するな」という強い禁止形。『詞詮』に「「慎毋」「慎無」「慎勿」、猶今言「切莫」」。「つつしんで……なかれ」と訓読するが、誤解されやすい。

117—云何摩納　「云何」は様態を問うのではなく、疑問を提示する文の冒頭につけて相手の注意を喚起する特殊な用法。目上の人から目下の人に向って用いるのがふつう。「不審」などと近い面もある「於（汝）如意（云）何」とも用いられる（注280参照）。パーリ本では Taṃ kiṃ maññasi（お前はこれをどう思うか）とあり（S. Tat kim manyase）、恐らく仏典の漢訳から生じた語法と考えられる。「云何」の下には呼びかけが来ることが多いが、これも翻訳調（注238参照）。

以下、婆羅門と刹利の混血の場合、どちらに属しうるかという点、および、一方を排斥された場合、他方にはいりうるかという点から婆羅門と刹利の優劣を論じ、刹利の方が優れていると論ずる。混み入った議論で、また、諸本によってそれぞれの答が違っていてわかりにくいので、諸本を次頁に対照して表にしておく（Bはバラモン、Kはクシャトリヤ。『阿颰経』は内容が違っているので除く)。

このように諸本がわかれるのは、このあたりの記述が必ずしも歴史的な現実に合っていなかったからではないか。

118――坐受水　カーストの区別の厳しいインドでは、同席し、飲食を授受できることは、同カーストと認められることである。

119――財業　後の類同では「遺財」となっている。「業」は現代語では財産を意味しうる。

120――寧……不　疑問を表わす構文。『釈提桓因問経』注77参照。

121――梵天　ブラフマー神。Brahmā.

122――刹利生中勝……　パーリ本によると、この偈は以下の通り。

Khattiyo seṭṭho jane tasmin ye gotta-paṭisārino.
Vijjācaraṇasampanno so seṭṭho deva-mānuse ti.
(p.99)

(クシャトリヤは種姓に依存する人々の中で最上である。智慧と行為を具えた人は天人中で最上である)

すなわち、この偈はクシャトリヤの優位を説いたこれまでの語を要約する共に、それと類比的に、明行具足者(=仏)のすぐれていることを説く以下の論述を

	阿摩昼経		パーリ本		薬事	
	B	K	B	K	B	K
(1)混血　父B、母K	×	×	○	×	○	○
父K、母B	○	○	○	×	○	○
(2)追放　B→K	×	×	×		×	×
K→B	○	○	○		○	○

引き起す役割を果たしている。同じ偈は『小縁経』にも見える(『小縁経』注139参照)。さて、この漢訳では、前二句と後二句の関係がもうひとつ明瞭でなく、刹利が全体の主語となり、後半は「(刹利は)明行を具足しており、天人中の最勝である」の意にとるのが自然であろう。しかし、ここでは、以下の論述を起している点を考えて、本文のように訳した。『薬事』では「刹利承嫡者　両足中最尊　明行具円満　得在天人上」。同蔵訳では

rgyal rigs rkaṅ gñis naṅ na btsun/ lha daṅ mi nams naṅ na yaṅ/rig daṅ źabs su ldan pa btsun//

（クシャトリヤは両足中で尊い。天人中でもまた、明行を具足した者は尊い）

『阿颰経』には偈を欠く。なお、「明行具足」は vijjā-caraṇa-sampanna（S. vidyā-caraṇa-sampanna）に対応し、仏の十号の一。(endowed with) special craft (wisdom) & virtue (*PISD.*), perfected in wisdom and good conduct (Edgerton). その具体的内容は以下に説かれる。なお、「明」は S. vidyā（P. vijjā）に対応する訳語として用いられる術語で、智慧、学問、呪文など多様の意味をもつ。

123――非不善　二重否定による肯定。『敦煌変文字義通釈』に「非不、非分、非甚――是〝甚辞〟、猶如説〝非常〟」（三二〇頁）、パーリ本 na duggītā, na dubbhāsitā.

124――我所然可　「然可」は同義字を重ねた合成動詞。「所」は下にくる動詞を名詞化するはたらきをもつが、ここでは比較的軽く、字数を整える程度に用いられているようである。こうした「所」の用法は仏典にしばしば見られる。注258参照。

125――何者是無上士明行具足　次に出るように、「無上士」も「明行（具）足」も仏の十号に数えられるが、ここは本文一八五頁の対応と考え合わせて、三本・磧砂蔵本に従って、「士」を除いた方がよい。「明行具足」は注122参照。「無上明行具足」は、「具足」を動詞と見ることもできるが、「是」を受けている点などからして、全体で名詞と見る。また、十号中の呼称という点から考えると、「明行を具足した人」とも考えうるが、ひとまず「明行を具足していること」と解する。「無上」（anuttara）はパーリ本によると「明行具足」全体にかかるが、漢訳でははっきりしない。

126――諦聴諦聴善思念之　仏が自説を述べる際、はじめに相手の注意を喚起するために用いる慣用句。「諦」は『説文』に「審也」。『遊行経』（一）注49参照。

127――唯然　応諾を表わす。『小縁経』注19、『釈提桓因問経』注16参照。

128――願楽欲聞　「楽」は「ねがう、このむ」の意。音は「ガウ」（漢音）、「ゲウ」（呉音）、現代語で yào（ただし、『新華字典』ではこの音は採っていない）。『論語』雍也に「知者楽水、仁者楽山」。皇侃の『義疏』に「楽者貪楽之称也」と解する。したがって、「願楽欲」と同義の動詞を重ねた形になる。『種徳経』注94参照。

129――応供・正遍知・明行足、為善逝・世間解・無上士・調御丈夫・天人師・仏・世尊　いわゆる仏の十号。『小縁経』注60、『種徳経』注95〜100参照。なお、「善逝」

の上の「為」はよくわからないが、「明行足」で一呼吸おいて、再び以下の称号を続けたものと考える。十号については、如来を入れる場合、無上士調御丈夫を一つにとる場合、仏世尊を一つにとる場合などあって一定しない。藤田宏達「仏の称号」（『玉城康四郎博士還暦記念論文集・仏の研究』所収）。藤田氏はこの箇所に改潤の疑いがあるとしている（同九四頁注16）。

なお、ここから先の箇所は諸経に共通する要素が多く、パーリ本では、Sāmaññaphala-sutta と重複するため、PTS のテキストでは無上明行具足の説明の終りまで省略している。

130——於一切諸天……開清浄行　注23～25参照。ここの文章はわかり易い。ただし、「上語・中語・下語」で「はじめの言葉、中頃の言葉、おわりの言葉」を意味するのは、不可能ではないが、わかりにくいであろう。

131——信楽　パーリ本 saddhā (S. śraddhā)。この場合、「楽」は伝統的に「ゲウ（ギョウ）」と読む。その意味は注128に述べた通りで、「（正法を）信じ求める」意になる。後に浄土教で重視される。

132——以信楽心而作是念　「而」は語調を整え、四字句にするために用い、特に意味をもたない。こうした「而」の用法は仏典に多い。主語の下に「而」がくる場合もよく見られる（金岡照光『仏教漢文の読み方』四七～五二頁）。

133——梵行　注26参照。

134——寧可　注29参照。

135——三法衣　比丘に許された三種の衣服。『転輪聖王修行経』注26参照。

136——異時　定まった時以外の意で、様々に用いる。

137——飾好　左思『魏都賦』（『文選』所収）に「干戚羽旄之飾好」。『種徳経』注71参照。

138——具諸戒行　パーリ本では sīla-sampanna または pāti-mokkha-saṃvara-saṃvuta (p.100) に相当すると思われる。「戒」(S. śīla, P. sīla) はしばしば「戒律」と熟語で用いられるが、もともと śīla と vinaya（律）は違っていたと考えられている。śīla はもともと「習慣、傾向」などを意味し、自発的に悪を離れることで、vinaya の方が強制的であり、śīla-vinaya という熟語はない（平川彰『原始仏教の研究』一〇七頁以下参照）。漢語の「戒」は警、備などの意であり、後の仏教者は「防禁名戒」（『大乗義章』一〇）、「防非止悪曰戒」（『翻訳名義集』四）などと解する。仏教的な「戒」の用法は、「斎戒」などと用いられる場合の「戒」の用法からきているのであろう。

139——不害衆生…… 以下、戒行を述べる段は、『梵動経』に非常に近似した表現が見られる。はじめの方の戒の並べ方については、『梵動経』注20参照。また、「衆生」については、『小縁経』注85参照。ただし、ここでは生あるものを一般に指す。

140——是為不殺 「是為」で繋辞を重ねたものともとれる（注83参照）が、「是」を代名詞と見て、上で述べてきたものを軽く受けていると解する。

141——不与不取 「与えず、取らず」と解されそうであるが、「不与取」は **adinnâdāna** の訳で、本文のような意。

142——慇懃 委曲をつくすこと。慇勤とも。漢代から用いられているが、仏典における注目される用法として、『人法欲生経』注に「少貪身、不乃慇勤」「無量者、慇勤貪内外色」（大正三三・六上）。

143——精進 漢代から見える語。**P. viriya, S. vīrya.** これは **vīra**（勇者）からきた語で、男らしさ、力強さ、勇気などの意。「精進」の解釈の一例として、『翻訳名義集』四では「欲楽行善法、不自放逸、謂之精進。（中略）陳氏云、精其心進其志」（大正五四・一一一六上）。なお、「精、専也」という訓がある（『淮南子』脩務訓「心意不精」の注）。織田『仏教辞典』「シャウジン」の項も参照。

144——至誠 『中庸』「唯天下至誠、為能尽其性」。

145——悪口 仏典においては、「わるくち」ではなく、「粗雑、粗悪なことば」の意。『小縁経』注40参照。『大乗義章』七に「言辞麁鄙、目之為悪」（大正四四・六一三上）。

146——喜悩他人 「他人を喜悩させ」ともとれるが、喜ばせることは次の「令生忿結」と合わないので、このように解した。

147——忿結 「結」は煩悩の異名。**S. saṃyojana** の訳語として用いられる。『大乗義章』五本に「結集生死、目之為結。結縛衆生、亦名為結」（大正四四・五六一中）。したがって「忿結」は「忿という煩悩」。『梵動経』注15を訂正する。ただし、「結」は字数を整えるために付されている軽い用法。

148——多所饒益 「所」は注124参照。「饒益」は同義の動詞を重ねたもの。『弊宿経』注232参照。

149——放逸処 「処」は場所の意味ともとれるが、より広く「あり方、状態」の意に解する。

150——瓔珞 慧琳『音義』七八に「上益盈反、下郎各反。考声、頸飾也。従玉声字」（大正五四・八一四中）。また、慧苑『華厳経音義』に「纓絡」の項で、「経本有作瓔珞二字、並謬也。瓔、謂似玉之石。音、与楼同、非此

用」(慧琳『音義』二一、大正五四・四三三中にも引く)。「瓔」は慧苑に従えば「似玉之石」、「珞」は余り使わない字だが、『老子』三十九章に「珞珞」と用いられる。しかし、これは「石のごろごろところがってぶざまなさま」(福永光司『老子』二三一頁)。後代の辞書『広韻』では「瓔」も「珞」も「瓔珞」の意としている。それに対し、「纓」は冠のひも、あるいは女性が身につけるひも。「絡」は結び合わせたものと考えられる。「瓔珞」は上記の慧琳が言うように、中国では頸飾と考えられているが、対応する言語は様々あり(『仏教語大辞典』参照)、その一つ keyūra は腕飾りである。すなわち、必ずしも頸飾に限らない。一体、インドの貴人はこうした装身具を多く身につけるのである。

151——歌儛　大正蔵本、「儛」を「舞」に作る。意は同じ。

152——賭　大正蔵本、「賭」を「猪」に作る。意は同じ。

153——園観　園林。『梵動経』注34・『阿㝹夷経』注4参照。

154——不為虚詐斗秤欺人　「為」は「以」に同じ。

155——共相牽抴　「共相」は「互相」(注174)などと同じく、「たがいに」の意。「牽抴」は同義の動詞を重ねたもの。

156——觝債　仮にこう訳すが、要検討。『梵動経』注27参照。なお、『大乗義章』一一に須陀洹の三名を挙げるうち、第三が觝債。「拒而不受故云觝債」とある(大正四四・六七七上)。

157——行則知時、非時不行　ひとまずこう訳したが、*Sutta-nipāta*, 38 に次のような句がある。

Na ve vikale vicareyya bhikkhu, gāmañ ca piṇḍāya careyya kāle.

(修行僧は時ならぬのに歩き廻るな。定められたときに、托鉢のために村に行け。〔中村元訳〕)

すなわち、托鉢は午前にして、午後に出歩いてはならないというのである。(中村元『ブッダのことば』注)。ここもあるいはその意にとった方がよいかもしれない。

158——趣足　「足るに趣く」か。また、「趣」は方向を表わし、「趣足」で一語の動詞とも考えられる。「趣」の用法はなお要検討。注191参照。

159——応器　『翻訳名義集』七に「鉢多羅(P.,S. pātra)、此云応器。発軫云、応法之器也」(大正五四・一一七〇上)。

160——信施　P. saddhā-deyya (＝a gift in faith〔*PTSD.*〕).

161——生業　『史記』匈奴伝に「射猟禽獣、為生業」。

162——方便　言うまでもなく、S. upāya, upāya-kauśalya の訳として、教理上重要な意味をもつ語であるが、ここでは教理的な意味合いはなく、「手だて、方法」ぐらいの意で用いている。『敦煌変文字義通釈』には、「採用不正当的手段、虚妄」と解している（二二一〜二二二頁）。ちなみに、方便は仏典にはじまる語と思われるが、六朝期の小説にも用例が見られる。例えば、『妬記』に「因方便、称関雎螽斯有不忌之徳」（『古小説鈎沈』による）。

163——利養　身を利し養うこと。『管子』度地に「利養其人」。訳経においては、lābha などの訳語として、利益の方に重点が置かれる。例えば、『法華経』勧持品に「為貪利養故」（大正九・三六下）。梵本では、**lābha-satkāra-hetavaḥ**（*S.P.* p. 272. 利益と尊敬のために）。

164——婉綖　文様の入った豪華な敷物。『梵動経』注30参照。

165——酥油　牛酪から作った油。蘇油とも。

166——華鬘　玄応『音義』一「梵言俱蘇摩（S. kusuma）、此訳云華。摩羅（S. mālā）、此訳云鬘、音蠻、案、西国結鬘師、多用蘇摩那（S. sumanā）華、行列結之、以為条貫、無問男女貴賤、皆此荘厳、或首或身、以為飾好、則諸経中、有華鬘・市天鬘・宝鬘等、同其事也（下略）」

167——装飾　「飾」を大正蔵本「厳」に作る。いずれでも可。

168——宝蓋宝扇　「宝」は美称。注46参照。

169——荘厳宝車　注46参照。

170——八道十道百道至一切道　碁盤の枡目。『梵動経』注33参照。

171——遮道無益之言　「遮道」の「道」は仏道に限定されず、道徳あるいは宗教的な修行の意であろう。パーリ本では **tiracchāna-kathā**（＝animal talk; wrong or childish talk in general〔*PTSD.*〕）。雲井昭善「遮道濁乱（＝無益）之言について」（『橋本博士退官記念仏教研究論集』）参照。

172——邪命　仏典では、しばしば「命」を「生活、生活手段」の意で用いる。『梵動経』注35参照。

173——於堂上　場所を表わす語に上・中・下・所・頭などを添える用法はしばしば現れる。『種徳経』注32など参照。

174——互相　「たがいに」の意。『中古辞語考釈続篇』九五頁、『小縁経』注106など参照。

175——以前著後、以後著前　パーリ本 **Pure vacanīyaṃ pacchā avaca, pacchā vacanīyaṃ pure avaca**（*Sāmaññaphala-s.* 53. 前に言うべきことをお前は後に言い、後に言うべきことをお前は前に言った）。

176——当来問我　「来」はもちろん「来る」意にとってよいが、もっと軽く、「問」の方向を示す程度にとってもよいと思われる。

177――聱　つづみの意。三本・磧砂蔵本「鼓」に作る。

178――縁幢倒絶　幢にのぼってする曲芸。『梵動経』注38参照。*Sāmaññaphala-s.* 48 にも caṇḍālaṃ vaṃsaṃ と見える。

179――[示+厭]禱　「[示+厭]」は呪詛。人に災いがあるようにと祈ること。宋・元・磧砂蔵本「[示+厭]」を「猒」に、明本「厭」に作る。『梵動経』注39参照。

180――方道　方術と同義（辞書には見えない）。このあたりの記述は、インドの外道の記述であるか、同時に『後漢書』方術伝などに見える方士のあり方を思わせる。仏教において、早くから呪術や医術が禁止されていたことは、『スッタ・ニパータ』九二七などに見える。

181――技術　やはり方道・方術などと同じ。

182――或是安宅符　「或是」は「或」に同じ。

183――日月薄蝕　『史記』天官書に「他星逆行、日月薄蝕、皆以為占」。『集解』に、「孟康曰、日月無光曰薄。（中略）或曰不交而蝕曰薄」。

184――相　もののすがた、かたち、特徴。S. lakṣaṇa, nimitta などの訳語として用いられる。ここでは「不取相」は na nimitta-ggāhī hoti nânuvyañjanagāhī（*Sāmañña-phala-s.* 64）に当る。

185――不為色之所拘繋　「為――之所」の構文。注10参照。

186――戒品　品は種類の意か。「戒品」の用例として、『梵動経』下に「常作如是信、或品已具足」（大二四・一〇〇四上）。

187――六触　眼・耳・鼻・舌・身・意における対象との接触。

188――執鞭持控　「持」は「以」と同義で助字として用いられたもの。『沙門果経』注48参照。

189――六根　眼・耳・鼻・舌・身・意の六つの器官。「根」はP., S. indriya に相当する訳語。indriya はもともと能力などの意。それがなぜ「根」と訳されるのか。『大乗義章』四では、「六根」について、「此六種、能生六識、故名為根」と説明している（大四四・五五五中）。

190――知止足　『老子』四四章に「知止不辱、知足不殆」。

191――趣以養身令無苦患　「趣」は、「〜しようとする」という方向性を表わすものと解するが、要検討。

192――貢高　慧琳『音義』二二「広雅曰、貢上也。謂受貢上之国、自恃尊高、則軽易付庸之国。今有自高陵物、欲人賓伏者、則亦謂之貢高」（大正五四・四四二中）。

193――有力無事　「無事」は『老子』五七章に「以無事取天下」「我無事而民自富」、六三章に「為無為、事無事、味無味」。「有力」も『老子』三四章に「勝人者有力、自勝者強」。

194―安楽　『礼記』郊特性に「所以交於神明者、不可以同於所安楽之義也」。他、古典に用例が多い。

195―趣使瘡差　「趣」は注191参照。

196―以用運載　「以用」は同義の助字を重ねたもの。

197―有所至到　ひとまずこのようにとったが、要検討。『中古辞語考釈続篇』に「飛在所到」の項あり、「不飛則已、飛則必求到達而後已焉」と解している（一四三頁）。

198―行道　『孝経』に「立身行道、揚名於後世」など古くから用いられたが、それを仏教的に転化した用法。

199―初夜後夜　夜を初夜・中夜・後夜に三分する。

200―覚悟　ここではさとることではなく、めざめていること。

201―常念一心　sati-sampajaññena samannāgato（*Sāmañña-phala-s.* 65）に当るか。『梵動経』では、類似句（Sato ca sampajāno）が「護念一心」と訳されていた（『梵動経』注104）。「念」は「念、常思也」（『説文』）と言われるように、いつも心に思っていること。通常、P. sati (S. smṛti) の訳語に用いられる。sati (smṛti) は memory, recognition; wakefulness of mind, mindfulness 等の意。（*PTSD.*）。「一心」は後には cetaso ekodibhāva がこう訳されており、必ずしも単一の原語に対応しない（『仏教語大辞典』の「心」の項に、さらに他の対応する原語が揚げられている）。「一心」は、古くから、副詞的、名詞的用法、また「心を一にす」と解する場合など、多様に用いられる。仏教と関係深い『荘子』にも「一心定而王天下、（中略）一心定而万物服」（天道篇）などの用法がある。また、「一」に関しては、『荘子』在宥篇の「守其一」が道教で「守一」の法として、独自の内観法に発展してきている（『抱朴子』地真篇）ことなど、思い合せるべきである。なお、ここでは勿論「心を一にす」と読むべきである。

202―陰蓋　「陰」も「蓋」も覆いさまたげること。

203―繫念在明　「在」は於・于の意の助字。

204―云何比丘念無錯乱「云何」は「どのように」と状態を問う場面の他に、「……とはどのようなことか」と説明を求めるのに用いる場合がある。『種徳経』に「云何為戒」「云何為慧」（大正一・九六中、下）などとあるのを参照。

205―如是　「如是」がどのようなことを指しているのか明らかでない。以下の答を述べるに先立ち、まず「如是」と切り出したものとも考えられる。

206――内身身観…… 以下、身・受・意・法について観ずるのは「四念処」(P. cattāri sati-paṭṭhānāni)と呼ばれる行法。「受意法観亦復如是」まで、『遊行経』(本シリーズ第一巻二二六頁)、『清浄経』(本文一一一頁)などにそっくりの表現が見られる。『清浄経』に対応するパーリ本 *Pāsādika-suttanta* の文は以下の通り。bhikkhu kāye kāyânupassī viharati ātāpī sampajāno satimā, vineyya loke abhijjhā-domanassaṃ (*DN*, Ⅲ, p. 141). ここには「内身身観」「外身身観」「内外身身観」に当る語はないが、*Mahā-satipaṭṭhāna-suttanta* によると、ajjhattaṃ vā kāye kāyânupassī viharati, bahiddhā vā kāye kāyânupassī viharati, ajjhatta-bahiddhā vā kāye kāyânupassī virahati. (*DN*, Ⅱ, p. 292).

207――法 多様な意味をもつが、ここでは心のはたらきの対象を意味する。

208――執持 同義の動詞を重ねたもの。次の「受取」も同じ。

209――左右便利 ひとまずこう訳すが要検討。「便利」を大小便の意見に用いるのは、『漢書』韋玄成伝に「陽為病狂、臥便利」、注に「便利、大小便」。

210――威儀 もと、礼の細かい規定を意味し(『中庸』に「礼義三百、威儀三千」)、また、礼式に則った正しい振舞を意味する。仏教では、日常の規則にかなった振舞いをいう。

211――有人 「有」を軽く用いた例。この場合、現代語の「有人」とほとんど同じに「ある人」くらいにとることができる。

212――安隠 「隠」は「穏」と同じく、静・安等の意。仏典にしばしば見える。

213――至於 「乃至」(『梵動経』注112参照)と同様、間にくる語を略している。

214――楽在静処・樹下・塚間、若在山窟、或在露地及糞聚間

パーリ本ではaraññaṃ rukkhamūlaṃ pabbataṃ kandaraṃ giri guhaṃ susānaṃ vana-patthaṃ abbhokāsaṃ palāla-puñjaṃ (*Sāmaññaphala-s.* 67). (森・木の根もと・山岳・峡谷・巌谷・巌窟・墓地・荒れた藪地・露天・藁の積み重ね〔長尾雅人訳〕)。修行者が衣食住の貪著を払う行を頭陀(dhūta)といい、糞掃衣・但三衣、常乞食・不作余食・一坐食・一揣食・空閑処・塚間坐・樹下坐・露地坐・随坐・常坐不臥の十二が挙げられることなど参照。なお、「静処」と訳されている。P. arañña (S. araṇya 阿蘭若)は通常、「空閑処」と訳されるもので、人里離れた静かな場所。

215――結跏趺坐 「結加趺坐」とも、慧琳『音義』二六に

「趺――鄭註儀礼云、足上也。按、摂持鞋履之処、名為趺。慧琳云、結加趺坐者、加字只合単作加、盤結二足、更手以左右足趺、加於二髀之上、名結加趺坐」（大正五四・四七二中）。すなわち、両足を組んだ上に、さらに手で両足の趺（足の甲）を髀（髀、もものこと。慧琳『音義』二〇、大正五四・四三〇上参照）の上に置く坐法である。慧琳によれば、「跏」は「加」であるが、後代の辞書『玉篇』では、「跏―結跏坐」とあり、「結跏」で足を組んだ坐法と理解されていたことが知られる。ちなみに、『音義』の続く説明の中には有名な降魔坐と吉祥坐の区別が説かれいる。

216――繫念在前　注203参照。**parimukhaṃ satiṃ upaṭṭhapetvā** (*Sāmaññaphala-s.* 67)。

217――慳貪　以下、慳貪・瞋恚・睡眠・悼戯・疑惑は五蓋と呼ばれる基本的な欲望。パーリ本では ***Sāmaññaphala-s.*** 68 参照。

218――心不与倶　「与倶」は同義の動詞を重ねたもの。「除去慳貪心、不与倶」と切ることもできるが、四字ずつの構成を考えて、「除去慳貪、心不与倶」ととるのがよい。次の句は四字ずつ切ると、「滅瞋恨心、無有怨結」と、「心」が上句末にくる。二行後の「断除掉戯、心不与倶。……滅掉戯心」も同様。「心」はそれ程重い意味ではないので、口調を整えるために、上下いずれにもつく。初歩的なことであるが、この四字構造を理解していないために、従来の仏教研究者はしばしば句読の切り方を誤っている。この箇所の大正蔵本もそうである。仏典の四字構造については、吉川幸治郎「仏説無量寿経の文章」（全集七巻）参照。

219――怨結　注147参照。

220――清浄　古くは「清静」。『老子』四五章に「躁勝寒、静勝熱、清静為天下正」。老荘系で重んじられる語。『釈提桓因問経』注156参照。

221――睡眠　P. niddha の訳語で、実際に眠ることだけでなく、心がぼんやりした状態も指す。伝統的には呉音で「スイメン」と読む。

222――掉戯　P. uddhacca（=over-balancing, agitation, excitement〔*PTSD.*〕, *S.* auddhatya）. 掉挙とも。慧琳『音義』一四に「掉戯――上、亭曜反。広雅、掉、振也。語揺也。説文、従手、卓省声也。下、希義反。毛詩云、戯、逸豫也。爾雅、戯、謔也。説文、従才、虛也声也」（大正五四・三八九下）。同二六に「掉戯――徒弔反。心動也」（大正五四・四七五上）。

223――度疑網　P. tiṇṇa-vicikiccho.「疑網」の「網」に当る原語はない。『法華経』方便品にも「堕疑網」等の用法がある（大正九・六中）が、この場合も saṃśaya-prāptā で（*SP*, p. 34）、やはり「網」はない。なお、『釈提桓因問経』注107も参照。「度」は仏教教学において重要な意味を与えられるが、もとは「渡」に同じく、わたる意。この場合、対応するパーリ語の tiṇṇa (S. tīrṇa < √tṝ) も文字通り「わたる」意。

224——其心専一在於善法　「在」を動詞ととることもできるが、「在於」で同義の助字を重ねたと考えることも可能であろう（ただし、余り見かけない用法であるが）。いずれにしても意味は大きく変らない。

225——大家　『書経』『礼記』などにも見える古い語。身分のある家柄。

226——解脱　ここでは教理的な意味はなく、束縛から解放する意。この意味では『史記』酷吏伝に「自以為不復収、於是解脱」、『索引』に「謂脱鉗釱」。

227——挙財　文脈からこのように訳すが、要検討。パーリ本 iṇaṃ ādāya（*Sāmaññaphala-s.* 69）でその意。「挙債」という語は、借金する意で一般に用いる。『梁書』王志伝に「挙債以斂葬」。

228——治生　『史記』淮陰侯伝などに見える。パーリ本 kammante payojeyya（事業に従事して）。

229——還本主物　後に「還主本物」と言われている。「本主に物を還す」「主に本物を還す」ととったが、要検討。

230——彼自念言　「念言」は『沙門果経』注11参照。ここでは合成動詞になっており、「念」に重点があり、「言」はそれに添えられたものと考えられる。

231——如意　『漢書』京房伝に「臣疑陛下雖行此道、猶不得如意」。

232——色力　「色」は rūpa の訳に由来する仏教的な用法。

233——安楽　注194参照。

234——五蓋　注217参照。

235——覚観　「覚」は大まかに、「観」は細かく対象を観察すること。『梵動経』注97参照。

236——離生喜楽　『梵動経』注98参照。喜(pīti)と楽（sukha）の関係については、*Visuddhi-magga* に、「欲した対象を獲得する満足が喜であり、獲得された味を受納するのが楽である」と説明されている（p. 145）。ちなみに、『説文』には、「喜、楽也」とある。

237——已喜楽潤漬於身　「已」は「以」に通ず。三本・磧砂蔵本「以」。

238——如是摩納是為最初現身得楽　「如是」は上のことを受け、「是為」以下の主語となっていると考えられるが、煩しい言い方。また、「如是」と切り出して、下に「摩納」と呼びかけがくる形も漢文として特殊。仏教漢文の翻訳調の言い方であろう。「現身」の「現」は「現世、この世」の意。『沙門果経』注63参照。

239——所以者何、斯由精進念無錯乱、楽静閑居之所得也　「所以者何、斯……」の構文については、『梵動経』注10参照。こことほとんど同じ表現は、『長阿含経』のうち、以下のような箇所にも見える。

『沙門果経』「所以者何、斯由精勤専念不忘、楽独閑静不放逸故」(大正一・一〇九中)

『種徳経』「所以者何、斯由精勤専念不忘、楽独閑居之所得也」(大正一・九六下)

少しずつ違いがあるが、恐らく同じ原文を訳したものであろう(いずれも該当するパーリ本を欠く)。『沙門果経』との比較から、「由」は最後までかかって理由を示していることが知られる。「楽静閑居」は『沙門果経』『種徳経』ともに「楽独閑居」。本経でも後に「楽独閑居」と出る。「楽静閑居」は「楽静なる閑居」ととることもできるが、『増阿』三四に「当楽閑居静処」という言い方が出る(大正二・七三八上)ことを考え、「楽」を動詞にとった。「閑居」は『荀子』解蔽篇の「閑居静思則通」など。

240——捨覚観便生為信　大正蔵本「捨」を「於」とするも不適当。三本・磧砂本も「捨」。「生為信」は「為」の用法が不明。助字的な用法か。パーリ本では ajhattaṃ sampasādanaṃ(内心の平安)に当るか(*Sāmaññaphala-s.* 77)

241——即　上で言ったことを下で言い換えているととったが、要検討。

242——身受快楽如聖所説　『梵動経』に似た形が見える。同経注105参照。

243——優鉢花・鉢頭摩華・拘頭摩花・分陀利花　「優鉢」は青蓮華(P. uppala, S. utpala)、「鉢頭摩」は赤蓮華(P., S. padma)、「拘頭摩」は白蓮華(P., S. kumuda)、「分陀利花」も白蓮華(P., S. puṇḍarika)。ただし、パーリ本 *Sāmañña-phala-sutta* 80 では uppala, padma, puṇḍarika のみ出す。「拘頭摩」は『国訳一切経』脚注によるが、この音写語は辞書類に見えない。『翻訳名義集』では「拘勿投、亦云拘勿頭。此云地喜華、亦云拘某陀、此云黄蓮華」。

244——彼捨喜楽、憂喜先滅、不苦不楽、護念清浄　パーリ本の該当箇所 *Sāmaññaphala-s.* 81 は *Brahmajāla-sutta*, iii. 24 に同じ表現が見られる。『梵動経』では以下のように訳されている。「楽滅苦滅、先除憂喜、不苦不楽、護念清浄、入第四禅」。「憂喜先滅」、「護念清浄」については、『梵動経』注108・109参照。

245——白畳　玄応『音義』一一に「毛布也」とある。他方、『史記』貨殖伝の正義に「案、白畳、木綿所織、非中国有也」。パーリ本は odāta vattha（白衣）。

246——触嬈　難解。とがめる意か。『釈提桓因問経』注84・『種徳経』注69参照。

247——怗然　「怗」はしずかなこと。三本・磧砂蔵本「恬」。「恬」も静、安などの意であるが、老荘系で重視される語。

248——定心　ここでの「定」は禅定にはいって心が落ちつくことであろうが、「定心」という語は『管子』内業篇に「能正能静、然後能定、定心在中、耳目聰明」。

249——柔濡調伏住無動地　「濡」は「濡」の異体字で、「輭（軟）」に通じて用いられる。「柔輭」は漢代から用いられる。「調伏」は注63参照。『種徳経』では「柔軟調伏住不動地」と訳されている（大正一・九六下）。

250——変化　P. abhinimmināti（= to create, 〈by magic〉, to produce[*PTSD.*]）.

251——無鬫　「鬫」は「鬪」を用いる場合もあるが、同じ。

252——作是観　この構文は『沙門果経』注71参照。次には「作是念」とも言われている。こうした場合、「是」は下のことを指す。

253——四大　地・水・火・風の四元素。「大」は S. mahā-bhūta の訳に由来する。

254——此身亦異彼身亦異　以下、「A異、B異」という構文が繰り返し現れるが、「AとBは異なっている、別のものである」の意と考えられる。これは恐らく añña-ṃ（-o, -ā; S. anya）A, aññaṃ（-o, -ā）B の構文の訳からきたものであろう。

255——琉璃・摩尼　「琉璃」は S. vaiḍūrya（P. veḷuriya）の音写で、青色の宝石。「摩尼」は P., S. maṇi の音写で、宝石一般、または特に思いのままに宝を出す如意珠を指す。

256——一心修習　「一心」は注201参照。ここでは「ひたすらに」と副詞的にとることもできる。

257——神通智証　以下、六神通（六種の神通力）の証得をあげる。すなわち、神通智（神足通、様々の神通力、『小縁経』注88参照）、天耳智・他心智（他人の心がわかる）・宿命通（前世の因縁がわかる）・天眼智・無漏智（漏尽智・煩悩をなくす）。「証天耳智」のように「証」が上に来ている場合と、この場合のように「証」が下に来ている場合がある。「証」をさとる意に用いるのは仏教にはじまると思われるが、恐らく、証拠に照らしてはっきりさせるという意味から発展したのであろう。

258——随意所造　「随意所――」の形については、『沙門果経』注89参照。仏典に頻出する語法。「所」は字数を整え、軽く用いられているのであろう（注124参照）。『敦煌変文字義通釈』に「所―語助詞、放在及物動詞前頭、没有意義」とある（三八七頁）。数行後の「随意変化」では既に四字句になっているので、「所」がない。なお、伝統的な訓読では、「意の造る所に随う」と訓むが誤解されやすい。パーリ本では、yaṃ yad eva bhājanavikatiṃ ākaṅkheyya taṃ tad eva kareyya abhinipphādeya (*SPS.* 88)（どのような形の器を欲するときでも、それを作り完成させる）。

259―在作何器　この語法は要検討。「何」は疑問代名詞が「いずれの……でも」と不定代名詞的に用いられたものと考えられる。

260―善能　類義の副詞を重ねた用法。

261―大講堂　注69参照。

262―至無上心　「至」は「乃至」と同じく、間を略した言い方と考えられる。少しあとにも「一生至無数生」と見える。

263―以清水自照　「以」は三本・磧砂蔵本に従い、ない方が形が整う。

264―宿命無数若干種事　「宿命」は「前世の運命、前世の境遇」。「宿」のこのような意味は勿論仏教による。「若干」は古くから不定の数を表わすのに用いられるが、仏典ではややずれて用いられるようである。『梵動経』注81の箇所では、nānatta（様々であること・多様性）に相当し、「一」(ekatta) に対して用いられていた。『仏教語大辞典』の「若干（にゃっかん）」の項も参照。

265―劫数成敗　世界は成・住・壊・空の四つの劫を経て生成消滅を繰り返す。そのサイクルのこと。『梵動経』注48参照。「数」は「運命、すじみち」。『沙門経』注81参照。

266―展転　古楽府「飲馬長城窟行」（『文選』）に「他郷各異県、輾転不可見」、注に「字書曰、輾、亦展字也。説文曰、展、転也。鄭玄毛詩箋曰、転、移也」。

267―便還本土　「展転」に対して、「便」はややニュアンスがずれるようである。要検討。三本・磧砂蔵本は「更」。

268―尽能憶識所行諸国、従此至彼、従彼至此、行往語黙、皆悉憶之　はじめに「憶識」と動詞があり、その賓語が続いた後、再び「皆悉憶之」と結ぶ。最初の動詞と最後の動詞は同義の重複であるが、賓語が長く続くために前の動詞の支配力が薄れ、そこで再び賓語を承ける動詞が必要のように感ぜられるのであろう。これも

注18で指摘した箇所と同様、仏典の口語的性格の一つと考えられる。同様の語法はこの前後に繰り返し現れる。

269——報応　「報応」「応報」は漢代から見える語であるが、六朝期には仏教の特徴をなす思想として様々な議論がなされた。例えば、本経で訳される少し前には、当時の仏教界の大御所である廬山の慧遠が「明報応論」を著している。

270——信邪倒見　「信」は大正蔵本「言」。「信」の方がよい。

271——三悪道　地獄・餓鬼・畜生。

272——五道　地獄・餓鬼・畜生・人・天。衆生の輪廻する世界。これに修羅を加えて六道とも。

273——四交道頭　「頭」は場所・方向を表わす語に添える接尾辞。漢代から用いられる。

274——在上而観、見諸行人……皆悉見之　「観見」と一語にとりたいが、字数から見てこのように切るのがよい。「見——皆悉見之」は注268と同じ形。

275——無漏　S. anāsrava. 漏（S. āsrava, P. āsava = that which flows(out or on to) outflow & influx [*PTSD.*]）は煩悩の異名。『大乗義章』五に「一切煩悩、流注不絶、其猶瘡漏、故名為漏」（大正四四・五六六上）。

276——如実　正しく、真実にかなって。『梵動経』注19参照。

277——苦聖諦　以下、四諦をあげる。

278——欲漏・有漏・無明漏　三漏という。『大乗義章』五・三漏義（大正四四・五六六上〜中）参照。

279——生死已尽、梵行已立、所作已辦、不受後有　『小縁経』注136参照。

280——於汝意如何　仏典特有の問いかけの表現。仏から弟子などに向けて問いかける時に用いる。「如何」は「云何」でも同じ。「於意如（云）何」とも、また、単に「云何」とも（注117参照）。

281——為是為非　「為——為——」は疑問を表わす構文。

282——是為摩納不得無上明行具足　「摩納」は呼びかけが文の途中にはいった形。注238参照。

283——澡瓶　『翻訳名義集』七に「軍遅（S. kuṇḍikā）——此云瓶。寄帰伝云、軍持有二、若甆瓦者浄用、若銅鉄者是触用。西城記云、捃稚迦、即澡瓶也、旧云軍持、訛略也（下略）」（大正五四・一一六九下）。

284——持杖筭術　未詳。「筭」は「算」に同じ。

285——而便　この助字の続け方も要検討。『荘子』達生篇に「若乃夫没人、則未嘗見舟、而便操之也」と見えるが、福永光司氏はこの「便」を「敏」の意にとっている。

286——諸旧婆羅門及諸仙人　パーリ本 brāhmaṇānaṃ pubba-kā isayo (p. 104)（婆羅門の昔の聖者達）。P. isi (S. ṛṣi)

はインドの超人的な聖者で、ヴェーダ讃歌の作者とされる。それが「仙人」と訳されるところに、中国の神仙思想との習合が生じる。

287 讃歎称説本所誦習、如今婆羅門所可諷誦称説　わかりにくい構文。「如」以下は「本所誦習」を説明していると考えられる。以下に「如汝師徒今所……」と繰返し現れるのと基本的には同じ構文であろうが、ここでは「可」が使われている。また、この文の冒頭は「云何摩納」と切り出されており、この「云何」は疑問を提示する文の冒頭に据えることが多い（注117参照）が、この場合は疑問ではなく、単純に相手の注意を喚起していると考えられる。「云何」は次の「如是諸大仙婆羅門……今所居止不」の疑問までかかるとも考えられるが、次段はじめにやはり同様の言い回しが見られ、そこでは明らかに後にも疑問が続いていない。ちなみに、そこでは「云何摩納、如彼諸大仙・旧婆羅門、讃嘆称説本所諷誦、如今婆羅門所可称説諷誦」とあって、「彼諸仙・旧婆羅門」の上に「如」がついているが、やはりわかりにくい。なお、パーリ本では、Ye te ahesuṃ brāhmaṇānaṃ pubbakā isayo mantānaṃ kattāro mantānaṃ pavattāro yesam idaṃ etarahi brāhmaṇā porāṇaṃ mantapadaṃ gītaṃ pavuttaṃ samihitaṃ tad anugāyanti tad anubhāsanti bhāsitaṃ anubhāsanti vācitaṃ anuvācenti. (p. 104)（かの昔の婆羅門の聖者達が作り、説いた聖典の聖句を、今の婆羅門達はかつて歌われ、説かれ、集められた通りに歌い、語られた通りに語り、言われた通りに言っている）。

288 一阿咤摩……　この十二名の古仙の名は『三明経』にも見える（大正一・一〇五中）が、一部順序が異なり、又、音写の仕方も少し違うところがある。パーリ本では、いずれの箇所も同じ十名を出し、『長阿含』の系統と必ずしも一致しない。チベット本『薬事』はパーリ本と対応する。また、『阿颰経』は二十三名を挙げ、特異である。（解題末の対照表を参照）。パーリ本の十名は、他に *Vinaya*, vol. 1, p. 245 にも出るが、これらはヴェーダの作者の梵語名にほぼ対応がつく（*SBE*, Vol. XVII, p. 130. Franke, *Dīghanikāya*, S. 102 参照）。また、『中阿』や『婆沙論』にも十名が列挙されているが、パーリ本に対応する（赤沼『固有名詞辞典』三九頁参照）。

289 綩綖　注164参照。

290 駕乗宝車　注46参照。ただし、この場合、「駕」は「乗」の意で、「駕乗」は同義の動詞を重ねたもの。

291 戟　高麗蔵本「鐵」に作るも、この字未検。三本・磧砂蔵本によって改める。

292——宝払　「宝」は「宝車」の場合に同じ。「払」は払子のこと。獣毛等で作り、虫を払う道具。仏教語。

293——如彼諸大仙旧婆羅門……　注287参照。

294——教　使役形であるが、この場合のように、「教える、教示する」というニュアンスが残っている場合がしばしば見られる。

295——無有是処　仏典に特有の表現。『梵動経』注115参照。

296——猶如摩納　「猶如」の下に呼びかけがはいった形。注238参照。

297——細人　「細人」は君子に対する（『礼記』檀弓上）。また、身分的に卑しい人をも意味する。

298——舎衛城　倶薩羅国の首都。

299——沸伽羅娑羅門　「婆」は大正蔵本「娑」。三本・磧砂蔵本は「門」がなく、「沸伽羅娑羅」。これでもよいが、数行後に「沸伽羅娑羅門」とあるので、ここも同じに考えて、高麗蔵本の形をとる。本来、「沸伽羅娑羅婆羅門」とあるべきところ、「娑羅」の二字が省略されたもの。

300——共相諫暁　「共相」はふつう「互いに」の意味であるが（注155参照）、この場合、それでは意味が通じない。行為が対象に向う場合の「相」（注71参照）と同じに用いられているものと思われる。「諫暁」は『佩文韻府』『大漢和辞典』等にも見えない語だが、仏典では、『無量寿経』五悪段などに見える（大正一二・二七七上）。日本では日蓮がしばしば用いている。

301——汝及　高麗蔵本「及汝」とあるのを、三本・磧砂蔵本により改める。

302——相好　「相」（S. lakṣaṇa）は大きな特徴、「好」（S. vyañjana）は小さな特徴。

303——広長舌相　P. pahūta-jivhatā. 三十二相の一。

304——陰馬蔵　P. kosohita-vatthaguyha. 陰蔵・馬陰蔵とも。仏の陰所は腹中に隠れて見えず、馬と同様であるという。三十二相の一。

305——孤疑　『楚辞』離騒に「心猶豫而孤疑兮」とあり、古くから用例が多い。

306——共仏論　ここでは「共」は「……と」の意の介詞として用いられている。

307——我遂得聰明弟子……　以下数行、極めて難解。「聰明弟子」は阿摩昼のことを指すと思われるから、これは皮肉であろう。「致使」は使役にとったが、「使いをする」ととることも可能。「将——不久」は「遠からず……するだろう」。『釈提桓因問経』注161参照。「汝語諸欲勝呰瞿曇、使之不悦、於我転疎」は、「諸」がどのように用いられているか不明。また、四字ずつ切ると、「使之不悦」と「於我転疎」が対になるが、意味的によくわからない。「之」は瞿曇を指すと思われる。ここではひとまず「使之不悦」まで「汝語」の内容と解したが、落着きが悪い。「転」は「次第に」ではなく、「一転して、逆に」の意にとった。「汝与聰明弟子」の「与」の用法も不明。「汝」と「聰明弟子」は共に阿摩昼を指していると思われるから、「与」で結ぶのはおかしい。以上のように、この箇所は極めてわかりにくく、テキストに何らかの錯誤があるかと思われるが、諸本間にも相違が見られず、ひとまずこのままにしておく他はない。ちなみに、パーリ本では、師が阿摩昼を罵り、「お前のような者は地獄に堕ちてしまえ」と言っている。

308——当堕車時　「当」は注106参照。「当——時」の形は仏典中にしばしば見られる。『小縁経』注89参照。

309——白癩　慧琳『音義』三二に「下来帯反。文字集略云、癩、病也。説文作厲、悪疫也。文字典説、従疒、頼聲也」（大正五四・五一九中）。

310——黙自念言　高麗蔵本の「然」を三本・磧砂蔵本により「黙」に改める。

311——問訊　問いたづねる意ではなく、挨拶をかわすこと。

仏典特有の用法。『弊宿経』注41・『種徳経』注34参照。

312——開悟　ここでは「さとる」という程の重い意味ではない。この語は、すでに『史記』に見える（商君伝に「吾説公以帝道、其志不開悟矣」）。なお、しばしばこの語は「悟りを開く」と解されるが、もともと「開」も「悟」も動詞ととるべきである。

313——当知　注92参照。ここでは、文中に用いているから、単なる強調と見てよい。そこでこのように訳してみた。

314——幢麾　「幢」も「麾」も軍の指揮の旗。玄応『音義』一一に「今作撝、同。呼皮反。謂旌旗。指麾衆也。因以名焉」。

315——五威儀　未詳。

316——則知　ここでは「当知」（注313参照）のかわりにこう言われている。

317——我帰依仏　以下、仏が婆羅門の請を受け、婆羅門が帰るところまで、『沙門果経』にもほぼ同じ形で出る（大正一・一〇九中）。新たに仏に帰依し、信者となる際の定型的表現。

318——優婆塞　在俗の男性信者。P., S. upāsaka.

319——唯願　相手に対する願望を表わす。『沙門果経』注45。

「唯願」の下はふつう直接動詞がくるが、ここでは間の呼びかけが長いためか、再び「当」と助字が用いられている。

320――知以許可　「以」は「それによって」くらいの意味だが、軽く字数を整えている。

321――飯食　三本・磧砂蔵本「飲食」。どちらも用いる。

322――悔過　『孟子』万章上に「太甲悔過、自怨自艾」。仏教では仏や他の比丘の前で罪を告白すること。律に規定がある。

323――漏失　ひとまずこう訳したが、要検討。『後漢書』律暦志に「太初効験、無所漏出」などの用例がある。

324――説法示教利喜、施論・戒論・生天之論、欲為穢汙、上漏為悪、出要為上　仏が初心者の為に法を説く際の定型的な表現。『遊行経』にもほぼ同様の形が見える（本シリーズ第1巻二三一～二三二頁）。「示教利喜」は大乗仏典にもよく出る慣用句で、特に『法華経』に出るのがよく知られている（大正九・二五中、四六下、五二下等）。『阿摩昼経』では対応するパーリ文を欠き、『法華経』でも原語を特定できないが、『遊行経』で dhammiyā kathāya sandassetvā samādapetvā samuttejetvā sampahaṃsetvā (*Maha-parinibbāna-suttanta*, ii, 20. 〈法に関する講和〉をもってかの女を教え、諭し、励まし、喜ばせ

〔中村元訳〕)。『大智度論』五四（大正二五・四四五上）はじめ伝統的解釈でも、示・教・利・喜の四字に分けてその意味を説明するが、漢語の形としては、示教・利喜の二語に分けるのが自然であろう。

「施戒・戒論・生天之論、欲為穢汙、上漏為悪、出要為上」はパーリ本では、dānakathaṃ sīlakathaṃ saggakathaṃ kāmānaṃ ādīnavaṃ okāraṃ saṃkilesaṃ nekkhamme ānisaṃsaṃ (p. 110)（布施の説話、持戒の説話、天上の説話、諸欲の災厄と邪悪と汚穢と、出離の利益〔長井真琴訳〕）。これらが、パーリ本では ānupubbi-kathā（順序ある説話〔同上〕）と言われている。すなわち、世俗的次元から順に仏教へと導いていく段階的な説法である。

「上漏」はこの箇所に該当するパーリ本には出ないが、『遊行経』に該当するパーリ本では、kāmâsavā, bhavâsavā, diṭṭhâsavā, avijjhâsavā（欲漏・有漏・見漏・無明漏）をあげる。このうち、有漏・見漏・無明漏が上漏である（『国訳一切経』石川海浄訳、七二頁注一三三参照）。「漏」は煩悩の異名。

「出要」はここでは P. nekkhamma (S. naiṣkramya)。「出離」に同じ（『梵動経』注52参照）。これと多少ニュアンスの異なった用法もある（注326参照）。

325——道教　「道教」はもと儒家が先王の道の教を指してそう呼んだと考えられ、『墨子』の中に、それを批判して自らの立場をも「道教」と呼んでいるのが見られる。こうした「道教」の呼称は六朝時代にまで見られるが、この頃になると、仏教が自らの立場を「道教」と呼ぶようになる（『無量寿経』『注維摩詰経』など）。仏教に対する、いわゆる「道教」が自覚的に自らの立場をこう呼ぶようになるのは、五世紀はじめ頃からと考えられている。

　ところで、大まかに言って中国では、「道」は儒家で人倫の道を、道家では形而上学的な絶対存在を意味していたが、仏教では、主に P., S. bodhi, S. mārga（P. magga）などの訳語に用いていたようである。bodhi（さとり）の意の「道」は道家的な「道」に近く、mārga（道、修行の道筋）の意では、「人が踏み進むべき道」という意味では、儒家の「道」に近いが、修行の段階的発展をもつ点で独特である。ここでは、施論・戒論・生天論の上に立つ「道教」で、具体的には次の四諦を指すから mārga の方の「道」と考えられる（パーリ本に該当語を欠く）。ただし、もちろん、「道教」と訳されてしまえば、そうした細かい区別は余り意識されなかったであろう。なお「道」については、『釈提桓因問経』注50も参照。

326——苦聖諦・集聖諦・苦滅聖諦・苦出要諦　いわゆる四諦（四聖諦）であるが、「諦」は S. satya（P. sacca）の意で、「真理」の意。「諦」はもともと、『説文』に「審也」とあるように、つまびらかにすること、はっきりさせること。このように名詞で使うのは仏教独特の用法。なお、ここでは「道諦」が「出要諦」とされており、magga が「出要」と訳されている。「出要」は「出離」そのものを意味する場合（注324参照）と、このように、出離の具体的な道筋を意味する場合がある。

327——法眼浄　P. dhamma-cakkhu（S. dharma-cakṣus）。真理を見る眼。パーリ本ではその内容が “yaṃ kiñci samudaya-dhammaṃ sabban taṃ nirodha-dhamman ti”（p.110）（集起する存在はすべて滅する存在である）と説明されている。ここでは「浄」に当る語がないが、「法眼浄」という形でしばしば用いられる。『注維摩』一に「肇曰……因悟無常故得法眼浄。法眼浄、須陀洹道也。始見道跡故得法眼名」（大正三八・三三八下）。また、大乗の法眼浄もある（同・六、大正三八・三八一下）。

328——道果　この「道」はさとりの意にとり（注325参照）、「さとりという結果」と解するのがよいであろう。パーリ本に該当語なし。

329——我今再三……　以下、「不飲酒」まで、『沙門果経』にも同文が見える（大正一・一〇九下）。

330——取命終　類似した「取」の用法として、『宋書』柳元景伝に「今勍敵在前、堅城在後、是吾取死之日」とあり、「取死」を曲守約は「致死」と解している（『中古辞語考釈』一三六頁）。『釈提桓因問経』注131・『沙門果経』注77参照。

331——為生何趣　「為」は疑問文に用いる用法。「趣」はgati の訳語として用いられる仏教的用法。境地、境遇、衆生が輪廻する世界。

332——当生何処　「当」は疑問文の頭に冠せる用法。

333——法法具足　「法法」は「法」を繰り返して「どの法も、どの法も」ということか。同字の繰り返しとしては、『種徳経』に「隊隊」がある（同経注29参照）。『阿摩昼経』のこの箇所は該当するパーリ文がないが、『清浄経』にも「法法成就」とあり（本文九〇頁）、該当するパーリ本には dhammânudhamma-paṭipanna とある。dhammânudhamma は *PTSD.* では、“the Law in all its parts, the dhamma and what belongs to it, the Law in its fullness” などと解するが、anudhamma については、Childers, *CPD.*, Edgerton などがそれぞれ異説を立てており、はっきりわからない。

334——五下結　五下分結とも。欲界の煩悩で、貪結・瞋結・身見結・戒結・疑結。

335——般涅槃　parinibbāna.

336——歓喜奉行　経典の結びの定型句。『小縁経』注143・『梵動経』注123参照。

補注

1——戸嚮　「嚮」はとびらのこと。三本・磧砂蔵本は「扃」（かんぬき）に作る。

2——技術　高麗蔵本「伎」を三本・磧砂蔵本により改める。大正蔵本「伎術」。それでも可。

3——損陀羅　三本・磧砂蔵本は「損」を「孫」に作る。

4——沸伽羅娑羅　高麗蔵本「婆」を大正蔵本により「娑」に改める。

分担・初出一覧

掲載誌は『月刊アーガマ』（阿含宗出版局）、シリーズ名は「『阿含経』現代語訳」。なお、各連載に、それぞれ解題・訳本文・訳注を含む。なお、通巻号数の下の数字は、シリーズの回数をあらわす。

◎――阿㝹夷経――辛嶋静志　通巻60号　14「阿㝹夷経」pp.67–104（1985.7.1）

◎――善生経――神塚淑子　通巻63号　17「善生経」pp.63–93（1985.10.1）

◎――清浄経――神塚淑子　通巻57号　11「清浄経」pp.55–80（1985.4.1）

◎――自歓喜経――神塚淑子　通巻67号　21「自歓喜経」pp.44–69（1986.2.1）

◎――大会経――辛嶋静志　通巻98号　52「大会経」pp.82–120（1988.11.1）

◎――阿摩昼経――末木文美士　通巻53号　7「阿摩昼経」pp.68–117（1984.11.1）

『長阿含経』構成表

長阿含経（三〇経）

		分冊
	長阿含経序	1
一	大本経	1
二	遊行経	1
三	典尊経	2
四	闍尼沙経	2
五	小縁経	2
六	転輪聖王修行経	2
七	弊宿経	2
八	散陀那経	2
九	衆集経	2
一〇	十上経	3
一一	増一経	3
一二	三聚経	3
一三	大縁方便経	3
一四	釈提桓因問経	3
一五	阿㝹夷経	4
一六	善生経	4
一七	清浄経	4
一八	自歓喜経	4
一九	大会経	4
二〇	阿摩昼経	4
二一	梵動経	5
二二	種徳経	5
二三	究羅檀頭経	5
二四	堅固経	5
二五	倮形梵志経	5
二六	三明経	5
二七	沙門果経	5
二八	布吒婆楼経	5
二九	露遮経	5
三〇	世記経	6

訳注者一覧

丘山　新（おかやまはじめ）
一九四八年、東京都生れ。
東京大学教授、仏教学・中国仏教史。
共訳『定本　中国仏教史Ⅰ』（柏書房）ほか。

神塚淑子（かみつかよしこ）
一九五三年、兵庫県生れ。
名古屋大学教授、中国思想史。
著書『六朝道教思想の研究』（創文社）ほか。

辛嶋静志（からしませいし）
一九五七年、大分県生れ。
創価大学教授、仏教学。
著書『「長阿含経」の原語の研究』（平河出版社）ほか。

菅野博史（かんのひろし）
一九五二年、福島県生れ。
創価大学教授、仏教学。
著書『中国法華思想の研究』（春秋社）ほか。

末木文美士（すえきふみひこ）
一九四九年、山梨県生れ。
東京大学教授、仏教学。
著書『日本仏教史』（新潮社）ほか。

引田弘道（ひきたひろみち）
一九五三年、鳥取県生れ。
愛知学院大学教授、インド学・仏教学。
著書『ヒンドゥータントリズムの研究』（山喜房仏書林）ほか。

松村　巧（まつむらたくみ）
一九五〇年、山口県生れ。
和歌山大学教授、中国思想史。
共著『中国宗教思想Ⅱ』（岩波書店）ほか。

現代語訳「阿含経典」——長阿含経　第4巻

第1刷発行——二〇〇一年四月二〇日

著者——丘山新、神塚淑子、辛嶋静志、菅野博史、末木文美士、引田弘道、松村巧

発行者——森眞智子

発行所——株式会社平河出版社

〒108－0073東京都港区三田三—一—五

電話・（〇三）三四五四—四八八五

振替・〇〇一一〇—四—一一七三二四

装丁——中垣信夫

印刷所——凸版印刷株式会社

ISBN4-89203-312-X